中国古代法律文献研究

第十五辑

中国政法大学法律古籍整理研究所 编

张 雨 主编

中西書局

目　录

《中国古代法律文献研究》第十五辑
2021年，第001~067页

秦及汉初赃罪构造试探

——以张家山247号汉墓竹简为中心

张传玺*

摘　要：结合张家山247号汉墓所出法律简和其他文献，可以了解秦及汉初赃罪体系的基本构造。其时赃罪体系格局是“盗为基准，余赃约盗”：《二年律令·盗律》篇名之“盗”与“盗罪”之“盗”皆指“取非其物”，且“取非其物”含义明确。部分赃罪罪状偏离“取非其物”，决定了盗与余赃的基本区分。盗罪内部：《盗律》诸盗的罪、刑已有分化，现有条文至少可分四层次，55、56简规定了计赃量刑的基准盗罪，群盗罪罪状限定狭窄，秦简所见群盗刑罚为斩左止城旦，《二年律令》时代为磔；秦及汉初尚未分化出强盗罪名，65、66简中造成被害人失去行动能力的强盗属于特别规定；推测秦及汉初“守县官金钱物而即盗之”是独立罪名，刑罚为凡盗上加罪二等。赃罪内部：有科处磔刑的独立罚则之赃，《盗律》中“恐猲人求财”“略卖人”“劫人”赃罪的分条写法可能是考虑了各犯罪的相对人与连坐者范围的不同；“余赃约盗”时，参引基准盗罪的术语有固定用法；其中官吏赃罪围绕“职事”区分类型，对应使用不同术语；使用

* 中国政法大学法律古籍整理研究所副教授。

"坐赃为盗"术语是为使赃罪同于盗罪，因此强调主观故意，"与盗同法"术语的使用更宽泛，单用时仅为使赃罪之处理同于盗其所得之赃，有时附加其他刑罚或"加罪""减罪"表述以调整刑罚轻重。律令赃罪体系的复杂性也落实在今人和时人对疑难赃罪的认识上，在《奏谳书》等材料中，诸案疑难体现为"赃或非赃"与"此赃或彼赃"之疑，疑点的产生及其解决依据与赃罪体系本身的特点有关。

关键词：张家山汉简（247号墓）　赃　盗　坐赃为盗　与盗同法

中国古法称非法获利犯罪为"赃罪"。《晋书·刑法志》载张斐《注律表》："货财之利谓之赃。""赃"字本身没有犯罪意味，得赃手段具有可责难性时便构成赃罪，[①] 因此在罪名意义上，"凡非法获得的财物，包括盗窃、抢劫、贪污、受贿等等方式所得一切财物，即为之'赃'。因'货财之利'而犯的罪，称为'赃罪'。"[②] 各类型赃罪中，需计赃值、分等量刑者最为常见，兼之诸赃情节不一、危害各异，"罪刑均衡"与"律条简省"如何并具就是立法者需着力解决的问题。"得古今之平"的唐律的处理方式是：先规定出六种常见赃罪的罪与刑，其他赃罪参引"六赃"之文。《名例》"以赃入罪"条律疏有：

> 在律，"正赃"唯有六色：强盗、窃盗、枉法、不枉法、受所监临及坐赃。自外诸条，皆约此六赃为罪。

---

① 在秦及汉初文献中，"赃私"之"赃"与"收藏"之"藏"都写作"臧"。《说文》："臧，善也。"段注："善也。《释诂》《毛传》同。按子郎、才郎二反，本无二字。凡物善者必隐于内也。以从艸之'藏'为'臧匿'字，始于汉末，改易经典，不可从也。又'赃私'字，古亦用'臧'。"段注以"物善必隐"勾连了"臧"与"藏"，把"赃"单列。

② 高恒：《张斐的〈律注要略〉及其法律思想》，《中国法学》1984年第3期，第131~146页。何四维先生对"赃罪"之"赃"有类似定义："通过窃、盗、劫、贪墨、诈欺和受贿等任何非法行为所获利益。" A. F. P. Hulsewé, *Remnants of Ch'in Law*, Leiden: E. J. Brill, 1985, p. 121, note 7 for D1.

“正赃”六色，作为基准；其余赃罪通过“以某正赃罪论”“准某正赃罪论”与“加/减罪若干等”的结合形式，参引六赃规定。由此构成唐律“正赃六色，余赃参引”体系化赃罪格局。①

现有材料展现出，秦及汉初赃罪体系已成型，唐律一些常见赃罪业已存在其中；同时秦及汉初赃罪体系有着不同于唐律的特点。对秦及汉初赃罪的研究成果极丰富，在法律简牍成规模出土之前，沈家本、程树德等学者依赖传世文献，以汉律令有关史料为主，长于从《晋书·刑法志》关于汉晋间律篇篇目改易和条文移置等记录来反推秦汉各赃罪的律篇归属，从史籍所载赃罪罪例来推测各罪的罪与刑，等等。早前成果为后续研究提供了坚实基础，但受制于材料特点，也留下不少问题未能解决。在出土简牍材料加持下，秦及汉初赃罪有时被单独讨论，新成果层出不穷，不论是对若干罪名的通同梳理，还是对单一罪名的深入讨论，或是对具体史料的精细考辨，诸家各有新见，且不少研究最终都指向同一个问题：如何理解秦及汉初赃罪体系构造及其内部各罪名之间的关系？较新成果倾向于泛化秦汉律“盗”概念，将诸赃纳入“盗”罪，以此去解释传世史料，将魏晋律篇拆分、条文移置视为伴随着“盗”概念变化的赃罪分化过程。循此思路，或许能够描述出一个汉晋间立法经历了从观念到结构再到具体罪名的多层次变动的赃罪体系发展史。但作为讨论出发点的秦及汉初“盗”与“赃”关系是否果真如此？能否和如何从体系角度理解秦及汉初各赃罪关系？

出土简牍已证明，秦及汉初赃罪规制在经历罪名与刑罚的不断分化后，已在律令中呈现为层次分明的体系；同时，现实生活中赃罪形态复杂多样，常会出现关于赃罪的“罪与非罪”“此罪与彼罪”疑问，奏谳类司法文书有所记录。对照出土简牍与传世文献重新审视秦及汉初赃罪条文与疑罪案例，有利于深化认识。本文不揣冒昧，试对秦及汉初赃罪体系和主

---

① 除上注所提及者外，唐律中有极少数犯罪本身并非赃罪但也计财物数值量刑，或涉及非法获利但计赃不以六赃为据。不计赃之罪中，涉案物品不以增益财富为主要价值，无法以通行方式值赃，如窃占武器、官文书印、星象图书等禁物的犯罪即是。这类犯罪有的需计数量刑，有的则直书罚则，皆非计赃之罪。

要赃罪的分化情形作一试探。[①] 本文主要以张家山 247 号墓所出《二年律令》为框架，尝试从立法角度勾勒赃罪体系基本构造，解说各赃罪特点；以《奏谳书》为主要素材，尝试从司法角度理解时人对疑难赃罪的思考方式。以此作为梳理汉唐间赃罪体系变迁的基础。

行文时，本文将概述秦及汉初律令中的赃罪体系格局，将其概括为“盗为基准，余赃约盗”；结合张斐《注律表》，界定律令中“盗”罪所指，区分盗与其余诸赃；之后以《二年律令·盗律》文本为据，先归纳盗罪分化及条文层次，以及各盗罪的罪刑特点，其中重点关注“基准盗罪”“群盗”和“主守盗”；之后将余赃分为有独立罚则之赃和需以术语参引基准盗罪之赃，重点关注“余赃约盗”中的“谋遣人盗、教人盗、知人盗：与分”等盗罪关联之赃和“受赇枉法”罪，并在审视官吏犯赃的“罪”与“刑”的表述特点后，总结“与盗同法”“坐赃为盗”术语的使用差异；最后以《奏谳书》所载赃罪案例为主，结合《秦律杂抄》等文本，尝试解答各例是否构成赃罪、构成何种赃罪的问题，以呼应律令层面诸赃罪的关系与特点。

小稿草成，敬祈方家指正。

一、 律令中的赃罪体系:“盗”与“余赃”

对照传世文献与出土律令简牍文本可以发现，秦及汉初赃罪规制经历罪状新创、罪名分蘖，汉初《二年律令》中赃罪条文的篇章安排、分条写法、术语概念乃至单字用法都应是有意识编排的结果，秦及汉初律令中的赃罪呈现体系特征。

(一) 基本格局:“盗为基准，余赃约盗”

以睡虎地秦简、龙岗秦简、岳麓书院藏秦简和张家山汉简《二年律令》为主体的秦及汉初法律简牍提供了关于各项赃罪的丰富信息，如其

① 本文所谓分化，包括罪名分化，即针对新行为创设新赃罪罪状，或从原有罪状中剥离某一具体罪状，赋予其新刑罚，从而达至罪名周延效果；也包括刑罚分化，是指调整修正各赃罪刑罚，从而达至罪刑均衡效果。

时已出现主要赃罪类型，盗罪就包括凡盗，和针对特别主体而需加罪的主守盗、害盗/求盗之盗；又如“行受赇枉法”；又如鞫狱受赇出入人罪，吏治狱受财物，受黔首财物，借贷、买卖有剩利；又如吏之“从者”交易诈欺取利；等等。至于其他犯赃而“与盗同法”“坐赃为盗”者，也较多见。这些赃罪已涵盖了唐律六赃的大部分和很多常见余赃类型。

1. 律与令的赃罪整体格局

但与唐律“六赃”罪名彼此独立、各有计赃量刑规定，余赃参引六赃、加减修正的情形不同，材料所见秦及汉初律令中的赃罪格局是：首先，区别对待“盗”和其余诸赃；其次，对“盗”进行基本分类，一类是普通盗罪（唐律所谓“凡盗”），律令常单称为“盗”者，律中对其设置专条，律文不附加特别情节，规定具体计赃量刑方式，其处置方式是其他赃罪的基准，故可称其为“基准盗罪”；① 再次，有的盗罪因主体特殊或“行盗”时有特别情节，处理与基准盗罪不同，律令就各设专条、分化出诸项“特别盗罪”，而特别盗罪也可因附加情节而继续分化；最后，诸项余赃各由本条叙其罪状，通过“坐赃为盗”“与盗同法”等参引术语将处理方式导向基准盗罪的规定，其处置方式多同于盗，也有附加特定刑罚或“加罪一/二等”或“减罪一等”以修正刑罚之例。

就秦汉律令体系整体而言，目前尚不可准确、全面了解各赃罪条文的分布情形。盗罪的主要类型如基准盗罪、群盗、主守盗等基本可确定是存在于律中，其他赃罪，尤其是针对新情况所创设的新赃罪则可能常见于令中。

---

① 张铭先生将《二年律令·盗律》55、56简视为“基准盗罪”，57简“谋遣人盗，若教人可（何）盗所，人即以其言□□□□□，及智（知）人盗与分，皆与盗同法”和58简“谋偕盗而各有取也，并直（值）其臧（赃）以论之”视为“二人以上犯盗罪”，并认为三条先行作了犯罪概念的区分，之后规定共同的效率效果——“与盗同法”，即“计赃论罪”的处罚原则。参见张铭《〈奏谳书〉中的秦汉财产犯罪案件》，王沛主编《出土文献与法律史研究》（第2辑），上海人民出版社，2013，第102~107页。该文述及各类盗行可非难性的赃罪属性和计赃论罪的责任适用公式，其说大体不错，本文也采用“基准盗罪”说法来指称55、56简。不过将“与盗同法”所适用的57简等犯罪视为由55、56简基础盗罪分化出的盗罪共犯规定，本文则不同意。如下文所言，这类适用“与盗同法”参引术语的不是盗罪，而是独立赃罪。

就“律”而言，目前未见秦律令文本有《盗律》这一赃罪核心律篇名目，睡虎地秦简《法律答问》有部分简文引述了未提及律篇名的盗罪条文，何四维先生据此推测其所引述者可能来自《盗律》篇。[①] 虽不能排除部分内容引自秦令甚或是设问者自行概括的语言的可能，但其所本仍应是秦《盗律》，故今人可借以了解秦律令“盗”罪相关信息。汉初《二年律令》虽系摘录文本，但律篇篇目较多，记录了不少后世常见的赃罪条文，有助于理解秦及汉初律篇中赃罪的分布：据之可见赃罪多被置于《盗律》篇中，各具体盗罪间表现出一定的分化逻辑，其中计赃量刑之盗是基准条文；另有赃罪条文散布在其他律篇里，如《贼律》（14、20、49 简）、《捕律》（155 简）、《钱律》（199 简）、《均输律》（226 简）、《传食律》（230 简）和《关市律》（260、262 简）等。[②] 包括《盗律》在内，各律篇中的赃罪多参引《盗律》“基准盗罪”来计赃量刑。

就“令”而言，汉初令整体情形如何不能确知，秦令则以前述岳麓秦简文本为典型，目前所见岳麓简秦令中其他各赃罪类型明显反映出律令之间赃罪的分化逻辑，如岳麓秦简（伍）（陆）中有多条秦令涉及新地吏收受新黔首财物、买卖取利等，治狱吏收受当事人财物等，从者诈欺取利等新型赃罪，作为这些令文的对照规定（用于区别）或基准规定（用于参引）的，当是规范官吏治狱受赇枉法/不枉法、主守盗或比照主守盗的盗所监临、受所监临、交易诈欺取利等赃罪的既有律令条文。这些赃罪令文多使用“某罪坐赃与盗同法”“某罪坐赃为盗”参引术语，指向的应是秦《盗律》的基准盗罪条文。秦令创设新赃罪反映了战国秦从在新地贯彻“王者之政莫急于盗贼”宗旨到统一帝国对吏民治理秩序的需求转变，从中可窥见秦汉律令体系的生长轨迹。

2.“盗”与“赃”之别

其时赃罪体系以“盗”罪为核心的特点，大概由盗罪的指向所决定：

---

① A. F. P. Hulsewé, “The Wide Scope of Tao 盜 ‘Theft’, in Ch’in-Han Law”, *Society for the Study of Early China*, Vol. 13 (1988), p. 167.

② 《二年律令》篇与条的编联存在疑问，上举诸条的律篇归属不一定全部准确，但可知参引盗罪的各赃罪不是全部编于《盗律》中。

晋张斐时代以前各类文献中“盗”字用法和含义宽泛，[①] 但在律令文本层面，作为行为指称的“盗”一直是张斐总结的“取非其物”；此四字未见于秦汉律令，但魏晋律与汉律有明确的继承关系，罪名与概念更有着强稳定性，“取非其物”也应被视为对汉律“盗”罪状描述。进一步的问题是：法律意义上的“盗”可否做宽泛理解？作为《盗律》篇名之“盗”究竟是对本篇中所有赃罪的概括，还是仅指其中自言为“盗”者，而余赃是遵循其他逻辑被附带规定进入《盗律》律篇的？进而，“取非其物”四字作为罪状表述时，究竟应作宽泛理解，还是应作含义明确的狭义理解？

在《二年律令》文本刊布之前，前引何四维先生文已经基于秦汉传世与出土文献对“盗”字的法律意义作了系统和深入讨论，在“取非其物”和“赃”的连接意义上，将诸赃列入“盗”名下，其做法具有代表性。《二年律令·盗律》则为理解盗之含义提供了直接的文本支撑。《二年律令·盗律》中的罪名不一定齐全，但涵盖了传世文献所载汉代盗罪的主要类型和部分赃罪罪名，其撰写特点对理解秦汉《盗律》篇的条文逻辑有参考价值。《盗律》共 28 枚简，除 1 枚标题简外，整理者将其分为 18 条。[②]

① “盗”字义覆盖了从抽象的“私利物”（《说文》），到概括出“盗”基本特征的“非其所取而取之”（《谷梁传·定公八年》）或“取非其物”（《晋书·刑法志》引张斐《注律表》），再到偷窃之“窃货曰盗”（《荀子·修身》），乃至“私下、偷偷”之副词义，等等。对此何四维先生早已提示，参见 A. F. P. Hulsewé, “The Wide Scope of Tao 盗 ‘Theft’, in Ch'in-Han Law”, pp. 166 - 200。

② 《张家山汉墓竹简〔247 号墓〕》（文物出版社，2001）附录二“竹简出土位置示意图”显示出罪名关联的几组简相互间距离较远，整理者编联方案不一定契合《盗律》原编次，已有学者对《盗律》部分竹简归属和编联方案提出不同意见，如王伟先生提出《盗律》应续接在《具律》章题简之后，调整后简序为：65—73 简，55—64 简，80、153（由《捕律》移入）、81 简。74—76 简归入《关市律》，77—79 简归入《杂律》。参王伟《张家山汉简〈二年律令〉编联初探》，载武汉大学简帛研究中心主办《简帛》第 1 辑，上海古籍出版社，2006，第 360 页。叶山、李安敦先生提出的方案大体是：《盗律》接在《具律》后，按整理号简序应为 65—73 简，55—64 简（具体简序是 57、62、63、64、61、55、56、58、59、60 简），77、80、81 简。74—76 简位置存疑；78、79 简距《盗律》其他简位置较远，内容可能与秦睡虎地秦简《秦律十八种》中的《厩苑律》《工律》有关。Anthony J. Barbieri-Low and Robin D. S. Yates, *Law, State and Society in Early Imperial China: A Study with Critical Edition and Translation of the Legal Texts from Zhangjiashan Tomb no. 247*, Leiden: Brill, 2015, Vol. II, pp. 456 - 457, et note 1 at p. 456. 考虑到 C 组与 F 组各处竹简位置偏移程度与部分简文内容关联程度之间有时不能匹配，前述各方案仍有可议之处。不过这类研究仍提示出，讨论《盗律》条文时，现有编联方案不是确定无疑的前提，论证时或需避免“某特定条文归属于《盗律》”的预设。

虽然以现有编联方案为据的分组研究有其缺陷，但部分先行研究提示了《盗律》中"盗"之范围、诸条编次与条文内部关联等问题：

前引何四维先生以来的一些著述将"盗"的"取非其物"作宽泛理解，将《盗律》诸赃都视为盗罪的做法较为常见，如冨谷至先生认为，按张斐律注"取非其物谓之盗"，"盗"是"取得没有所有权的财物"的行为，有"窃盗"的具体意义，补释语义为"从本应归属的地方非合法地变更、夺取"，因而具有"不正""恶意"的抽象意义，"盗铸钱""盗出"等犯罪就超越了具体意义、扩展到具有抽象性的"盗"，《盗律》60简"行受赇枉法"犯罪被规定于盗律是因为行受贿以"不正当利益"的"赃"为对价，"从货财本来之处不当地夺取"构成"盗"罪，因此渎职中的贿赂与窃盗联系起来。[①] 又如石冈浩先生在分组分析《盗律》内部各条文时直接视诸赃为"盗犯罪"。[②] 叶山、李安敦先生在综合何四维氏观点与《盗律》现编联方案后认为：

> 作为《盗律》篇名之"盗"字与前篇《贼律》之"贼"字一样含义宽泛，涉及形形色色的故意及恶意损害，涵盖了范围宽泛的一系列犯罪，不止常见的窃盗（theft）和对公私财物的夺取（robbery of personal and government property）。本篇《盗律》译文中的行受赇、贪污、劫人勒索、略卖人、私自借贷官府财物、盗发冢、盗出黄金财物于边关徼等都被视为盗的形态，尽管其中一些犯罪被认为恶性极大以至于需施加较常盗更重的刑罚。贯穿所有犯罪的共同主线是何四维文

① ［日］冨谷至：《论出土法律资料对〈汉书〉〈晋书〉〈魏书〉"刑法志"研究的几点启示》，薛夷风译，载韩延龙主编《法律史论集》第6卷，法律出版社，2006，第356~358页。

② 石冈浩先生以刑罚轻重类型将《盗律》诸条分为三组，分别是55—60简的以盗窃数额量刑的盗犯罪，61—73简的科以磔和腰斩的盗犯罪，和74—80简的其他情况规定。参［日］石冈浩《张家山简〈二年律令〉之〈盗律〉所见磔刑的作用——诸侯王国视野之下的严刑适用》，李力译，载朱勇、张中秋、朱腾主编《日本学者中国法论著选译（上）》，中国政法大学出版社，2012，第81页以下。三组犯罪都是在"盗犯罪"名目下被细化。但第二组处磔刑的"盗犯罪"中有本文认为不属盗罪的恐猲求财、略卖人罪，第三组"其他规定"皆非盗罪，有的甚或不应编在《盗律》篇。

所指出的“取非其物”(取“取”“物”的最广义)。[1]

不过《盗律》中部分赃罪不属于盗罪。如汉《盗律》中的“恐猲人”“略卖人”“劫人”等罪在魏晋律整合律篇时因“非盗事”而被移出《盗律》，即《晋书·刑法志》载“魏律序略”所谓“《盗律》有劫略、恐猲、和卖买人，科有持质，皆非盗事”；同志载张斐《注律表》也记有“以威势得财而名殊者”六，特意区分强盗与恐猲人、劫人求财等。可见在魏晋时人头脑里，“劫略、持质”等部分赃罪本非盗罪。《二年律令·盗律》的条文撰写和术语使用特点更说明，这些赃罪被有意识地区别于盗罪。

本文认为，“盗”作为《盗律》篇名与作为具体罪名时，都指同一确定含义的“取非其物”；作为《盗律》篇名之“盗”应是专指篇内盗罪，篇内其余赃罪是附带编入本篇。此说核心看法是，“取非其物”是“盗”罪的罪状描述，对此四字需作狭义理解，作如下限定：

一方面，“非其物而取”意味着取得之物对主体而言的增益（而不论增益是否体现为财产价值），即所谓“非法获利”；这也是各项赃罪共有的可责难要素。基于这一共同要素，虽然“盗”与其他赃罪是彼此独立的犯罪，但它们得以通过“与盗同法”“坐赃为盗”等参引术语形式，在秦及汉初律令体系内得以彼此关联。

另一方面，“取非其物”之“取”体现了犯罪主体的“盗”之意志及其所支配的主动“下手拿取”动作，因此排除了“事先对盗之发生知情，未下手，事后分赃”的情形，也区别于占有自来之物、拒不还主之“攘”等情形；[2]“非其物而取”则是对他人所有权的直接侵犯。[3] 可以说，“取

① Anthony J. Barbieri-Low and Robin D. S. Yates, *Law, State and Society in Early Imperial China*, Vol. II, p. 457. 叶山与李安敦先生是在宽泛意义上使用“robbery”翻译“盗”字，在对比“窃盗”的意义上，本文前述引文使用了“掠取”的译法。

② 《尚书·微子》:“今殷民，乃攘窃神祇之牺牷牲”，孔传:“自来而取曰攘。”

③ 在此意义上的“盗”罪排除了拾得阑遗物、收取自然物产、被动接受他人馈赠等取得物的其他手段。对此可参唐律的有关规定，如《杂律》“得阑遗物不送官”条规定，所得阑遗物为私物者，坐赃论减二等，《贼盗》“强盗”条更明言“得阑遗之物，财主来认，因即殴击，不肯还物……是事有因缘，并非‘强盗’”；又如《贼盗》“山野物已加功力辄取”条规定“山野之物，已加功力刈伐积聚，而辄取者，各以盗论”，则可知无人加功力的自然物产未被赋予所有物的性质，收取行为不属盗罪。

非其物”四字标识了主体通过直接动作不当获得为他人所有之物的行为特征，[①] 指定了“盗”的独特构成，“盗”得以区别于其他赃罪——就“得赃”而言，其他赃罪虽然也可体味出“取非其物”之意，但在犯罪的主观意志、动作形态、被害人意识与侵犯的权利类型等方面，都与前解之“盗”有差距。对此可参考《晋书·刑法志》载张斐《注律表》对六种“以威势得财”之赃的区分说明：

> 律有事状相似而罪名相涉者，若加威势下手取财为强盗，不自知亡为缚守，将中有恶言为恐猲，不以罪名呵为呵人，以罪名呵为受赇，劫召其财为持质。此六者，以威势得财而名殊者也。

对这段话，可注意者有四：

其一，六项分殊之事皆为“得财”赃罪，只有在“赃罪”意义上才有区分的必要。如果不是出于动作主体的主观求财意图，六种对“威势”的施展中，有的恐怕不构成犯罪，有的则可能构成其他犯罪，如恶言恐吓或人身强制他人去做某事，此类缚守、恐猲、呵人和劫人就无法置于此处来区分。因此，罪名意义上的“缚守”“恐猲”“呵人”“劫人”皆需补全“求钱财”，从而构成张斐所着意区分的赃罪。《二年律令·盗律》出现的“恐猲人求钱财”“劫人求钱财”等正是其例。

其二，此六者“事状相似”之处是在“威势”，此“威势”体现为身体强制或身份威压，为双方所知，从而在犯罪者与受害者之间建立了某种“不平等关系”，得财之赃罪才得以发生。

其三，“威势”体现为身体强制或身份威压，因此持续时间有差异，对被害人的危害即“恶性”程度也就不同，也涉及“不平等关系”对“得赃”的实质影响。“强盗”的“威势”和“缚守”“持质”的外力强制可持续到取财得手；恐猲之“将中有恶言”则是暂时行为，犯罪者制住被

① 堀毅先生提出“所谓盗，是指在违背他人意愿的情况下取得其财物的罪行”，并将盗分为使用暴力的强盗和不使用暴力的凡盗。见［日］堀毅《秦汉法制史论考》，萧红燕等译，法律出版社，1988，第232页。

害人被口头威胁后一般会放走被害人去筹措钱财；不论是将呵人理解为拘系人身的身体强制、怒斥呵责的口头威胁，还是恶意苛暴的对待，官吏身份可保持持续威压效果。鉴于张斐所举各种“威势”并不都造成被害人的持久身体伤害，有的在律令层面更不构成犯罪，那么是这种“威势持续时长”及其对“取财”的影响，而非“威势”所展现的暴力性或是否单独成罪的特点，才更像是标记各威势得财之赃差异的重要指标。这种区分或许利于理解魏晋律乃至秦汉律中几个赃罪刑罚的轻重差异。

其四，六种威势得财的赃罪“事状相似”“罪名相涉”而“名殊”，即犯罪构成有共通处，罪名有牵连但彼此有别。张斐是以“强盗”为标准，延绵展开比较，以揭示其差异：“强盗”之“强”体现了犯罪者与被害者之间存在“威势”的不平等关系，犯罪者对被害人的直接恶意和被害人明知受侵害的状态乃是“强”的不言自明之义，① “盗”则体现着“主动下手取财”的本意。其余五者皆从此标准上有所偏离，不能归类为强盗。

首先，“缚守人取钱财”是强制被害人人身，使其不能当场知晓被盗财物的事实（“不自知亡”）。“缚守”是强制人身的方式，本身可能构成犯罪，② “不自知亡”的效果应是张斐所附加：如犯罪者缚守人而取其财，被害人当场知晓被取财实情的，则为“强盗”的一种加重形态，《二年律令·盗律》65简“缚守将人而强盗之”即是；若被害人不能在犯罪过程中判定犯罪者是“取其钱财”的“强盗”还是有其他目的的犯罪，就不构成双方对“盗”明知的“强”。恐怕正是考虑到“强”对犯罪者与受害者双方主观意志的意义，“缚守人取其财”被区别于“强盗”。易言之，“缚守人取财”是偏离了双方明知的主观状态，而从“强盗”分化出的赃罪。

---

① 高恒先生指出：“按照张斐的解释，‘强’的特征是‘不和’，即违反被害者的意愿。也就是说，凡以暴力或权势迫使被害者作为或不作为的行为，即为之‘强’。张斐没有从行为人犯罪手段的角度来说明‘强’，而着眼于是否违反被害者的意愿，从而概括出了一切与‘强’有关罪名的特点。”高恒：《张斐的〈律注要略〉及其法律思想》。此说直中要害。

② 单以外力“绑缚、束缚”人，造成其暂时失去行动能力的“缚/制缚人”可能构成独立一罪。对此唐律《斗讼》“以威力制缚人”条和睡虎地秦简《法律答问》81、82简可作参考。张斐此处所言“缚守”应即《二年律令·盗律》65、66简之“缚守、将人”中的“缚守人”。“缚守人”应为“缚人而守之”，即绑缚人后看管起来的顺承动作。详下。

其次，“恐猲人”“呵人受钱”“呵人受赇”“持质”四者则在“取”与“受”的得财动作上区别于“强盗”“缚守”，“强盗”“缚守”为自取，此四者则由受害者一方交付钱财。① 所以此四者对“威势”的要求可能更高：“恐猲人（求财）”是犯罪者在挟制被害人时言语威胁（“将中有恶言”②）以迫使被害人交出钱财，若无“将”的动作，单以“有恶言”的“口恐喝”是一般意义上的恐猲，但如不附加条件，难以构成犯罪；张斐所附加了“将中”这一条件，这恐怕也是“恐猲人求财”犯罪的典型形式。③

再次，“不以罪名呵为呵人，以罪名呵为受赇”也可称为“呵人受钱”与“呵人受赇”，晋志与此二句关联的是“呵人取财似受赇”及“《令乙》有‘呵人受钱’”，前者是张斐在提示本段“呵人受钱”与“呵人受赇”相似，后者是晋志载“魏律序略”对汉《令乙》“呵人受钱”罪名的记录。“呵”，《说文》未录，《说文·叙》有：“廷尉说律，至以字断法：‘苛人受钱，苛之字止句也。’”段注：“诃责字见三篇言部，俗作呵，古多以苛字、荷字代之。”④ 如此，《说文》“苛人受钱”与晋志“呵人受钱”所指应同一，在晋志本段语境里有官吏倚势以特定手段苛暴对待所监、所治而得财的意味；“呵人受钱”和“呵人受赇”则是张斐对特定呵人手段

① 沈家本先生列举汉代恐猲人罪例并指出恐猲是“人被胁而与之财，非入其室而强夺之”。沈家本：《历代刑法考·汉律摭遗二·盗律》，中华书局，1985，第1401页。这种区分也适合张斐所列其他犯罪。

② 对“将中有恶言”之“将”，有学者解为“请求”，如中国政法大学法律古籍整理研究所编著《中国历代刑法志注译》，吉林人民出版社，1994，第96页。陈鸣先生认为“此处所谓将，似有控制、约束之意，……恐猲这一犯罪行为，表现为对他人的控制、约束，并在约束的过程中‘有恶言’”。陈鸣：《秦汉〈盗律〉罪名研究》，中国政法大学法律史专业博士学位论文，2015，第15页。是说可取。“将”有“持”“挟”之意，可表人身挟制，如《后汉书》卷六九《何进传》载中常侍张让等“因将太后、天子及陈留王，又劫省内官属，从复道走北宫”，而同书卷八《灵帝纪》载作“劫少帝及陈留王幸北宫”。中华书局，1965，第2252、358页。

③ 张斐“将中有恶言”的恐猲定义中并未限定始终控制被害人人身，因此若无人身挟制，从外观看，单纯“有恶言”难以被认定为“威势”。《二年律令·盗律》65、66简有“投书、悬人书恐猲人求财”，附加了恐猲人的特别手段；晋志载汉《盗律》“恐猲人”入魏律的《劫略律》，不一定专指“投悬书恐猲人”罪，但唐律《贼盗》“恐喝取人财”条“口恐喝”附加了告发犯罪的条件。

④ 段玉裁撰：《说文解字注》，万献初整理，中华书局，2013，第770页。

及其对应罪名的区分。[①]“以罪名呵”和“不以罪名呵”中的“威势”对被呵者的压迫程度恐怕会有所不同。

最后，“持质”即劫人求财是通过绑架人来勒索钱财，交付钱财的通常不是被劫者本人。是否由被挟制者本人给予钱财，或者说，是否释放被挟持者筹集和交付钱财，可能是恐猲人求财与劫人求财的一个区别。

总之，张斐言“以威势得财”是对六项赃罪共同特点的总结，分殊之处则是各项赃罪偏离“强盗”且彼此有异的地方。[②] 这六项赃罪除个别外，在目前所见秦及汉初律令文本中皆有体现，说明秦汉时人已考虑到它们的罪状差异，通过律令及疑案议决来区分赃罪与盗罪，并在必要时设置不同的刑罚，从而构成前述赃罪的格局。

除各类赃罪外，现有《盗律》篇内还包含关联着部分罪名的连坐、捕斩、赏除等附随规定，[③] 有时一条律文中可能同时存在盗罪与赃罪或附随规定。下文大体按整理者编联方案，通过梳理《盗律》诸条，对盗罪和赃罪分化问题作一说明。

（二）“盗”之分化：《盗律》所见诸“盗”

秦汉律文分别设定了“基准盗罪”与“特别盗罪”，二者皆为“盗”，后者在前者的罪状中附加了特别情节。对此可从《二年律令·盗律》律文撰写形式来推测部分典型盗罪罪名的关系。

1. 基准盗罪、群盗罪与特别主体/对象之盗

55、56简和62简分别记有：

> 盗：臧（赃）直（值）过六百六十钱，黥为城旦舂；六百六十到

---

① 有观点认为“呵人受赇”是官吏以出入人罪相威胁获取他人财物，呵人主体是任何人。见周东平主编《〈晋书·刑法志〉译注》，人民出版社，2017，第286页，注576。内田智雄先生提出，此处“呵人”以下应认为是与官吏身份有关的犯罪。［日］内田智雄编、［日］冨谷至補：《譯注中國歷代刑法志（補）》，創文社，2005，第163页，注2。汉“苛人受钱”可能专指官吏拘止人身以收受钱财，可参拙文《汉“苛人受钱”及其法律规制试探》，《四川大学学报（哲学社会科学版）》，待刊。

② 其他理解，还可参周东平主编《〈晋书·刑法志〉译注》，第298～300页。

③ 第80简记有：“诸盗□，皆以【罪】所平贾（价）直（值）论之。”规定盗罪赃值以盗罪发生地的市价评定。这应当是适用于《盗律》计赃量刑条文的一般规定。

二百廿钱，完为城旦舂；不盈二百廿到百一十钱，耐为隶臣妾；不盈百一十到廿二钱，罚金四两；不盈廿二钱到一钱，罚金一两。（55、56 简）

盗：五人以上相与功盗，为群盗。（62 简）

各版本《二年律令》释文或译文[①]均将 55 简简首“盗赃”二字相连；对 62 简，也同样未断开“盗”与“五人以上”。55、56 简是在规定对于盗罪，设定不同的赃值等级，计赃量刑。该条的计赃量刑规则常被其他赃罪条文所参引，是为“基准盗罪”。62 简是在规定盗罪中五人以上共同下手行盗、共取盗赃的是群盗。[②] 二条律文起首的“盗”字都是在提示后文是对“盗”某一方面的规定，可见二条的“盗”字揭示的是“基准盗罪”与“特别盗罪之群盗”在“盗”罪内的分化关系。[③] 因此小稿权改二条点断如上。

55、56 简所言需计赃量刑之“盗”无疑包含唐律上的窃盗，但是否专指窃盗则有疑问。虽然如前所述，先秦秦汉“盗”有“窃贿”之意，但律令中单言“盗”的犯罪能否窄化为窃盗，会牵涉到秦及汉初律令中“强

① 张家山二四七号汉墓竹简整理小组：《张家山汉墓竹简〔二四七号墓〕》，文物出版社，2001，第 141 页；彭浩、陈伟、［日］工藤元男主编：《二年律令与奏谳书：张家山二四七号汉墓出土法律文献释读》，上海古籍出版社，2007，第 144 页。下文若无特别标注，所引《二年律令》及《奏谳书》皆据整理本，不再逐一注出。英译译文，见 Anthony J. Barbieri-Low and Robin D. S. Yates, *Law, State and Society in Early Imperial China*, Vol. II, pp. 463, 465.

② 有观点将首字“盗”视为行盗主体，将“盗五人以上”理解为“五人以上的行盗者”，如叶山、李安敦先生的英译。Anthony J. Barbieri-Low and Robin D. S. Yates, *Law, State and Society in Early Imperial China*, Vol. II, p. 465. 作如是解大概是将本简“群盗”视为主体意义上的犯罪集团，而非罪状意义上的盗罪；而这或许会影响对 65、66 简首句中“群盗”是犯罪主体还是犯罪行为的判断。对 62 简简文和群盗罪构成要件的讨论，可参陈鸣《秦汉〈盗律〉罪名研究》，第 82~90 页；支强《秦汉律所见“群盗”犯罪的构成》，载王捷主编《出土文献与法律史研究》第 6 辑，法律出版社，2017，第 238 页；拙文《秦及汉初律上的“加罪”和刑罚加等排序》，载郑显文主编《丝绸之路沿线新发现的汉唐时期的法律文书研究》，中国法制出版社，2019，第 72~74 页。

③ 类例还可见长沙五一广场东汉简牍 CWJ1③：135 简的“群盗”定义：

盗：三人以上相与功盗，为群盗。

文字与《二年律令》62 简相同，惟人数下调为三人。释文见长沙市文物考古研究所等编《长沙五一广场东汉简牍选释》，中西书局，2015，第 211 页。

盗”是否独立罪名，是否有独立罪状描述和相应刑罚方式的问题。前引《二年律令·盗律》65简记有“群盗及亡从群盗；殴折人……若缚守、将人而强盗之”，其中“强盗”为伤人或缚守人而盗的修饰语，不是分化的独立罪名。[①]《捕律》140、141简有独立“强盗”一词：

群盗杀伤人、贼杀伤人、强盗，即发县道，县道亟为发吏徒足以追捕之，尉分将，令兼将，亟诣盗贼发及之所，以穷追捕之，毋敢□界而环（还）。

其中“强盗”与“群盗杀伤人”和“贼杀伤人”并列，表面看是独立罪状，但本条是对某些暴力犯罪案发后县道需立即展开追捕的程序规定，其中“强盗”是对行为暴力性的强调，也不意味着当时律上“强盗”已脱离基准盗罪范畴独立出来。

前文已说明，“强盗”的核心要素有二：“强”意味着“加威势取物”，系被害人明知且违背其意志；“盗”意味着犯罪者主动下手“取物”。这也是“强盗”与“窃盗”的显著不同。55、56简未明言“窃盗”，就仍应解为“取非其物”之盗，包含窃盗与不附加65、66简加重情节的强盗；它们均应属于55、56简的计赃量刑盗罪。西汉晚期哀帝元寿二年（公元前1年）木牍记有“强盗”，[②]但不知其语境与性质如何；东汉史料中“强盗”系独立罪名似已无疑，至《泰始律》张斐《注律表》已单独定义“强盗”（“若加威势下手取财为强盗”），也区分“盗伤缚守”与

① 堀毅先生指出《后汉书·陈宠传》已出现“穿窬、强盗、攻盗、群盗”诸项递进盗情中的“强盗”之例，但“‘强盗’与‘攻盗’一样，只是表示用来盗窃手段的一种方式而已”，“使用暴力的盗（强盗）是五人以上盗（与盗窃手段无关）加攻盗（与人数多寡无关）”。由此提出了强盗与群盗的关联问题。见［日］堀毅《秦汉法制史论考》，第235~236页。在提及65简“群盗”与“强盗”词例关系时，陈鸣先生亦提出“秦汉时期的强盗并非正式罪名，仅表示一种犯罪行为”，“秦汉时期的强盗，似乎限定于以伤害、缚守等行为强取财物的行为”。见陈鸣《秦汉〈盗律〉罪名研究》，第95、96页。后一判断于65简言是正确的；不过，概括论及秦汉“强盗”的做法或难契合《二年律令》的时代特异（汉初）和简文语境（伴有其他恶性行为的群盗），将“强盗”与“伤害、缚守”相关联的做法稍显不安。

② 李洪甫：《江苏连云港市花果山出土的汉代简牍》，《考古》1982年第5期，第476页。据其文，“强”字为在出土现场辨认出的记录，后因运送、处理时损坏，摹写时已不见。

“强盗”，说明张斐所注律文已经将“强盗”作为独立罪名。[①] 惟目前难以确知后世强盗罪、刑从基准盗罪分化出去的过程。

62简仅规定了群盗罪的定义而未规定其刑罚。[②] 有学者根据睡虎地秦简《法律答问》材料认为群盗刑罚应为斩左止城旦，[③] 此说对《法律答问》时代而言当无误，但秦时群盗罪刑罚不一定延续到汉初《二年律令》。《二年律令》65、66简记有“群盗及亡从群盗……皆磔”，石冈浩先生将“群盗及亡从群盗”视为与下文各项犯罪并列的独立一项，认为群盗罪的刑罚是磔刑，是对战国秦群盗罪的严刑化。[④] 下文将说明，石冈浩先生对65、66简的处理有合理之处，《二年律令》中的群盗罪刑罚可能是磔刑。[⑤]

62简群盗罪要求五人以上“相与功盗”。对“相与功盗”，支强先生指出，“‘功’指实施某种行为，‘相与功’强调‘五人’必须存在共同实施犯罪的意思表示并共同实施了犯罪行为”[⑥]。对此似尚可再进一步讨论。“相与功盗”应蕴含个体在盗之犯意、行为和后果方面的同一性，即行盗者不仅需有前谋，还要针对同一对象共同下手实施盗行、共取盗赃（“同谋、共盗、共取盗赃”）。这种事先谋议，共同下手、共取盗赃，事后统一分配赃利的行盗团伙体现出严密的组织结构，可以说是真正的

① 亦即，不仅是《秦始律》，魏律乃至汉律皆可能已将“强盗”独立处理。将张斐《注律表》溯源至汉律的思路，见 A. F. P. Hulsewé, “The Wide Scope of Tao 盗 ‘Theft’, in Ch’in-Han Law”, p. 200.

② 这种条文写法尚偶见于《二年律令》其他条文，如《贼律》24简有“斗伤人，而以伤辜二旬中死，为杀人”，《具律》112简有“劾人不审，为失；其轻罪也而故以重罪劾之，为不直”；等。这类规定罪状但不接下来规定刑罚的，暗示这些犯罪的刑罚在他处另有规定。

③ 可参陈鸣《秦汉〈盗律〉罪名研究》，第88~89页。

④ [日]石冈浩：《张家山简〈二年律令〉之〈盗律〉所见磔刑的作用——诸侯王国视野之下的严刑适用》，第86~87页。

⑤ 此外，专对睡虎地秦简时代的群盗罪而言，得财与不得财的刑罚是否有别，尚有疑问。《法律答问》1、2简在解释害盗、求盗参与五人盗与不盈五人盗的加罪方式时，加罪前提皆是“臧（赃）一钱以上”，说明群盗得财者即处以斩左止为城旦之刑；因未提及不得财是否加罪，则可能不得财时并不加罪。对群盗不得财的刑罚，推测或如凡盗盗未有取般赎黥，或比照凡盗不得财的可能逻辑（凡盗刑罚顶格为黥为城旦舂，不得财者赎黥），落实为赎斩止或赎城旦。作为对比，如《二年律令》中的群盗罪刑罚为磔，可能不会区分是否得赃，或者未得赃刑罚为赎死。

⑥ 支强：《秦汉律所见“群盗”犯罪的构成》，第238页。

共同盗罪,[①] 对此罪不计盗赃、单立刑罚。

四人以下相与功盗的，就“共取盗赃”而言，并赃论处就是自然之理。并赃论处应适用55、56简的既有计赃量刑方式，律令就没有必要再另行规定四人以下相与功盗的罪与刑；这或许是《盗律》不见四人以下相与功盗规定的原因。

不过，复数人（两人或多人）犯盗的未必皆是如此运作，谋、盗和分赃可能不会始终保持高度一致性。容易想见的一种情形是：复数人只是在同一时间在同一盗所（对同一对象）行盗，人人自始打算各自取赃、互不干扰，甚至对彼此行盗所得毫不知情。鉴于《法律答问》《为狱等状四种》《奏谳书》等秦及汉初材料都展示出，定罪量刑需要综合考虑主观意图、行为表现和犯罪后果，那么在“谋”“行”与“赃”各方面有别于“相与功盗”的复数人犯盗情形中，个体的刑罚量定方式是并赃处理还是单独计赃，就需要明文规定。

睡虎地秦简《法律答问》12简拟定了复数人犯盗的两种情形：

> 甲乙雅不相智（知），甲往盗丙，毚（纔）到，乙亦往盗丙，与甲言，即各盗，其臧（赃）直（值）各四百，已去而偕得。其前谋，当并臧（赃）以论；不谋，各坐臧（赃）。

① 在这个意义上，本文使用的“共同盗罪”一词所指对象狭窄，不同于将“谋遣人盗、教人盗、知人盗：与分”“谋偕盗各有取”等称为“盗罪共犯”“事后共犯”的诸家作品。诸家对“共犯”的理解和使用有较大不同，使用“事后共犯”概念分析诸条的，如［日］水间大辅《秦律、汉律中关于事后共犯之处罚》，刁小龙译，载武汉大学简帛研究中心主办《简帛》第1辑，上海古籍出版社，2006，第397~413页，及［日］水间大辅《秦律、汉律中有关共犯的处罚》，李力译，载朱勇、张中秋、朱腾主编《日本学者中国法论著选译（上）》，中国政法大学出版社，2012，第31页以下。强调“共犯”应取狭义理解的，如［德］陶安《中国传统法“共犯”概念的几则思考》，《华东政法大学学报》2014年第2期，第47~54页；以“共犯”结构区分《二年律令·盗律》罪名的，如张铭《〈奏谳书〉中的秦汉财产犯罪案件》；将《法律答问》4、9、12简，《二年律令·盗律》57、58简等作为“共盗”，以区别于“群盗”，认为共盗以“并赃”论的，如陈鸣《秦汉〈盗律〉罪名研究》，第90页；认为前引诸简中未下手实行者不构成法律意义上的“盗”，“谋遣人盗”“智人盗而与分”的行为主体与实施“盗”的行为主体存在着法律所认定而非实际上的共犯关系的，如支强《秦汉律所见“群盗”犯罪的构成》，第238~241页。

简文设定的前提是，素不相识的甲乙二人在对同一行盗对象（“丙所”）下手行盗前相遇，发现彼此的存在（甲“才到，乙亦往盗丙，与甲言”），之后各自行盗。本条可能是因“乙与甲言”所指不明确而设置，处理意见区分了“与甲言”的“谋”与“不谋”这两种效果：甲乙若在“各盗”前彼此告知自己系前来行盗，则构成其后盗行的“前谋”，各盗亦并赃处理；若“乙与甲言”并未使双方知晓彼此行盗的事实，对其后的各盗而言是为“不谋”，则各以所取计赃。至于“前谋、各盗，并赃”和“非前谋、各盗，各坐赃”，恐怕在当时是既有规则，本身不成疑问。

《二年律令·盗律》58 简就是“前谋，各盗，并赃”的正式规定：

> 谋偕盗而各有取也，并直（值）其臧（赃）以论之。

与《法律答问》12 简稍有不同，58 简未限定“谋”是发生在去往盗所前还是在抵达盗所后、下手行盗前。但这不影响如下判断：《盗律》58 简对同谋而各盗的情形特立并赃处理的规定，说明这是与“相与功盗”有别的复数人施行盗行的情形，需要专条规定其量刑方式。

《盗律》还针对特别的所盗之物和行盗主体单立规定，目前包括 59 简和 61 简规定。59 简是对所盗之物本为他人盗罪之赃时，现存赃物的处理规定：

> 盗盗人，臧（赃）见存者皆以畀其主。

“盗盗人”是从行盗者那里盗取赃物，现存盗赃不必先交回前手持有者即“盗人”、再由“盗人”归还原主，而应直接归还原主。①

61 简是对盗罪特别主体的规定：

---

① 《法律答问》23、24 简可能是对应当畀主的“现存之赃”的解释：

> “盗盗人，买（卖）所盗，以买它物，皆畀其主。”今盗盗甲衣，买（卖），以买布衣而得，当以衣及布畀不当？当以布及其它所买畀甲，衣不当。

对《法律答问》本条的理解，可参中国政法大学中国法制史基础史料研读会《睡虎地秦简法律文书集释（七）：〈法律答问〉1～60 简》，中国政法大学法律古籍整理研究所编《中国古代法律文献研究》第 12 辑，社会科学文献出版社，2018，第 82～84 页。

> 徼外人来入为盗者，要（腰）斩。吏所兴能捕若斩一人，𢱧（拜）爵一级。不欲𢱧（拜）爵及非吏所兴，购如律。

“徼外人入盗”牵涉汉初中央政权与诸侯国之间的紧张关系，因此刑罚特重，既不是按基准盗罪计赃量刑，也没有细分复数人盗，而是规定腰斩为唯一法定刑。①

2. 刑罚加重形态的盗罪

65、66简规定了7组赃罪，其中部分盗罪附加有特别情节，另有部分犯罪与前引张斐《注律表》“以威势得财而名殊”的六种赃罪有关，且“威势”的体现方式特别、后果严重；这决定了本条各赃罪的法定刑皆为磔刑。② 65、66简：

> 群盗及亡从群盗；殴折人枳（肢），胅体，及令彼（跛）蹇（蹇），若缚守、将人而强盗之；及投书、县（悬）人书，恐猲人以求钱财；盗杀伤人；盗发冢（塚）；略卖人若已略未卖；桥（矫）相以为吏、自以为吏以盗：皆磔。③

本条犯罪可分7组：（1）实施群盗，或逃亡并追随群盗；（2）以伤人或强制人身的手段实施的强盗；（3）通过投书、悬书手段恐猲人求财；（4）盗而杀伤人；（5）盗发塚；（6）略卖人；（7）伪为官吏而盗。（3）（6）二组非盗，置于下文与68简劫人求财罪一起分析。

（1）组中，前一“群盗”可解为动词，表示实施群盗行为的犯罪，“亡从群盗”则可理解为逃亡并跟从群盗，意即，“亡、从”为动词，说明主体尚未直接参与群盗犯罪，因此严格说，“亡从群盗”不是盗罪也不是

---

① 对此可参［日］石冈浩《张家山简〈二年律令〉之〈盗律〉所见磔刑的作用——诸侯王国视野之下的严刑适用》，第88页以下。

② 石冈浩先生认为被科以磔刑的65、66简与68简“劫人”罪的“共通之处在于其最终的目的是至于盗或者是以盗为目的计划并实施犯罪”。见［日］石冈浩《张家山简〈二年律令〉之〈盗律〉所见磔刑的作用——诸侯王国视野之下的严刑适用》，第77~79页。

③ 本条依据石冈浩先生的意见断句并加以分组，见［日］石冈浩《张家山简〈二年律令〉之〈盗律〉所见磔刑的作用——诸侯王国视野之下的严刑适用》，第77页。其他意见，可参见陈鸣《秦汉〈盗律〉罪名研究》，第18页。

赃罪，本条将其列入并处以磔刑，是为惩治逃亡后投奔群盗集团的行径。如此理解可避免将群盗成员及追随群盗的亡人视为后文“殴折人肢……而强盗之”行为的主体，使（1）组与其他各组保持一致，体现为罪状描述，与后文“磔”构成“罪—刑”结构的完整律文。本条“群盗”及“亡从群盗”可能处磔而非斩左止为城旦刑，本文依据是63简简文：“智（知）人为群盗而通歓（饮）食馈遗之，与同罪；弗智（知），黥为城旦舂。”一方面，“黥为城旦舂”与“斩左止为城旦”都是法定刑意义上的肉刑，同处在“死罪”与“完为城旦舂”罪之间，在《二年律令·告律》127简的减罪一等之制中，二者没有轻重等次之分。若群盗罪刑罚是斩左止为城旦，明知而资给群盗者“与同罪”，亦为斩左止为城旦，而不知情者处以同一等次的黥为城旦舂，处刑畸重，其理未安；另一方面，若群盗刑罚为斩左止为城旦，女性明知而资给群盗的，“与同罪”时，据《二年律令·具律》88简“（女子）当斩为城旦者黥为舂”，斩左止为城旦之刑将替换为黥为舂，这与女子不知情而资给群盗的黥为舂刑罚相同，其理不通。因此，本文认为汉初群盗罪刑罚已从睡虎地秦简时代的斩左止为城旦加重为磔。①

（2）（4）（5）（7）是在“盗”罪罪状上附加了导致刑罚加重为磔的特定情节，包括伤人和强制人身的强盗，行盗而杀伤人，以墓中财物为目的的发塚而盗和冒充官吏行盗。有学者认为这些附加情节也以独立罪名存在于秦汉律中，所以磔刑是盗罪与他罪二罪并科的结果。② 不过如前所述，附加情节是否独立成罪不是赋予不同赃罪轻重有异刑罚的必然原因；笔者也已另撰文说明，持二罪说的诸家所利用的《法律答问》131简、《二年

---

① 对于睡简时代的群盗而言，如果附加其他条件，可能会导致刑罚进一步加重，如据《法律答问》1、2简，主体有“害盗”“求盗”身份时需予“加罪”。但在汉初，群盗罪刑罚为磔刑时，已无加罪余地。

② 如见［日］冨谷至编《張家山二四七号墓出土漢律令の研究》，朋友書店，2006，第48页，“解说”。石冈浩先生从《盗律》60简出发，尝试解释了何以在秦汉律存在“二罪从重”原则的前提下，本条个别地选择适用磔刑：“伴随盗犯罪而有其他犯罪的，原则上是适用‘二罪从重’的”，而本条所列举的各项犯罪中，除“盗杀伤人”中的杀、伤人外，伴随盗犯罪的其他犯罪的刑罚据“推断限于黥城旦舂以下的劳役或罚金刑”，如按“二罪从重”原则将皆科处黥城旦舂以下的刑罚。但“因为科以弃市以下的刑罚过轻，所以个别地选择了应科以更重的刑罚，结果就更改为要科以较弃市为重的磔刑”。见［日］石冈浩《张家山简〈二年律令〉之〈盗律〉所见磔刑的作用——诸侯王国视野之下的严刑适用》，第82~84页。

律令·盗律》60简、《具律》93、95简等材料不是《二年律令·具律》99简“数罪以重”原则的体现；这些材料反映出的共同点恰是考究主观意图等定罪的核心要素，只是在刑罚失衡时以明文规定其罪刑向另一拟制“罪名”（不具备完整的定罪要素）漂移而已。因此65、66简规定的多是求财手段、方式或后果过于恶劣的赃罪，故科以磔刑。

此处需对（2）组刑罚问题稍作分辨。本组“殴折人枳（肢），胅体，及令彼（跛）蹇（蹇），若缚守、将人而强盗之”所描述的是附加有伤人或强制人身的强盗行为。如前所述，单纯以威势造成在被害人明知、违背其意志的前提下（“强”）取财的强盗本不构成独立盗罪；本组则特意规定出，“强盗”之“强”落实为使被害人丧失行动能力、无力阻止犯罪者取财时，对这种强盗处以磔刑。简文列举了造成被害人丧失行动能力的三种方式，分别是殴打致肢体骨折、错位与导致行走困难，这是实际身体伤害；和虽未造成身体伤害，但以强力手段限制被害人身体自由、使其暂时失去活动能力的“缚守、将”。[①] 相较纯以威势恐吓被害人的强盗，造成实际人身侵害的强盗的恶性显然更大，因此处以磔刑。[②] 此外，（2）组“伤

① 对“若缚守将人而强盗之”的不同断读，可参彭浩、陈伟、[日]工藤元男主编《二年律令与奏谳书：张家山二四七号汉墓出土法律文献释读》，第116页，注释四。本文认为应读作“缚守人、将人而强盗之”，“缚守人”已于前析，可能是以器具束缚被害人后在旁看管，脱离身体接触；“将人”之“将”解如“将中有恶言”之“将”，“将人”是以强力直接控制被害人。不过，不论是“缚人、守将人”，“缚人、守人、将人”，“缚守人、守将人”（遗漏重文号时），“缚守人、将人”还是“缚守将人”，皆应属于以外力强制人身自由，使之暂时丧失活动能力的手段。

② 本条“缚守人”与“将人”效果相同，可以“缚人”为例推测“缚守将人而强盗之”的恶性程度。唐律《斗讼》“以威力制缚人”条有：“诸以威力制缚人者，各以斗殴论；因而殴伤者，各加斗殴伤二等。”单一“缚”的行为是以“斗殴”来处断，如进而殴伤，需在一般斗殴伤基础上加重二等。以此观看秦汉法律，可能有类似逻辑。《法律答问》81简：“或与人斗，缚而尽拔其须麋（眉），论可（何）殹（也）？当完城旦。”《法律答问》82简有：“拔人发，大可（何）如为‘提’？智（知）以上为‘提’。”可知当时对拔人发的认定与处罚已有明文规定。83简有“议皆当耐”，说明此简乃至相关数简问答都不是对既有条文的解释，而是针对案例提出的新的意见。按此理解，81简可能暗含拔须眉是否应比照拔发来处罚的意味。据该简给定的情境，“与人斗”时无伤，照《二年律令·贼律》28简，区分被殴者身份，处罚为罚金二两或四两，对应秦之赀。如进而缚人，则事实上的“斗”终止，应以“缚人”处理，“缚人”比照殴人；在斗中拔人须眉的，应比造成其他肢体器官损害的刑罚为轻，80、83、88简等提供了不同场景下使用不同手段造成不同部位损伤的处理意见，可推测拔人须眉刑罚应不重于耐，则必轻于回答中的完城旦；因此缚而拔人须眉的刑罚可能重于斗拔人须眉。以此或可理解，缚守之强盗较纯以威势吓阻被害人而取财的强盗，刑罚上有轻重之别的合理性。

人而盗”与（4）组中的“盗而伤人”似有区别。“盗伤人”似指犯罪者本未打算伤人并强盗，而是行盗时或得手后临时起意伤人。张斐将“盗伤、缚守似强盗”作为“无常之格”加以区分，立意似乎正在于此。①

至此可见，前述《盗律》盗罪条文互相呼应，呈现层次感：

55、56简规定了有着明确计赃量刑方式、广为他条参引的基准盗罪；条文可能不言自明地适用于四人以下“相与功盗”的共同盗罪形态，个体量刑之赃自然是共同盗罪的总赃值。但对二人以上的“前谋、各盗”，需要由58简明文规定“并赃”作为个体量刑之赃。55、56简和58简同属对计赃量刑之盗罪的规定，可被视为盗罪第一层次。

62简规定了五人以上“相与功盗”的群盗罪，不计赃量刑，而是由65、66简规定了磔之唯一刑罚，可被视为第二层次。②

59和61简是对特别的被盗物和行盗主体的规定，可以视作盗罪分化的第三层次。

65、66简中的四组盗罪是第一层次中“盗”罪的刑罚加重形态，可被视为盗罪分化的第四层次。

（三）《盗律》未见的“主守盗”

列入上述四个层次的只是《二年律令·盗律》文本所见的盗罪类型，秦及汉初律令尚应有其他分化出来的盗罪规定，如“主守盗”罪。“主守盗”即主守自盗，是对秦汉“守县官财/金钱物而即盗之”罪名的概括。该罪罪名不见于《二年律令·盗律》，但在秦代应已从类如55、56简的基准盗罪中分化出来，以专条规定其刑罚；刑罚应是在基准盗罪上加罪二等。

---

① 对此句理解可参周东平主编《〈晋书·刑法志〉译注》，第286页，注575。

② 按人数及罪状差异，《盗律》55、56简，58简，62简所见盗罪分化的前两个层次可见表：

主体人数		罪状描述	处理方式及其条文依据
单人盗		盗	计赃，55、56简
复数人盗	二人以上	前谋，偕盗，各取盗赃	并赃，58简
	四人以下	相与功盗（前谋，共盗，共取盗赃）	并赃，推定
	五人以上	相与功盗（前谋，共盗，共取盗赃）	秦，斩左止城旦/赎斩止，推定；汉初，磔，65、66简

说明：“二人以上”一行中“二人以上前谋偕盗各取”是相对“相与功盗”的整体而言。

1. 主守盗之罪状

就罪名分化而言，《龙岗秦简》44简记有“盗同灋（法），有（又）驾（加）其罪，如守县【官】金钱□☑”[①]，此处“守县官金钱……”是前部某种赃罪在计赃加罪时的参引基准，说明在秦律令中它已是独立盗罪罪名。《汉书·刑法志》亦记有孝文帝十三年（前167）刑制改革中官吏犯应黥之“守县官财物而即盗之”罪，已确定罪刑时又犯应黥之罪，处以弃市的规定，此罪名与《盗律》60简“受赇枉法”并列，更说明它已是独立罪名。“主守盗”也数见于《汉书》所载西汉后期史事，[②]但不清楚诸例是否皆为追记之词。至迟在西汉末“主守盗”已成习用罪名，见于平帝元始二年“张勋主守盗”案鞫牍，[③]牍文前有张勋“盗以自给”“主守县官钱”，后有“主守盗”，可见“主守盗”罪名是对“主守县官钱而即盗之”的省称，也是法律文书所呈现的正式罪名。[④]

“主守县官财物/金钱而即盗之”的罪状构成稍可说明。

首先，关于“主守”。唐律《名例》以“称监临主守”条专条定义“监临”“主守”，明确了职官犯罪主体范围。与之不同的是，目前未见秦汉律令对“监临”和“主守”的界定。“监临”作为一词可见于律令，如《二年律令·具律》103简记有“皆令监临庳（卑）官，而勿令坐官”，类于唐律“监临”的“统摄案验”，但仅言上下级官署关系，未及吏、民。[⑤]秦汉律令中“主守”应系由“主”“守”二字合成而来，二字义近。[⑥]

① 陈伟主编，李天虹、曹方向、蔡丹撰著：《秦简牍合集（贰）·龙岗秦墓简牍》，武汉大学出版社，2014，第43页。

② 沈家本先生曾辑出《汉书》中“主守盗”罪例，参见沈家本《历代刑法考·汉律摭遗二·盗律》，第1397～1398页。其例多为“主守盗直十金，弃市”之法。另沈氏分出“（田延年）盗都内钱”“（匡衡）专地盗土”与“（陈汤）盗所收财物”事，亦以之为“主守”之盗。同前书第1398～1400页。各罪例看来是将“主守盗”乃至严格而言非“主守盗”的赃罪中赃值达至十金者转易罪名，认定为“不道”。

③ 对该件文书的疏解，可参徐世虹《西汉末期法制新识——以张勋主守盗案牍为对象》，《历史研究》2018年第5期，第4～20页。

④ 居延汉简516·19尚记有“□库佐安世主毋区处主守而即盗□□□”。见谢桂华、李均明、朱国炤《居延汉简释文合校》，文物出版社，1987，第631页。

⑤ 《汉书·景帝纪》记元年（前156）诏有“吏受所监临（饮食、财物，贱买贵卖）”，说明此前“吏受所监临财物”已是确定犯罪，“监临”一词应已在律令中使用。

⑥ 张家山汉简《奏谳书》案例十三记有“士吏贤主大夫𬀩”，整理者注“主”引《广雅·释诂三》“守也”。

“主”指掌管，对象既可以是机构、区域或职权等事物，也可以如前注引“贤主大夫翄”般针对人。可见“主守”与唐律“主守谓行案典吏，专主掌其事及守当仓库、狱囚、杂物之类”相当。[①]

其次，关于“县官”。“张勋主守盗”案中“主守盗”的前后文表明，该案“主守盗”专指“主守县官财物而盗”；鉴于汉志所记文帝刑制改革中的主守盗罪名亦是针对“县官财物”，可见“主守盗”罪是专对县官财物而言。“县官”有“天子、国家、官府”的广义，也有“县道官府机构”的狭义，各类文献中广狭二义常见。[②] 如将“守县官金钱/财物而即盗之”之“县官”理解为宽泛的“官府、国家”，可较容易地将汉代文献中盗取、侵吞各级各类官府财物的行为归入“主守盗”；[③] 但在律令中此罪名是否自始使用了“县官”的广义，尚有疑问；部分侵害“官府财物”犯罪的对象，最初似乎是指县级机构管理的财物。如秦简中使用了“与盗同法”术语而与盗罪关联的“私貣用/私自借贷公金钱”赃罪，针对的可能是县道官财物。睡虎地秦简《法律答问》32简记有：

> “府中公金钱私貣用之，与盗同法。”·可（何）谓“府中”？·唯县少内为“府中”，其它不为。

与《法律答问》不少概念问答是设置于具体语境中一样，本条对“府

---

① 《名例》“称监临主守”条“主守”律疏。对汉唐间“守将”与“主守”的考证，可参陈伟《〈二年律令〉中的“守将”》，载卜宪群、杨振红主编《简帛研究二〇〇四》，广西师范大学出版社，2006，第189~191页。

② 围绕里耶8-461“秦更名方”所记“王室曰县官。公室曰县官”的近来讨论较深入，如见游逸飞《里耶8-461号“秦更名方”选释》，魏斌主编《古代长江中游社会研究》，上海古籍出版社，2013，第68~90页；杨振红《“县官”之由来与战国秦汉时期的“天下”观》，《中国史研究》2019年第1期，第39~55页。就出现在罪名中的“县官”来看，《晋书·刑法志》有“《金布律》有毁伤亡失县官财物”，与“守县官财物而即盗之”一样。对此“县官”，有的注家释为“官府，国家”，如中国政法大学法律古籍整理研究所《中国历代刑法志注译》，第80页，注7。有的释为“天子，官方”，如周东平主编《〈晋书·刑法志〉译注》，第164页，注379。都是取“县官”的宽泛义。以《二年律令》观之，“县官”凡数十见，有的可解作“国家、官府”，有的有其语境，指县道官机构。

③ 前引沈家本所辑主守盗罪例就不是都针对县道官财物。

中”的解释也应暗含“府中公金钱”的前提。本条中“公金钱”应采何四维先生意见理解为“官府金钱”,[①] 则“府中公金钱”专指县少内的官府金钱。本条问答之所以设置，可能是因为不清楚在“禁止私貣用公金钱”的语境下,“府中公金钱”的范围；回答则将“府中公金钱”限定为“县少内公金钱”。按先有针对常见情形的一般规定，再针对例外有疑情形制定特别规定的立法逻辑，本简单独为“县少内中公金钱”设立“私貣用、与盗同法”规定的原因，恐怕是因为“县少内公金钱”不同于一般意义的“公金钱”。“私貣用县少内公金钱与盗同法”的既有规定又暗示当时律令中已存在“私貣用县官公金钱与盗同法”的一般规定。“私貣用公金钱”中的“公金钱”指“县”级机构金钱的可能性，还可从汉初《二年律令·盗律》77、78简来查看。77简：

□□以财物私自假賃（贷）、假賃（贷）人，罚金二两；其钱金、布帛、粟米、马牛殹，与盗同法。

77简前部二字不能辨识，但78简与本条有关：

诸有叚（假）于县道官，事已，叚（假）当归。弗归，盈廿日，以私自叚（假）律论。

“私自借律”应即77简所记内容。由此可推知，77简前部应是规定了官吏以县道官财物私自借贷的行为。[②] 惟不能确知“主守县官财物而即盗之”之罪是否有过从专指盗县道官财物扩展为盗官府财物的过程。[③]

---

① A. F. P. Hulsewé, *Remnants of Ch'in Law*, p. 129.

② 32简设问和回答提及的是特定机构名称而非一般意义的“县道官”，那么将《法律答问》32简与《二年律令·盗律》77简直接联系起来的做法不十分稳妥。例见［日］冨谷至編《張家山二四七号墓出土漢律令の研究》，第55页；Anthony J. Barbieri-Low and Robin D. S. Yates, *Law, State and Society in Early Imperial China*, Vol. II, p. 488, note 87, 88.

③ 此外，注意“县官财物”的准确含义可以提示思考《法律答问》1、2简“害盗别徼而盗”能否被认定为主守盗，该条“加罪”是基于身份还是被盗对象的特异性，以及该条“加罪”方式是否同于主守盗加罪的问题。

最后，关于“金钱”“财物”。主守盗的对象如果是类于77简“钱、金布帛、粟米、马牛”等可以计赃之物，刑罚在凡盗上加罪是自然之理，但如是77简前部那种不能计赃量刑的“财物”，是否也遵循在凡盗上加罪的刑罚之制，尚有疑问。

2. 主守盗之刑罚

就刑罚分化而言，秦简《法律答问》1、2简是就“害盗、求盗别徼而盗”的加罪形式设问，回答则表明，别徼盗的加罪其实是在城旦舂刑序列内加罪一等，耐以下加迁。① 这暗示出害盗、求盗在徼盗的加罪形态应更重；推及主守盗罪，自然应加罪，且亦应重于1、2简所示加罪形式。龙岗秦简44简同样说明“守县官金钱而即盗之”应加罪，但不知是否加罪二等。《二年律令·盗律》未见主守盗规定，《奏谳书》案例十五“醴阳令恢盗县官米”案记醴阳令恢指使其从史盗县官米、其舍人销赃，销赃所获钱、金落入恢手中，恢未被加罪；不过不能据此认为汉初无专门的主守盗罪，或主守盗刑罚不加重。② 因此秦及汉初主守盗需加罪且加罪方式一致的可能性是存在的。

笔者曾提出秦及汉初主守盗加罪形式可能有四，即如同《法律答问》1、2简害盗般加罪，“加罪一等”，“加罪二等”和“加罪一等，耐罪以下又迁之”，并认为后者最为可能。③ 在此反思“主守盗加凡盗二等”的可能性。

一方面，岳麓秦简（伍）291简的令文规范了官吏从者诈欺取利之罪，处置是“与盗同法，加罪一等、耐以下又迁之”。④ 鉴于官吏身边其他类似身份者（舍人、同居、室人等）收受监临财物的是“与盗同法”，可知本

① 参拙文《睡虎地秦简〈法律答问〉“狱未断”诸条再释——兼论秦及汉初刑罚体系构造》，中国政法大学法律古籍整理研究所编《中国古代法律文献研究》第12辑，第120页以下；拙文《秦及汉初律上的“加罪”和刑罚加等排序》，第69页以下。简文疑点的诸家之说，另可参中国政法大学中国法制史基础史料研读会《睡虎地秦简法律文书集释（七）：〈法律答问〉1~60简》，第1页以下。

② “恢盗县官米”案中，恢并未下手行盗，其罪非盗，而是“谋遣人盗/教人盗，与分盗赃”的赃罪。对该案的简析，详下。

③ 参拙文《秦及汉初律上的“加罪”和刑罚加等排序》，第69页以下。

④ 简文为：“●令曰：诸从者有卖买而绐（诒）人，与盗同法，有（又）驾（加）其皋（罪）一等，耐皋（罪）以下有（又）䙴（迁）之；从而奸，皆以强与人奸律论之。”见陈松长主编《岳麓书院藏秦简（伍）》，上海辞书出版社，2017，第195页，291简正。

条令文是加罪规定；但亦同受财物枉事一样，从者诈欺取利的刑罚不会完全比照官吏本人诈欺取利之罪。因此官吏诈欺取也就应更重，亦即在盗罪基准上加罪二等。推之于主守盗，加罪二等是可以理解的。此外，对比唐律赃罪刑罚轻重有助于理解主守盗与凡盗的等次。唐律《诈伪》“诈欺官私财物”条记有：

律文：诸诈欺官私以取财物者，准盗论。

小注：若监主诈取者，自从盗法。

律疏：“若监主诈取”，谓监临主守诈取所监临主守之物，自从盗法，加凡盗二等，有官者除名。

明言监主诈取所监临财物，按照监主盗所监临加凡盗二等处置。岳麓秦简（伍）291简中从者诈欺取利加罪一等，官吏诈欺取利的重于从者，与盗所监临相同而加罪二等，是较为合理的理解。

另一方面，是《汉书·刑法志》所记孝文帝十三年刑制改革文本。在述及肉刑替换方式时，汉志记为：

当黥者，髡钳为城旦舂。当劓者，笞三百。当斩左止者，笞五百。当斩右止；及杀人先自告；及吏坐“受赇枉法、守县官财物而即盗之”，已论命复有笞罪者：皆弃市。①

肉刑废除是一次性事件，因此本段针对的是刑改诏令颁布时未决之罪及颁布后所犯之罪。对照秦及汉初简牍材料可知，改制前的肉刑体系没有结构变化。若其间官吏主守盗加罪形式未变，汉志记载本身亦无重大遗

① 《汉书》卷二三《刑法志》，中华书局，1962，第1099页。其中“复有笞罪”即“复有籍笞罪”，指令文颁布前之黥刑，改制后在已黥基础上易为髡钳加笞，本质是黥刑的替换刑；“当斩右止”与“杀人先自告”和“吏坐受赇枉法、守县官财物而即盗之，已论命复有笞罪”并列。基于这些认识，本文权改汉志此处标点，以便辨识结构。“籍笞”认识的依据，参张建国《前汉文帝刑法改革及其展开的再讨论》和《汉文帝改革相关问题点试铨》二文，收入氏著《帝制时代的中国法》（壹），法律出版社，1999，尤其是第193~195、210~215页。

漏，可推知改制前主守盗罪加罪形式是加罪二等。

刑改中被替换的“黥、劓、斩左止、斩右止”四种肉刑有不同性质。其中，诏令颁布前作为犯罪法定刑和城旦舂、鬼薪白粲之流犯耐以上罪的替换刑的“黥”，在诏令颁布后改易为“髡钳”，这是肉刑基准形态的改易。在改制前，肉刑还存在替换叠加情形，形成黥劓、黥劓斩左止、黥劓斩左右止和黥劓斩左右止腐的复数肉刑形态。而在诏令颁布后，黥劓会被改易为髡钳加笞三百，黥劓斩左止被改易为髡钳加笞五百，黥劓斩左右止被替换加重为弃市。这是肉刑替换叠加形态的改易。改制前的肉刑替换叠加主要有两类原因，一是再犯，二是加罪即刑罚加等。

从刑罚角度看，刑改方案就是以“当黥”为基准，对各形态的肉刑进行替换。加重为弃市的三种情形都针对再犯罪，前两种是肉刑渐次累加得出：其一，再犯当黥之罪，即劓、斩左止后又犯当黥（本应替换为刑改文本所谓“当斩右止”），其二，再犯杀人而先自告，即劓、斩左止后又犯杀人先自告（贼杀人、斗杀人先自告，减罪一等为黥城旦舂，本应替换为斩右止；过失及戏杀人，赎死，先自告，赎城旦舂）。加重为弃市的第三种情形则为加罪基础上的再犯罪，即“吏坐受赇枉法、守县官财物而即盗之”后复有籍笞罪（原当黥之罪，本应替换为斩右止），由此可知此处“受赇枉法”“守县官财物而即盗之”的刑罚已是“劓、斩左止”，而“劓、斩左止”正是应从“当黥”基础上加罪二等而来。①

进而言之，主守盗是在《盗律》55、56 简基准盗罪基础上加罪二等，而汉代主守盗直十金弃市之法是在主守盗乃至其他官吏赃罪上，单独分化出赃值高者并改易罪名为“不道”，特立弃市死刑。② 若将时间线放长些，或可将主守盗罪的次级分化形式总结为“盗—主守盗—不道”。

二、“非盗之赃”：独立罚则之赃与“余赃约盗”

《二年律令·盗律》中部分赃罪条文不属盗罪，其他律篇中有若干赃

① 对文帝刑改文本，尤其是两种官吏赃罪刑罚的讨论，笔者已另文详析，见拙文《〈汉书·刑法志〉所载西汉文帝刑制改革文本再释》（未刊稿）。

② 将赃罪改易为“不道”罪名，颇具“春秋决狱”的所谓“儒家化”色彩，但不确知其法创自何时。

罪规定；岳麓秦简所见秦令中也有不少赃罪规制。从事状与刑罚角度看，这些赃罪条文多有可议之处。

（一）《盗律》所见单处磔刑之赃与“与同罪”

《二年律令·盗律》中被处磔刑之罪引人瞩目。除群盗罪、“亡从群盗”和伴有特别情节的盗罪外，科处磔刑的还有65、66简中的“投书、县（悬）人书，恐猲人以求钱财”“略卖人若已略未卖”，以及68简的“劫人求钱财”：

> 劫人、谋劫人求钱财，虽未得若未劫，皆磔之……

劫人求财及略卖人是“魏律序略”所谓“《盗律》中非盗事”者，恐猲人和劫人求财也正属于张斐所谓“以威势得财而名殊”者。这些罪名在魏晋时期被明确地区别于盗，在《二年律令》中也应作如是解。虽然65、66简中恐猲人、略卖人与数项盗罪置于一条，但置于一条的原因不是它们同属盗罪，而是因为它们皆为“得财/求钱财”的赃罪；这些赃罪因伴有特别情节而被特立罚则、科以磔刑。

对三者科磔的缘由，可稍说明。“投悬书恐猲人求财”本是“恐猲人求财”的一种。“恐猲求财”仅是以言语威胁被害人交付钱财，不是自己下手取财，其恶性不会重于张斐所谓“强盗”。在汉初，强盗罪名尚未从基准盗罪中分化出来，因此恐猲求财刑罚就不会重于基准盗罪。对其处置就本应是“与盗同法”或“坐赃为盗”。本条规定“投书、悬人书恐猲求财”者处以磔刑，恐怕是因为“投、悬书恐猲人”不同于秘密勒索，[①] 是通过投、悬文书形式公开威胁被害人以求取钱财，[②] 是对国家公权与公共

---

① 若“投、悬书”系秘密致送被害人勒索，则与私下口头恐猲无异，不会辄获磔刑。

② 对“投书”罪名的考辨，可参王安宇《秦汉“投书”犯罪考辩》，载王沛主编《出土文献与法律史研究》第8辑，法律出版社，2020，第312~328页。“投书”词例传世文献和出土文献数见，“悬人书”未见。本文以为本条“投、悬书”应按字面意思理解为宜，即“投书”是向不特定场所投掷文书，“悬书”则是在某一场所悬挂文书。“投、悬书恐猲”即应为以文书形式公开散布威胁言语。《二年律令》整理者引唐律《斗讼》“投匿名书告人罪”条小注“弃置、悬之俱是”的律疏：“谓或弃之于街衢，或置之于衙府，或悬之于旌表之类”；如去掉“匿名告发”的预设，唐律小注正可解说《二年律令》本条“投悬书”的方式。参见张家山二四七号汉墓竹简整理小组《张家山汉墓竹简〔二四七号墓〕》，第143页，注释四。

秩序的公开藐视。似乎如此理解本罪名，更能匹配本条其他犯罪的恶性与影响。

略卖人和劫人求钱财者，都是以强制人身为求财手段，性质恶劣，因此刑罚特重，不得财者（已略人而未卖，劫人求财、未得财甚或未完成劫人）亦磔。不过两者主观意图都不是据有人身，而是以人身交换钱财；所不同的是，“略卖人”是卖予他人，劫人是“卖予”被劫者的特定关系人。

同处磔刑，《盗律》将略卖人与其他赃罪一起列入65、66简，但未将劫人求财列入，而是以68—73简对劫人罪单列一条，附随规定了劫人者妻、子等的连坐责任及其免除，捕赏程序等事项。单独处理劫人求财罪的原因恐怕就是这些附随规定不同于略卖人罪乃至65、66简其他赃罪的规定，为求条文撰写便利，就单列一条。

略卖人和劫人求财都是以人身交换钱财，这涉及交换行为相对方的责任，因此67简和72、73简规定了知情买主的刑罚。略卖人的知情相对人的处置被书写于67简：

> 智（知）人略卖人而与贾，与同罪。……

本简前句是对66简略卖人罪的进一步规定，盖因略卖人罪对象是人，要实现得赃的意图就须经买卖，买主知情亦为犯罪。67简就是买家的成罪规定，具有独立意义，可在66简留空较多的情况下，单独书写于67简上。[①] 当然，这类成罪规定也可以连写于其他相关简文之下，如在劫人罪中，“予劫人者财”的成罪规定就书写在72、73简上，接续在参与劫人者的除罪规定之后：

---

① 66简留空较多，说明抄写时被有意区隔于67简。2018年出土的胡家草场M12汉简1386、1387、1389号简与65、66、67简内容基本相同，其中1387、1389号简是连续抄写，简文包括了《二年律令》66、67号简文字。何有祖、李志芳先生因而认为，《二年律令·盗律》66号简有可能与67号简编联，65、66、67属于同一个编联组，在内容上可连读。参何有祖、李志芳《张家山汉简〈二年律令〉新编（二则）》，《江汉考古》2020年第3期。67简简文有独立意义，抄写时与66简简文是分简抄写还是同简连写乃至连排，似无一定之规。竹简是否连排、简序是否唯一，有时需要根据文本性质与文字关联性来个别判断。

诸予劫人者钱财，及为人劫者同居智（知）弗告吏，皆与劫人者同罪。

为突出相对人成罪规定的独立性，此句使用了“诸”字发语。“诸”字常用于律令中有独立意义的文句前，来区隔前文，[①] 本句亦是如此。

对诸项赃罪而言，“与同罪”术语的使用语境值得注意。学者多已指出“与同罪”强调了适用刑罚的相同，[②] 而彭浩先生认为“‘与同罪’是指此种犯罪视同某种犯罪，而后者是有确定的量刑规定”[③]。这提示出“与同罪”的两个意义：一是“与同罪”前部犯罪和“所与同”之罪有关联（因而彭浩先生有“视同”之说），二是“所与同”之罪的刑罚是确定的。以此观看《盗律》，“知略卖人而与贾”和“予劫人者财”是“与同罪”，前引63简“智（知）人为群盗而通歙（饮）食馈遗之”也是“与同罪”。不仅这三项“所与同”之罪的刑罚皆为磔刑，而且三项前部犯罪虽然皆非赃罪，但其可责难性都与“所与同”之罪有实质关联：一方面，三者都以对“所与同”之罪知情为前提，这体现了秦汉法律对主观意志的一贯强调，也是其他“与同罪”用例的常见语境。另一方面，三者行为本身不具备侵害社会或他人的直接恶性，之所以成罪，是因它们是犯罪主体有意识地协助了“所与同”之罪，资给群盗、买入被略之人、予劫人者财和知劫人事不告吏等皆是如此。这两方面的结合是使用“与同罪”术语的基础。[④]

---

① 张忠炜先生指出：“以‘诸’字为发语的律文，粗略统计张家山汉律简中近二十条，如‘诸食脯肉’‘诸当坐劫人以论者’‘诸舍亡人及罪人亡者’等，且每条律文均是独立书写，视为独立条文或无不可。”张忠炜：《汉代律章句学探源》，《史学月刊》2010年第4期，第41页。目前所见，秦汉律令简牍中使用“诸”字发语以引出新条文的做法不限于条文独立书写的情形，在同简上有其他文句时也常有使用，有区隔上文、标示独立条文的相同作用，有时还会与钩识符号同时使用，区隔用意更明显。

② 对“与同罪”的诸家理解，可参中国政法大学中国法制史基础史料研读会《睡虎地秦简法律文书集释（七）：〈法律答问〉1~60简》，第79页，注释2。

③ 彭浩：《谈〈二年律令〉中“鬼薪白粲”加罪的两条律文》，武汉大学简帛研究中心主办《简帛》第2辑，上海古籍出版社，2007，第434页。

④ 秦汉律令中“与同罪”之例不少，除刑罚“与同”外，都可从主观知情与行为（作为或不作为）对“所与同”之罪的参与度来考察其用法。

(二)“余赃约盗”之例

67和72、73简使用了“与同罪”术语，指示前部犯罪需参引“所与同”之罪的刑罚，如彭浩先生所说“后者是有确定的量刑规定”，而前部犯罪不是赃罪，因此也不涉及计赃量刑的问题。与此相对，《盗律》乃至其他律篇中还有“与盗同法”和“坐赃为盗”术语，前部犯罪多是赃罪，使用时指向基准盗罪的计赃量刑规定。[①] 这正是“余赃约盗”的典型条文。

1.《盗律》未见的“余赃约盗”

张斐所谓“以威势得财，事状相似而名殊”的赃罪中，“强盗”能对应《二年律令·盗律》55、56简“盗”，“强盗”和“恐猲人求财”的加重形态（“缚守、将人而强盗”“投、悬书恐猲人求财”）规定于65、66简，“以罪名呵人”的“受赇”规定于60简或93、95简，劫人求财规定于68简。这些赃罪的刑罚是确定的。但对一般的“呵人受钱”“恐猲人求财”罪刑规定，《盗律》现有文本未见。因晋志提及“苛人受钱”是在汉《令乙》，则在汉初可能未分化出独立的“呵人受钱”，其刑罚恐怕也是参引盗罪量刑规则。至于“恐猲人求财”，其实65、66简规定了加重形态的恐猲人求财罪的事实，已经暗示当时应已存在一般形态的恐猲人求财罪。其刑罚可从几方面推知：

首先，张斐所谓“将中有恶言”是恐猲人求财的一般形态。如前所述，因常见的“将中有恶言”情境是制住被害人并口头威胁后就放被害人离开去取钱财，“将中有恶言”只是暂时、一过动作，也没有持续危害，因此其成罪根本因素在于得赃；秦及汉初时对得赃者的处置最可类比的是盗。

其次，岳麓秦简（叁）《为狱等状四种》“识劫娱”案提供了认识“恐猲人求财”罪刑的线索。案中识威胁告发娱匿訾，以取回他认为本属于他的“布肆、舍客室”。识的行为类于唐律《贼盗》“恐喝取人财”条：

---

① 按现有整理方案，在《盗律》外，还有《贼律》（14、20、49简）、《捕律》（155简）、《钱律》（199简）、《均输律》（226简）、《传食律》（230简）和《关市律》（260、262简）等。

诸恐喝取人财物者（小注：口恐喝亦是），准盗论加一等；虽不足畏忌，财主惧而自与，亦同。

律疏：恐喝者，谓知人有犯，欲相告诉，恐喝以取财物者。[①]

本案文书则以“劫”界定识的行为。整理者注：“劫，胁迫。……劫罪与现代所谓敲诈勒索罪相似，是指使用威胁索要财物的行为。”[②] 文书诘语透露出，官吏关心识的行为是不是“劫”，而非“劫”怎么处理。这暗示出当时已存在对“劫”的法律规定。吏议的一种刑罚意见是完识城旦，其依据恐怕是识拥有公士一级爵，可得以免肉刑，其犯罪该当刑罚就应是黥城旦或斩左止城旦。因该案文书提及识主张的肆、室价值超过六百六十钱，可知其刑罚应是计赃量刑的结果，这又排除秦时不对应计赃量刑的斩左止城旦。可见其犯罪的该当刑罚本应是黥为城旦舂。因此或可推知，秦时“恐喝告人有犯以取财”属于既有条文的规制对象，处置是“与盗同法”或“坐赃为盗”之类。[③]

再次，《汉书·王子侯表》有数则“恐猲人受赇”“恐猲国人受财”罪例，其中一则写明受财赃值，值得注意：

承乡侯德天嗣，鸿嘉二年（前19）坐恐猲国人受财，臧五百以上，免。[④]

景帝后西汉赃罪计赃等级呈现“二百五/五百”的基本区分，沈家本先生认为“五百以上通常臧”，[⑤] 则“赃五百以上”是常规赃罪的上限级；

① 唐律本条仅规定了以告发犯罪为手段的恐喝取财，但秦汉律令不限于此。简要说明可参周东平主编《〈晋书·刑法志〉译注》，第158页，注372。

② 参陈松长主编《岳麓书院藏秦简（伍）》，第163页。

③ 与此相对，另一吏议意见是“赀识二甲”，恐怕只是就本案提出的个别意见而已，不一定是针对识的知情不举，目前也未见到无特定关系人知情不举的处罚规定。对本案量刑依据的讨论，可见陈鸣《秦汉〈盗律〉罪名研究》，第23~29页。

④ 鉴于“恐猲人受财”是罪名，本文对中华书局本标点稍作修改。见《汉书》卷一五《王子侯表》，第498页。

⑤ 沈家本先生言：“今综计各条，似以二百五十以上为一级，五百以上为一级，满三十万为一级，百万以上为一级，约分四级。”见沈家本《历代刑法考·汉律摭遗八·杂律》，第1514页。

这意味着成帝时期恐猲人求财也是计赃量刑，且赃五百以上对应某一法定刑罚上限。这也符合汉初《盗律》55、56简以“赃六百六十以上”对应黥为城旦舂的规定形式。因此，秦汉恐猲人求财罪应是一直以“与盗同法”或“坐赃为盗”形式参引基准盗罪规定。

2.《盗律》“与盗同法”之赃

见于《二年律令·盗律》文本的“与盗同法”和“坐赃为盗”之赃，更值得关注。首先是“与盗同法”之赃。《盗律》57简记有：

> 谋遣人盗；若教人可（何）盗所，人即以其言□□□□□；及智（知）人盗：与分，皆与盗同法。

57简规定的三种犯罪既非独立盗罪，亦非共同盗罪（盗罪共犯），而是与盗罪有关联的三种独立赃罪，其特点是使用“与盗同法”术语，将此赃罪的处理方式导向基准盗罪的规定。“与分（盗赃）”是“谋遣人盗”“教人可盗所、人即以其言往盗”和“知人盗”三种行为成立“与盗同法”之赃罪的共同条件，因此本文修改标点如上。

本条再次说明盗罪与其他赃罪有明确区分。事先参与谋划并指使他人实施盗行或指点他人行盗的具体对象或事先对盗行知情，未亲身下手行盗、事后受分盗赃的行为，本是与“盗”关联程度最高的三项赃罪；虽然其主体所占有的赃物或赃款本非其所有，但主体所获得的物之占有，是来自行盗者，而不是直接“取”自被盗者，也就不是对原物上所有权的直接侵犯；这自然与“盗”之“非其物而取”有性质上的区别。律令规定此类“盗罪关联之赃”的处理方式是“与盗同法”，也暗含了“此赃罪非盗”，只是“与盗此赃同法”的意味。这类与“盗罪”关联度如此之高的赃罪未被律令定性为“盗”，遑论其他赃罪。[①]

更多情况下使用“与盗同法”术语的赃罪的可责难性与“盗”无关，使用该术语只是为参引基准盗罪的处置方式。在岳麓秦简所收秦令中有关

① 本条涉及秦汉盗罪共犯问题。笔者已另文对本简与《法律答问》关联盗罪之赃的数简作了重新解释，参见拙文《秦汉盗罪关联之赃试诠——简册编次与分析框架的二重探讨》（未刊稿）。

于新地吏及其从者收取黔首财物的规定，也有数则对官吏及其特定关系人因缘治狱事收受财物的规定，它们使用了“与盗同法”术语，这说明秦律令中以盗为基准、余赃约盗的格局已经形成。《二年律令》各篇内也存在赃罪以“与盗同法”形式参引基准盗罪，如《收律》180简有：“……有告劾未遝死，收之。匿收，与盗同法。”《关市律》261、262简有：“诸詐（诈）给人以有取，及有贩卖贸买而詐（诈）给人，皆坐臧（赃）与盗同法，罪耐以下有（又）署（迁）之。”

有时“与盗同法”时需计量之赃不是涉案财物整体，需要个别地确定。如前引《二年律令·盗律》77简：

> □□以财物私自假貣（贷）、假貣（贷）人，罚金二两；其钱金、布帛、粟米、马牛殹，与盗同法。

77简“财物”与金钱和布帛、粟米、马牛等市场常见流通物分列。概言“财物”者的私自借贷所造成的损失或非法所得不一定能够落实为赃值，此时是“私自借贷”的行为本身具有可责难性，因此采用“罚金二两”这种金额确定的经济制裁形式。对后者的私自借贷行为才是“与盗同法”。这恐怕是因为“与盗同法”需要计赃，而钱金、布帛、粟米、马牛等不仅本身有流通价值，而且可产生原物之外的获利，追究私自借贷罪时需计其赃。[①] 岳麓秦简（伍）（陆）各有数简所记秦令规定了“新地吏”和“治狱吏”及其关系人在向新黔首或当事人及其近亲属借贷时，坐“叚（假）、赁、费、貣息（其息之数），与盗同法”，[②] 可证秦时类如消费借贷的利息是“与盗同法”时所计之赃。78简特别列举私自借贷“钱金、布帛、粟米、马牛”者“与盗同法”，可能专对此类物品借贷期间的流通利

---

① 冨谷至先生结合唐律《厩库》“监主贷官物”“监主以官物借人”条与《法律答问》32简，认为此简涉及使用借贷和消费借贷之别，对一般财物的借贷科以罚金刑，而对金钱、谷物等的借贷是消费借贷，对它们则视为“盗”。见［日］冨谷至编《張家山二四七号墓出土漢律令の研究》，第55页。金钱、谷物、马牛等市场流通物的借贷涉及利息和孳息，即使案发前已返还等同原价之同类物乃至原物，也可能产生非法获利之赃，故得计赃“与盗同法”。

② 如见岳麓秦简（伍）39、40简，230、231简，234、235简，岳麓秦简（陆）159—168简。

息或所产孳息而言。按《盗律》55、56简的盗罪计赃量刑规定，私自借贷所应产生的利息金额达到22钱者即处罚金四两，超过借贷概言“财物”者的罚金二两。

“与盗同法”术语有时还被用于非赃罪。现有《二年律令》编联方案中，74、75简“盗出财物于边关徼”，76简“盗出黄金边关徼”都被置于《盗律》中。如前所述，有学者根据这几组简出土位置和内容，不支持将其归入《盗律》。本文对诸家提出的质疑理由亦有疑虑，不过关注点不在诸条归属，而是诸条中行为的成罪原因及形式。

“盗出财物、黄金边关徼”的条文如下：

> 盗出财物于边关徼，及吏部主智（知）而出者，皆与盗同法；弗智（知），罚金四两。使者所以出，必有符致，毋符致，吏智（知）而出之，亦与盗同法。（74、75简）
>
> 盗出黄金边关徼，吏、卒徒部主者智（知）而出及弗索，与同罪；弗智（知），索弗得，戍边二岁。（76简）

“盗出”亦见于睡虎地秦简《法律答问》140简：

> “盗出朱（珠）玉邦关及买（卖）于客者，上朱（珠）玉内史，内史材鼠（予）购。”·可（何）以购之？其耐罪以上，购如捕它罪人；赀罪，不购。

就140简，何四维先生认为，除将“盗出珠玉邦关”解为“盗珠玉而出秦邦关”外，无法解释“出珠玉”何以成罪，[①] 即将“盗”视为“盗窃”的动作，并将本条“盗”英译为有“不法地和偷摸地”之意的副词“thievishly”；[②] 前述冨谷至先生则认为《二年律令》74简“盗出”非指“偷偷出界”，而是“不正地携带出来”之意；叶山、李安敦先生则有折

① 但何氏也认为这种理解不可行，参见 A. F. P. Hulsewé，“The Wide Scope of Tao 盗 ‘Theft’, in Ch'in-Han Law”, p. 169。

② A. F. P. Hulsewé, *Remnants of Ch'in Law*, p. 159.

中，在“取非其物”的宽泛意义上将“盗出财物边关徼”视为“盗”的形式，与何氏一样英译“盗”为“thievishly”。[①] 在副词意义上，取“不正”之意似乎过于抽象；落实为具体的“盗”之动作或宽泛的“非法获利”的“取非其物”又面临一个问题，即《盗律》“盗出”诸条，尤其是74、75简“盗出财物于边关徼”的行为可能并不是为取利；其受到管制可能是违反了财物从中央政权管辖地区流向诸侯国的禁止规定，[②] 或者仅是违反了携带财物出边关徼的申报与验证程序要求。[③]

如此看来，秦时以内史辖区为中心的财物输出边境管控制度在汉初得以承袭。对违反规定者的处置方式，秦汉律令可能也是一致的。《法律答问》140简对“盗出珠玉”的捕赏是按“盗出珠玉”本身的刑罚分级施行，其刑罚分为“耐罪以上”和“赀罪”，应是涵盖了此罪的全部刑罚，如此则排除了赎、迁等法定刑，[④] 而与基准盗罪的刑罚种类相同。这符合以“与盗同

---

① Anthony J. Barbieri-Low and Robin D. S. Yates, *Law, State and Society in Early Imperial China*, Vol. II, pp. 457, 486 note 75.

② 石冈浩先生在《二年律令》系有意识选载汉初针对汉政权与诸侯国关系的新律令集的意义上，将《盗律》“盗出财物、黄金”条与秦简《法律答问》140简联系考虑，认为“《二年律令》本条也可以认为是有关假定向诸侯国流出的规定”。见［日］石冈浩《张家山简〈二年律令〉之〈盗律〉所见磔刑的作用——诸侯王国视野之下的严刑适用》，第97~98页，及注40。

③ 74简有：“使者所以出，必有符致，毋符致，吏智（知）而出之，亦与盗同法。”《二年律令》有关于使者的部分规定，从《传食律》232—234简可知使者的某些派出主体、差旅待遇等。不过，74简之“使者”是专指中央政权派出者还是也包括诸侯国向中央政权派出者，还不明确，但财物经由使者那里运出（“使者所以出”）的不是针对普通人而言的“盗出”，程序上也要求有人、物通行的符、致。这说明，至少使者合法携带财物出关者是允许的。

④ 秦律赀刑的常见形式是赀甲、盾，目前所见单一犯罪规定刑是赀刑的，其上限是赀二甲。里耶秦简常见“赀三甲”乃至“赀十四甲”之例，但都难以视为单一犯罪的规定刑，更可能是累积处罚。同时，睡虎地秦简、里耶秦简牍、岳麓书院藏秦简等秦简牍常见自“赎迁”至“赎死”的各种名称，其上限应高于赀刑上限。《岳麓书院藏秦简（肆）》简216、217：“……其任有辠（罪）刑辠（罪）以上，任者赀二甲而废；耐辠（罪）、赎辠（罪），任者赀一甲；赀辠（罪），任者弗坐。”（陈松长主编《岳麓书院藏秦简（肆）》，上海辞书出版社，2015，第139页）所任之吏本犯之罪是按轻重排布，耐罪与赎罪相连，赀罪轻于赎罪。据《二年律令·具律》119简，赎刑下限应为“赎迁”，为金十两，高于与秦之“赀二甲”对应的“罚金四两”（窃盗赃在不足110钱至满22钱之间，秦律为赀二甲，《二年律令·盗律》是罚金四两。于振波先生指出，赀二甲折金四两二锤。见于振波《秦律中的甲盾比价及相关问题》，《史学集刊》2010年第5期，第36~38页。

法”术语来参引基准盗罪的情形。[①]《二年律令·盗律》74、75简和76简也正是以“与盗同法”术语确定“盗出者”与知情纵放者的处置方式。74、75简知情之吏部主者的处置本应如76简般使用“与同罪”来参引盗出者刑罚，不过既然所与同者是盗出者的计盗出财物之赃“与盗同法”后的刑罚，为求减省，74、75简就直接规定为“盗出者与知情监管者皆与盗同法”。

从财物流向管控制度来理解“盗出”时，就意味着“盗”只是为“潜行、偷偷、私下”之意；至于“出财物”者本人是否具备“盗”的不当得利的主观意志，在所不论。[②] 在此语境中的“与盗同法”意味着，“同法”时将财物本身视为“盗”的对象，即“赃”，按基准盗罪计赃量刑。这种将非赃罪按赃罪方式处理的类例还可见于《贼律》49简“贼杀伤人畜产，与盗同法”，《田律》251简“诸马牛到所，皆毋敢穿穽，穿穽及及置它机能害人、马牛者，虽未有杀伤也，耐为隶臣妾。杀伤马牛，与盗同法”等。这说明有时使用“与盗同法”术语的条文，是为引出刑罚的计赃量刑形式，而与“盗”乃至“赃”罪的性质认定无关。

3.《盗律》“坐赃为盗”之赃

唐律的“正赃有六，余赃约此”构造中，余赃参引“六赃”时也使用术语，其中有“以盗/枉法论”“准盗/枉法论”之分；多数“以盗/枉法论”术语用例是在指示将前部犯罪作为“真犯盗/真犯枉法”之一种。[③] 秦汉律上也有“坐赃为盗”术语，是理解赃罪分化的一个着眼点。

---

① 支强先生指出：“对‘盗出珠玉’行为的处罚极有可能也适用处罚‘盗’的相关规则”。见支强《秦汉法律用语研究——以刑律为中心》，中国政法大学法律史专业博士学位论文，2013，第103页。

② 龙岗秦简12简有“不当入而阑入”，13简有“盗入禁苑”，20、21简有“以盗入禁苑律论之”。2001年整理本认为“盗入禁苑，疑指以偷盗为目的进入禁苑；‘盗入’似与‘阑入’有别”。释文及注释见中国文物研究所、湖北省文物考古研究所编《龙岗秦简》，中华书局，2001，第76页。“阑入”指“无符传而入”，不限公然还是潜行而入；与此相区别的“盗入”则应指偷摸进入。龙岗秦简有专条规定了于禁苑中取物的罪与非罪，可知“盗入禁苑律”只是针对私入禁苑的规定，原则上与进入目的乃至进入后的行为无关。《二年律令》“盗出”诸条亦应作如是解，惟“盗入”是人入，“盗出”是人“出”财物。

③《名例》“称反坐罪之”条：

> 诸称“反坐”及“罪之”“坐之”“与同罪”者，止坐其罪（小注：死者，止绞而已）；称“准枉法论”“准盗论”之类，罪止流三千里，但准其罪：并不在除、免、倍赃、监主加罪、加役流之例。称“以枉法论”及“以盗论”之类，皆与真犯同。

睡虎地秦简《法律答问》14 简有“坐赃为盗”类例，整理小组释文：

> 夫盗千钱，妻所匿三百，可（何）以论妻？妻智（知）夫盗而匿之，当以三百论为盗；不智（知），为收。

译文将“以三百论为盗”译为“按盗钱三百论处”。[①] 何四维先生将“以三百论为盗”断为“以三百论，为盗”，译“为盗”为“是盗的一种情形”（it is a case of theft），对妻的处置就是“应当以三百钱断其妻之罪，这是盗的一种情形”。[②] 相较于整理小组，何氏译法注意到了句式特点和“为”字的翻译，把“为盗”理解为犯罪性质的判断。14 简“以三百论为盗”是“坐赃为盗”的具化，[③] 但本简有“夫盗妻匿”的特殊性。

《二年律令》中“坐赃为盗”之例多分布于《盗律》之外诸篇，[④]《盗律》60 简之例颇值得关注：

> 受赇以枉法，及行赇者，皆坐其臧（赃）为盗。罪重于盗者，以重者论之。

---

① 睡虎地秦墓竹简整理小组编：《睡虎地秦墓竹简》，文物出版社，1990，第 97 页。

② A. F. P. Hulsewé, *Remnants of Ch'in Law*, p. 124.

③ 目前所见秦律令文本中还存在其他将“坐赃为盗”的指示具体化之例，如岳麓秦简（肆）272、273 简有“毄（系）城旦舂、居赀赎责（债）而敢为人仆、养、守官府及视史事若居隐除者，坐日六钱为盗。……”岳麓秦简（伍）91 简有类似规定：“它隐除。犯令者，坐日六钱为盗，盗比隶臣不守其所葆职㇗。……”标点有修改，见陈松长主编《岳麓书院藏秦简（伍）》，第 69 页。

④ 《二年律令・贼律》14 简：“☑诸詐（诈）增减券书，及为书故詐（诈）弗副，其以避负偿，若受赏赐财物，皆坐臧（赃）为盗。”《捕律》155 简：“捕罪人弗当，以得购赏而移予它人，及詐（诈）伪，皆以取购赏者坐臧（赃）为盗。”《钱律》199 简：“故毁销行钱以为铜、它物者，坐臧（赃）为盗。”《均输律》226 简：“者□津关所索得虽未出，皆坐臧（赃）为盗，☑皆索弗得，戍边二岁。”《传食律》230 简：“为传过员，及私使人而敢为食传者，皆坐食臧（赃）为盗。”《关市律》260 简：“市贩匿不自占租，坐所匿租臧（赃）为盗，没入其所贩卖及贾钱县官，夺之列。”其中 226 简上端有残缺，前两字仅余右部笔画。2007 年版《二年律令与奏谳书》据红外线图版补释如上。可能与整理本一样，红外本认为本简自成一条，前不与他条相连，所以将首字释为“诸”；但同时提出“从内容看，此简或与《津关令》相关”，并试将 226 简首字释为“者”，接续在《津关令》492 简后。见彭浩、陈伟、［日］工藤元男主编《二年律令与奏谳书——张家山二四七号墓出土法律文献释读》，第 182 页，第 308~309 页。

60简出土位置近于《盗律》诸简，更有晋志“魏律序略”“《盗律》有受所监受财枉法”的条文移置记载，可知60简确为《盗律》条文。如前所述，冨谷至先生曾提出本条被列入《盗律》的理由是因为行受贿以“不正当利益”的“赃”为对价，“从货财本来之处不当地夺取”构成“盗”罪。[①] 对本条，需说明者有四。

其一，“受赇”之“赇”本指“以财请求”；[②] 接受财物并允诺请求的，本不必然构成犯罪，所求与所应之事另有规制的，也不构成本罪。[③] 本条则是对“以枉法为目的的行受赇”的特别规定：“枉”为“邪曲”，可引申为“曲”“屈”；“枉法”指“违法”，[④] 含义本来宽泛，一般表现为主动的违法行为。本条暗含了“有事请求”与“枉法”的联系，因此“受赇枉法”有特别限定，专指官吏履行职事时的违法行为。[⑤] “受有事人财”和“受枉法请求”是“受赇枉法”罪的要素，使其区别于受财但拒绝请求、正当行事，以及单纯且被动的受所监临财物。

其二，行赇者以财物请求他人做出枉法之事，受赇者接受财物并许诺去做枉法之事。本罪的核心要素是得赃，与唐律“监临主司受财枉法或不枉法”是以“受有事人财、许枉法事”为核心要义一样，这一赃罪之成立，在于它是以许诺枉法为前提。因此本条第一层次是从“受（枉法之）赇”的赃罪属性来指示对受赇者“坐赃为盗”。“枉法”之事在行、受赇之初已有合意，因此行赇者也有其应得之罪，即唐律所谓“彼此俱罪之赃”；只是计赃量刑时，不同于唐律区别对待以财行求者与受财者、分别

---

① ［日］冨谷至：《论出土法律资料对〈汉书〉〈晋书〉〈魏书〉“刑法志”研究的几点启示》，第357~358页。

② 《说文》：“赇，以财物枉法相谢也。”这是在“受赇枉法”的常见语境下的词义缩限解释，“赇”字本义无“枉法”的额外之意。冨谷至先生已经指出，“赇”字本身不包含枉法的意思，也不是犯罪成立的要素。见［日］冨谷至《漢唐法制史研究》，創文社，2016，第424~425页。此处冨谷至先生又曾以“贿赂”和“受赇枉法”为对象，考察其在先秦以来尤其是汉唐律令间的变迁，参同书第422~438页。

③ 如《汉书·薛宣传》记薛况赇客杨明于宫门外伤人，自有“大不敬”“贼伤人”与“同谋共犯”诸律条节制，与“行受赇枉法”无关。

④ 《说文》：“赇，以财物枉法相谢也。”段注：“枉法，违法也。”

⑤ 对此唐律《职制》“有所请求”条是为注脚。该条是包括“受财枉法”条在内诸条的开端：“诸有所请求者，笞五十；主司许者，与同罪。已施行，各杖一百。”律文中有两小注：“谓从主司求曲法之事。即为人请者，与自请同。”“主司不许及请求者，皆不坐。”

给定刑罚的做法，[①] 60 简是同时规定行赇者与受赇者“皆坐赃为盗”。将行、受赇双方刑罚集约于同一个“坐赃为盗”术语的律文撰写方式，颇类前文所析《盗律》74 简“盗出财物于边关徼者与吏部主知情纵放者皆与盗同法”之例，“坐赃为盗”术语对受赇者和行赇者而言，确定罪、刑的意义同样有异。因此本条第二层次是从彼此俱罪之赃角度来确定行赇者的刑罚方式。本条实质上是一赃罪，有鲜明的赃罪属性；“枉法”内化于行受赇的请求与许诺中，对赃罪而言，不必然落实于行动；即使实际未行枉法之事，“许诺枉法而得赃”也构成赃罪并适用“坐赃为盗”。[②] 但如枉法事已行且罪重，则易科所枉之罪的刑罚以免畸轻。因此本条第三层次是确定赃罪计赃量刑的例外。[③]

其三，对本简“受赇”主体，简文未明言为官吏。认为本条针对一般

① 受财枉法/不枉法者是六赃之一，自有其计赃量刑规则；以财请求者则需参引六赃之“坐赃”。唐律《名例》“彼此俱罪之赃”条律疏：“受财枉法、不枉法及受所监临财物，并坐赃，依法：与财者亦各得罪。”《职制》“有事以财行求”条：“诸有事以财行求，得枉法者，坐赃论；不枉法者，减二等。”可见唐“以财请求枉法/不枉法”时的行赇者是参引“坐赃”处理。

② 对此可参唐律规定。唐律《职制》“受财枉法”与“受财不枉法”皆属六赃。中间人受财代为请求的，不是主事者自己犯赃，因此区分受财时的主观意图与后续动作，分别适用赃罪罪名。“受人财为请求”条律疏区分了“受财许为嘱请，未嘱事发”和“无心嘱请，诡妄受财”，各自参引“坐赃”与“诈欺”罪名。类似区分亦见于岳麓简秦令，治狱者的特定关系人受有狱者财物而“不告治者”“弗为请而谩谓已为请”和“弗谩”等，被区别处理。

③ 秦汉律令文书简牍中类例不少，如岳麓秦简和张家山汉简《二年律令·具律》关于治狱受赃枉事、不直的律令条文，又如睡虎地秦简《法律答问》131 简亦为典型：

> 把其叚（假）以亡，得及自出，当为盗不当？自出，以亡论。其得，坐臧（赃）为盗；盗罪轻于亡，以亡论。

堀毅先生认为前者体现了“二罪从重”原则。见［日］堀毅《秦汉法制史论考》，第 378 页。《二年律令·盗律》78 简有：“诸有叚（假）于县道官，事已，叚（假）当归。弗归，盈廿日，以私自叚（假）律论。”“私自借律”即 77 简简文，论法为“一般财物罚金二两；钱金、布帛、粟米、马牛与盗同法”，即借物逾期不还的构成赃罪，需“以私自借律论”，再转向适用基准盗罪规定。但 131 简本条“把叚而亡”中逃亡是借物逾期不还的必要条件，即携带所借官府器物逃亡才导致不能及时归还器物，进而才构成赃罪，需“坐赃为盗”；其主体本无不归还所借器物的意图，本不成立独立盗罪。基于“把叚亡”与“盗”之间存在的牵连或吸收关系，简文就主动投案和被捕获的不同情形是否都按照窃盗计赃判罚设置问答。参拙文《睡虎地秦简〈法律答问〉“狱未断”诸条再释——兼论秦及汉初刑罚体系构造》，第 120 页以下。

主体的理由，大概是文献诸例“赇”字用时不限官吏，[1]《为狱等状四种》“癸、琐相移谋购”案“受人货财以枉律令”与《奏谳书》案例六“受、行赇枉法”的罪名认定。但如前所述，“赇”单用文例只指“以财请求”，不必然涉及枉法；[2]至于文献诸例罪名，各有专条，无法套用本条。何况《为狱等状四种》与《奏谳书》不能作为论证60简主体的材料，因为此类案件本为罪名不能确定的疑罪，以之论证60简既有罪名，有落入循环论证之虞。[3]60简“受赇枉法”则不同，作为罪名它有其构成要素，“有事以财请求枉法”即是。在此意义上，“枉法”勾连了“职事”，行受赇是围绕枉法履行职事展开；本条主体一般情况下也就是官吏。[4]

其四，“鞫狱、诊、报、辟，受赇而出入人罪”是“受赇枉法”的特别情形，但《二年律令》作了不同于60简的规定。对比两条，有助于理解60简。《具律》93、95简：

鞫（鞫）狱故纵、不直，及诊、报、辟故弗穷审者，死罪，斩左止为城旦，它各以其罪论之。……〈罚岁金八两；不盈岁者，罚金四两。（94简）〉[5]□□□□两，购、没入、负偿，各以其直（值）数

---

① 如《汉书·酷吏传·尹赏传》：“长安中奸猾浸多，闾里少年群辈杀吏，受赇报仇”等，“受赇”者非官吏，为一般人。

② 类如前引《为狱等状四种》“识劫娓”案，如识未曾威胁过娓，娓自行以财物请求识不去告发匿訾之罪，而识接受财物、许诺请求未告发犯罪，这可能是常见的“受赇”情形；鉴于古法并未规定针对所有人的普遍告发义务（对此可参拙文《再议古代法律中的“亲属容隐”规定》，《法制史研究》（台北）第15期，2009，第219页以下），识的作为似乎谈不上“枉法”。

③ 吏当意见所确定的罪名不全然是以法条竞合原理获得，亦有运用比附类推思维之例。“癸琐相移谋购”案与“女子甑、奴顺等受行赇枉法”案所确定的罪名究竟出于何种理据，尚不明确。

④ 但有时执行职事的可能不是官吏，若有枉法情事，可能会因主体身份导致罪名疑问，《奏谳书》案例七或是其例。详下。

⑤ 在93简与95简之间，整理者编入94简，但94简上段简文完结，下段留空未书，文字不能与95简直接相连；95简上段有数字不能辨识，“所予赃罪重，以重者论之，亦加二等”中“予”为“给予”，而本条针对受赇者，主语似有转换但简文未明确。因此本条稍有疑问。不过二简内容密切相关，93简虽未明言，但“鞫狱、诊报辟”的主体为主事刑事司法程序者似无可疑；93简有“故”，95简有“非故、失”，两者相对。可见本条是在列举刑事司法过程中各类出入人罪的情形。因此二简应属一条，之间或者直接连排、简文通过95简前数字顺承，或者应有已灭失不存的他简。

负之。其受赇者，驾（加）其罪二等。所予臧（赃）罪重，以重者论之，亦驾（加）二等……

本条特异之处有二：其一为本条的罪与刑。从罪名属性看，本条位于以断狱最后阶段各种规定为主要内容的《具律》，是专对刑事审判过程中故出入人罪的规定，而非《盗律》60简般的赃罪规定。[1] 从定刑方式看，本条的第一层次是确认主体刑罚原则上是以出入之罪名反坐其刑；第二层次是说明此原则的例外，即若有受赇情事，刑罚是在反坐之刑上加罪二等；第三层次是对第二层次的递进补充说明，即计受赇之赃重于反坐出入罪之刑加二等时，以受赇之赃计罪并加罪二等。可见在立法者视野中，本条宗旨与60简有着本质差异；但在确定刑罚时有近似逻辑。其二是，本条主体模糊，鞫狱、诊、报、辟各环节的实际参与者未必都是作为治狱者的官吏，如“诊”是某些案件中确认犯罪事实的必要步骤，睡虎地秦简《封诊式》中赴现场主持检验工作并制作爰书的常是令史，但实际着手去“诊”的则有包括“医”“牢隶臣”等在内的不同身份的人员。就此而言，本条“受赇鞫狱、诊报辟故出入人罪，加罪二等”的主体可能不限于吏。当然，本条的受赇同样是围绕“事”即刑案审理展开。

对官吏受赇枉法的刑罚，似可从《汉书·刑法志》“当黥者……吏坐‘受赇枉法、守县官财物而即盗之’，已论命复有笞罪者：皆弃市”一句观察。汉志本句限定主体为“吏”。前已说明，“已论命”的“守县官财物而即盗之”罪是在“当黥”前提下加罪二等，因此刑改诏令颁布后再犯加笞之罪（刑制改革前应替换黥刑的斩右止）时，直接加重为弃市。“吏坐受赇枉法”亦应作如是解。[2] 如此可知，在文帝十三年刑制改革前，以吏

① 唐律“受财枉法”条位于《职制》，“官司出入人罪”位于《断狱》。虽然在魏晋律中有篇目增合、条文移置过程，唐律篇目内在逻辑与汉律已有差异，但两条分属不同律篇的安排体现出一定的延续性。

② 自反面言，若吏坐受赇枉法也不加罪，令文此处就面临和主守盗相同的疑问：若受赇枉法当黥，最高只是黥为城旦，论命后再犯黥即所谓藉笞罪的，本为髡钳笞三百，此时越过髡钳笞五百而直接加重为弃市，也可谓畸重。比照主守盗加罪之例，吏坐受赇枉法也应是加罪二等。

为主体的“受赇枉法”是通过参引“坐赃为盗”，在基准盗罪刑罚基础上加罪二等。但官吏受赇枉法的“加罪二等”是独立于还是内在于“坐赃为盗”术语呢？或许60简已经预设，当主体是官吏且涉及“有事以财请求”时，其与行赇者是“所监/所治”关系，“坐赃为盗”就会蕴含“监主盗所监临”的意味，如此则需与主守盗般加罪二等。① 又或许在《二年律令》与文帝十三年之间，“吏受赇枉法、坐赃为盗”的条文被修改过，规定为在凡盗基础上加罪二等。

（三）官吏犯赃与参引术语

据前文，“与盗同法”和“坐赃为盗”术语的用例多分布在《盗律》篇之外，这说明立法者在制定条文之初，是将使用二术语的各项犯罪分置各篇，体现出从犯罪性质角度区分“盗”与余赃（部分“与盗同法”之例不是赃罪）的倾向。但各项犯罪最初刑罚不一定都是参引基准盗罪，两个术语的使用规则也可能发生过变动。这一过程现已难以把握。从它们在典型赃罪（尤其是围绕官吏“职事”出现的赃罪）的使用上，似可发现参引术语在赃罪中的使用与赃罪本身的特点有关。

1. 官吏犯赃的基础：“事”

《晋书·刑法志》载“魏律序略”记有：“《盗律》有受所监、受财枉法……其事相类，故分为《请赇律》。”据《二年律令·盗律》60简，此处作为罪名的“受财枉法”应为“受赇枉法”。② 将“受所监”与“受赇枉法”并列，可知汉律《盗律》篇尚有“受所监”之赃。张斐《注律表》将“受所监”与另一赃罪“盗赃”作为同一组“以威势得财且罪相似者”，着意加以区分：

> 不求自与为受〈求〉所监，〔所监〕求而后取为盗赃，……皆为以威势得财而罪相似者也。

① 岳麓秦简所见秦令中已存在对“所监”“所治”之类关系的特别规范。下文进一步说明。

② 前已说明，“受赇枉法”意味着受财时有“有事以财请求枉法”的预设，言“受财枉法”则还可能是“受财”“枉法”二事不相须。《盗律》60简是“受赇枉法”，晋志所言应即此罪而非“受财枉法”。

中华书局本前二句写作“不求自与为受求，所监求而后取为盗赃”，循此断句，诸家可能都认为后句“盗赃”自成罪名，但对前句罪名的理解可能不同。有学者将前句“受求”等同于“受赇”，并译二句为：“不用索取，而自愿给与的，叫受求（赇）。凭借监管权向人索取，而取得财物的，叫盗赃。”①也有学者认为“‘不求自与’是指行为人主动向官吏给予财物，‘所监求而后取’则为官吏向所监临的百姓或下属索求财物”，并认为前半句类似唐律“有事以财行求”，将“受求”作为罪名。②内田智雄先生将二句断为“不求自与为受求所监，求而后取为盗赃”，且认为前句“受求所监”之“求”与“赇”同义。③如此一来，前句“不求自与”就被理解为“官吏不索取而所监自动给予”。但“自与”本未体现出“赇”的“请求”之意；“受求”或“受求（赇）所监”也不是常见罪名，与张斐他处对罪名的使用之例有异。

本文揣测，前句“受求”之“求”或衍；“所监”下应有重文号，后世传抄时脱漏。因此原文应作“不求自与为受所监，所监求而后取为盗赃”，故改写二句如上。二句中的罪名皆为常见的官吏犯赃情状，前为“受所监”，后为从官吏“受赇”分化出来，作为“盗”之一种即“盗赃”。一方面，“受所监”是秦汉至唐习见罪名，它不是官吏在“所监有事以财请求”时取其财，而是“无事”时被动接受所监馈赠，《汉书·景帝纪》元年诏“吏受所监临，以饮食免”云云即是其例。“受所监”与“呵人受钱”同为官吏“以威势得财”，但两者不同。“受所监”是“不求自与”，说明系所监主动赠予而官吏被动“受”；“呵人受钱”则是官吏先以事呵人，逼迫所监“主动给予”，官吏再“被动”“受”钱。另一方面，“所监求而后取”则为所监有事先以财请求，监临官先不“受”，而后“取”其财。若连贯看“有事请求枉法以财相谢”的过程，这本是“受赇”之罪，据《盗律》60简应“坐赃为盗”。但常见的“受赇”场景是所监有事以财请求和官吏接受财物并允诺请求是同一过程。此处所监请求与官吏取财之间却存在先后时间差，似乎分为两个独立事件。单就后一事件

① 见中国政法大学法律古籍整理研究所《中国历代刑法志注译》，第97页。

② 见周东平主编《〈晋书·刑法志〉译注》，第300页，注605，及第306页译文。

③ ［日］内田智雄编、［日］冨谷至補：《譯注中國歷代刑法志（補）》，第163页，及注4。

即官吏取财言，正合张斐所谓“盗赃”：“盗赃”是动宾结构，表示监临官“取”所监临者行赇之“赃”。作如是解时，此二句实际是针对监临官自所监处得财这一单一事件，区分了“受所监”与“盗赃”，而后者是“受赇”情形特别而被作为“盗”者。因此张斐此处并未提出“受求”“盗赃”这两个新罪名。

张斐对二罪的区分首先让人注意到动作描述：“受所监”是“自与”相对的“受”，“盗赃”则是官吏之“取”。更值得注意的是，官吏所取得的财物之上是否寄托了所监明示过的“有事请求”：“受所监”中的所监未提出请求，但“受赇”中的所监明确提出请求。

以是否具备“有事请求”要素来区别“受赇”和“受所监临”，并分别对应使用“坐赃为盗”和“与盗同法”术语，恐怕是秦及汉初律令中的既有做法。

唐律“监临”包括了吏—民关系，秦汉时亦应如此。[①] 秦律令未见“受所监”罪名，但有类似规定。如前述岳麓秦简（伍）39、40 简：

> ●新地吏及其舍人敢受新黔首钱财酒肉它物，及有卖买叚（假）赁貣于新黔首而故贵赋（贱）其贾（价），皆坐其所受及故为贵赋（贱）之臧（赃）、叚（假）赁费、貣息，与盗同灋（法）。

“新地吏”接受其监临下的“新黔首”财物及在经济往来中取利得赃的，需“坐赃与盗同法”。令文对新地吏受所监的行为作出特别规定，应是比照了当时的既有规定，但不知这一既存规定是以律文还是令文形式存在，如是律文，则应属《盗律》；如是令文，则在其后的某一时机进入了《盗律》。

有无“有事请求”要素对使用参引术语的影响，还可以从岳麓简秦令中看到类例。岳麓秦简（伍）（陆）有数则关于治狱者及其特定关系人收受各类财物饮食贿赂的令文，如岳麓秦简（伍）229、230 简记有：

---

① 《二年律令·具律》103 简“监临”专用于“卑官”，《汉书·景帝纪》元年诏之“所监”未明言范围。但因后有“所治”与其并列，“所治”常指“所治之狱”的当事人，则“所监”不专指下级官吏，亦可指百姓等非官吏。

自今以来，治狱以所治之故，受人财及有卖买焉而故少及多其贾（价），虽毋枉殴（也），以所受财及其贵贱贾（价），与【盗】【同】灋└。

246、247简记有：

治狱受人财酒肉食、段（假）貣人钱金它物及有卖买焉而故少及多其贾（价），以其故论狱不直（值），不直（值）辠（罪）重，以不直（值）律论之。不直（值）辠（罪）轻，以臧（赃）论之。

前者规定了治狱受财（包括直接受财和以差价交易形式间接受财）不枉法之赃是参引“与盗同法”，后者则是受财导致论狱不直时的刑罚选择规定，其中所枉罪轻时是“以赃论之”，指向前者的“与盗同法”方式。此类“治狱受财物饮食，与盗同法”之例，皆未明言有狱者先以财请求治狱者枉法。此外有部分令文详细规定了治狱者的特定关系人收受有狱者财物并允诺代为请求如何处置，这类非治狱者亲身而是其“父母”“同产”“亲所智”“同居”等近亲属收受所治者财物，治狱者事后知情的（“为请”/“告治者”等），或收受财物时未明示枉事犯意的（“受财货、以其故枉事/虽弗枉事”），令文都没有表述为“坐赃为盗”，而是“受者、治者与盗同法”“治者弗论、以盗律论受者”“治者耐/赀二甲”之类。这类收受财货的行为没有同时伴有请求和许诺枉法，其赃罪属性更为明显；单就“受财”环节而言，若不与明示的枉法请求相须，就与“予—受”的“受所监”没有本质差异。

至此可见，“事”是勾连官吏赃罪的一个连接点，受财得赃是否以履行职事为前提，是否对“有事请求枉法”明知，决定了罪名之异，也相应决定了参引术语之别。本文据此大概可以对秦及汉初律令中的官吏犯赃形态作如下区分。

不以具体职事为基础的官吏赃罪，可见被动受财的“受所监”“治狱受饮食”，各罪参引术语为“与盗同法”。以具体职事为基础的官吏赃罪，可见被动受财的“受赇枉法”（可包含主动呵人而“被动受财”的“呵人受赇”，且所指可能不限于“以罪名呵”；未来位于《令乙》的“不以罪名呵之呵人受钱”，在秦及汉初应尚未分化出来），和“所监先求而官吏后取”的“盗赃”，除“盗赃”本即为“盗”外，参引术语大概皆为“受赇”的“坐赃为盗”。

2. 官吏赃罪中的“与盗同法”与“坐赃为盗”

秦令中“受所监，坐赃与盗同法”无加罪规定；在其后的《盗律》中“吏受所监”是否加罪，尚不可知。《奏谳书》案例十三（61—62 简）记录了士吏贤“主”大夫氿，氿盗窃文书并脱逃，贤拘系氿母嬐，后又接受价值 90 钱的饮食贿赂而放走嬐，其罪成疑。廷尉回复贤应被处罚金四两。该案中赃值 90 钱，科处罚金四两，按《盗律》55、56 简基准盗罪计赃量刑规定看，未被加罪。因“受所监”不会重于“受赇”，则可知汉初“受所监，与盗同法”时不加罪。

形成对比的是，与《二年律令·盗律》60 简受赇枉法罪类似的罪名应已存在于秦律令中，且其处置也是“坐赃为盗”。其例可见岳麓秦简（叁）《为狱等状四种》“癸、琐相移谋购案”，捕得群盗盗杀人后，癸、琐为谋取官府购赏，违反《捕律》规定，私相移受罪人，其罪为“受人货财以枉律令、皆坐赃为盗”。以财请求违反律令之事是癸琐双方明知，因而“坐赃为盗”。前析《二年律令·具律》93、95 简鞫狱出入人罪也是治狱枉法的情形之一，其确定刑罚层次中有加罪二等，其前提是“受赇”，更表明行赇、受赇者之间自始存有“出入人罪”的明确认知，也符合“故纵”“不直”“故弗穷审”等律文对“故”的强调。

值得注意的是，《汉书·景帝纪》元年诏有“受所监”参引表述的一点变化：

> 秋七月，诏曰：“吏受所监临，以饮食免，重；受财物，贱买贵卖，论轻。廷尉与丞相更议著令。”廷尉信谨与丞相议曰：“吏及诸有秩受其官属、所监、所治、所行、所将，其与饮食，计偿费，勿论。它物，若买故贱，卖故贵，皆坐臧为盗，没入臧县官。吏迁徙、免、罢，受其故官属、所将、监、治送财物，夺爵为士伍，免之。无爵，

罚金二斤，令没入所受。有能捕告，畀其所受臧。"①

此诏之前，"吏受所监临饮食"被免，应是指受饮食与受财物、贱买贵卖处置相同，在计赃量刑超过一定幅度后都会被免官；因而景帝下诏要求根据官吏所收财物类型区别处理。"受所监""受所治"赃罪在岳麓简秦令中使用"与盗同法"术语，在廷尉与丞相的方案里被表述为"坐赃为盗"。此诏前"受所监"使用的参引术语是已由秦令所见"与盗同法"改为与"受赇"相同的"坐赃为盗"，还是自此诏始改？尚不清楚。②

至此可对"与盗同法"和"坐赃为盗"术语作一总结性比较：

如前所述，有学者赋予"盗"以"不正、恶意"的抽象意义，或宽泛理解"取非其物"，从而扩大"盗"的范围，使"盗"罪不仅涵盖了劫人、略卖人等有着独立罚则的犯罪，也得以涵盖使用"与盗同法""坐赃为盗"参引术语的赃罪。泛化"盗"的含义难以为理解赃罪体系内部各条文关系提供实质帮助，也容易掩盖"与盗同法"和"坐赃为盗"体现出的不同倾向——两个术语的用例说明它们在参引效果层面和区分犯罪性质方面都有差异。在罪名区分层面，有时律令制定者的立场是强调特定赃罪与盗罪之间的共性而以"坐赃为盗"弥合其差异，有时则是将特定赃罪与盗

① 中华书局本《汉书》在"官属""故官属"与"所监"之间未加标点，易让人理解为"所监"顺承"官属"而下，限于官属内。"官属"，《史记》《汉书》等多见，可指称某一职官所辖有或具体官府机构下辖的属员，是官府内的一类人。在此意义上的"官属"亦多见于睡虎地秦简等出土简牍。睡虎地秦简《秦律十八种·置吏律》157 简有"群官属"，整理者注："群官属，指各官府的属员。"见睡虎地秦墓竹简整理小组编《睡虎地秦墓竹简》，文物出版社，1990，第 56 页。岳麓秦简（肆）220 简"置吏律"亦有"群官属"，整理者注："属专指一类中低层的吏，群官属即各官署的属。"见陈松长主编《岳麓书院藏秦简（肆）》，第 172 页。景帝元年诏中，吏之"官属"应指吏所在之官的属员，吏与其有稳定的监临关系；吏之"所监、所治、所行、所将"则指吏在履行具体职事时所监临统摄之人，吏与这类人有个别的监临关系。元年诏着意的不仅是官属内的监临关系，而是要在更广意义上全面规范吏与所监之间的财物授受行为。因此，本文区隔"官属"与"所监"等群体，修改标点如上。

② 类例可见前引《二年律令·盗律》77 简，据该简，私自借用县官马是"与盗同法"；居延新简 E. P. F22·200 简有建武三年（27）"放以县官马擅自假借，坐藏（赃）为盗，请行法"（释文见李均明《秦汉简牍文书分类辑解》，文物出版社，2009，第 87 页），两条材料时代相距久远，不知针对假借官府财物的参引术语何时变化，也不知汉代立法是否经历过将"与盗同法"转为"坐赃为盗"的过程。但参引术语变化的背后应当暗含了被参引的基准规定的变化。

罪的差异作为参引前提保留下来；在参引效果层面，它们的作用都是指示赃罪去参引盗罪规定，但“与盗同法”的用法比“坐赃为盗”更复杂。

使用“坐赃为盗”术语的赃罪与盗罪之间具有得赃动作上的差别，因此诸赃非盗。不过此类赃罪与盗罪间存在鲜明的共同点，即主观上对不当得赃的明知和主动追求。前文所述“受赇枉法”如此，“诈增减券书、为书诈弗副”“诈伪取购赏”“故毁销行钱”“为传过员、私使人食传”“匿不占租”“敢为人仆、养”等亦皆如此。这一因素体现了诸赃与“盗”在主观意图方面的相合之处，似乎是秦及汉初律令中特定赃罪使用“坐赃为盗”术语的核心条件。使用“与盗同法”术语的赃罪则不强调不当得赃的主观共性，甚至部分用例本就不是赃罪。至于得赃动作也既包括主动的出借官物、交易取利等，也包括被动的受所监等，与“盗”限定为有主动拿取动作的情形不同。由此可见，“与盗同法”术语本就蕴含前部犯罪与盗罪有差异之意。

就术语的参引效果而言，“坐赃为盗”赋予其前部犯罪以“盗”罪的全部效果，因此如前所述，如因主体身份等因素导致其人若犯盗罪将适用特别规定的，“坐赃为盗”时也会附有特别规定的效果，最典型的就是官吏犯赃，“坐赃为盗”意味着需将官吏身份纳入“盗”罪规制。如前析《二年律令·盗律》60简吏坐“受赇枉法，坐赃为盗”时其“盗”可能需在基准盗罪基础上加罪二等，此即汉志所记“吏坐受赇枉法”因“坐赃为盗”而加罪二等；又如前析吏“坐受所监临”，据《汉书·景帝纪》，至迟在景帝元年时已由“与盗同法”改为“坐赃为盗”，而据《汉书·萧望之传》，望之“多使守史自给车马……又使卖买，私所附益凡十万三千”，“受所监臧二百五十以上”，若此时“受所监”仍按“坐赃为盗”逻辑参引刑罚，则可知萧望之“受所监临，坐赃为盗”已被加罪而导致计赃等级下沉。①

“与盗同法”术语的参引效果更为复杂。一方面，单言“与盗同法”时，只是在指示司法者将前部犯罪进行“转化”，即先行确定案中之赃，在赃罪中应即主体实际所得之赃；之后按照主体盗此赃来处理。既云“同

① 沈家本先生言“五百以上通常臧”包括了凡盗即基准盗罪。

法”，则应具备主体犯盗此赃的全部效果，既包括对主体本人的直接效果，如官吏犯盗，“当刑者刑，不得以爵减免赎”;[①] 也包括附随效果，如犯罪连坐之制。《法律答问》22简有“盗及者（诸）它罪，同居所当坐”，可知盗罪连坐同居者；《法律答问》20简则记有“律曰‘与盗同法’，有（又）曰‘与同罪’，此二物。其同居、典、伍当坐之”，说明“与盗同法”和“盗”一样，会连坐犯罪者的同居、典、伍。[②] 另一方面，“坐赃为盗”本身已纳入特别盗罪对主体、情节的加重效果的考量，加重刑罚的意味已被内化，无需也不能在“坐赃为盗”后再附加“加罪一/二等”之类修正表述；而“坐赃与盗同法”仅指示其赃是按照基准盗罪处理，计赃量刑后，可再纳入对主体、情节的特别考量而加罪。因此“与盗同法”术语还具有使用上的开放性，可以搭配其他处置措施，用于加重或减轻惩处特定赃罪，既可单加“迁”,[③] 也可搭配“加罪一等，耐以下又迁之”,[④] 还可间接搭配“加罪二等”,[⑤] 还可搭配“减罪一等”。[⑥] 这也正是“与盗同法”与“盗”不同、律令用语刻意区分二者的明证。

三、赃罪疑问举隅：以《奏谳书》为主

与赃罪有关的“罪与非罪”“此罪与彼罪”的疑问也会出现在司法实

---

① 如特别身份人犯盗时有特别规定的，“与盗同法”时此一规定也会适用。如下析《奏谳书》“恢盗县官米”案般，醴阳令恢指使他人盗县官米并销赃，自己未下手但取得盗米所得之赃，“与盗同法”时，需遵“吏盗，当刑者刑”令文规定。

② 诸家对本条理解多有分歧。20简是以“盗罪”为前提，讨论“与盗同法”“与（盗）同罪”“反其（盗）罪”是否有连坐效果。第一句“律曰‘与盗同法’，又曰‘与同罪’，此二物”是着意区分“与盗同法”和“与同罪”之不同；第二句承接了“律曰‘与盗同法’”，是在说明“与盗同法”有连坐其同居、典、伍的效果。对20简的不同理解，可参中国政法大学中国法制史基础史料研读会《睡虎地秦简法律文书集释（七）:〈法律答问〉1~60简》，第78~81页。

③ 如《二年律令·关市律》261、262简。

④ 如前引岳麓秦简（伍）291简。

⑤ 如前引龙岗秦简44简。

⑥ 如龙岗秦简148、149简记有:“其所受臧（赃），亦与盗同法，遗者罪减焉一等……”释文见中国文物研究所、湖北省文物考古研究所编《龙岗秦简》，第122页。前文未知其详，应是规定了某种赃罪是“与盗同法”，之后规定某类主体如官吏“受”赃的，“亦”与盗同法；接下来规定“遗”者减罪一等。对本条的理解，可参拙文《秦及汉初减罪之制管窥》，王捷主编《出土文献与法律史研究》第9辑，法律出版社，2020，第432~435页。

践中，被奏谳类司法文书记录下来。赃罪疑问包括两类：一为人们（包括当代学者在内）在理解部分条文的赃罪定性方面时存在的分歧，主要是赃罪是否构成的问题；二为秦汉时人遇到并尝试解决的疑难赃罪案件，主要是此罪与彼罪的罪名选择问题。秦汉奏谳类文书主要针对重要和疑难案件，张家山汉简《奏谳书》收录赃罪案件，涉及不同赃罪类型，从中可以了解时人对赃罪的思考。在此撷取数例，试加分析。

（一）赃抑或非赃：关于官吏的“私役使”

官吏所犯之赃是古法所特重者，唐律正赃六色，专限官吏者占半，约此六赃的余赃中也多为官吏所犯。秦及汉初同样重视官吏赃罪，且将赃罪立法触角伸向官吏身边的特定群体。有些赃罪问题就围绕官吏与其身边特定关系人展开，其中既包括官吏“私役使”的行为，也包括特定关系人犯赃的行为。①

1.《秦律杂抄》10、11 简非赃罪规定

秦及汉初，除以官吏职事为基础的监临关系外，官吏与他人之间还可存在私人关系，② 其中官吏与其“从者”的关系值得关注。从包括前引岳麓简秦令的数则用例看，从者可能是随同官吏赴任履职的人，包括由国家定额配给者，③

---

① 如“父母”“同产”“亲所知”“同居”等官吏亲友是律令常见的赃罪主体。

② 如亲友关系、主奴关系、私属关系等。官吏身边的非亲属中，不隶属于官府者可被视为吏之“私属”。“私属”汉代文献常见，新莽时期亦曾作为奴婢易名。《二年律令·亡律》162、163 简中主人放免之奴即被称为“私属”，与主之间存有与良人不同的私人关系。小稿借用“私属”来指称法律身份不是官吏之奴，亦非其亲属，而与官吏有私人隶属关系者。其中有放良而成者，也有双方自愿约成如依附或雇请者，下文《史记·匈奴列传》《汉书·李广利传》中的从者就有源于私募者，也可能有主动追随者。

③ 睡虎地秦简《秦律十八种·金布律》72—75 简记有：

> 都官有秩吏及离官啬夫，养各一人，其佐、史与共养；十人，车牛一两（辆），见牛者一人。都官之佐、史冗者，十人，养一人；十五人，车牛一两（辆），见牛者一人；不盈十人者，各与其官长共养、车牛，都官佐、史不盈十五人者，七人以上鼠（予）车牛、仆，不盈七人者，三人以上鼠（予）养一人；小官毋（无）啬夫者，以此鼠（予）仆、车牛。豤生者，食其母日粟一斗，旬五日而止之，别以叚（假）之。　　金布律

由此可知各机构、各秩级官吏享有国家定额配给的牛车仆养等，以利其日常工作。

也包括由官吏私人负担者,[①] 其工作大体是“从史”“仆养”“私卒”等事；依其与官吏亲近方式或在地/在途场合，大体有“从者”“舍人”之分。[②] 有时秦汉律令会针对从者基于官吏职权犯下的赃罪作出特别规定，如前引岳麓秦简（伍）39、40 简规定了“新地吏及其舍人”收受新黔首财物及买卖借贷得利的，需坐赃与盗同法；291 简规范了从者买卖诈欺取利之赃罪的内容。

同时，从者与官吏关系特殊，有时表面看是从者倚仗官吏职权取财的赃罪，或官吏“私役使监临”的行为，实际上恐怕不具备赃罪属性。典型者是睡虎地秦简《秦律杂抄》10、11 简：

> 吏自佐、史以上负从马、守书私卒。令市取钱焉，皆䙴（迁）。

学者常感“负从马守书私卒”难解。“负从马”，1977 年整理小组提出二说，一说“负从马”系“驮运行李的马”，另一说“负为动词”，“使之负载”之意。[③] 1979 年整理小组取前一说，引《史记·匈奴列传》“私负从马凡十四万匹”为例，将“负从马”作为一词，解为“驮运行李的马”，语译本条为：“自佐、史以上的官吏有驮运行李的马和看守文书的私卒，用以贸易取利，均加以流放。”[④] 中国政法大学中国法制史基础史料研读会引中华书局修订本《史记·匈奴列传》“负私从马”条《校勘记》，

---

① 《史记·匈奴列传》“私负从马”《正义》云：“谓负担衣粮，私募从者，凡十四万匹。”《汉书·李广利传》“负私从者不与”颜师古注：“负私粮食及私从者，不在六万人数中也。”例中“从者”皆为私属。不过法律意义上的“从者”也可能包括官府公派随行人员，在个别场合下，可能需要区分随从之人的官府指派与私人雇请的不同来源。类例不仅有下文所举“私从马”的讨论，也可从下文所见“舍人”未限定公私来源，但《法律答问》180 简则需要在出使外邦的语境下区分出使者的“私舍人”的情形推知。

② “舍人”系官吏身边亲近之人，岳麓秦简（伍）41、42 简特意将学书于吏而不满十五岁的人排除在吏之“舍人”范围之外，暗示出“舍人”仅是与吏同居于官舍之类能够在空间外观上表现出来，与吏有近密私人关系者，因此在规定官吏身边人的犯罪时，需要从中排除某些来源特别之人；如单从关系角度看，舍人与从者的地位类似。不唯如此，此处“舍人”是新地吏之舍人，如其中有官吏私人雇请、随从官吏履职的，则可能在地为舍人，在途为从者。

③ 睡虎地秦墓竹简整理小组编：《睡虎地秦墓竹简》，文物出版社，1978，第 88 页。

④ 睡虎地秦墓竹简整理小组编：《睡虎地秦墓竹简》，文物出版社，1990，第 82 页。

认为“可知‘负’为负担、承载，‘私从’为私人随从之意。本简中的‘负从马’，结构类似‘负私从马’，意即承担运载的随从马匹，但其当属公家而非私人所有”；并语译本条为：“佐、史以上的官吏利用承担运载的随从马匹和看守文书的私卒贸易牟利，均处迁刑。”① 按此理解，本条针对的就是官吏私役使“负从马”“守书私卒”交易取利，类于“私役使”赃罪。若成立赃罪，“负从马”“守书私卒”应即如研读会所言是公家所有，或其他私人所有。官吏私役使所监临者，是古法赃罪的一种，唐律规定是以所榨取的劳动力价值计赃论罪。唐律《职制》“私役使所监临”条：

> 诸监临之官私役使所监临，及借奴婢、牛马驼骡驴、车船、碾硙、邸店之类，各计庸、赁，以受所监临财物论。

不过秦简“负从马私卒”的结构可有他解。青海大通上孙家寨汉墓所出简牍有“私卒仆养数廿八　从马数使私卒卅六”②，“从马”构成单独一词，且与“私卒”同列。睡虎地秦简《封诊式·夺首》条记有“甲，尉某私卒”③。上孙家寨汉简系西汉晚期简，与睡虎地秦简有时代隔阂，但“从马”“私卒”可能指向一致，且各自为单独一词。至此应考虑，《秦律杂抄》本简“从马”为一词，与“守书私卒”并列。本条“从马、守书私卒”未必是官府所有，甚或并非由官府指派的服徭平民，而应是官吏自行雇用的私人随从，其中“从马”是吏私人募用、装驮随侍的马匹，也代指同为吏私人募用的照料马匹者。④“守书私卒”，据整理小组，可能为看守文书的随从士卒。

① 中国政法大学中国法制史基础史料研读会：《睡虎地秦简法律文书集释（六）：〈秦律杂抄〉》，中国政法大学法律古籍整理研究所编《中国古代法律文献研究》第11辑，社会科学文献出版社，2017，第20页。

② 大通上孙家寨汉简整理小组：《大通上孙家寨汉简释文》，《文物》1981年第2期，第22页。

③ “卒”字，整理小组原释为“吏”，彭浩先生等据红外影像改释为“卒”。见陈伟主编《秦简牍合集（壹）》，武汉大学出版社，2014，第298页。

④ 日本中央大学秦简讲读会提示，《金布律》72简以下说明，对官吏发给养、见牛者、仆；“负从马是指驮马，但本译解作照料乘马的养、仆”。其意见参见中国政法大学中国法制史基础史料研读会《睡虎地秦简法律文书集释（六）：〈秦律杂抄〉》，第19页。本文认为“从马”构成一词，代指照料从马之人，但认为此类人是由吏私人募用的，恐怕不能与官发之“仆”相混同，上孙家寨简文因而分列。

不过“守书”“私卒”似有分指，“守”在秦汉文献中常有“主管”之意，“守书”者可能是官吏私人雇用、负责文书笔墨者。[①]“从马、守书、私卒”应即岳麓秦简秦令所见“从者”，亦即诸家在解释《史记》《汉书》“私负从马”时提到的“从者”；且是从者中不属公有，而为官吏私属者。[②]

本条前句可理解为：佐、史以上之吏负担随行马匹、守书与私卒。[③]这揭示了“吏”与“从者”的特别关系：吏“负”从者，即由吏承担从者开销。这从前提上否定了本条规制官吏私役使赃罪的可能性。至于后句“令市取钱焉”，或有三解：一是“（吏）令（从者）市，（吏）取钱于此（焉）”，即吏指令从者去交易，又拿取交易所得之钱。此解中，本句省略了主语“吏”，而“吏”为动作“令从者市”和“取钱焉”的共同主语，其中“令”为动词“指令”之意，“令”后省略“从马、守书、私卒”，“取钱焉”意为“于此取钱”，指吏拿取从者交易所得之钱。二是“（吏）令（从者）市取钱”。即吏指令从者去交易取利得钱。三是“假若（从者）市取钱”，其中“令”为连词，表假设，[④]“市取钱”的

---

① 佐、史以上之吏雇请私卒的，不会专为看守文书，因此此处“守书”要么也是指一类从者而与“从马”“私卒”并列，要么是为限定“私卒”的类型，即被处以“迁”刑的私卒是专司守书的私卒；其他“市取钱”的私卒，本条未予规定。《汉书·兒宽传》“除为从史”，颜师古注：“从史者，但只随官僚，不主文书。”对比“守书”与汉“从史”，大体可明其差异：守书主管文书而从史不主文书；守书为私人雇请而从史由官府委派。

② 《史记·匈奴列传》“私负从马”《正义》云：“谓负担衣粮，私募从者，凡十四万匹。”王念孙《杂志·史记第六》：“当依《汉书》作‘私负从马’。负从马者，负衣装以从之马也，非公家所发，故曰‘私负从马’。”《汉书·李广利传》“负私从者不与”颜师古注：“负私粮食及私从者，不在六万人数中也。”诸家皆强调“从马”“从者”之“私”的性质。

③ “负”意为“承担”，“负某”解作“对某负责”“对某承担责任”之例，可见诸家对《秦律十八种·仓律》23简的语译与注释。对该简“出者负之”之“负”，整理小组注为“赔偿”，见睡虎地秦墓竹简整理小组编《睡虎地秦墓竹简》，文物出版社，1990，第26页。何四维先生则注译“负之”为“对它负责”“to be charged with it”；“‘to carry on the back; to load; to impose a charge’, i. e. to impose responsibility for”. See A. F. P. Hulsewé, *Remnants of Ch'in Law*, p. 37, note 21 for A19.“负”的“赔偿”义，恐怕派生于“承担”“负担”之意，各处译为“赔偿”的，都能解为“承担”。如此则“负从马守书私卒”可指“承担从马守书私卒的花费”。

④ 文献中其例多见，如《史记·魏其武安侯列传》：“太后怒，不食，曰：‘今我在也，而人皆藉吾弟，令我百岁后，皆鱼肉之矣。”律令文本可能也有类似用法，如岳麓秦简（肆）24简以下规定，拿获“亡不仁邑里及官者”后，先以“系城旦舂”形式进行管理，“令人智其所、为人识，而以律论之”，即如果有人知晓其来源或被人认出，则按律处断。“令”解为“如果”较“指令”，更为合理。后例承蒙杜晓博士惠示。

是从者。[1] 要判断三解中何者贴切，需要考虑本条的“市取钱”情境。官吏及其身边特定关系人依赖职权，在市场交易中以贱买贵卖和诈欺取利的典型方式不当取利，是秦汉律令中的常见赃罪，且关系人范围与从者常有交叉。因此可通过对比岳麓简秦令来理解本条律文。

首先，前述岳麓秦简（伍）（陆）有多条令文规范了官吏及其从者在与“所监”（新地吏与新黔首）、“所治”（治狱者与“所治者”/“有狱者”）经济往来活动中所犯赃罪，其中列有“卖买故贵贱其价”，即卖价高于时价、买价低于时价，处置是“坐赃与盗同法”，计差价之赃来参引盗罪规定。[2] 秦令所见“所监”和“所治”的形态各有不同，但“卖买故贵贱其价”核心因素是共通的：其一为交易双方存在监临统摄关系，其二为交易中官吏一方故意贱买贵卖，其三为刑罚是参引基准盗罪，需计赃量刑，因此刑罚不确定唯一，这也是秦及汉初官吏赃罪的处置基准。对比《秦律杂抄》律文，二者差异明白了然：律文未提及交易双方是否有监部关系，“市取钱”未提及贱买贵卖的故意，制裁是确定唯一的迁。这大概可说明“市取钱”不是“卖买故贵贱其价”，而是正常交易时获利，不构成“坐赃与盗同法”的赃罪。[3]

---

① “令”解为“假设”时后句是说，从者如果自行交易得钱，吏不知情，皆迁。则吏也被处迁，似乎不合理。不过三种理解分歧不影响对从者进行买卖行为的认识。

② 对此可参考唐律《职制》“贷所监临财物”条律文和律疏：

> 诸贷所监临财物者，坐赃论；若百日不还，以受所监临财物论。强者，各加二等。若卖买有剩利者，计利，以乞取监临财物论。强市者，笞五十；有剩利者，计利，准枉法论。
>
> （律疏）问曰：官人遣人或市司而为市易，所遣之人及市司为官人卖买有剩利，官人不知情及知情，各有何罪？答曰：依律：“犯时不知，依凡论。”官人不知剩利之情，据律不合得罪。所为市者，虽不入己，既有剩利，或强卖买，不得无罪，从“不应为”，准官人应坐之罪：百杖以下，所市之人从“不应为轻”，笞四十；徒罪以上，从“不应为重”，杖八十。仍不得重于官人应得之罪。若市易已讫，官人知情，准“家人所犯知情”之法。

唐律未禁止官吏买卖，但禁止其“卖买有剩利”，据律疏“官人于所部卖物及买物，计时估有剩利”，也正是卖价高于时价、买价低于时价，这与“卖买故贵贱其价”一致。按照卖买是否用“强”，分别参引“乞取监临财物”和“枉法”条文处置。

③ 即使考虑令文从严治理“新地吏”的意图，也不能说明其与律文是针对同类犯罪行为的加重处理。从时间逻辑看，岳麓秦简和睡虎地秦简是新旧律令关系，从内容看，令文针对“新地”的吏与黔首，应是对旧律令的移用和重申，原律令中已有对官吏及特定关系人交易取利、坐赃与盗同法的规定。如此，令文末尾赋予“故黔首”见知捕告权责的规定，读来才自然。

其次，律文“市取钱”处迁的依据或非制裁犯罪意义上的“刑罚”。律文以迁来处理吏与从者的原因可能是，吏本应自行承担从者费用，从者本应随侍吏，但吏又指令或任由从者从事交易，于此取钱（“取钱焉”）。这时吏与从者之间的关系既非“私役使官奴婢、刑徒、徭使等”而构成赃罪，又非一般的主奴关系；两者对“市取钱”的行为皆有责任。在这种情境下，秦律规定以迁来破坏这种关系。

最后，本条律文中的“市”本是从者正常交易取利的行为。“从者市”与岳麓秦简（伍）291简“从者买卖诒人，与盗同法，又加罪一等，耐罪以下又迁之”的秦令相比，主要区别是：其一，责任主体不同。律文是“吏令从者市取钱”，主体为吏与从者。令文则是“从者”的独立诈欺行为；其二，律文中“市”的交易行为本身不是犯罪，令文是买卖诈欺取利，本身构成赃罪，两者行为性质不同。或许这正是两者处置不同的原因：前者处迁，后者则计赃坐罪，并对耐以下的犯罪者处迁。[①] 二例中，迁的效用尚需说明。律文“从者市取钱”处迁，是因官吏与从者彼此间存在特殊关系，迁正可破坏这种关系。[②] 令文之迁，除同样有此效果外，可能与处理市场交易诈欺取利犯罪时的迁之适用有关。[③]

简言之，《秦律杂抄》本条律文似可理解为：前句申明，佐、史以上之吏本应自行负担从马、守书私卒的费用，后句则是说，若官吏驱使他们

---

① “耐以下”意味着其刑罚不会导致身份贬损为城旦舂、鬼薪白粲者，罪人是家长的，得以保留家庭。

② 与其他刑罚不同，“迁”既不导致肉刑般的身体伤害，本身也不导致施加肉刑或耐刑后的身份贬抑，其实质是剥夺犯罪者本人及其所支配家庭的居住原籍地的权利。因此迁不适用于原本已无这类权利的城旦舂、鬼薪白粲，不能与“刑/完为城旦舂”“耐为鬼薪白粲”刑罚合并适用；而只能独立适用于吏、民（甚或隶臣妾，不能确证），或与财产刑合并适用。参拙文《秦及汉初逃亡犯罪的刑罚适用和处理程序》，《法学研究》2020年第3期，第195页注17。

③ 《二年律令·关市律》260—262简记有：

> 市贩匿不自占租，坐所匿租臧（赃）为盗，没入其所贩卖及贾钱县官，夺之死〈列〉。死〈列〉长、伍人弗告，罚金各一斤。啬夫、吏主者弗得，罚金各二两。诸詐（诈）绐人以有取，及有贩卖贸买而詐（诈）绐人，皆坐臧（赃）与盗同法，罪耐以下（又）蘣（迁）之。有能捕若诇吏，吏捕得一人，为除戍二岁；欲除它人者，许之。

市场交易诈欺取利本属赃罪，迁罪人于他乡，有净化本地市场、破坏罪人与原市场关系的作用。

从事交易，从中得钱，正是“羊毛出在羊身上”，变相规避了前句规定，扭曲了正常的吏与从者关系。这不构成一般意义上的“私役使所监临”赃罪，因此施用“迁”这一特殊制裁方式。

2.《奏谳书》案例九、十：“私使城旦、舂”

除前述监临关系、私属关系中存在的“赃”与“非赃”的辨识疑难之外，秦汉时官吏私役使作为国家资源的“刑徒”的事例也值得观察。《奏谳书》案例九（54、55 简）记有：

> ●·蜀守潚（谳）：佐启主徒。令史冰私使城旦环为家作，告启，启詐（诈）簿曰治官府，疑罪。·廷报：启为伪书也。

案例十（56、57 简）记有：

> ●·蜀守潚（谳）：采铁长山私使城旦田、舂女为薑（饘），令冗作，解书廷，佐恬等诈簿为徒养，疑罪。·廷报：恬为伪书也。①

二案都涉及“私使城旦（舂）”，有学者将它们都视为官吏腐败犯罪。② 但二案有区别。案例九中，令史冰私自役使城旦环为其家庭劳作，事后告知主管徒的启，启在登记簿册时造假，称环是为官府从事劳役。“疑罪”是针对启而言，可见冰“私使城旦为家作”不是疑罪，但当时罪、刑如何规定，目前不可知。鉴于秦汉时劳役具有金钱价值，可与金钱换算，岳麓秦简还记有不少服役者逃亡或改变劳役内容时被按天数计赃“与盗同法”或“为盗”的规定，那么“私使城旦为家作”可能是被作为赃

① 54 简“佐启主徒”断句从张建国先生，见张建国《汉简〈奏谳书〉与秦汉刑事诉讼程序初探》，《中外法学》1997 年第 2 期。56、57 简“恬”字从 2007 年红外本整理者，见彭浩、陈伟、［日］工藤元男主编《二年律令与奏谳书——张家山二四七号墓出土法律文献释读》，第 348 页。

② 叶山、李安敦先生认为，官吏以增益自身的腐败目的私用国家资源的犯罪相当于盗，《奏谳书》案例九和十都涉及官吏私自役使刑徒，是侵害国家资源的腐败犯罪。Anthony J. Barbieri-Low and Robin D. S. Yates, *Law, State and Society in Early Imperial China*, Vol. II, p. 1245.

罪处理。

诸家对案例十的文本理解则尚有疑问。先前有学者认为本条“内作”与上条“家作”同义,[①] 齐继伟先生已指出“令内作”可释为“令冗作”,“私使”即不从相关法律的规定而擅自署事,“城旦田、舂女”按律应不在“冗作”范围,故因此定罪。[②] 本案中山私使城旦、舂,并未明言是为其私人劳作,其所违反的是不能指派城旦舂冗作的规定。因此案例十不具备赃罪因素。

(二)此赃抑或彼赃:《奏谳书》赃罪疑问试解

《奏谳书》收录的赃罪案件中,有的是因案件重要而需上请,但对今人而言,也存有罪名疑问;另有一些疑难案件涉及赃罪罪名的认定。此处选取二则案例,尝试说明时人对不同赃罪的理解。

1. 案例十五:“醴阳令恢盗县官米”案

69—74 简记有:

●七年(前 200)八月己未江陵丞言:醴阳令恢盗县官米二百六十三石八斗。恢秩六百石,爵左庶长。恢曰:诚令从史石盗醴阳已乡县官米二百六十三石八斗,令舍人士五(伍)兴、义与石卖,得金六斤三两、钱万五千五十,罪,它如书。兴、义言皆如恢。问:恢盗臧(赃)过六百六十钱,石亡不讯,它如辞。鞫:恢,吏,盗过六百六十钱,审。当:恢当黥为城旦,毋得以爵减、免、赎。律:盗臧(赃)直(值)过六百六十钱,黥为城旦;令:吏盗,当刑者刑,毋得以爵减、免、赎,以此当恢。恢居郦邑建成里,属南郡守。南郡守强、守丞吉、卒史建舍治。

① 相关意见可见彭浩、陈伟、[日]工藤元男主编《二年律令与奏谳书——张家山二四七号墓出土法律文献释读》,第 348 页;Anthony J. Barbieri-Low and Robin D. S. Yates, *Law, State and Society in Early Imperial China*, Vol. II, p. 1254, note 4;张新俊《张家山汉简〈奏谳书〉中的“养”及相关问题》,田澍、张德芳主编《简牍学研究》第 5 辑,甘肃人民出版社,2014,第 67~70 页。

② 齐继伟:《秦简“冗”“内”“穴”辨误——兼论秦至汉初隶书的规范化问题》,《古汉语研究》2018 年第 3 期,第 76~86 页。

与秦汉奏谳文书中疑狱上请类文书不同，本案未提出任何法律疑点，因此有学者认为本案不是疑狱上请之例，上谳原因或许是恢爵左庶长，是二十等爵中的十级高爵，犯罪时县道官不得径行判决。[①] 其说不错。不过在笔者看来，恢的罪名仍有值得思考之处。

恢为醴阳令，县官米应属其主守之县官财物，因此有观点认为本案中恢的罪名是“主守盗”，刑罚加重。[②] 但恢的该当刑罚“黥为城旦”对应的是赃六百六十钱以上，这是前引盗罪量刑的一般规定，与主守盗加罪不合。[③] 此类观点中，无论主守盗需加罪还是主守盗不加罪而同于凡盗，都是将本案视为盗罪。张铭先生则提出“审判机关认为即使恢未直接实施窃盗行为，其在作案过程中之可非难性实与亲犯盗行所差无几。……考虑恢在整个犯罪计划中的参与程度，应属于‘谋遣人盗’而非‘教人可（何）盗所’为合理”，并认为本案审判者判决依据是对官吏监守自盗的律令规定。但张文又将“谋遣人盗”视为“二人以上犯盗罪”。[④]

其间问题有二。

一是，恢的确切罪名不是“盗”，而是“谋遣人盗，与分”。虽然文书起首言“恢盗县官米”，文书下文也数言“盗”，但本案中恢并未亲身下手行盗，而是指令其从史下手盗县官米，指令其从史和舍人售卖盗赃，自得金、钱赃款。据前析《二年律令·盗律》57简，商议指令他人行盗而自己未下手，但事后分赃的，属于“谋遣人盗，与分”，应当“与盗同法”。因此本案中恢的犯罪应是“谋遣人盗”，其处置是“与盗同法”。“同法”是

---

① 邬勖先生认为本案是“闻”“请”类案件，“闻请”原因是犯罪者“有五大夫以上的‘高爵’”，“且都被判了耐以上的罪”。邬勖：《〈奏谳书〉篇题再议——以文书类型和案件性质的考察为视角》，简帛网 http://www.bsm.org.cn/show_article.php? id = 1962，发布时间：2013 年 12 月 10 日，最后访问日期：2020 年 10 月 12 日。其说亦可由岳麓秦简（伍）53 简所引秦律律文佐证：“·定阴忠言，律曰：‘显大夫有罪当废以上勿擅断，必请之。’……”

② 如“由此看来，对官吏‘主守盗’的判罚要比一般的‘盗’罪严重得多，张家山汉简《奏谳书》中‘醴阳令恢盗县官米’案就是‘主守盗’的典型案例”。靳腾飞：《秦汉简牍所见吏治问题研究》，武汉大学博士学位论文，2016，第 131 页。

③ 周波先生指出本案是“依据盗窃罪而非‘主守自盗，加罪一等’量刑的”。见周波《张家山汉简〈二年律令〉与〈汉书〉诏令比较研究》，清华大学出土文献研究与保护中心编《出土文献》第 15 辑，中西书局，2019，第 281~295 页。

④ 参见张铭《〈奏谳书〉中的秦汉财产犯罪案件》，第 102~107、121、122 页。

指，按照恢盗其所得赃款（即实际落入恢手中的卖米赃款[①]）来处理。可见虽然文书称“恢盗县官米”，但其实恢所犯不是“盗”，“与盗同法”后也不是按“盗县官米”处理。文书表述与律文之间何以有此差异，值得思考。

二是，恢的从史与舍人盗卖县官米，不是“主守盗”，也不是主人谋而奴婢盗，而是凡盗。红外本整理者指出：“按：从史，从吏。《汉书·兒宽传》‘除为从史，之北地视畜数年’颜师古注：‘从史者，但只随官僚，不主文书。’”[②] 兒宽被以从史身份从张汤主持的廷尉府排挤到北地郡管理畜产。据颜注，从史不主文书，则其在官僚系统内的主要职事为侍从其主官，就此而言，可能属于前文所及“从者”范围。舍人，《汉书·高帝纪》“其舍人陈恢曰”注：“文颖曰：‘主厩内小吏，官名也。’师古曰：‘亲近左右之通称也，后遂以为私属官号。’”简牍所见“舍人”身份恐怕多不是吏，如岳麓秦简（叁）《为狱等状四种》“识劫娓”案中，沛生前为大夫，建等五人是其舍人，在沛死后向沛的免妾娓借贷；“学为伪书”案中，学亦有舍人。二例中沛与学皆非官吏，其舍人亦非吏。另如前述，从与官吏关系角度看，舍人也与从者有相似之处，应指同居舍中的亲近随侍之人，仅一般性地标示私属关系；其是否具有吏身份则取决于是否因其主而得官，如太子太傅、少傅属官即有舍人。据此而言，秦汉法律文书中所见舍人多仅是吏之私人随从。[③] 总之，本案中恢与其从史、舍人之间存在私人关系，但非主奴。因此从史、舍人盗米、销赃是独立行为，恢不能如主

---

① 文书言“得金六斤三两、钱万五千五十”，未详是全部赃款还是恢分得的那部分，也不知卖米分别得金六斤三两和钱万五千五十，还是只得金六斤三两，钱数为比价而已。但本案文书是专为恢制作上报，未特别说明卖米赃款分予过从史、舍人，则应理解为全为恢所得。

② 见彭浩、陈伟、[日]工藤元男主编《二年律令与奏谳书——张家山二四七号墓出土法律文献释读》，第353页。

③ “舍人”亦见于《睡虎地秦简《秦律十八种·工律》101简：

> 邦中之繇（徭）及公事官（馆）舍，其叚（假）公，叚（假）而有死、亡者，亦令其徒、舍人任其叚（假），如从兴戍然。　工律

整理小组注“舍人”：“此处指有官府事务者的随从。”《法律答问》180简记有：

> “使者候（诸侯）、外臣邦，其邦徒及伪吏不来，弗坐。”可（何）谓“邦徒”“伪使”？·徒、吏与偕使而弗为私舍人，是谓“邦徒”“伪使”。

指使奴行盗般承担盗的责任。[①] 从史盗、舍人售县官米，本身不构成主守盗，而是凡盗；而恢谋遣从史盗米、与同法时，更不构成主守盗。本案提示出“主守盗”之“主守”有着前析的严格界定。[②]

可以说，本案恢的犯罪是《盗律》57简所谓“谋遣人盗、与分”，其实质是关联盗罪的赃罪，而不是“所与同”的“盗”本身。但该件文书在行文表述乃至援引律令时，都直接将这一赃罪说成“盗”。这似乎说明，在当时司法者头脑里，官吏谋遣盗县官财物的行为本身具有不同于其他“谋遣人盗、受分，与盗同法”的意味。又或者说明，“与盗同法”术语将赃罪指向盗罪时，因具有与盗罪相同的直接与附随效果，将赃罪表述为“盗”不会导致罪、刑差异，行文时不那么严格讲究也无不可。还或者说明，本案之所以奏请，既是因为恢为十级高爵，县、郡官不能径行断决执行，也是因为本案“吏当”所引令“吏盗，当刑者刑”的前提是“盗”，本案“谋遣盗”是否应被认定为“盗”直接关系着恢能否回避肉刑。“吏当”罪名是否合适，也就此留给中央机构判断。

2. 案例七：“女子甑、奴顺等自赎、不发告书”案

51、52简记有：

> ●·北地守瀐（谳）：女子甑奴顺等亡，自处彭阳。甑告丞相，自行书。顺等自赎甑所，臧（赃）过六百六十。不发告书，顺等以其故不论，疑罪。·廷报：甑、顺等受、行赇狂（枉）法也。

对此二简断句和理解，学者有不同意见，[③] 小稿修改如上。该件文书大体是说，甑之奴顺等逃亡，甑已告发，并自行办理文书手续。此时顺等向其

---

① 前引岳麓简秦令对从者、舍人犯赃等单独规定的事实已说明，这类人如官吏亲属般承担独立的犯罪责任。

② 这大概能够引申出，在谋遣人盗情形下，与唐律等后世律不同，秦及汉初律中谋遣盗者与下手盗者不构成类似唐律“共犯罪造意为首”“共犯罪本罪别”的处置区分，而是分别定罪、量刑，“盗”以下手行盗者为据，“谋遣人盗，与分”则以得手之赃为据。

③ 参见彭浩、陈伟、［日］工藤元男主编《二年律令与奏谳书——张家山二四七号墓出土法律文献释读》，第346页注释1、2、5、7、8所征引诸家之说。本文近于张建国先生读法，但稍有不同。

自赎，自赎之资超过六百六十钱。甑未发出告书。顺等因此未受制裁。

蔡万进先生认为本案概要是“女子甑接受其亡奴顺等贿赂而不告亡”①，高恒先生认为“从行文看，奴顺等是官奴婢，女子甑是奴隶管理者。因而奴婢‘自赎’后，甑有责任‘告丞相’。他们逃跑后，‘自处将阳’，又有义务‘发告书’检举。所以，甑受贿，‘不发告书’则处‘受赇枉法’罪。顺等处‘行赇枉法’罪”②。支强先生认为“这一案件的焦点问题在于，奴顺等逃亡，而其主甑‘不发告书’，反而接受顺等的钱财，向官方伪称顺等已经‘自赎’而免除了奴的身份，希图使其免受处罚逃亡奴婢的重刑，由此构成了‘受赇枉法’之罪。‘顺’等则构成了‘行赇枉法’之罪”③。据此类理解，廷复“受行赇枉法”罪名指的是甑收取顺等的自赎钱赃导致顺等未受制裁。但作如是解时，本案无从成疑。有观点就提出：“如果顺等是女子甑之奴，顺等自赎不当以‘受、行赇’论之，亦无可疑。疑顺等逃亡而甑假称‘自赎’，不发告书，因以‘自赎’之费论罪。”④ 不过，“自赎为假”之说难以解释本案需计赃六百六十钱以上按照行受赇枉法坐赃为盗处理的结果。

实际上本案之所以成疑罪，可能在于本案不是“受赇枉法”罪的典型形态。“枉法”常体现为官吏的主动违法行为，但本案中甑不是官吏。奴婢自赎放免本是法所不禁之事，甑受自赎钱也非犯罪；甑没有主动违反法律。“不发告书”是消极的不作为，且以文书启动对顺等的刑狱程序也非甑的职权或“义务”。因此本案“行受赇”与“枉法”是否成立，有其疑问。

其一，甑受自赎钱而放免奴顺等是合法的，顺等本也可以免于被追究亡罪。《二年律令·亡律》记有：

□□頯畀主。其自出殹（也），若自归主，主亲所智（知），皆笞

① 蔡万进：《张家山汉简〈奏谳书〉研究》，广西师范大学出版社，2006，第 86 页。

② 高恒：《秦汉简牍中法制文书辑考》，社会科学文献出版社，2008，第 359 页。

③ 支强：《秦汉法律用语研究——以刑律为中心》，第 12 页。

④ 参见彭浩、陈伟、［日］工藤元男主编《二年律令与奏谳书——张家山二四七号墓出土法律文献释读》，第 346 页注释 6 按语。

百。（159 简）

奴婢亡，自归主，主亲所智（知），及主、主父母、子若同居求自得之，其当论畀主，而欲勿诣吏论者，皆许之。（160 简）

若有奴婢为善而主欲免者，许之，奴命曰私属，婢为庶人，皆复使及筭（算），事之如奴婢。……（162 简）

按 159 简，奴婢逃亡被抓获的，应予黥颜頯肉刑并交还主人，自出归主或主人亲近之人的，主人诣官的，笞百。按 160 简，逃亡奴婢自出而主人不愿诣官的，则官府不究，奴婢连笞百之刑也无需承受。按 162 简，主人有权放免奴婢。奴婢自赎，求得主人放良，更是于法不禁。[①] 简言之，奴婢逃亡自出的，"论"之主动权在主人。奴婢欲求放良的，主动权仍在主人。将诸条置入本案：若顺等逃亡而向甑自出，甑在告发官府前即操作自赎放良事项，则官府不会启动司法程序追究顺等亡罪；若甑告发后"自行书、发告书"，启动司法程序，顺等在此后回归甑处，而甑不愿由官府追究时，官府也会"许之"，顺等也不会被"论"。在上述两种依照正常治狱程序进行的操作中，甑都可以随时允许顺等自赎，顺等都可以免于被"论"。因此甑受自赎钱的行为本身没有违法性。

其二，甑之"枉法"的成立。本案甑偏偏选取了第三种操作：先是告发于官府，司法程序本应由她"自行书"而启动。随后她却又"不发告

① "自赎"亦有"以钱赎罪"之意，如司马迁《报任安书》自言"家贫，财赂不足以自赎"，因而获刑被腐。但本条中"自赎"不取此义，盖因作如是解时，所赎之罪或是逃亡或是亡自出，奴婢逃亡刑罚是黥颜頯肉刑，据前引《二年律令·具律》，赎黥为金一斤。亡而自出是笞百，据《具律》86 简"吏、民有罪当笞，谒罚金一两以当笞者，许之"，则笞百对应金一两。但秦汉律皆不言"赎笞"，此处笞替换为金一两更不是其他赎刑形式。此外奴婢不属于本条所谓吏民，他处奴婢笞刑似乎也不能替换，如《具律》122 简"人奴婢有刑城旦舂以下至䙴耐罪，黥颜頯畀主。其有赎罪以下及老小不当刑、刑尽者，皆笞百"。甑以私人身份取代官府接受赎罪钱金时，其所涉罪名或是以罪名相告的"恐猲取财"；或是矫以为吏之类的诈欺取财。如此则本案既不成疑罪，罪名也不会是"受赇枉法"，顺等罪名更不会是"行赇"。因此"自赎"仍应如《汉官旧仪》所记"奴婢欲自赎，钱千万，免为庶人"一般，解为奴婢出钱求主放良。《汉书·景武昭宣元成功臣表》："侯夷吾嗣，鸿嘉三年（前 18），坐婢自赎为民后略以为婢，免。"奴婢"自赎"后身份为民，是合法正当的身份提升途径。本条"自赎"正是顺等与甑试图以合法形式规避不利后果的操作。

书”，致使程序中断。这种中断后续程序的行为应即廷复“枉法”所指。此“枉法”不是指常见的积极作为导致裁判结果有出入（如前所述，若完成程序，顺等同样能够“不论”），而是消极的不作为，即不发告书，导致程序中断。

其三，甑“受赇枉法”的身份问题。前文已述，“有事以财请求枉法”是围绕“事”展开，因此“受赇枉法”罪的主体一般是履行职事的官吏。本案中“发告书”应是官吏主导的司法程序，但甑“自行书”，即以私人身份行官府事。不发告书，是否属于治狱枉事？

因此本案疑点或在于：一方面，从主体身份看，甑不是官吏，但是私下执行司法职能并擅自中断；从程序看，“自行书而不发告书”未启动司法程序，无司法损耗，若无受赇事由，恐怕找不到切当罪名；从行为外观看，自赎和放良都是合法的；从客观效果看，“不论顺等”本是正常程序结束后的合理结果之一。另一方面，从主观动机看，顺等为逃避制裁而自赎于甑，符合“赇”的“有事以财请求”之意，而甑“受赇”后“不发告书”，其意确在不当终止程序。可能正是所有这些主观与客观因素共同交织成了本案疑点。廷复意见可能是考虑到主体特殊、中断司法程序处罚无据或刑罚较轻，以赃罪为取向则可“疑罪从重”，故以“行受赇”“枉法”各自的字面意思组织了甑和顺等的罪名。

结　语

传世文献关于秦汉赃罪的记载较少，所见赃罪罪例多有其特殊性，据此难以掌握常见赃罪的分类、罪状与刑罚的基本信息。据以揣度秦汉赃罪规制，很容易得出当时赃罪分类简单、刑罚单一的印象。近年来法律简牍成规模面世，尤其是在以睡虎地秦简、岳麓书院藏秦简和张家山汉简《二年律令》《奏谳书》为代表的律令和司法文书简牍中，赃罪规定占比较大，它们共同说明，赃罪类型和刑罚的分化已是当时法律的重要内容，赃罪体系与格局已大体明朗。

通过对比秦及汉初简牍文本与《晋书·刑法志》和唐律等传世史料不难发现，赃罪整体结构在秦及汉初律令到晋律间的变动大致有迹可循，主要体现为律篇分拆、条文移置，这些结构变动一般不会直接导致各赃罪含义本身随之发生改变。就各具体赃罪言，“盗”之概念，盗与赃之区分，各盗罪的分化，各赃罪的分化等，秦汉魏晋呈现出较高的一致性，张斐《注律表》可直接解释秦汉赃罪的那些基本概念。不过有部分犯罪如群盗、强盗、呵人受钱等，或难证于简牍，或不见于史志，或两者皆可见但有差异。这说明在汉晋之间法律也有部分调整。就各赃罪刑罚言，轻重调整应较频繁出现，如秦简中群盗罪刑罚为斩左止为城旦，但在汉初加重为磔；汉初“和卖人”者与知情买者皆为黥为城旦舂（《二年律令·盗律》67简），文帝时期已被加重为“弃市”（荆州胡家草场 M12 简牍 1389 简）。刑罚调整经常是出于暂时刑事政策考量，变动多也不出奇。

总体而言，律篇结构或条文归属的改变多是立法活动的产物，刑罚轻重调整多是刑事政策的产物，变动受到其他因素影响较大。而法律概念、罪状描述与罪名总结是长期社会生活经验的结晶，变动调整相对较少，有较强稳定性。这些变动痕迹，今人对照简牍和史籍文本，常能察觉一二。

但有些真正有深远影响的变动，现有各类文本未能充分呈现。如文帝除收坐制、改革刑制对特定身份者犯赃的刑罚附随效果、“刑”后身份延续性与刑罚加减之制的冲击，共犯罪首从结构确立对群盗罪等的冲击，首从结构与“知人强窃盗、略卖人受分”规定的结合对盗罪关联之赃、略和卖人相对人刑罚的冲击，赃值等级调整和“与盗同法”“坐赃为盗”术语被逐步废弃对罪刑均衡认知的冲击等。这类变动都是赃罪体系结构从秦汉“盗为基准，余赃约盗”过渡到唐律“正赃六色，余赃参引”的关键环节，但史籍多忽略未书，出土文本又多是即时而非历时材料，亦无记录。这使得后来者难以把握汉晋间赃罪体系深层变动的过程。

因此，如何正确预设基本观念，并以合适力度使用“变化”这一解释工具去观察文本，描述制度变迁，就是值得思考的问题：对赃罪体系而言，新近成果宽泛解释秦汉“盗”概念，可能会导致如下认识：汉晋间“盗”与“赃”的概念范畴发生过消长变动，魏晋时期律篇拆分、条文移置现象是“盗”概念变化所致的赃罪分化过程。但本文的梳理提示出，这种认识不一定契合现有材料与逻辑：

秦汉律令与魏晋律“盗”的指向可能同一，皆可落入张斐“取非其物”的总结；“取非其物”有确定含义，需与其他赃罪相区分。今人以此“盗”和“赃”的概念来看秦汉赃罪规定，或可在赃罪整体构造与具体罪刑方面得到些更明确的认识：现有编联方案下的《二年律令·盗律》篇包含对盗罪的规定，各项盗罪被有意识地区分层次；也包含其他赃罪规定，如“谋遣人盗、教人盗、知人盗，与分盗赃”的盗罪关联之赃和以“恐猲人”“略卖人”“劫人”为求财手段的赃罪，刑罚表述既有独立罚则者也有参引盗罪者。因此《盗律》篇可能不是为将全部赃罪统摄为“盗”，而是围绕“盗罪”的核心规定构建骨架，纳入部分赃罪。盗罪之外的一些赃罪还分布在其他律令篇目中。在律令体系内，盗罪各罪名之间，基准盗罪与余赃罪名之间，乃至余赃各罪名之间，一定程度上都存在着递进式分化关系。奏谳文书中“吏私役使”“吏谋遣盗县官米”“行受财枉法”等赃罪疑难问题的提出及其解决方案，提示了秦及汉初赃罪的司法决疑思路，也通过鲜活案例一次次验证着秦汉赃罪整体结构与各具体赃罪的复杂性。

在立法、司法两个层面，赃罪罪名的分化和定性讨论都是秦及汉初法律智识的关注焦点，这大概也是泰始律时代张斐们为之付出心血的那些问题。如此理解秦及汉初赃罪体系构造时，从《二年律令》到《晋书·刑法志》，简牍与史志共同呈现了制度的变动，也在证明着它们的贯通。

附识：小稿主要内容曾在中国政法大学“秦汉简牍中的法律制度”等课程中提请讨论，作为框架的初稿曾以《秦及汉初赃罪法律规制试探》为题提交于“新制度史与古文书学创新团队2020年度报告会”，得到陈迪、王安宇、刘效江、石佩、陈新华等朋友指正，特此致谢。

《中国古代法律文献研究》第十五辑
2021 年，第 068～104 页

“耐”与先秦至南北朝劳役刑的发展

王　竣*

摘　要： 本文反对学界流行认为秦汉时期“耐”是指剃须鬓的刑罚，并指出秦汉刑罚中的“耐”存在三种定位，分别是轻于“完”“髡”“刑”，同于“完”而轻于“髡”“刑”，及包括“耐”“完”“髡”。前两种保护身体发肤，在实际执行中为“纯劳役刑”，第三种指“劳役刑”。“耐”的毛发义和“能”义与作为刑罚的“耐”相关，古人认为毛发与精气相关，因此多毛发者即“能”者，三种“耐”在实际执行上也均与“劳役刑”相关，而前两种“耐”也未必不可与“能”直接相通。“耐”应源于《周礼》中的劳役刑“圜土”，“耐”的分化应与西周中期至汉初“身体刑”被附上劳役后导致“身体刑”逐渐衰落并最终失去作为独立大类的资格有关。“耐”的多义导致其使用的不便，曹魏时“耐”一度消失，“髡刑”重新独立为刑罚大类，而轻于“完”与同于“完”的“耐”则归入“完刑”。但作为“劳役刑”的“耐”却在两晋南北朝再度复活，并最终被“徒”取代。

关键词： 耐　完　髡　劳役刑　刑罚体系

* 北京大学历史学系硕士研究生。

一、前　言

目前学界对于秦汉刑罚中的“髡”“完”“耐”的含义及其关系的争论，聚焦在“完”和“髡”，对“耐”的讨论最少，大致认为“耐”是伤害毛发，特别是剃须鬓的刑罚，堀毅甚至说：“就耐刑而言，在剃掉须鬓这一点上，各家看法一致。”①

这种意见虽占主流，但学界并非没有异议。② 如一些学者认为应劭“轻罪不至于髡，完其耏鬓，故曰耏”的解释应是指“耐”保全“耏鬓”，而非段玉裁所认为的“正谓去而鬓，而完其发耳”。③ 也有学者指女性无须，但简牍却多见女性受“耐”，则以“耐”为剃须鬓尚有困难。④ 晋代字书甚至出现“多须发曰耏”，那么作为刑罚的“耐”到底是剃毛发还是保留毛发？其次秦汉法律文书中由轻至重的刑罚等级排序多见为“耐”“完”“髡”（汉文帝改革前为“刑”），但应劭却说“耐”是“轻罪不至于髡”，而“耐”与“完”也确有不少相通之处，甚至不少史料显示“耐”同时包括“髡”“完”“耐”，那么“耐”在刑罚序列中的定位到底是什么？另外“耐”也与“能”相通，这是否又与秦汉科罚“刑”“髡”“完”“耐”必然附带劳役有关？

可见“耐”的谜团极大，它既与毛发相关又与“能”相通，既轻于

① 堀毅所说的“各家”指沈家本、大庭脩等共 23 名中日学者，见［日］堀毅《秦汉刑名考》，载氏著《秦汉法制史论考》，萧红燕等译，法律出版社，1988，第 149～151、163 页。对“完”“髡”“耐”义及其关系研究的综述，见徐世虹《秦及汉初律中的城旦刑》，张中秋编《中华法系国际学术研讨会文集》，中国政法大学出版社，2007，第 189～204 页。

② 如富谷至便指出：“关于‘耐’和‘耐刑’的含义，迄今为止，可以说是众说纷纭，莫衷一是。”见［日］富谷至《秦统一后的刑罚制度》，载氏著《秦汉刑罚制度研究》，柴生芳、朱恒晔译，广西师范大学出版社，2006，第 11 页。

③ （汉）许慎撰，（清）段玉裁注：《说文解字注》卷一七《第九篇下·而部·耏》段注，上海古籍出版社，1981，第 454 页下栏；栗劲：《秦律的刑罚体系》，载氏著《秦律通论》，山东人民出版社，1985，第 255 页；［日］富谷至：《秦统一后的刑罚制度》，第 13 页注 1；［德］陶安あんど：《秦漢刑罰体系の研究》，東京外国語大学アジア・アフリカ言語文化研究所，2009，第 432 页注 93；（清）徐灏：《说文解字注笺》卷九下《耏》，《续修四库全书》第 226 册，上海古籍出版社，2002，第 265 页下栏~266 页上栏。

④ 徐世虹：《秦及汉初律中的城旦刑》，第 189 页。

“完”“髡”“刑”又包括“完”“髡”。因此本文将指出“耐”在刑罚体系中存在三种看似矛盾，但其实有内在联系的定位，并结合先秦至南北朝刑罚体系的变化，尝试探讨“耐”的起源、含义的分化与最终的消逝。

二、“耐”的多义

（一）轻于“完”“髡”“刑”的“耐”

秦汉法律文献中常见“某为某”的句式，前部有“耐”“完”“髡”“刑”，后部有“城旦舂”“鬼薪白粲”“隶臣妾”“司寇作如司寇”，① 由于前后部存在一定对应关系，因此可大约推导刑罚序列。《二年律令·告律》127～129：

> 告不审及有罪先自告：各减其罪一等。死罪：黥为城旦舂。黥城旦舂罪：完为城旦舂。完为城旦舂罪：□□鬼薪白粲及府（腐）罪：耐为隶臣妾。耐为隶臣妾罪：耐为司寇……②

里耶秦简缀合简8－775、8－805、8－884、9－1615、9－2302：

> 上造、上造妻以上有罪，其当刑及当城旦舂，耐以为鬼薪白粲……③

可见“黥”“完”基本用在“城旦舂”，“耐”则用在“鬼薪白粲”“隶臣

① 秦汉“司寇”只科罚男性，在秦至汉初只有科罚男性的“司寇”，汉文帝改革诏出现的“作如司寇”尚有争议，但至迟在西汉中后期“作如司寇”是与“司寇”同级，专门科罚女性的刑等，参见贾丽英《秦汉简所见司寇》，邬文玲、戴卫红主编《简帛研究二〇一九》春夏卷，广西师范大学出版社，2019，第170～174页。

② Anthony J. Barbieri-Low and Robin D. S. Yates, “Statutes and Ordinances of the Second Year: Statutes on Denunciation”, in *Law, State, and Society in Early Imperial China: A Study with Critical Edition and Translation of the Legal Texts from Zhangjiashan Tomb no. 247*, Leiden: Brill, 2015, p. 546.

③ 陈伟主编：《里耶秦简牍校释》第2卷，武汉大学出版社，2018，第164页。

妾”“司寇”，同时“耐鬼薪白粲”“耐隶臣妾”和“耐司寇”等级轻于“黥为城旦舂”和“完为城旦舂”。[①] 由于“某为某”存在大体的对应关系，因此有时文献可单称前者或后者作为统称，如单称“耐”即“耐为某”，“鬼薪白粲”即“某为鬼薪白粲”，如岳麓秦简（陆）184/0028：

> ☑罪一人，购奴婢二人，完城旦舂、耐罪，购一人。[②]

《二年律令·具律》120：

> 鬼薪白粲有耐罪到完城旦舂罪：黥以为城旦舂。[③]

此两简也再次显示“耐罪”低于“完城旦舂罪”。

后来汉文帝改革，让“髡”取代“刑”成为“死”之下的一等，而“隶臣妾”也逐渐在西汉中后期消失，形成《汉旧仪》中的新等级序列：

> 凡有罪，男髡钳为城旦，城旦者，治城也；女为舂，舂者，治米也，皆作五岁。完四岁，鬼薪三岁。鬼薪者，男当为祠祀鬼神，伐山薪蒸也；女为白粲者，以为祠祀择米也，皆作三岁。罪为司寇，司寇男备守，女为作，如司寇，皆作二岁。男为戍罚作，女为复作，皆一岁到三月。[④]

---

① 另外学者研究指出由于《二年律令·告律》127—129 存在断简，“完城旦舂”之下未必是“鬼薪白粲”，近年学者也多指秦至汉初的“鬼薪白粲”虽轻于“城旦舂”，但大体待遇类似，属特权者受“城旦舂”时的特殊转换。参见［日］藤井律之《罪の“加減”と性差》，［日］冨谷至編《江陵張家山漢簡二四七号墓出土漢律令の研究 論考編》，朋友書店，2006，第 68~75 页；韩树峰《秦汉徒刑结构》，载氏著《汉魏法律与社会》，社会科学文献出版社，2011，第 51~56 页。

② 陈松长主编:《岳麓书院藏秦简（陆）》，上海辞书出版社，2020，第 145 页。

③ Barbieri-Low and Yates, “Statutes and Ordinances of the Second Year: Statutes on the Composition of Judgements”, in *Law, State, and Society in Early Imperial China*, p. 513.

④ （汉）卫宏撰，（清）纪昀等辑:《汉官旧仪》卷下，孙星衍等辑《汉官六种》，中华书局，1990，第 53 页。此句前虽有“秦制”二字，但目前学界普遍认为是西汉中后期至东汉初的制度，见李力《秦汉法制史研究的两桩公案——关于〈汉旧仪〉、〈汉书·刑法志〉所载刑制文本解读的学术史考察》，中国政法大学法律古籍整理研究所编《中国古代法律文献研究》第 10 辑，社会科学文献出版社，2016，第 172~182 页。

可见由重至轻的等级是“髡钳城旦舂”“完城旦舂”“鬼薪白粲”“司寇作如司寇”和“戍罚作复作”，其中目前学者已考证出最后一级只是行政处罚，而非正式刑罚。① 而汉魏洛阳故城南郊东汉刑徒墓地出土的刑徒墓砖，其标记刑名也同样只有“髡钳”“完城旦”“鬼新（薪）”和“司寇”。② 总之，秦汉刑罚序列中“耐”基本轻于“完”“髡”“刑”。

（二）同于“完”而轻于“髡”“刑”的“耐”

虽然文献显示“耐”轻于“完”，但“完”的意思是身体发肤完好，那么“耐”不可能比“完”对身体的保护更好，同时不少文献也显示“完”“耐”存在很多共同之处，更有学者考证过曹魏的三种“完刑”源于汉代的“完城旦舂”“耐鬼薪白粲”和“耐司寇作如司寇”，因此“耐”在刑罚序列中的第二种定位，是同于“完”而轻于“髡”。

1.“完”

学界对“完”为“不刑”意见一致，但“完”是否保全毛发以及保留哪些毛发则是争论焦点。首先，汉文帝改革后的“完”必然是“不髡”。

> 诸当完者，完为城旦舂；当黥者，髡钳为城旦舂，当劓者，笞三百；当斩左止者，笞五百；当斩右止，及杀人先自告，及吏坐受赇枉法，守县官财物而即盗之，已论命复有笞罪者，皆弃市。③

由此可知“完为城旦舂”轻于“髡钳为城旦舂”。东汉王充讨论忌讳刑徒上墓的风俗时也指出：

① 参见徐世虹《汉简所见劳役刑名资料考释》，中国政法大学法律古籍整理研究所编《中国古代法律文献研究》第1辑，巴蜀书社，1999，第96页；张建国《汉代的罚作、复作与弛刑》，《中外法学》2006年第5期，第599页；［日］宫宅潔《恩赦与劳役刑——特别关于“复作”》，载氏著《中国古代刑制史研究》，杨振红等译，广西师范大学出版社，2016，第175页。

② 中国社会科学院考古研究所编：《汉魏洛阳故城南郊东汉刑徒墓地》，文物出版社，2007，第48页。

③ 《汉书》卷二三《刑法志》，中华书局，1962，第1099页。

古者用（肉）刑，形毁不全，乃不可耳。方今象刑，象刑重者，髡钳之法也。若完城旦以下，施刑彩衣系躬，冠带与俗人殊，何为不可？①

王充刻意区分“髡钳之法”与“完城旦以下”，应是因为受“髡”者头发受损，仍然属于“形毁”，而“完城旦以下”则免于受损。

然而目前未有文献直接提及秦至汉初“完”是如何对待犯人的毛发，有部分学者认为文帝诏“诸当完者，完为城旦舂”指“完”由“髡”变为“不髡”，但其提出的间接论据仍未能完全证实此说。如《汉书·惠帝纪》载：

民年七十以上若不满十岁有罪当刑者，皆完之。（注：孟康曰：“不加肉刑髡剃也。”）②

有学者认为这是指“完”在汉初只“不加肉刑”但会加“髡剃”，但若不断开此句，则亦可解作“既不加肉刑，也不加髡剃”。

也有学者认为《周礼·秋官·掌戮》“髡者使守积”，东汉郑司农（众）注“髡当作完”（阮刻本作“髡当为完”）和班固在《汉书·刑法志》改《周礼》这句为“完者使守积”显示早期“完”即“髡”。③ 然而古书“当作”“当为”常用于表示文本有文字讹误，如《史记·游侠列传》“陕韩孺”《集解》引徐广曰：

陕，疑当作“郏”字，颍川有郏县。《南越传》曰“郏壮士韩千秋”也。

---

① 黄晖：《论衡校释（附刘盼遂集解）》卷二三《四讳》，中华书局，1990，第974页。

② 《汉书》卷二《惠帝纪》注引孟康曰，第85页。

③ （清）孙诒让：《周礼正义》卷六九《秋官·掌戮》注引郑司农曰，王文锦、陈玉霞点校，中华书局，1987，第2880页；（清）阮元校勘：《周礼注疏》卷三六注引郑司农曰，艺文印书馆股份有限公司影印本，2001，第545页下栏。但阮元校勘记指钱钞本、闽本、同大字本、嘉靖本、监、毛本仍作“当作完”，见同书，第552页下栏。《汉书》卷二三《刑法志》，第1091页。

《索隐》则指出：

> 陕当为“郏”。陕音如冉反，郏音纪洽反。《汉书》作“寒孺”。①

可见“当作”“当为”都不是指两字相通，而是指有文字讹误并应改作另一字。因此郑司农应是怀疑其研习的《周礼》中有错别字，而班固也跟从这种意见改动原文。两字误写，或与其音近、形似的原因有关。② 郑司农认为“髡当作完”，恰恰表示两字含义不同。

堀毅指“完”音同“丸”，并从日语“丸”为光头之义来论证“完”是“髡”。③ 但冨谷至指出汉语未见释“丸”为光头。④ 汉末孔融《肉刑论》“洛阳豪徒韩伯密，加笞三百不中一，髡头至耳发诣膝”更显示合规范的“髡”只是剃短发。⑤ 另外曹操自己割发代死是“援剑割发以置地”⑥，而山东前凉台汉墓“髡刑、乐舞百戏画像”（图1）中割发之器同样是长条刀剑，这种器具显然难以剃光头。

曹旅宁认为睡虎地秦简《法律答问》81、84分别提及对“或与人斗，拔其须麋（眉）”与“士五（伍）甲斗，拔剑伐，斩人发结”者处以“完城旦”之罚，显示“完”的执行应也要剃发去须。⑦ 但是《法律答问》83提及对“或斗，啮断人鼻若耳若指若脣（唇）”的处罚是“耐”而非“劓”，因此不应以同态复仇来理解秦律。⑧ 可与此相参照的是唐律有“诸

① 《史记》卷一二四《游侠列传》并集解、索隐，中华书局，2014，第3869页。

② （清）阮元校勘：《周礼注疏》卷三六校勘记，第552页下栏；（清）臧庸：《拜经楼日记》卷一《日一·髡者使守积》，《续修四库全书》第1158册，第58页下栏；（清）王煦：《说文五翼》卷三，《续修四库全书》第212册，第203页下栏；赵久湘：《秦汉简牍法律用语研究》，人民出版社，2017，第232~233页。另外郑玄认为“完者使守积”没有写错别字，见（清）孙诒让《周礼正义》卷六九《秋官·掌戮》注，第2880页。

③ ［日］堀毅：《秦汉刑名考》，第163页。

④ ［日］冨谷至：《秦统一后的刑罚制度》，第14页注4。

⑤ （宋）李昉等：《太平御览》卷六四二《刑法部八·徒》，中华书局，1960，第2876页下栏。

⑥ 《三国志》卷一《魏书·武帝纪》注引《曹瞒传》，中华书局，1959，第54页。

⑦ 彭浩、刘乐贤等：《睡虎地11号秦墓竹简》，陈伟主编《秦简牍合集　释文注释修订本》（壹），武汉大学出版社，2016，第214~215页。曹旅宁：《释秦律“拔其须眉”及“斩人发结”兼论秦汉的髡刑》，《中国史研究》2001年第1期，第166~170页。

⑧ 彭浩，刘乐贤等：《睡虎地11号秦墓竹简》，第215页。

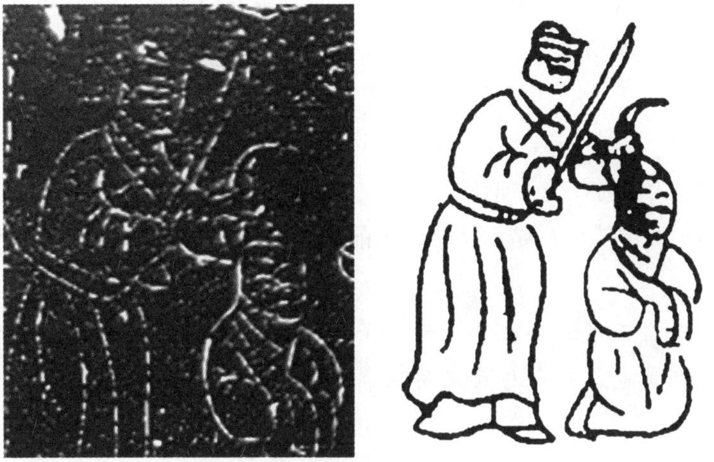

图1　(东汉) 山东前凉台汉墓“髡刑、乐舞百戏画像”(局部)①

斗殴人……髡发者，徒一年半。疏议曰：……及髡截人发者，各徒一年半。其髡截不尽，仍堪为髻者，止当拔发方寸以上，杖八十”②。可见唐代对“髡截人发”者罚“徒一年半”或罚“杖八十”，同时目前未见唐代官府正刑中有“髡”。因此秦律虽记对与人相斗时伤害须眉发结的惩罚是“完”，也不能证明“完”会伤害犯人毛发。

目前指文帝改革前“完”为“髡”的较强论据，是《汉书·贾山传》记载文帝刚即位时“赦罪人，怜其亡发，赐之巾”。这显示当时官府确实存在使“罪人”们“亡发”的惩罚，那么受“完”，甚至受“耐”者可能也遭“髡”。③ 但“罪人”的含义极为广泛，可指疑犯，也可指已论死罪、刑罪、耐罪、赎罪、赀罪等者，④ 那么便应考察具体哪些“罪人”受官刑中的“髡”。王充曾提及：

① 资料来源：中国画像石全集编辑委员会编、蒋英矩主编：《中国画像石全集》第1卷《山东汉画像石》，山东美术出版社，2000，第91页；任日新：《山东诸城汉墓画像石》，《文物》1981年第10期，第18页。

② 刘俊文：《唐律疏议笺解》卷二一《斗讼》，中华书局，1996，第1470页。

③ 《汉书》卷五一《贾山传》，第2335页。相关意见，见［德］陶安あんど《秦漢刑罰體系の研究》，第127~128页。

④ 参见王彦辉《论秦及汉初身份秩序中的“庶人”》，《历史研究》2018年第4期，第27页。

孔子曰："身体发肤，受之父母，弗敢毁伤。"孝者怕入刑辟，刻画身体，毁伤发肤，少德泊行，不戒慎之所致也。……古者用（肉）刑，形毁不全，乃不可耳。方今象刑……①

这显示他认为古时作为"刑辟"的"肉刑"是同时"刻画身体，毁伤发肤"，而《汉书·贾谊传》也暗示文帝改革前的"髡"是附在"刑"中执行：

今自王侯三公之贵，皆天子之所改容而礼之也，古天子之所谓伯父、伯舅也，而令与众庶同黥劓髡刖笞傌弃市之法……②

"黥劓髡刖笞傌弃市"似乎遵从官府的刑罚序列。序列最后的"弃市"，有学者指出其核心含义是弃尸于市，③ 那么其之前应该有使犯人致死的程序，句中的"傌"可能便是其中一种方法。卢文弨校贾谊《新书·阶级》相关部分时，或受颜注所引苏林曰"傌音骂"的影响，认为"傌"的意思也是骂，但苏林未解释过此字之义，而且卢文弨也承认"傌"在南宋孝宗淳熙八年的建宁府本中作"僇"，明代梅膺祚和宋代毛晃亦以"僇辱"释《贾谊传》中的"傌"。④"僇"通"戮"，"戮"有"生戮""死戮"之别，睡虎地秦简《法律答问》51 指："誉适（敌）以恐众心者，翏（戮）。翏（戮）者可（何）如？生翏（戮），翏（戮）之已乃斩之之谓殹（也）。"⑤ 可知法律文书中的"戮"是"生戮"，即戮辱后斩杀的意思。《史记·李斯列传》也

① 黄晖：《论衡校释（附刘盼遂集解）》卷二三《四讳》，第 971~975 页。

② 《汉书》卷八四《贾谊传》，第 2255 页。贾谊《新书·阶级》与此文字略有差异，如在"众庶"后加有"徒隶"，"弃市"改为"弃世"，同时前面另有《贾谊传》未载的"廉耻礼节以治君子，故有赐死而无僇辱。是以系缚榜笞髡刖黥劓之罪，不及士大夫"一句，但此句与后句所列刑名组合和排列不同，未必能与后句对应，见（汉）贾谊撰，阎振益、钟夏校注《新书校注》卷二《阶级》，中华书局，2000，第 80 页。另外冨谷至和徐世虹认为此句所列刑罚只是"侮辱性的措施"，贾谊之所以认为这是侮辱，正是因为他认为"王侯三公"不可与"众庶"一样接受官府的刑罚，那么这些刑罚应是官府正式采用的刑罚，见［日］冨谷至《秦汉刑罚制度研究》，第 87~89 页；徐世虹《秦及汉初律中的城旦刑》，第 201 页。

③ 宋杰：《汉代"弃市"与"殊死"辨析》，《中国史研究》2015 年第 3 期，第 60~61 页。

④ （清）卢文弨校：《贾子新书》卷二《阶级》校注，北京直隶书局，1923，第 7 页 a；（明）梅膺祚：《字汇》卷一《人部》，万历四十三年（1615）刊本，第 36 页 a；《资治通鉴》卷一四《汉纪六》文帝前六年（前 174）胡注引毛晃曰，中华书局，1976，第 478 页。

⑤ 彭浩、刘乐贤等：《睡虎地 11 号秦墓竹简》，第 201 页。

提及“公子十二人僇死咸阳市”[①]，这应即《贾谊传》中的“僇”。

“僇弃市”前的“黥劓髡刖笞”则应属“死”下的“刑”。根据《二年律令·告律》127、128：

> 告不审及有罪先自告：各减其罪一等。死罪：黥为城旦舂。城旦舂罪：完为城旦舂……[②]

可见“刑”只有一等，其基础刑是“黥城旦舂”，文帝改革同时废除的“劓”和“斩左趾”“斩右趾”只是附加刑。“黥劓髡刖笞”中列最后的是“笞”，这也可与《二年律令·具律》91、92相印证：

> 城旦舂有罪耐以上：黥之。其有赎罪以下及老小不当刑、刑尽者：皆笞百。城旦舂刑尽而盗臧（赃）百一十钱以上，若贼伤人及杀人，而先自告也：皆弃市。[③]

“刑尽”指可用的肉刑已执行尽，“刑尽者”再犯事时，只要不是犯后面所列的罪行，便只对其加“笞”。另外文帝改革诏提及“当劓者，笞三百；当斩左止者，笞五百”，张建国根据颜注所指“流俗本”中“笞”作“籍笞”，认为这不是一般的“笞”，而是作为“髡钳城旦舂”的附加刑，近年欧扬根据走马楼西汉简596“城旦舂籍髡笞”进一步补证张说。[④] 既然“髡”继承自“刑”，那么“黥劓髡刖笞”的“笞”也很可能不是一般的“笞”，而是与“劓”“刖”一样作为附加刑。既然“黥劓刖笞”都属于

① 《史记》卷八七《李斯列传》，第3097页。

② Barbieri-Low and Yates, “Statutes and Ordinances of the Second Year: Statutes on Denunciation”, in *Law, State, and Society in Early Imperial China*, p. 546.

③ Barbieri-Low and Yates, “Statutes and Ordinances of the Second Year: Statutes on the Composition of Judgements”, *in Law, State, and Society in Early Imperial China*, p. 500.

④ 张建国：《前汉文帝刑法改革及其展开的再探讨》，载氏著《帝制时代的中国法》，法律出版社，1999，第191~202页；欧扬：《走马楼西汉简刑制史料初探》，邬文玲、戴卫红主编《简帛研究二〇一八》秋冬卷，广西师范大学出版社，2019，第215~229页。走马楼西汉简596最新图版及释文见长沙简牍博物馆、长沙市文物考古研究所《长沙市走马楼西汉古井及简牍发掘简报》，《考古》2021年第3期，第55~56页。

“刑”，那么“髡”也很可能是在“刑”中执行。

把“髡”附在“刑”中执行，也符合周代以来的刑罚习惯。[①] 周代受肉刑者同时遭“髡”，如《仪礼·少牢馈食礼》郑玄注：“古者或剃贱者、刑者之发”，可见“刑者”遭“髡”。[②] 而《周礼·秋官·蜡氏》“凡国之大祭祀，令州里除不蠲，禁刑者、任人及凶服者”郑玄注：“刑者，黥劓之属。任人，司圜所收之罢民也。”[③] 可见“刑者”即受肉刑者。考古材料也能为此作证（图2—4）：

图2 （西周中期）陕西扶风县庄白村出土“刖足人守门鼎”（局部）[④]

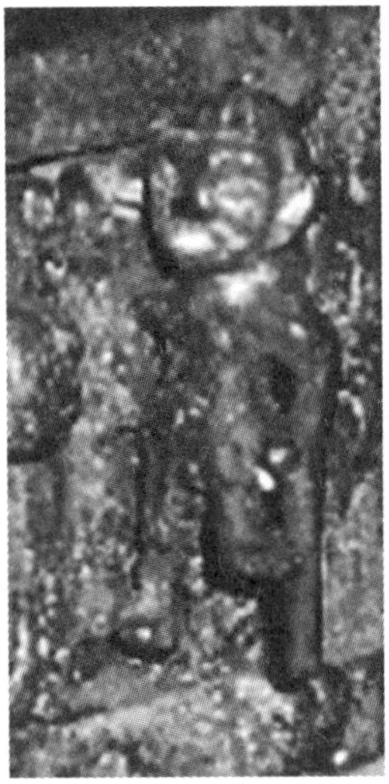

图3 （西周中晚期）旅顺博物馆藏“刖刑守门奴隶铜鬲”（局部）[⑤]

图4 （西周晚期）故宫博物馆藏“刖人鬲”（局部）[⑥]

① 秦简虽有将“刑”“髡”区分，但那只是私刑，并非官方正刑。见彭浩、刘乐贤等《睡虎地11号秦墓竹简》，第222页。

② （汉）郑玄注，（唐）贾公彦疏：《仪礼注疏》卷四八《少牢馈食礼》，王辉点校，上海古籍出版社，2008，第1471页。

③ （清）孙诒让：《周礼正义》卷七〇《秋官·蜡氏》，第2901页。

④ 资料来源：北京大学古代文明研究中心编著：《吉金铸国史：周原出土西周青铜器精粹》，文物出版社，2002，第198页。

⑤ 资料来源：徐昭峰：《刖刑相关问题探析》，《中国国家博物馆馆刊》2012年第1期，第190页图一。

⑥ 资料来源：故宫博物院网站：https://www.dpm.org.cn/collection/bronze/234673.html?hl=%E5%88%96，访问时间：2019年10月14日。年代断定据故宫博物院编《故宫青铜器图典》，紫禁城出版社，2010，第118页。

周代文物显示“刖人”的头顶有一个圆锥物，其中图 3、4 的圆锥物有一条条坑纹，很像头发。即使这是帽子，从其能完全遮盖头发来看，其头发想必也不长。这样看来，文帝废肉刑的改革，便只是去掉“黥劓髡刖笞”中的“黥劓刖”而留下“髡笞”。

当然这尚未能完全否定“髡”既行于“刑”，又用于“完”的可能性，但古人认为毛发是人气血精力所在，伤害毛发亦有损身体，而且秦简显示“完”在对待动物时会保全毛发，那么应保护身体的“完”在应用于人时，应亦“不髡”。汉末应劭《风俗通义》的一则故事显示头发与精气关系密切：

> 汝南汝阳西门亭有鬼魅，宾客宿止，有死亡，其厉厌者，皆亡发失精。……照视老狸正赤，略无衣毛，持下烧杀，明旦发楼屋，得所髡人结百余，因从此绝。①

可见被妖物髡发甚至可致死。既然头发长短与精气息息相关，有时古人便以发短请求免罪或免事，如《左传》昭公三年（前 539）记载：

> 八月，大雩，旱也。齐侯田于莒，卢蒲嫳见，泣，且请曰：“余发如此种种，余奚能为?”公曰：“诺。吾告二子。”归而告之。子尾欲复之，子雅不可，曰：“彼其发短而心甚长，其或寝处我矣。”九月，子雅放卢蒲嫳于北燕。②

卢蒲嫳曾属乱党，他以发短表示自己精力衰竭，不足为乱，希望能获免罪。岳麓秦简（陆）152、153/1942+1999 也记载：

> 吏、黔首非奋，为上有求殹（也），而敢以辞自讼及讼人故而鬅（鬄）发负志及鬅（鬄）发而不负志者，令戍新地四岁；其正负志而

① （汉）应劭撰，王利器校注：《风俗通义校注》卷九《怪神》，中华书局，2010，第 425～428 页。

② 杨伯峻编著：《春秋左传注》，中华书局，2009，第 1241～1242 页。

不鬍（鬄）发者，戍二岁。[①]

“吏、黔首”如果不是因为“奋”而只是想逃避“上有求”，而以借口申辩，并为此而“鬍（鬄）发”，便要被罚“戍新地”。[②] 可见一些“吏、黔首”为制造逃避“上有求”的借口，甚至不惜剃发以表示自己身体状况不能应事，只是秦官府对此有所察觉，并以处罚加以禁止。[③] 既然“髡”有损精气，那么保全身体的“完”理应“不髡”。甚至秦简显示“完”在对待动物时会保全其毛发。睡虎地秦简《秦律十八种·田律》7：

河（呵）禁所杀犬，皆完入公；其它禁苑杀者，食其肉而入皮。[④]

“完入公”指要求上缴完整的犬尸给公家，那么这犬尸是否能剃去毛发呢？“其它禁苑杀者，食其肉而入皮”指不在“呵禁”即设置警戒的地域的其他禁苑中杀犬，可带走犬肉食用，只须上缴犬皮。《说文》指“剥取兽革者谓之皮”，“兽皮治去其毛曰革”，可知“皮”原指剥取兽皮，用作名词时指刚剥下来、尚未去毛的兽皮，去毛的皮称“革”。[⑤] 虽然广义的“皮”包括“革”，但龙岗秦简85“中兽，以皮、革、筋给用”显示秦律严格区

---

① 陈松长主编:《岳麓书院藏秦简（陆）》，第116~117页。

② 于振波和曹旅宁认为“上有求”可能特指担任官吏，于振波解释“负志”为与官府保持距离，曹旅宁则解释为“自置罪而去”，另外曹旅宁把“讼人”理解为“他人告发”似不合文意，而“讼人”可解作有诉讼人，如《后汉书·鲁恭传》便记载“讼人许伯等争田”，简中“讼人”或即前面“自讼”的“吏、黔首”。于振波:《“负志”之罪与秦之立法精神》,《湖南大学学报》2015年第3期，第21~24页；曹旅宁:《也谈岳麓书院藏秦简中的“负志”之罪》，发布时间：2020年04月25日，简帛网：http://www.bsm.org.cn/show_article.php? id=3531，访问时间：2021年1月26日；《后汉书》卷二五《鲁恭传》，中华书局，1965，第874页。

③ 历代多有禁止自残以避事的法律，参见于振波《苛政与自残》，载氏著《走马楼吴简初探》，文津出版社，2004，第153~174页。

④ 彭浩、刘乐贤等:《睡虎地11号秦墓竹简》，第42页。龙岗秦简76与此相同，不过缺几个字，见李天虹、刘国胜等《龙岗秦墓简牍》，陈伟主编《秦简牍合集　释文注释修订本》（叁），武汉大学出版社，2016，第49页。

⑤ （汉）许慎撰，（清）段玉裁注:《说文解字注》卷六《第三篇下·皮部·皮》，第122页上栏；同卷《革部·革》，第107页上栏。

分"皮""革"。[①] 既然连只上缴的"皮"都连着毛发，那么"完入公"的犬尸就更应保留毛发。"完"对动物也保全毛发，那么其对人"不髡"的机会也很高。

2."耐"同于"完"

意为保护身体发肤的"完"显然不是刑罚，因此作为刑罚的"完"其实是"纯劳役刑"。但既然"完"保护身体发肤，物理状况轻无可轻，那么轻于"完"的"耐"在实际执行上便最多只能与"完"一样。滨口重国更曾考证曹魏刑律中的三种"完刑"源于汉代的"完城旦舂""耐鬼薪白粲"和"耐司寇作如司寇",[②]"耐"归入"完刑"提示两者执行方式应是一样。

汉文帝改革前"完"相对于"刑"，改革后"完"相对于"髡"，但不少史料也直接指"耐"亦是"不刑""不髡"。睡虎地秦简《法律答问》109：

> 葆子狱未断而诬告人，其罪（罪）当刑为隶臣，勿刑，行其耐，有（又）毄（系）城旦六岁。[③]

许慎《说文解字·而部·耏》：

> 耏，罪不至髡也。[④]

《史记集解》引应劭曰：

> 轻罪不至于髡，完其耏鬓，故曰耏。[⑤]

---

① 李天虹、刘国胜等：《龙岗秦墓简牍》，第51页。

② 《晋书》卷三〇《刑法志》，中华书局，1974，第925页。[日] 濱口重國：《漢代の釱趾刑と曹魏の刑名》，载氏著《秦漢隋唐史の研究》，東京大學出版社，1966，第678~679页。

③ 彭浩、刘乐贤等：《睡虎地11号秦墓竹简》，第224页。

④ （汉）许慎撰，（清）段玉裁注：《说文解字注》卷一七《而部·耏》，第454页上栏。

⑤ 《史记》卷一一八《淮南衡山列传》，第3756页。

《史记索隐》引江遂曰：

汉令称完而不髡曰耐。[①]

学者多根据段玉裁对应劭之言的解读，认为“耐”指剃须鬓，但这是对应劭之说的误解。段玉裁认为“轻罪不至于髡，完其耏鬓，故曰耏”是“正谓去而鬓，而完其发耳”，[②] 但“完其耏鬓”的词组关系与段玉裁所说的“完其发”一样是“动词+代词+名词”，“完”为动词，“完其”指“保全其”，那么“完其耏鬓”便应是“保全其耏鬓”。因此栗劲和冨谷至便曾对段玉裁的解读表示过怀疑，陶安更说应劭是“明白地指保全耏鬓”。[③] 其实古人早有类似的意见，如赵宋王观国将这句记作“轻罪不至于髡，全其耐鬓，故曰耐”，并指“耐”是“存其鬓颊之毛”；晚明赵宧光也认为：“古肉刑，髡罪已轻，耏又其轻者。而彡毛皆全，故曰罪不至髡。”[④] 清代徐灏为段注作笺，更直指“段说殊误”，并表示“存其耏鬓故谓之耏”。[⑤]

江遂“汉令称完而不髡曰耐”是时间上仅次于应劭之说的解释。这句可有两种解读：第一种解读视“完”“髡”为名词，“而”为连词，即“汉令称‘完’并且不是‘髡’为‘耐’”，直接将“耐”等同于“完”；第二种解读将“完”和“髡”理解为动词，“而”理解为名词，即“汉令称保全‘而’不剪剃，称为‘耐’”。虽然“而”“耐”“耏”表示哪些毛发尚有争议，但不外乎头上的发须鬓，如《说文》指：“而，颊毛也。”“耐者，须也。”[⑥]《后汉

① 《史记》卷八一《廉颇蔺相如列传》，第 2964 页。

② （汉）许慎撰，（清）段玉裁注：《说文解字注》卷一七《第九篇下·而部·耏》段注，第454 页下栏。

③ 栗劲由于不接受“耐”“完”相同，故最终仍采段玉裁之解，冨谷至则很为难：“不知道如何解释为好。”见栗劲《秦律的刑罚体系》，第 255 页；［日］冨谷至《秦统一后的刑罚制度》，第 13 页注 1；［德］陶安あんど《秦漢刑罰體系の研究》，第 432 页注 93。

④ （宋）王观国：《学林》卷九《能》，田瑞娟点校，中华书局，1988，第 305 页；（明）赵宧光：《说文长笺》卷四《而部·耏》，《重订赵氏说文长笺》，崇祯元年（1628）吴县赵氏原刊本，第 16 页 a。

⑤ （清）徐灏：《说文解字注笺》卷九下《耏》，第 266 页上栏。

⑥ （汉）许慎撰，（清）段玉裁注：《说文解字注》卷一七《而部·耏》，第 454 页上栏；（汉）郑玄注，（唐）孔颖达正义：《礼记正义》卷三〇《礼运》孔疏引《说文》，吕友仁整理，上海古籍出版社，2008，第 915 页。

书·章帝纪》李贤注引佚名《字书》："耏，多须貌，音而。"[①] 古文字学者李圃认为甲骨文"象倒首长发形"[②]。汉末应劭指"耐"初作"耏"，其"彡"有"发肤之意"。[③] 晋代《字林》更"以多须发曰耏"，而当时也仍有"耐罪"。[④] 不论哪种解读，"耐"显然都会保护毛发。

而且释"耐"为剃须鬓，在现实上也很不合理。例如女性无须，但出土秦汉简牍却见女子受"耐"，如《二年律令·杂律》190："耐其女子以为隶妾。"[⑤] 虽然有学者据《二年律令·具律》88—89："女子……当耐者赎耐"，认为女性无须，故改受"赎耐"，[⑥] 但这只适用于初犯。《二年律令·亡律》157~158：

> 吏民亡，盈卒岁：耐。……女子已坐亡赎耐，后复亡当赎耐者：耐以为隶妾。[⑦]

可见女子逃亡满一年罚"耐"时，第一次可获优待而改判"赎耐"，但再次逃亡便不再"赎耐"了。除了女性，也有部分男性无须。里耶秦简缀合简 8－439、8－519、8－537、8－1899：

> 徒士五（伍）右里缭可，行到零阳庑溪桥亡，不智（知）外内，恐为盗贼，敢告。缭可年可廿五岁，长可六尺八寸，赤色，多发，未产须……[⑧]

---

① 《后汉书》卷三《章帝纪》元和二年乙丑诏注引《字书》，第 150 页。

② 李圃选注：《甲骨文选注》，上海古籍出版社，1989，第 168 页。

③ 《史记》卷一一八《淮南衡山列传》之《集解》注引应劭曰，第 3756 页。

④ 《史记》卷一八《高祖功臣侯者年表》之《索隐》，第 1086 页。

⑤ Barbieri-Low and Yates, "Statutes and Ordinances of the Second Year: Statutes on Miscellaneous Matters", in *Law, State, and Society in Early Imperial China*, p. 616.

⑥ Barbieri-Low and Yates, "Statutes and Ordinances of the Second Year: Statutes on Miscellaneous Matters", in *Law, State, and Society in Early Imperial China*, p. 501. 吕利：《律简身份法考论：秦汉初期国家秩序中的身份》，法律出版社，2011，第 230 页；［日］宫宅潔：《劳役刑体系的结构与变迁》，载氏著《中国古代刑制史研究》，第 105 页。

⑦ Barbieri-Low and Yates, "Statutes and Ordinances of the Second Year: Statutes on Miscellaneous Matters", in *Law, State, and Society in Early Imperial China*, p. 581.

⑧ 蒋伟男：《里耶秦简文字编》，学苑出版社，2018，第 803 页。复原研究见谢坤《里耶秦简所见逃亡现象——从"缭可逃亡"文书的复原说起》，《古代文明》2017 年第 1 期，第 49 页。

马圈湾烽隧遗址出土汉简683：

> 兴客，不审郡县、姓，名习，字子严，年卅所，为人短、壮、黄色、毋须、短面。[①]

《汉书·蔡义传》：

> （蔡）义为丞相时年八十余，短小无须眉。[②]

《三国志·袁绍传》：

> （袁）绍既斩宦者所署司隶校尉许相，遂勒兵捕诸阉人，无少长皆杀之，或有无须而误死者，至自发露形体而后得免。[③]

《颜氏家训·勉学》：

> 梁朝全盛之时，贵游子弟……无不熏衣剃面。[④]

可见社会存在不少无须男性，甚至在仍有“耐罪”的梁代，贵游子弟更以剃面毛为风尚。[⑤] 其中里耶秦简中的“缭可”是一位逃兵，[⑥] 若被抓获或

---

① 白军鹏：《马圈湾烽隧遗址出土汉简》，载氏著《敦煌汉简校释》，上海古籍出版社，2018，第256页。

② 《汉书》卷六六《蔡义传》，第2899页。

③ 《三国志》卷六《魏书·袁绍传》，第189页。

④ 王利器：《颜氏家训集解（增补本）》卷三《勉学》，中华书局，1996，第148页。

⑤ 关于古代男性是否可以自行修剪胡子，参见沈从文《从文物来谈谈古人的胡子问题》，载氏著《古人为何要留胡子：谈艺论文录》，新星出版社，2017，第259~269页。

⑥ 虽然“士伍”也可以单纯指无爵者，但缭可的身份为“徒士伍”，而且简中提及他携带大量兵器，失踪后负责上告者也是“敦长”“什长”，而案件审理同时有“将奔命校长”参与，因此缭可应是在服兵役时逃亡，研究参见谢坤《里耶秦简所见逃亡现象——从“缭可逃亡”文书的复原说起》，第50页。

判罚“耐”，那到时他是否只剃鬓?① 秦始皇陵兵马俑中有一些和他同样无须的陶俑士兵（图 5、6），其耳旁均无毛发，同时其前上方的头发呈直角，似是刻意剃剪过耳旁鬓毛，这种鬓式即使在有须的人俑中也极为常见（图 7、8）。无须的缭可很可能也采这种鬓式，那么很难对他施剃须鬓之刑。②

图 5　秦始皇陵陶俑 T20 G9：55③

图 6　秦始皇陵陶俑 T10K：106④

图 7　秦始皇陵陶俑 T2 G2：97⑤

图 8　秦始皇陵陶俑 T10K：110⑥

也有少数学者指“耐”是剃顶发。宋人王观国说：“所谓耐者，去其顶发，而存其鬓颊之毛，故曰罪不至髡也。”⑦ 近代中井积德也指：“半髡

① 《二年律令·亡律》157 显示汉初吏民逃亡未满一年要“系城旦舂偿亡日”，满一年则判“耐”，《二年律令·兴律》398 则记载汉初士兵逃亡一日至七日判“赎耐”、超过七日判“耐隶臣”、超过三月判“完城旦”。而根据岳麓秦简（肆）91/185 逃亡未满一年要“系城旦舂”，满一年则“耐”，但秦代如何判罚逃兵，以及缭可到底逃亡了多少天则未可知。参见张传玺《秦及汉初逃亡犯罪的刑罚适用和处理程序》，《法学研究》2020 年第 3 期，第 193~194 页。

② 虽然《北史·西域传》记波斯国有“翦半鬓”之刑（亦见于《魏书·西域传》，但今之《魏书·西域传》乃后人自《北史·西域传》采入），然而《周书·异域传》记作“翦半须”，《隋书·西域传》则记为“剃去其须”，萨珊波斯男性鬓须相连，“翦半鬓”“翦半须”之刑难以想象，似《隋书》记载比较合理。见《北史》卷九七《西域·波斯传》，中华书局，1974，第 3323 页；《周书》卷五〇《异域·波斯传》，中华书局，1971，第 920 页；《隋书》卷八三《西域·波斯传》，中华书局，2019，第 2087 页。

③ 资料来源：陕西省考古研究所、始皇陵秦俑坑考古发掘队编：《秦始皇陵兵马俑坑一号坑发掘报告》下册（下文简称《秦陵报告》下册），文物出版社，1988，第 67 页图版 65。

④ 资料来源：《秦陵报告》下册，第 106 页图版 101。

⑤ 资料来源：《秦陵报告》下册，第 47 页图版 45。

⑥ 资料来源：《秦陵报告》下册，第 106 页图版 101。

⑦ 王观国：《学林》卷九《能》，第 305 页。

曰耐，去其顶发而存其鬓颊之毛，故曰罪不至髡也。”[①] 两位学者应是认为“髡”同时剃顶发和“鬓颊之毛”，轻于“髡”的“耐”则只保护“鬓颊之毛”而不保护顶发。然而东汉王充指“完城旦以下”不像“髡钳之法”般仍会使人“形毁不全”，既然“完城旦舂”以下也包括“耐鬼薪白粲”和“耐司寇作如司寇”，那么“耐”显然不应使人“形毁不全”。[②] 另外，“髡”虽会剃被视为发一部分的鬓，但应该不会剃须。汉代《列仙传·服闾传》记载：

> 服闾者，不知何所人也……一旦髡头着赭衣，貌更人，人问之，言坐取庙中物云。后数年，貌更壮好，鬓发如往日时矣。[③]

可见服闾遭“髡”后，数年才“鬓发如往时”，则“髡”会同时损害鬓。但《说文》“鬓，颊发也”[④] 和《国语·晋语九》韦昭注“鬓，发颖也”[⑤] 显示鬓有时可被视为发的一部分，剃发的“髡”会同时损害鬓也很可能是这个原因。但“颊毛”作为发须之间的过渡毛发，还可有归于须的髯，《释名·释形体》：“在颊耳旁曰髯，其上连发曰鬓。”[⑥]《说文》：“頿，颊须也。”[⑦] 而史料明确指“髡”不损害须，《三国志》注引《魏略》记载：

> 太祖以为（崔）琰腹诽心谤，乃收付狱，髡刑输徒。前所白琰者又复白之云：“琰为徒，虬须直视，心似不平。”[⑧]

① [日] 泷川资言考证，[日] 水泽利忠校补：《史记会注考证附校补》卷一一八《淮南衡山列传》考证引中井积德，上海古籍出版社，1986，第1928页左下栏。

② 黄晖：《论衡校释（附刘盼遂集解）》卷二三《四讳》，第971~975页。

③ 王叔岷：《列仙传校笺》卷下《服闾传》，中华书局，2007，第136页。《列仙传》传为西汉刘向所作，但一般学者多认为是东汉人所作。

④ （汉）许慎撰，（清）段玉裁注：《说文解字注》卷一六《第九篇上·髟部》，第425页下栏。

⑤ 徐元诰：《国语集解》，王树民、沈长云点校，中华书局，2002，第454页。

⑥ （汉）刘熙：《释名》卷二《释形体》，第30页。

⑦ （汉）许慎撰，（清）段玉裁注：《说文解字注》卷一六《第九篇上·须部》，第424页上栏。

⑧ 《三国志》卷一二《魏书·崔琰传》注引《魏略》，第369页。

汉末崔琰受“髡”后仍有“虬须”，可知“髡”无涉于须，那么“髡”指同时剪剃顶发和“鬓颊之毛”的说法也同样未能成立。

另外陶安也同意“完”即“耐”，但他认为两者在执行上均等于剃发的“髡”。他首先表示汉晋古注虽说“耐”为“不髡”，但这只是因东汉“耐”已变成指“完城旦舂”至“司寇”的劳役刑总称，故当时注家也释“耐”为“能”。然后又指既然古今学者对“而”“耐”“耏”本义莫衷一是，那么应探讨的不是“耐”字本义，而应探求“耐”刑之义。他认为秦正刑大类为“死罪”“刑罪”“耐罪”和“赎罪”，而“赎”也只包括“赎死”“赎刑”和“赎耐”，当时私刑则为“杀”“刑”“髡”，对照正刑和私刑便知“髡”等于“耐”。[①] 此说十分新颖，但后面会提到东汉史料不单有指“耐”为“完城旦舂”至“司寇”劳役刑的总称，也有指“耐”为“髡钳城旦舂”至“司寇”劳役刑的总称，同时“耐”“能”相通不始于东汉，而是始于先秦；正刑对应私刑说亦缺乏直接证据，前面也提及唐代禁止私下对别人“髡发”，但未见当时官府正刑会损害犯人头发。

（三）包括“耐”“完”“髡”的“耐”

史料还有同时包括“耐”“完”“髡”三者，作为“劳役刑”的“耐”，这或与“耐”“能”相通有关。前面提及许慎和应劭都认为“耐”轻于“髡”，然而不少史料也显示“耐”包括“髡”。《汉书·刑法志》：

> 断狱殊死，率岁千余口而一人。耐罪上至右止，三倍有余。（注：李奇曰：“耐从司寇以上至右止，为千口三人刑。”）[②]

《后汉书·和熹邓皇后纪》：

> 太后比三日幸洛阳，录囚徒，理出死罪三十六人，耐罪八十人，其余减罪死右趾已下至司寇。[③]

① ［德］陶安あんど：《秦律の刑罰体系》，《秦漢刑罰體系の研究》，第30~44页。
② 《汉书》卷二三《刑法志》颜注引李奇曰，第1108页。
③ 《后汉书》卷一〇上《和熹邓皇后纪》安帝永初三年（109）秋，第424页。

由此可知“耐罪”是“司寇（作如司寇）”至“右趾”的总称，而“右趾”其实是“髡钳城旦舂笞一百、二百釱左右趾”的简称，是“髡刑”内部最高的等级：前面提及“髡刑”中存在作为附加刑的“笞”：景帝元年（前157）“笞五百”改为“笞三百”、“笞三百”改为“笞二百”，中六年（前144）又将“笞三百”减到“笞二百”，“笞二百”减到“笞一百”。[①]《后汉书·耿夔传》“元初元年（114），坐征下狱。以减死论，笞二百”一句，显示东汉中期的最高级“籍笞”数仍是二百。[②] 但《太平御览》引汉末孔融《肉刑论》记载“加笞三百不中一，髡头至耳发诣膝”[③]，这可能是“笞一百”与“笞二百”累计执行的总数，因为走马楼西汉简牍549+596记载：

> 驾（加）论髡钳血娄、齐，血娄笞一百、二百釱左右止（趾），齐笞百釱左止（趾），皆为城旦籍髡笞。[④]

那么《耿夔传》的“笞二百”便只是描述等级，实际执行会累加“笞一百”和“笞二百”两级，总共“笞三百”。此简还显示“釱趾”也是“髡钳城旦舂”的附加刑。根据景帝阳陵旁的钳徒墓中，出土一些同时戴“钳”和“釱”的骸骨，可推断“釱趾”应至迟在景帝时被设立。[⑤] 东汉明、章二帝诏书常见提及“右趾至髡钳城旦舂”的诏书，[⑥] 其“右趾”应是“釱右趾”，并且如同“笞二百”一样，只是等级描述的简称，其全称

---

① 《汉书》卷二三《刑法志》，第1100页。

② 《后汉书》卷一九《耿弇传》，第719页。

③ （宋）李昉等：《太平御览》卷六四二《刑法部八·徒》引孔融《肉刑论》，第2876页下栏。

④ 走马楼西汉简549+596最新图版及释文见长沙简牍博物馆、长沙市文物考古研究所《长沙市走马楼西汉古井及简牍发掘简报》，第55~56页。另外欧扬认为其“笞一百、二百釱左右止”是对应改制前的“黥劓斩左趾为城旦”，其“笞一百”对应“劓”，“笞二百”对应“斩左趾”，并非“籍笞”数合计为“三百”，见欧扬《走马楼西汉简刑制史料初探》，第221页。但“斩左止”似对应此简后面提及“笞百釱左止”，即“笞一百、二百釱左右止”应是“笞一百釱左止”与“笞二百釱右止”合加。若将原本上拨为“死”的“斩右趾”改入“髡刑”，则“髡刑”有五等，而从曹魏“髡刑有四”来看，景帝应对“髡刑”内部等级再有调整。

⑤ 秦中行：《汉阳陵附近钳徒墓的发现》，《文物》1972年第7期，第52页。结合传世史料的相关考证，见冨谷至《汉代刑罚制度考证》，第74页。

⑥ 《后汉书》卷二《明帝纪》，第98、118、123页；卷三《章帝纪》，第143、158页。

是“髡钳城旦舂笞一百、二百釱左右趾”。其下一级的“釱左趾”则是“髡钳城旦舂笞一百釱左趾”。[①] 那么汉代“髡刑”便基本为：“髡钳城旦舂”“髡钳城旦舂笞一百”“髡钳城旦舂笞一百釱左趾”“髡钳城旦舂笞一百、二百釱左右趾”，这也应是曹魏“髡刑有四”的来源。[②] 总之汉代四种“髡刑”包括在“耐”之中。

刑罚大类序列和年刑也显示“耐”包括“髡”。前引《汉书·刑法志》和《后汉书·和熹邓皇后纪》便提及“耐”在刑罚大类序列中仅在“死”之下，文献还有一些类似的例子。《后汉书·陈宠传》：

> 今律令死刑六百一十，耐罪千六百九十八，赎罪以下二千六百八十一。[③]

《后汉书·蔡邕传》：

> 有诏减死一等，与家属髡钳徙朔方。[④]

东汉刑罚大类序列为“死”“耐”“赎”，“死”下一大类为“耐”，然而“死”下一等却为“髡”，那么“髡”便只能属于“耐”大类中。另外《史记集解》引苏林曰：

> 一岁为罚作，二岁刑已上为耐。[⑤]

---

① 或许由于附加“笞”的执行只有一次，在记录这些“髡刑”徒时也可省称“笞”，如居延新简 EPT56. 280A“徒髡钳釱左右止城旦舂”，EPS4T2：69“故吏坐施髡钳釱左止城旦昌”，见马智全《居延新简集释》（四），甘肃文化出版社，2016，第 447 页；张德芳《居延新简集释》（七），第 697 页。

② 另外曹操曾把金属的“釱”改用木械，张建国怀疑其名因此改为“灭”，见张建国《魏晋五刑制度略论》，《帝制时代的中国法》，第 247 页。

③ 《后汉书》卷四六《陈宠传》，第 1554 页。

④ 《后汉书》卷六〇下《蔡邕传》，第 2002 页。

⑤ 《史记》卷一一八《淮南衡山列传》之《集解》引苏林曰，第 3756 页。张建国也同意苏林此句代表：“髡钳城旦舂、完城旦舂、鬼薪白粲、司寇（作如司寇），这些刑名统称耐。”见张建国《汉代的罚作、复作与弛刑》，第 598 页。

前引《汉旧仪》显示西汉中后期至东汉各级刑期是“髡钳城旦舂”五岁、“完城旦舂”四岁、“耐鬼薪白粲”三岁、“耐司寇作如司寇”二岁，那么“二岁刑已上”便包括五岁刑“髡钳城旦舂”。后来各劳役等级渐渐直接以劳役年数称呼，[①]而两晋的“耐”也包括二岁至五岁刑。《唐六典·尚书刑部·刑部郎中》注：

> 晋氏受命……髡刑有四：一曰髡钳五岁刑笞二百，二曰四岁刑，三曰三岁刑，四曰二岁刑。……弃市以上为死罪，二岁刑以上为耐罪，罚金一两为赎罪。[②]

《太平御览·刑法部·徒》引《晋律》：

> 髡钳五岁刑笞二百、四岁刑、三岁刑、二岁刑。(注：二岁耐减一等入罚金。二岁以至五岁刑皆耐罪。)[③]

《唐六典》注的“髡刑有四”或是误抄曹魏的“髡刑有四”，因为其后面也说“死”之下“二岁刑以上为耐罪”，而《太平御览》引《晋律》也指“髡钳五岁刑笞二百”属“耐罪”。[④]《隋书·刑法志》亦记南朝梁以“髡”

---

① 汉末曹操主政时，王凌和汤沛曾犯事受“髡刑五岁”，但灵帝熹平四年（175）时仍有“不敬，正鬼薪法”之言，可推测“某岁刑”之称或源自曹操的改革，见《三国志》卷一五《魏书·贾逵传》注引《魏略》，第486页；卷二八《王凌传》注引《魏略》，第757页；《续汉书·律历志中》，《后汉书》志二，第3040页。

② (唐)李林甫等:《唐六典》卷六，陈仲夫点校，中华书局，1992，第181页。

③ (宋)李昉等:《太平御览》卷六四二《刑法部·徒》引《晋律》，第2877页上栏。

④ 虽然西晋张斐《注晋律表》也把刑罪分为“刑杀”“髡罪”“赎失”三等，张建国也怀疑“晋的髡罪与耐罪已成一个概念”，并“将髡发的办法扩展至四岁、三岁、二岁刑之中”。但张斐注表尚有不少问题：首先，《晋志》在记载张斐注表时说“其要曰”，即其内容经过史臣改写删削，唐人对“耐”“髡”的认识已较模糊，孔颖达便误以“耐”为剃须，《唐六典》记晋律更前后矛盾，因此唐修《晋书》的史臣有可能在改写其文时出错。其次，张斐对晋律的理解也可能不准确。《南齐书·孔稚珪传》记载王植指：“臣寻晋律，文简辞约，旨通大纲，事之所质，取断难释。张斐、杜预同注一章，而生杀永殊。自晋泰始以来，唯斟酌参用。”当时杜预亦作律注，但杜、张二人对晋律部分条文的理解大异。杜预曾亲身参与编定晋律，其注也被朝廷“诏班于天下”，但史书却未见张斐参与编律，也未见朝廷公开颁布其注，因此张斐所记的“死”“髡”“赎”刑罚体系，也可能是他理解错误。参见《晋书》卷三四《杜预传》，第1026页；卷三〇《刑法志》，第927、931页；张建国《魏晋五刑制度略论》，第251~252页；《南齐书》卷四八《孔稚珪传》，中华书局，2017，第926页。

属"耐":

> 刑二岁已上为耐罪，言各随伎能而任使之也。有髡钳五岁刑，笞二百，收赎绢，男子六十匹。又有四岁刑，男子四十八匹。又有三岁刑，男子三十六匹。又有二岁刑，男子二十四匹。[①]

北朝的变化较大，如北齐"耐罪"指五岁至一岁刑，而"髡"则被改入"流刑"。[②]

梁代"耐罪"被解释为"各随伎能而任使之"，《史记集解》注"耐"刑时，也引如淳"耐犹任也"和苏林"耐，能任其罪"，[③] 可见这种"耐罪"应是指"劳役刑"，因此其既有作为"附加身体刑的劳役刑"的"髡刑"，也包括作为"纯劳役刑"的"完""耐"。"耐"作为"劳役刑"，或与其通"能"有关。两汉之际的《春秋元命苞》便指："能之为言耐也。天官器人，各以其材，因而任之。"曹魏宋均注曰："耐，今之能字也。"汉末郑玄也指出："耐，古能字。""（能、耐）古字通也。耐，谓堪任其事"。[④] 孔颖达《礼记正义》更指不少古书把"能"写作"耐""而":

> 古之"能"字为此"耐"字，取堪能之义，故古之"能"字皆作"耐"字。……今书虽悉作"能"，或有作"耐"字者，则此"耐以天下为一家"，及《乐记》云"人不耐无乐"，仍作"耐"字，是古字时有存者。……今书虽存古字为"耐"，亦有误不安"寸"，直作"而"字，则《易·屯象》云"利建侯而不宁"及刘向《说苑》"能"

① 《隋书》卷二五《刑法志》，第774页。

② 《隋书》卷二五《刑法志》，第781～782页；《唐六典》卷六《尚书刑部》刑部郎中条注，第182页。

③ 《史记》卷一一八《淮南衡山列传》之《集解》引应劭曰、如淳曰、苏林曰，第3756页。

④ （隋）虞世南：《北堂书钞》卷五〇《设官部·总载三公》引《春秋元命苞》并宋均注，天津古籍出版社，1988，第176页上栏；（汉）郑玄注，（唐）孔颖达正义：《礼记正义》卷三〇《礼运》郑玄注，第914页。

字皆为“而”也。[1]

可见初唐流传的《礼记》《乐记》《周易》和《说苑》都有将“能”写作“耐”“而”。除此之外，不少现存先秦秦汉的传世典籍也有“耐”“而”通“能”的情况，如《管子·入国》“不耐自生者，上收而养之疾”，《墨子·尚同中》“唯而审以尚同”，而《急就篇》“完坚耐事逾比伦”更显示“耐”可与“事”相配。[2] 出土文献也有相关用例，如睡虎地秦简《法律答问》204“它邦耐吏”，马王堆汉墓帛书《五行》82/251“兄弟不相耐者”，居延汉简123.58“胁恿不耐言”，居延新简EPT51：7“胁恿不耐言变事”，马圈湾汉简567“天不耐雨空阴耳”，水泉子汉简七言本《苍颉篇》“计会辨治推耐前”等。[3]

（四）“耐”各义的相通

由此可见刑罚中的“耐”既可轻于“完”“髡”，也可同于“完”而轻于“髡”，甚至能包括“耐”“完”“髡”，同时“耐”也有毛发义和“能”义。这些情况看似不可调和，但其背后存在一些内在联系。

孔颖达《礼记正义》曾尝试过沟通作为刑罚的“耐”，与“耐”的毛发义和“能”义：

---

[1] （汉）郑玄注，（唐）孔颖达正义：《礼记正义》卷三〇《礼运》孔疏，第915页。

[2] 黎翔凤：《管子校注》卷一八《入国》并注11，梁运华整理，中华书局，2004，第1034，1038页；（清）孙诒让：《墨子间诂》卷三，孙启治点校，中华书局，2001，第87页；《急就篇颜王注本》卷二，载（汉）史游《急就篇》，曾仲珊校点，岳麓书社，1989，第151~152页。更多例子，参见卢文弨《龙城札记》卷二《而与能古音义同》，中华书局，2010，第146页。

[3] 彭浩、刘乐贤等：《睡虎地11号秦墓竹简》，第261页；裘锡圭主编：《长沙马王堆汉墓简帛集成》（肆），中华书局，2014，第78页；简牍整理小组编：《居延汉简》（贰），“中研院”历史语言研究所，2015，第51页；李迎春：《居延新简集释》（三），第200页；张德芳：《敦煌马圈湾汉简集释》，甘肃文化出版社，2013，第526页；张存良：《水泉子汉简七言本〈苍颉篇〉蠡测》，中国文化遗产研究院编《出土文献研究》第9辑，中华书局，2010，第64页。另外陈伟认为郭店楚简《成之》“节于而也”的“而”也是“能”义，唯此句争议较大，见陈伟《郭店楚简别释》，湖北教育出版社，2002，第142页。

> 古者犯罪，以髡其须，谓之耐罪，故字从寸，寸为法也。以不亏形体，犹堪其事，故谓之耐。①

他认为"耐"为剃须，而剃须因为"不亏形体"所以不影响劳作，因此"耐""能"相通。徐灏怀疑段玉裁以剃须鬓释"耐"即源自此解，但他批评孔氏此说并不合理：

> 夫身体发肤皆不可以毁伤，耏之罪下于髡一等，古人正有深意，岂必斩趾乃为亏乎？若以能耐为解，则髡之剃发居作者，亦犹堪事矣。何独耏乎？②

他表示剃发须都属于"亏"，不一定要伤害肉身，而且"髡"同样只是剃毛发，那为何唯独"耏"通"能"？前面曾引东汉王充之论，便显示汉代人确实视剃发之"髡"会使人"形毁不全"，那么剃剪同属头上毛发的须鬓理应也不能算"不亏形体"，更何况应劭、江遂已明白指出"耐"是保护而非伤害"耏鬓""而"。

虽然孔颖达的尝试并不成功，但其"不亏形体，犹堪其事"的意见仍有重要价值。现时学者指"耐""能"相通与其古时读音一样有关，但人类学显示两者关系可能不止于此。前面提及古人往往视毛发为精气所在，不单被狸妖剃发可致死，甚至人们会以缺乏足够毛发来表示自己精力不足，作为逃避罪责、任事的理由。而把毛发与精气联系的风俗也见于世界各地，如基督教《圣经》中的大力士参孙的力量源泉便是自己的毛发，当他被剃发后便力量全失。③ 那么若把孔颖达的意见改成：由于"耐"不伤害身体发肤，所以"以不亏形体，犹堪其事"则更符合逻辑。

另外在刑罚中的三种"耐"其实在"劳役"层面上也相通。甚至前

---

① （汉）郑玄注，（唐）孔颖达正义：《礼记正义》卷三〇《礼运》孔疏，第915页。

② （清）徐灏：《说文解字注笺》卷九下《耏》，第266页上栏。

③ 古代中外认为毛发与精气相关的风俗，参见江绍原《发须爪——关于它们的风俗》，上海文艺出版社，1987。

两种“耐”也未必不能直接与“能”相通，虽然应劭用“耐”的毛发义来解释为何“耐”轻于“髡”，然而在“某为某”的句式中，一般认为前部是物理状况，前部往往也可作为动词如“耐之”“完之”“髡之”“刑之”，若以毛发义来理解“耐”，则“耐为某”的前部指“以有毛发或多毛发的状况为”，“耐之”则是“使其物理状况为有毛发或多毛发”。然而“刑”是“身体刑”，“髡”继承自“刑”，而“完”后面提及是战国时“刑”已与“城旦舂”绑定后，新设作为“刑”“耐”间过渡的例外用法，但“耐”在刑罚体系中属于“劳役刑”，那么“某为某”句式的前部未必一定指物理状况，武威出土的一条东汉简便出现“能为司寇”。[①] 若采“能”义，则“耐为某”是“任使为某”，“耐之”为“任使之”。前面提及《春秋元命苞》指：“能之为言耐也。天官器人，各以其材，因而任之。”苏林也说：“耐，能任其罪。”而《周礼·秋官·蜡氏》正好以“刑者”和“任人”分别称受“身体刑”者和“劳役刑”者，[②]《秋官·司圜》也指作为“劳役刑”的“圜土”是“任之以事而收教之”[③]。这也提示对“耐”的研究，要放在更长期的刑罚体系的变化中考察。

三、刑罚体系的变化

（一）“耐”的来源

秦至汉初的刑罚体系与刑罚执行可与《周礼》大致对应，“耐”很可能源自《周礼》中的“圜土”刑。《周礼·秋官》显示的刑罚有作为“身体刑”和“生命刑”的“五刑”：“墨”“劓”“宫”“刖”“杀”，“劳役刑”的“圜土”，以及“财产刑”的“金罚”“货罚”。[④] 前面提及

① 李均明、刘军：《武威旱滩坡出土汉简考述——兼论“挈令”》，《文物》1993 年第 10 期，第 37 页。

② （清）孙诒让：《周礼正义》卷七〇《秋官·蜡氏》，第 2901 页。

③ （清）孙诒让：《周礼正义》卷六九《秋官·司圜》，第 2869~2871 页。

④ （清）孙诒让：《周礼正义》卷六八《秋官·司刑》，第 2835 页；卷六九《秋官·职金》，第 2860 页；卷六九《秋官·司圜》，第 2869~2871 页。

陶安认为秦正刑体系“死罪”“刑罪”“耐罪”“赎罪”，而“赎”中也有“赎死”“赎刑”和“赎耐”。①“死”“刑”“耐”“赎”，正好亦是“生命刑”“身体刑”“劳役刑”与“财产刑”。虽然秦至汉初正刑的确不止“死”“刑”“耐”“赎”，但其他各种的性质或与此相类，并且多是战国后期新设。如前面提及的“完城旦舂”也是“纯劳役刑”，后面将详谈“完”是战国后期刑罚调整的产物。另外文献还有“赀罪”“迁罪”“谪罪”等，②但“赀”同样是财产刑，而“迁”“谪”则另为流徙刑，但其中“迁”有学者认为也是战国后期才正式成为刑罚。③因此纵使秦至汉初有一些新设刑罚与刑罚调整，但其仍与《周礼》的刑罚体系存在大致相承的关系。

秦至汉初和《周礼》的“身体刑”及“劳役刑”的执行方法也很类似。秦至汉初的“刑罪”如“黥城旦舂”虽也附有劳役等级，但其在大类上仍被称为“刑罪”，可知其仍被视为“身体刑”，而《周礼》亦同样如此：

> 《秋官·掌戮》：墨者使守门，劓者使守关，宫者使守内，刖者使守囿，髡者使守积。④

《周礼》记载的周代制度虽真伪混杂，但考古出土的“刖人守囿挽车”（图9）证实了“刖者使守囿”的可信性。

---

① 随州孔家坡汉墓简牍《日书·天牢》354参：“此天牢击（系）者，一曰除，二曰赀，三曰耐，四曰刑，五曰死。”大体性质划分仍和陶安提出的体系相类。湖北省文物考古研究所、随州市考古队编：《随州孔家坡汉墓简牍》，文物出版社，2006，第174页。

② 彭浩、刘乐贤等：《睡虎地11号秦墓竹简》，第121、231页；彭浩、陈伟、［日］工藤元男主编：《二年律令与奏谳书》，第92、135页。

③ 黄海：《由“迁”至“迁刑”——秦“迁”入刑考》，《交大法学》2019年第4期，第146~157页。学者多认为“迁”是长期甚至终身的流徙，但“谪”的时间较短，见徐世虹《秦朝的刑罚体系》，张晋藩总主编《中国法制通史》第2卷《战国秦汉》，法律出版社，1998，第163~165页。

④（清）孙诒让：《周礼正义》卷六九《秋官·掌戮》，第2879~2881页。

图9 （西周晚期至春秋初期）山西晋南闻喜县上郭村出土“刖人守囿挽车”①

小车有各式动物像，像囿；门扉旁有一无左脚、手拄拐杖的小铜人，像刖人。② 另外《太平御览》引《周礼·司刑》中有“刖者使守门”的佚文，图9刖人也正是守囿之门，而前引图2至图4亦显示了“刖人守门”的形象。③ 但不论是“守囿”还是“守门”，都是让受“身体刑”者服一定劳役。年代最早的“刖人守门”器被定于西周中期（图2），这显示身体刑至迟在西周中期已附有劳役。但其仍被视为“身体刑”：

> 《秋官·蜡氏》：凡国之大祭祀，令州里除不蠲，禁刑者、任人及凶服者。

郑玄指“刑者”是“黥劓之属”，而“任人”则是“司圜所收之罢民也”，④ 可见《周礼》的身体刑虽已附劳役，但与秦至汉初一样仍称“身体刑”，不称“劳役刑”。

《周礼》的劳役刑是“圜土”，并且是“纯劳役刑”：

---

① 资料来源：中国青铜器全集编辑委员会编：《中国青铜器全集》第8卷《东周》（二），文物出版社，1995，第108~109页。

② 张崇宁：《“刖人守囿”六轮挽车》，《文物季刊》1989年第2期，第46~47页。

③ （宋）李昉等：《太平御览》卷六四六《刑法部·刖》引《周礼·秋官·司刑》，第2899页上栏。

④ （清）孙诒让：《周礼正义》卷七〇《秋官·蜡氏》，第2901页。

《秋官·司圜》：司圜掌收教罢民，凡害人者，弗使冠饰而明刑焉，任之以事而收教之。能改者，上罪三年而舍，中罪二年而舍，下罪一年而舍。其不能改而出圜土者，杀。虽出，三年不齿。凡圜土之刑人也，不亏体，其罚人也，不亏财。①

“圜土”刑刻意强调“不亏体”“不亏财”，以区别于“身体刑”“生命刑”和“财产刑”，而且其对头部的处理只是“弗使冠饰”，可知其应也不会剃毛发。②“身体刑”的用意是以损害身体作为惩罚，“劳役刑”的用意则是以劳作作为惩罚，而身体受损必然影响劳作，因此当“身体刑”开始附加劳役后，“身体刑”作为一个刑罚大类也不断衰落。总之，“圜土”刑者的身体特征应是肢体发肤完整，从而“不亏形体，犹堪其事”，这也能解释为何秦以同时具有毛发义和“能”义的“耐”来表示“纯劳役刑”。

总之秦至汉初的刑罚体系与刑罚执行和《周礼》基本一致，两者应存在相承关系，“耐”很可能源于《周礼》作为劳役刑，并且在实际执行时是“纯劳役刑”的“圜土”刑。

（二）“耐”的分化

“耐”的分化应是西周中期至汉初刑罚调整的结果。《尚书·吕刑》提及西周初的刑罚包括身体刑和生命刑的“五刑”（“墨”“劓”“剕”“宫”“大辟”）、财产刑的“五罚”以及完全赦免的“五过”，无提及以劳役惩罚犯人，考古文献同样没有显示商代和西周前期以劳役惩治罪犯。③然而西周中期开始，局势开始逐渐动荡，④春秋战国列国的图强争战，更进一步增加对劳动力的需求，其反映便是出现了新设的“劳役刑”，同时“身

① （清）孙诒让：《周礼正义》卷六九《秋官·司圜》，第2869~2871页。

② 《周礼》还记载另一种劳役罚“嘉石”，但这是用于“有罪过而未丽于法而害于州里者”，即这只是行政处罚，这或与后来秦汉的“罚作”和曹魏的“作刑”有关，见（清）孙诒让《周礼正义》卷六六《秋官·大司寇》，第2752页。

③ （清）孙星衍：《尚书今古文注疏》卷二七《吕刑》，陈抗、盛冬铃点校，中华书局，1986，第531~536页。考古文献部分，见李力《出土文物与先秦法制》，大象出版社，1997，第57~60页。

④ 李峰：《西周的灭亡：中国早期国家的地理和政治危机》，徐峰译，上海古籍出版社，2016。

体刑”也开始附有劳役。一开始“身体刑”所附加的劳役，可能确实是《周礼》中记载的劳役程度较轻的站岗看守，[①] 但随着国家对劳动力的需求日益增加，其分配的工作只会更加复杂多样。睡虎地秦简《法律答问》便提示早期“刑”可附“隶臣妾”和“鬼薪白粲”。109—110：

> 葆子狱未断而诬告人，其辠（罪）当刑为隶臣，勿刑，行其耐，有（又）毄（系）城旦六岁。[②]

111—112：

> 葆子狱未断而诬［告人，其辠（罪）］当刑鬼薪，勿刑，行其耐，有（又）毄（系）城旦六岁。[③]

《法律答问》的一些条文可追溯自商鞅时期，[④] 条文虽说不要对“刑隶臣”和“刑鬼薪”行“刑”，但之所以要进行解释，很可能是因为早期法律条文存在“刑隶臣妾罪”和“刑鬼薪白粲罪”。

由于损害肢体与毛发（精气）的“刑”不利犯人工作，同时“刑”“耐”使用同样的劳役等级也容易导致刑罚轻重难以掌握，因此刑罚应用不断被调整：一方面减轻伤害身体的程度，如杜正胜细检史料后发现早期史料记逃亡者刑“膑”“刖”，窃盗贼伤者刑“劓”，但秦简均刑“黥”；[⑤] 另一方面则是减少“刑”的使用频率，其方法便是让“刑”只附最重劳役等级，而作为“劳役刑”的“耐”则附较轻的劳役等级。

“完”很可能是第二项改革的产物。[⑥] 在“刑”基本只与最重劳役等

① 相关例子见杨伯峻编著《春秋左传注》庄公十九年并注，第 211 页。

② 彭浩、刘乐贤等：《睡虎地 11 号秦墓竹简》，第 224 页。

③ 彭浩、刘乐贤等：《睡虎地 11 号秦墓竹简》，第 226 页。

④ 相关学术史参见彭浩、刘乐贤等《睡虎地 11 号秦墓竹简》，第 180 页。

⑤ 杜正胜：《刑法的转变：从肉刑到徒刑》，载氏著《编户齐民：传统政治社会结构之形成》，台湾联经出版事业股份有限公司，1990，第 280~282 页。

⑥ 不少学者认为“完”比较后起，相关学术史参见宫宅潔《劳役刑体系的结构与变迁》，第 102~110 页。

级“城旦舂”结合后，[①]“刑城旦舂”与“耐鬼薪白粲”之间差距过大，因为在“某为某”句式中在前后两部分都有所减轻。秦在商鞅变法后，开放军功爵以鼓励平民士兵杀敌，并且容许以爵位减刑，《商君书·境内》便指：

> 爵自二级以上有刑罪则贬，爵自一级有刑罪则已。[②]

在有爵者较少的情况下，由“刑城旦舂”减至“耐鬼薪白粲”或许还能接受，但在秦不断扩张，有爵者特别是低爵者不断增加的背景下，必须进一步调整刑罚，而“完城旦舂”很可能便是在这种背景下增设，作为“刑”“耐”之间的过渡。[③] 对比秦至汉初二级爵“上造”与一级爵“公士”的减刑情况，可发现秦时“公士”的减刑情况尚不很合理，这很可能便是早期“完城旦舂”尚未设立，或刚刚设立仍未很好发挥过渡作用的表现。里耶秦简缀合简8－775、8－805、8－884、9－1615、9－2302：

> 上造、上造妻以上有罪，其当刑及当城旦舂，耐以为鬼薪白粲……[④]

张家山汉简《二年律令·具律》82：

---

① 需要承认的是，在改革后，仍存在某些例外，如“腐”可在强奸罪下附非“城旦舂”，如《二年律令·杂律》193：“强与人奸者，府（腐）以为宫隶臣。”这可能是此次改革的唯一例外不改动的部分。Barbieri-Low and Yates，“Statutes and Ordinances of the Second Year：Statutes on Miscellaneous Matters”，in *Law，State，and Society in Early Imperial China*，p. 616. 但学者研究也指出“即使到了秦及汉初的刑律，腐刑在其刑罚体系里，仍是一种‘特别的存在’”，见霍存福、程令政《秦及西汉初期的奸罪与腐刑——以出土简牍资料为主要依据》，《社会科学辑刊》2020年第2期，第69～79页。另外不附加劳役的身体刑，基本只用于奴隶，如《二年律令·贼律》30：“奴婢驱（殴）庶人以上，黥頯，畀主。”Barbieri-Low and Yates，“Statutes and Ordinances of the Second Year：Statutes on Miscellaneous Matters”，in *Law，State，and Society in Early Imperial China*，p. 400.

② 蒋礼鸿：《商君书锥指》卷五《境内》，中华书局，1986，第120页。

③ 虽然龙岗秦简129“人及虚租希程者耐城旦舂□□☒”出现“耐城旦舂”，并使学者一度争论“耐城旦舂”是否“完城旦舂”，但由于此简颇残，“耐城旦舂”四字已有缺损，其后各字更难以释读，有学者便指此句“耐”和“城旦舂”或可断开，“城旦舂”下连后面数字，因此此简尚未可证明“耐城旦舂”存在。李天虹，刘国胜等：《龙岗秦墓简牍》，第69页；陈中龙：《论秦与汉初时刑罪中的“完”与“刑尽”》，武汉大学简帛研究中心主办《简帛》第12辑，上海古籍出版社，2016，第224页。

④ 陈伟主编：《里耶秦简牍校释》第2卷，第164页。

上造、上造妻以上，及内公孙、外公孙、内公耳玄孙有罪，其当刑及当为城旦舂者：耐以为鬼薪白粲。①

可见二级爵“上造”可由“刑”或“城旦舂”减至“耐鬼薪白粲”。一级爵“公士”的减刑程度则较低，张家山汉简显示只能由“刑城旦舂”减至“完城旦舂”。《二年律令》83：

公士、公士妻及□□行年七十以上，若年不盈十七岁，有罪当刑者，皆完之。②

然而睡虎地秦简对以爵减刑的记载却有点不同。《秦律杂抄·游士律》5：

有为故秦人出，削籍，上造以上为鬼薪，公士以下刑为城旦。③

“公士以下”应该包括平民，那么此罪基础刑罚便是“刑为城旦”，因此“上造”爵者便改受“（耐）鬼薪”，然而“公士”却完全不获减刑，可见这时的爵减仍较不合理。睡简秦律基本形成于秦统一之前，而《游士律》更是针对战国游士盛行而制定。④简中“公士”未能减至“完城旦”，有可能是因为此条条文形成时，“完城旦舂”还未出现，或者其刚刚出现，但还未很好地发挥作为“刑”与“耐”之间的过渡作用。虽然“完”“耐”执行上均不伤害犯人的身体发肤，但可能由于“城旦舂”已经与“刑”紧密结合，不再归于“耐罪”大类中，因此为了区别于一般的“刑城旦舂”便称为“完城旦舂”，这也使“耐”分化出既同于“完”轻于“刑（后为髡）”，又同时轻于“完”和“刑（后为髡）”的情况。

① Barbieri-Low and Yates, “Statutes and Ordinances of the Second Year: Statutes on Judgement”, in *Law, State, and Society in Early Imperial China*, p. 498. 另外“当刑及当为城旦舂”的句式应与“城旦舂”仍存在“完城旦舂”，以及“刑”仍存在“宫隶臣”的例外情况有关。

② Barbieri-Low and Yates, “Statutes and Ordinances of the Second Year: Statutes on the Composition of Judgements”, in *Law, State, and Society in Early Imperial China*, p. 498.

③ 彭浩、刘乐贤等:《睡虎地 11 号秦墓竹简》，第 169 页。

④ 黄盛璋:《云梦秦简辨正》，《考古学报》1979 年第 1 期，第 3 页。

另一方面，"身体刑"在西周中期开始附加劳役的做法导致其不断衰落，并最终并入"耐"中，但这也导致"耐"的进一步分化。前面提及汉初"刑"已只能作为一等，其基础刑是"黥城旦舂"，而文帝改革同时废除的"劓"和"斩左趾""斩右趾"都只是附加刑，不能算作一等。同时汉文帝改革后，继承"刑"的"髡"被归入"耐罪"中，标志"身体刑"作为劳役刑大类的正式总结，"髡钳城旦舂"已变成"附加身体刑的劳役刑"了。这种性质上的改变也有史料佐证，前面提及走马楼西汉简56"城旦籍髡笞"中的"笞"是附加刑，那么"籍髡笞"便表示"髡笞"均是附加刑。这种调整同时也导致原本为"纯劳役刑"的"劳役刑"，分化出"纯劳役刑"，以及同时包括"纯劳役刑"和"附加身体刑的劳役刑"的"劳役刑"，因此史料中"耐"便出现既轻于"髡"又包括"髡"这种矛盾的情况。

（三）"耐"的终结

"耐"的多重含义与秦汉刑罚体系的不合理之处，最终导致"耐"的部分用法被淘汰，而北朝更进一步发展出以"徒"取代"耐"作为"劳役刑"的称呼，并为后来的隋唐所继承。

《晋书·刑法志》记载曹魏改革设立的五刑体系一度取消了"耐"：

> 更依古义制为五刑。其死刑有三，髡刑有四，完刑、作刑各三，赎刑十一。[①]

曹魏改革将大类"耐"拆分成"髡刑"和"完刑"，除了为"更依古义"凑成"五"之数外，恐怕也有为应对秦汉"耐"存在多种矛盾的含义与当时刑罚体系的不合理之处的考虑。秦的改革虽然使"刑""耐"之间多出了"完"，但"完"只有"完为城旦舂"一种，而且其执行上与"耐"同为"纯劳役刑"，因此在执行上可归于一类。同时继承自"刑"的"髡"虽然只有一等，但其内部却仍分为"髡钳城旦舂笞一百、二百釱左右趾""髡钳城旦舂笞一百釱左趾""髡钳城旦舂笞一百"与"髡钳城旦舂"四小等，这

① 《晋书》卷三〇《刑法志》，第925页。

使“髡”在刑罚体系中仍显得十分特殊。这两种因素的共同作用下，汉代便有时将“髡”与“完+耐”分开归类，如东汉经常颁发让“亡命”入缣赎罪以吸引其自首的诏书，入缣数往往按原犯为“死罪”“右趾至髡钳城旦舂”和“完城旦舂至司寇作（如司寇）”划分成三等。[①] 曹魏更进一步将这种习惯分类定为正式刑罚大类，前面亦曾论证其四种“髡刑”和三种“完刑”对应“右趾至髡钳城旦舂”和“完城旦舂至司寇作（如司寇）”。

然而西晋执意回归汉代的“死”“耐”“赎”体系，[②] 这便必须处理原来刑罚体系的不合理之处。其方法便是取消“髡”的内部细分，统一为“髡钳五岁刑笞二百”，使之不能再次独立，而“耐”则包括“髡钳五岁刑笞二百”“四岁刑”“三岁刑”和“二岁刑”四等。这种做法基本延续至南朝，前面便提及梁代“耐罪”分级与晋代完全一致。

北朝的改革更进一步，并且最终让“徒”取代“耐”作为“劳役刑”的名称。史料明确北齐记载有“耐罪”，虽也说“大抵采魏晋故事”，[③] 但仍与两晋南朝差异较大：

> 二曰流刑，谓论犯可死，原情可降，鞭笞各一百，髡之，投于边裔，以为兵卒。未有道里之差。其不合远配者，男子长徒，女子配舂，并六年。三曰刑罪，即耐罪也。有五岁、四岁、三岁、二岁、一岁之差，凡五等，各加鞭一百。其五岁者，又加笞八十，四岁者六十，三岁者四十，二岁者二十，一岁者无笞。并锁输左校而不髡。无保者钳之。妇人配舂及掖庭织。[④]

① 虽然第三等多写作“完城旦至司寇”，但东汉明帝中元二年（57）十二月甲寅诏作“完城旦舂至司寇作”，而“司寇作”也应是“司寇作如司寇”，错误原因或是前面“减罪一等，输司空作”误记作“输司寇作”，导致后世连带把“司寇作如司寇”记作“司寇作”。《后汉书》卷二《明帝纪》，第 98 页；永平十五年二月辛丑诏，第 118 页；永平十八年三月丁亥诏，第 123 页；卷三《章帝纪》建初七年九月甲戌，第 143 页；章和元年九月壬子，第 158 页。参见贾丽英《秦汉简所见司寇》，第 170~174 页。

② 晋律重回汉律刑罚体系，推测或因为曹魏五刑体系将汉代原为无需正式审判的部分行政处罚归入“作刑”，但“作刑”在工作性质上与“完刑”同为劳役刑，只是刑期较短，导致“完刑”与“作刑”的区别过小，因此晋律再次将“作刑”排除出正式刑罚。

③ 《唐六典》卷六《尚书刑部》刑部郎中条注，第 182 页。

④ 《隋书》卷二五《刑法志》，第 781~782 页；《唐六典》卷六《尚书刑部》刑部郎中条注，第 182 页。

对比南朝，北齐的“耐罪”又称“刑罪”，其“五岁刑”无“髡”，多“一岁刑”，“一岁刑”只加“鞭”，其他各级则同时加“鞭”“笞”，犯人若无担保人则须加“钳”。另外北齐“耐罪”之上还有“流刑”，均加“鞭笞各一百”和“髡”，其中“不合远配者”服六岁劳役。北周的刑罚相比汉晋南朝的差异更大：

> 其制罪：一曰杖刑五……二曰鞭刑五……三曰徒刑五，徒一年者，鞭六十，笞十。徒二年者，鞭七十，笞二十。徒三年者，鞭八十，笞三十。徒四年者，鞭九十，笞四十。徒五年者，鞭一百，笞五十。四曰流刑五……五曰死刑五……①

北周的刑罚体系是“杖”“鞭”“徒”“流”“死”，一岁至五岁刑为“徒”并且均加“鞭”“笞”。“劳役刑”称“徒”可能是继承自北魏末年的体系。《魏书·甄琛传》：

> （宣武帝时）司徒公、录尚书、北海王详等奏曰：“……侍中、领御史中尉甄琛……谨依律科徒，请以职除。”

《魏书·孝庄帝纪》永安二年（529）四月癸未：

> 曲赦畿内，死罪至流人减一等，徒刑以下悉免。②

---

① 《隋书》卷二五《刑法志》，第784页。学者多认为隋唐律法源自北齐，但劳役刑称“徒”不称“耐”显然源于北周，《旧唐书·刑法志》亦指“隋文帝参用周、齐旧政，以定律令”，见《旧唐书》卷五〇《刑法志》，中华书局，1975，第2133页。相关研究参见张泽咸《律令与晋令》，载氏著《晋唐史论集》，中华书局，2008，第330页；叶炜《北周〈大律〉新探》，《文史》2001年第1辑，第130页。

② 《魏书》卷六八《甄琛传》，中华书局，2017，第1645页；卷一〇《孝庄帝纪》，第310页。另外“徒刑”虽最早见于《史记·秦始皇本纪》“隐宫徒刑者七十余万人”，但秦汉“徒刑”仅此一见，苏家寅认为此句或可断作“隐宫徒，刑者七十余万人”，“隐宫”通“隐官”作为机构名，而“某官徒”在文献中常见。见《史记》卷六《秦始皇本纪》始皇三十五年，第327页；苏家寅《释“隐官”》，《史学月刊》2020年第2期，第9页。

后来继承北周的隋唐实现一统，也使“徒”完全取代“耐”作为“劳役刑”的称呼。

四、结　　语

秦汉刑罚中的“完”“髡”“耐”含义和相互关系，自古争论不休。学界争论的焦点主要在于“完”和“髡”，对“耐”的讨论则相对较少，并大多同意其指剃须鬓。但是“耐”其实在三字中问题最大，并且是这三字的核心。

秦汉刑罚中的“耐”存在轻于“完”“髡”“刑”、同于“完”而轻于“髡”“刑”，以及包括“耐”“完”“髡”三种定位。前两者都是保护身体发肤，包括须鬓，实际执行上是“纯劳役刑”。第三种则是指“劳役刑”。刑罚中的三种“耐”，以及与刑罚“耐”相关的“耐”的毛发义与通“能”义看似相互矛盾，但其实存在内在联系：古时毛发意味精气力量，多毛发者即“能”者。再者三种“耐”也均与“劳役刑”相关，而前两种“耐”也未必不可与“能”直接相通。

“耐”应源自《周礼》中的“圜土”刑，《周礼》中的“身体刑”虽已附上劳役，但仍被视为“身体刑”，而作为“劳役刑”的“圜土”则是“纯劳役刑”。“耐”的分化源自西周中期至汉初刑罚体系的变化：由于国家对劳动力的需求不断上升，“身体刑”附上的劳役不断增加。但损害身体不利犯人劳作，因此“身体刑”不断衰落并最终失去作为独立大类的资格。在“身体刑”衰落的过程中，为了减少施行“身体刑”的频率和确定各刑轻重等级，将“身体刑”改成只附最重劳役等级“城旦舂”，同时为了在“刑”与“耐”之间制造过渡，设置了“完城旦舂”。汉初文帝改革取消“身体刑”作为独立大类的资格，承继“刑”的“髡”被归入“耐”，导致“耐”分化为“纯劳役刑”与“劳役刑”。可能由于轻于“完”的“耐”和同于“完”的“耐”在实际执行时都是“纯劳役刑”，这两种“耐”最终在曹魏归入“完刑”。而第三种“耐”虽在曹魏一度消失，但在两晋南北朝却再次复活，并最终被“徒”取代。

《中国古代法律文献研究》第十五辑
2021 年，第 105～141 页

唐代公文书体系试论

——中国古文书学研究札记（下）

［日］小岛浩之 著　闻 惟 译*

摘　要：本文主要从样式论出发，在总结学界已有研究的基础上，尝试建构“典型律令体制期”的唐代公文书体系。首先讨论公文书制作阶段的具体手续流程，以及由此形成的草案、原本、正本、抄件等的文本性质与法律效力。其次，借由《唐六典》及敦煌出土开元公式令残卷的相关记述，对唐代前半期公文书的名称与用途加以概观，依据文书收发双方的相对上下关系，将其分为上行、下行、平行三类，并厘清了公文书、官文书、私文书等常见术语的具体指涉范围。最后综合考察唐代公文样式与公式令规定的对应关系，为进一步理解唐代公文书的基础架构与动态变化提供了新的研究思路。

关键词：唐代　公文书　官文书　公式令

绪　　言

作为古代国家体制及其时代的指称，日本使用“律令制”或“律令时

* 小岛浩之，东京大学大学院经济学研究科讲师；闻惟，复旦大学汉唐文献工作室博士研究生。

代”等词汇，与中国以“律令”一词表示国制概念有所不同。究其原因，是因为自秦至清的两千多年间，虽然律作为制定法核心的国家体制未有变化，但使用令的时代却仅限于某一段时期，且与古代日本相较，令在整体国家制度中所占的比重并不大。[①]

其中，律令双方作为国政的基本法典[②]并存，是在晋泰始律令制定起至南宋的约一千年间。尤其隋唐时代，泰始律令以来的体制暂时达到完成阶段，这已成为学界的共同认识。关于这一时期，滋贺秀三从法制史的立场出发，称之为“律令古典期”，池田温则站在官制研究的立场，命名为“典型‘律令制’时代”。[③] 确实，唐律令成为日本古代律令的母法，虽然令在唐代后半期以降为敕格所取代，并最终散佚，但唐律直至南宋仍作为基本法典通行，[④] 在辽金元时代被用作最重要的参照法，[⑤] 对明清律亦有很大影响。

这样，从律令法和基于律令法的诸制度的观点来看，隋唐时期是前代以来法式制度的完成期，同时也是这一体制由变质趋向崩坏的转换期。因此，在分析这一时代的诸制度之时，明确律令体制完成期的面貌，可以说是中国古代史、中世史研究中不可缺少的工作之一。

中国各王朝很早就在官僚制度下构筑了全面的文书行政体系。在国家运作中，传达意志的是以文书为原则的文书主义，公文书作为国家或组织的意志发挥作用。由于制度上保障这种文书行政的是律令格式等法典类，故而，分析律令体制完成期的隋唐时代的文书形态，也属于前述中国古代及中世史研究必不可少的工作之一。

---

① 池田温：《中国律令与官人机构》，仁井田陞博士追悼论文集编集委员会编《前近代亚洲的法与社会》，劲草书房，1967；同氏撰：《律令官制的形成》，《岩波讲座世界历史》5，1970；同氏撰：《律令法》，《魏晋南北朝隋唐时代史的基本问题》，汲古书院，1997。

② 所谓基本法典，是指各时代中“构成法制中心、在某些系统性结构下规定基本事项、不希望其频繁发生变化的法典”（滋贺秀三：《法典编纂的历史》，《中国法制史论集：法典与刑罚》，创文社，2003，第16页）。

③ 前揭滋贺秀三《法典编纂的历史》，第22页；前揭池田温《中国律令与官人机构》，第152页。

④ 其实在宋代，律及律疏各条目根据需要加上格敕的“刑统”代替律成为了基本法典，但内容上并未较大偏离唐律的本质。详参梅原郁《唐宋时代的法典编纂：律令格式与敕令格式》，《宋代司法制度研究》，创文社，2006，初出1993。

⑤ 关于唐律对辽金元时代的影响，参照德永洋介《宋代中国的法与刑罚：日本研究的轨迹》，《中国史学》第21号，2011。

下文将着眼于这一时代的古文书研究。原本古文书传世的极少，提供零碎讯息的只有被移录至编纂史料或石刻中的孑遗部分而已。就本文的考察对象公文书而言，以文书种类和样式为首，从文书的收发手续到废弃以前的文书管理机构，再到媒介和记录材料等素材，规定这些的唐令、唐式、唐格完全散佚，仅余片断。作为唯一系统性情报源留存下来的是唐代律令格式取意文《大唐六典》（以下称“《六典》”），但该史料成立的政治背景与编纂过程等颇为复杂，其记述也多有难解的部分。① 因此，就唐代公文书形态研究而言，很难采用完成期分析这样的传统研究手法。

使这种状况发生改变的，是敦煌文献、吐鲁番文书等20世纪初以来陆续发现的西域出土文书类。据此，复原以往不为人知的文书样式和文书收发手续成为可能，初期成果由仁井田陞及内藤乾吉等完成。② 其后，出土文书、传世文书、编纂资料三方面的考证也取得了进展，藤枝晃、池田温、大庭脩、菊池英夫、砺波护、中村裕一、荒川正晴等，奠定了唐代公文书研究的基础。③

① 有关《六典》的研究很多，先是编纂的政治背景，可参照拙稿《〈大唐六典〉的结构与史料性格》，宋元时代的刑事政策及其展开研究班编《〈唐六典〉卷六·尚书刑部译注稿》下，2014；关于编纂过程，可参照榎本淳一《〈唐六典〉编纂的一个侧面：以重复规定为视角》，《历史与文化：小此木辉之先生古稀纪念论文集》，青史出版，2016。

② 仁井田陞：《唐令拾遗》（东方文化学院东京研究所，1933）；同氏：《唐宋法律文书研究》（东方文化学院东京研究所，1937）；内藤乾吉：《中国法制史考证》（有斐阁，1963）等。关于中国古文书学草创期以迄初期的学术史，参照拙稿《中国古文书学研究札记（上）》，《东京大学经济学部资料室年报》第2卷，2012。本文是拙稿下篇。最初，计划下篇以告身研究为中心，评价竺沙雅章《中国古文书学的现阶段》（今井庄次等编：《书的日本史》9，平凡社，1976）以降的中国古文书学研究成果在学术史上的地位。然而，类似主旨已有赵晶《论日本中国古文书学研究之演进：以唐代告身研究为例》（《早期中国史研究》第6卷第1期，2014），加以笔者认识到除告身研究之外，以公文书整体为对象的中国古文书学体系化的必要性，故而改换方针，总结数年来的研究成果，作为下篇。

③ 藤枝晃著有《敦煌遗书：概述》第1、2部分（《人文》9~10，1966~1967）、《文字的文化史》（岩波书店，1971年初版）等。藤枝氏的研究以古写本学为基轴，不仅限于公文书，也成为推进唐代古文书研究的形态论研究的基础。池田温对正确的文书移录作出了定评，与山本达郎等合著有《敦煌吐鲁番社会经济文书》（东洋文库，1978~1987），以及《中国古代籍帐研究：概观·录文》（东京大学东洋文化研究所，1979）等。另外，池田温的相关诸论考集中于《敦煌文书的世界》（名著刊行会，2003）。大庭脩关于隋唐时代古文书的主要研究总结为《唐告身与日本古代的位阶制》（皇学馆出版部，2003）。菊池英夫著有《唐代史料中令文与诏敕文的关系：〈唐令复原研究序说〉的一章》（《北海道大学文学部纪要》第21卷第1号，1973）、《中国古文书、古写本学与日本：（转下页注）

古文书学各论大致分为样式论（文书书式、表记法形式等研究）、形态论（文书料纸、记录材料的研究）、功能论（文书发放、传达、受理、管理及功能、效力等研究）、传世论（文书传世的经过、保存的历史意义研究）。[①] 倘若将上述七人的研究粗略归类，样式论有大庭、中村、荒川，形态论有藤枝、菊池，功能论有大庭、池田、菊池、砺波、中村、荒川，传世论有池田、砺波。除此之外，日本古代史方面也对唐代公文书体系提出了许多有益的指摘。由于坂上康俊对此已有概论，[②] 故而详细内容留与坂上论文，本文仅根据需要提及。

这样，唐代公文书的相关研究，仅日本就有许多积累。结合中国的研究成果，[③] 综观整体，其大多数与样式论、功能论、传世论有关，形态论研究普遍较为式微。另外，关于样式论、功能论、传世论的个别具体文书研究也很盛行，但综合各论探讨古文书体系与系谱则非常少。[④]

原来，古文书学的定义为"关于古文书的外形（书式、字体、纸质等）、内容、涉及人物、制作情况、效力等全方位研究"[⑤]。尽管如此，从

（接上页注③）东亚文化圈的交流痕迹》（唐代史研究会编《东亚古文书的历史研究》，刀水书房，1990）等。砺波护著有《唐代的制诰》（《唐代政治社会史研究》，同朋舍出版，1986，初出 1975）、《唐代的过所与公验》（《隋唐佛教文物史论考》，法藏馆，2016，初出 1993）等。另外，中村裕一有《唐代制敕研究》（汲古书院，1991）、《唐代官文书研究》（中文出版社，1991）、《唐代公文书研究》（汲古书院，1996）、《隋唐王言研究》（汲古书院，2003）等巨著。荒川正晴的主要论考有《欧亚的交通、贸易与唐帝国》（名古屋大学出版会，2010）。

① 关于古文书学各论的定位，依据富田正弘《中世史料论试论》，《中世公家政治文书论》，吉川弘文馆，2012，初出 1995。

② 坂上康俊：《敕命下达文书的比较研究：日本与中国的情况》，《东亚与日本：交流与变容》1，2004。

③ 中国社会科学院自 2010 年组织中国古文书研究班，开始正式致力于中国古文书学研究。关于中国现在的古文书学研究动向，参照黄正建《中国古文书学的历史与现状》，《史学理论研究》2015 年第 3 期。

④ 近年，赤木崇敏《唐代官文书体系及其变迁：以牒、帖、状为中心》（平田茂树、远藤隆俊编：《从外交史料探索十至十四世纪》，汲古书院，2013）在出土文书实例的基础上，着眼于牒、帖、状等广泛使用的文书的功能变化、变迁，进而考察唐代官文书体系。刘后滨《唐代中书门下体制研究：公文形态、政务运行与制度变迁》（齐鲁书社，2004）分析了中央官文书体系与政治机构的关系等，做出了将文书体系纳入考虑范围的有益研究。不过，赤木氏以讨论出土文书为中心，刘氏则主要关注政治体制研究，因此与本文的意图及目的未必一致。

⑤ 藤枝晃：《古文书学》，《亚洲历史事典》3，平凡社，1960。

形态研究进展缓慢而其体系与系谱鲜有论及的现状来看，可以明显看到，唐代公文书研究与其说是古文书学研究，不如说更偏向于利用古文书的历史研究。

关于中国古文书学形态论的诸问题，由于笔者已另外撰文，[①] 以料纸研究为中心进行阐述，所以本文将考察“典型律令体制期”的唐代公文书，主要从样式论的观点讨论其体系。赤木崇敏在批判鲜有研究对官文书的功能区别与使用条件加以注意的同时，着眼于公式令规定与出土文书实态之间的乖离，指出，“要追求的不是如以往那般，将出土文书无条件套用于典籍史料残存的少量公式令条文中以复原其体系，而应当首先从文书的古文书学分析出发，对其书式、功能进行提取与分类，由此进行符合实态的体系再构筑”[②]。笔者对这一主张也表示赞同，但在文本中，为了尝试从文书实态进行再构筑，首先要努力从结构上把握律令格式规定的标准唐代公文书体系。另外，在下文论述时，由于原本史料中的用语是“公文”，所以本文主要在依据史料进行阐述时使用“公文”，作为说明用语则使用“公文书”。

一、 制作阶段所见公文书种类及其体系

首先是唐代公文书的制作阶段，即从文书草拟到发放、发令，在履行众多手续的过程中能进行怎样的阶段划分，笔者尝试以图 1 所示大历三年（768）朱巨川敕授告身[③]为例进行考察（录文各行开头的阿拉伯数字表示行数）。

告身是官僚的任命文书，该告身据敕（发日敕）授予官职。[④] 发布敕

① 拙稿：《中国古文书料纸研究的视角》，汤山贤一编《古文书料纸论丛》，勉诚出版，2017。

② 前揭赤木崇敏《唐代官文书体系及其变迁》，第 32 页。

③ 原件藏台湾故宫博物院。本文录文参照大庭脩《唐告身的古文书学研究》，收入前揭《唐告身与日本古代的位阶制》，初出 1960；同时也依据了图版，《徐浩书朱巨川告身》，上海书画出版社，2002。

④ 唐公式令中规定的告身文书样式，一般认为有制授告身式、奏授告身式、判补告身式三种，分别用于五品以上官、六品至九品官、流外官的委任。唐代官僚有表示品阶的散官与实职的职事官，在两者品阶产生差异，散官与职事官分属奏授与制授的情况下，具体而言，散官虽是六品以下，但被任用为五品职事官，这种情况则使用敕授告身这一公式令体系之外的文书样式。以及，玄宗开元四年（716），即使是六品以下官，对于诸司员外郎、御史、供奉官也开始通过敕授给予官职。详参前揭大庭脩《唐告身的古文书学研究》。

1 睦州录事参军朱巨川
2 右 可 试 大 理 评
3 事 兼 豪 州 钟 离
4 县 令
5 敕 左 卫 兵 曹 参 军 庄 若
6 讷 等 气 质 端 和 艺 理 优
7 畅 早 阶 秀 茂 俱 列 士 林
8 或 见 义 为 勇 或 登 高 能
9 赋 权 居 品 位 咸 副 才 名
10 宜 茂 乃 官 充 兹 良 选 可
11 依 前 件
12 大 历 三 年 八 月 四 日
13 中 书 令 使
14 中书侍郎平章事臣元载 宣
15 知 制 诰 臣 郗 昂 奉 行
16
17 奉
18 敕 如 右 牒 到 奉 行
19 大 历 三 年 八 月 日
20 侍 中 使
21 门下侍郎平章事 鸿渐
22 给 事 中 察
23 八月 日 时 都 事
24 金紫光禄大夫吏部尚书 遵庆
25 银青光禄大夫行吏部侍郎 延昌
26 朝议大夫守吏部侍郎 绾
27 尚书左丞上柱国 涣
28 告 试 大 理 评 事 兼 豪 州
29 钟 离 县 令 朱 巨 川 奉
30 敕 如 右 符 到 奉 行
31 主事 仙
32 郎中 亚 令史 袁琳
33 书令史
34 大 历 三 年 八 月 日 下

图1　大历三年朱巨川敕授告身

※“尚书吏部告身之印”，第1至4行有20方，第12行有5方，第18行有5方，第28至30行（“敕”字部分除外）有9方，第34行有5方。

授告身之时，皇帝将执笔指示（词头）交与负责起草的中书舍人。中书舍人或知制诰依据指示草拟第5行至第11行的敕文正文（敕词），敕词前后的第1行至第4行以及第12行是告身成立所必需的形式化记述。[①] 特别是第12行的日期，最初是空白的，皇帝在同意该起草文的情况下会亲自提笔填入日期（御画）。收到御画后，中书省作为起草负责官署，其长官（中书令）、次官（中书侍郎）、判官（中书舍人）连署（第13~15行）。这时，皇帝御画的敕文保管于中书省，[②] 其过录本则被送至审议文件内容的

① 第1行至第4行是使用相同敕词授予多人官职之时，在敕词前写上每个人的官封姓名，适用于公式令制授告身式“若制授人数多者，并于制书之前，名历件授”这一规定的固定记述。另外，在这种多人授官的情况下，作为委任宣言的“可某官”这一制词、敕词固定句，会替换成“可依前件”。详参内藤乾吉《敦煌出土的唐骑都尉秦元告身》，收入前揭《中国法制史考证》，初出1933，第36页。以及，据大庭脩研究，“可某官”委任宣言在入晋后出现，与汉代以来“以某为某官”形式混用并逐渐增加比例，至刘宋初，“以某为某官”最终消亡。另，大庭氏推测，“可某官”形式是基于用选案询问皇帝意见时的批答，因为诰命文是以选案为底本，添附批答而作成的。《魏晋南北朝告身杂考：从木到纸》，收入前揭《唐告身与日本古代的位阶制》，初出1964，第23页。

与之相关，前揭刘后滨《唐代中书门下体制研究》第334~337页认为，敕授告身有用发日敕与用敕旨两种，这是从委任宣言语句的不同加以区分的，使用皇帝意见语词“可某官”的是发日敕，使用批准百官奏事语词“可依前件”的是敕旨。刘氏这样理解是因为认为，唐代后半期告身发放的工作量趋于庞大，以批准宰相或吏部、兵部、地方官等请求的形式进行统一处理的，就是使用“可依前件”对多人授官的文书。但是，正如前述内藤乾吉论文所示，制书表达皇帝的最高意志，即使是使用制书的制授告身，在多人授官之时，从唐前半期开始就已使用“可依前件”。故而，将“可依前件”云云限定为“批准百官奏事的语词”稍显轻率。另，如果是敕旨的话，第16行至第17行就不应作“奉敕”，而须作“奉敕旨”。然而，本文举出的敕授告身既有“可依前件”，却也出现了“奉敕”，刘氏的主张在样式上并不一致。综上，刘氏之说很难认同，故而本文采纳大庭氏的论述，理解为告身使用发日敕。

② 以前在《南宋告身二种管见：并论网络情报与历史学研究》（汉字文献情报处理研究会编：《论集：中国学与情报化》，好文出版，2016）中，笔者曾在与南宋敕授告身进行比较时，利用该史料对唐代敕授告身发放的概况有所说明。在当时的说明中，未曾阐述敕文原本由中书省保管，转送至门下省的正本是其抄件。关于这一点，虽然前揭内藤乾吉《敦煌出土的唐骑都尉秦元告身》（第41页）早已指出，但与门下省不同，内藤氏并未提出制敕发放过程中明确表示制敕原本保存于中书省的史料。因此，这部分就在笔者心中搁置下来。但那以后，笔者得知《唐会要》卷八二《甲库》载，“开元十九年五月十一日敕，尚书省内诸制敕库，及兵部、吏部、考功、刑部簿书景迹并甲库，每司定员外郎、主事各一人；中书、门下制敕甲库，各定主书、录事已下各一人专知，周年一替，中间不得改移”，理解了三省都有保管制敕的文书库。这条史料可以类推中书省保存有制敕原本，补充了内藤氏之说。所以本文进行必要的订正，纠正前稿的谬误。

门下省。在门下省，倘若内容有问题则予以驳回（封驳），[①] 反之长官（门下侍中）、次官（黄门［门下］侍郎）、判官（门下给事中）连署，以门下省牒的形式送达执行机关尚书省（第16~21行）。此时原本留在门下省，第1行至第21行整体的抄本则送交尚书省。尚书省收到抄件，由分为各个负责部分的尚书诸官裁决后（第22~27行）填写执行词句，即告词（第28~30行），之后原本仍由尚书省予以保管，整体过录本则附上发放责任人即郎中等的签名，[②] 以尚书省下行文书（符）的形式交给本人。从这

---

① 封是“封还”，指对制书案、发日敕案、敕旨案的内容提出异议，驳回王言案；驳是“驳正”，指驳回奏抄案、露布案、奏弹案等（中村:《王言》，第64页）。不过，《宋史》卷三三七《范镇传》载，“故事，门下封驳制旨，省审章奏，纠擿违滞，皆著所授敕，后乃刊去”，将皇帝下达文书的审查称为“封驳”，上呈皇帝文书的审查称为“省审”，可知后世言及封驳，已变化为指代王言审查的词汇。

此外，《唐会要》卷五四《中书省》对人事案件中门下省的封驳叙述如下：“（开元）十九年四月二十六日敕，加阶入三品，并授官及勋封甲，并诸色阙等进画，出至门下省重加详覆。有驳正者，便即落下墨涂讫，仍于甲上具注事由，并牒中书省。”换言之，在门下省审查过程中被判断为应予退回的情况下，将落下者的姓名勾销，后于授官者一览表上注明理由，牒中书省。又，之所以将墨涂理解为“勾销”，是因为笔者认为，全部涂灭的话，原来的文字就无法猜读，所以应采用删除线或傍点等可知订正部分的方法。此处蒙窪添庆文氏教示。

② 通行意见认为，“实际发行的文书上只有作为下发责任人的判官与文书制作者主典签字”（参照前揭赤木崇敏《唐代官文书体系及其变迁》，第37页），本文暂且依从此说。确实，从传世文书图版来看，也有像圆仁的过所与公验那样，可以看出发放者的签名部分明显笔迹不同。另一方面，也能见到告身相应部分被认定是同一人的笔迹或未有记载的情况，朱巨川告身从图片上也难以判断，确实很难说字迹有别。

通行说法是根据对敦煌县文书原件（案卷）大谷二八三六文书的分析。这份文书是敦煌县对括逃使牒的处理，向敦煌县所属十一乡传达该案件时下发符案的末尾仍有残留。文书中虽有书写者史的签字，但作为发放责任人的县尉与文书书写责任人佐则仅记载了职衔，缺少署名。吉川真司《奈良时代的宣》（《律令官僚制研究》，塙书房，1998，初出1988）注意到，该符案与收到的括逃使牒之间粘贴了显示敦煌县内三判裁决处理过程的纸张，进而得出结论：符式文书中，分别负责文书内容的三判与表示判断的判语一道，仅在案卷中写明，施行的签名则记录在发放文书上。然而，就告身而言，由于尚书省诸官的签名最终也会被移录至发放的文书中，因此所有公文书的处理情况可能未必都与敦煌县案卷相同。不过，告身这样的任官文书虽是重要文书，但另一方面，格式固定，发放量也多，其处理在某种程度上是机械的。因此，除门下省封驳以外，发放过程中应该基本不会提出异议或进行修正。换言之，对于告身，笔者不认为尚书省三判过程中有必要出具表示判断的判语，倘若觉得在发放上负有责任的部分曾受到重视的话，原本与供发放的正本相一致也并不奇怪。

无论如何，案卷的处理过程以及案卷记述与誊写为正本的关系，尚有许多空间以详考各种事例并重加检讨。

一系列流程来看，可知告身在最终递交本人之前，起草后统共经过三次抄写，在各官府中反复进行“草案制作或文件接收→通过裁决、批准确定内容→整体抄本制作→发放”的手续。由此可以确认，公文书至少存在草案、确定原本、供发放的正本三种类型。

《唐律·职制律》第二八条：

> 诸公文有本案，事直而代官司署者，杖八十；代判者，徒一年。亡失案而代者，各加一等。①

公文裁决中，禁止由第三者代笔判署。之所以在条文开头特意对公文写明存在本案，是由于本案才是留有署判这一裁决行为痕迹的文书。关于本案，上文虽然表述为原本、底案、官司保留的原文等等，② 但正确的说法应是“带有裁决痕迹的公文原本”。唐公式令逸文（《唐令拾遗》第四二条）能证实此说：

> 下制、敕宣行，文字脱误，于事理无改动者，勘检本案，分明可知，即改从正，不须覆奏。其官文书脱误者，咨长官改正。③

对于已公布的制敕，如果是对内容无甚影响的简单错字，与本案核对后订正即可，可知本案是已发布的公文所依据的原本。

另外，韩愈《蓝田县丞厅壁记》一文中，虽是唐后半期的事例，但对参与案件裁决的县之次官县丞的面貌描写如下：

> 丞之职，所以贰令，于一邑无所不当问。其下主簿、尉，主簿、尉乃有分职。丞位高而逼，例以嫌，不可否事。文书行，吏

---

① 《唐律疏议·职制律》第二八条。

② 八重津洋平译注：《职制》，律令研究会编《译注日本律令》六·唐律疏议译注篇二，东京堂出版，1984，第154页（下文中该丛书以《译注日本律令》+卷数表示）；井上光贞等校注：《律令》，岩波书店，1976（以下简称“岩波《律令》”），职制律“公文代署判条”眉批（第72页）等。

③ 《唐律疏议·职制律》第二四条疏引公式令。

抱成案诣丞。卷其前，钳以左手，右手摘纸尾，雁鹜行以进，平立睨丞，曰："当署。"丞涉笔占位，署惟谨。目吏问："可不可？"吏曰："得。"则退，不敢略省，漫不知何事。官虽尊，力势反出主簿、尉下。谚数慢，必曰丞，至以相訾謷。丞之设，岂端使然哉？①

唐代各官府完善了由"长官—次官（通判官）—判官—主典"组成的四等官制，并构筑了一套体系：主典作成文书后，两名以上判官负责审批（分判），主管的通判官进一步判决（通判），最终由长官裁定全部案件（总判）。除此之外还设置了检勾官，在文书行政的每个细节进行确认与检查。县丞虽是通判官，但据韩愈所言，其工作实质由检勾官主簿与判官县尉掌握，虽说参与裁决，但考虑到还有作为上司的长官，并不作具体判断，是官品虽高却缺乏权限的闲职。文中将胥吏翻开文件（成案）、为等待裁决而排列于县丞面前的样态比喻成行进的雁与鸭。这种情况下的"成案"，据情况判断是未审批完毕的确定稿本，② 经过四等官制的裁定（三判）后成为"本案"，最终留存于官府。

"案"这一词，或是包含了成案、本案乃至草案等的总称，但由上下文观之，也有将成案或本案单纯表述为"案"的情况。另外也可表述

① 《昌黎先生文集》卷一三《蓝田县丞厅壁记》。

② 日本养老律令中能见到"案成"一词，在岩波《律令》公式令补注 82（第 669 页）中，被理解为"本条以外令条内所见案成之语，皆是制作本案或草案之意，或指已作成的本案或草案"。敦煌出土开元公式令残卷的符式中有"其出符者，皆须案成并案送都省检勾"云云；《六典》卷一《尚书都省》"左右司郎中、员外郎职掌"条"凡尚书省施行制、敕，案成则给程以钞之"（《拾遗》及《拾遗补》比定为公式令第三九条取意文）也见有案成之语，一般认为唐代也在同样意义下使用该词。并且，由于《唐律疏议·职制律》第二一条疏中与前揭《六典》表示相同内容的部分写作"成案"，可知案成与成案基本是同义使用。不过，敦煌出土开元公式令残卷的案成是接受检勾官核验之前的状态，《六典》或《唐律疏议》的案成则处于检勾官核查后等待抄写的阶段，虽说同样是成案，但在公文书发放处理上的定位稍有差异。这样，正如岩波《律令》所论及，成案（抑或案成）是根据上下文发生各种变化的语汇，在史料解释时需要加以注意。《蓝田县丞厅壁记》中成案一词的使用不过是用例之一，成案一词并不限定为"审批未完成的确定稿本"。重要的是，公文书的成立过程中存在"审批未完成的确定稿本"这一阶段，《蓝田县丞厅壁记》就用成案一词描写了这种状况。

为文案。[①] 不过，无论如何，言及案或文案，其最终将成为官府保存的文件，这种性质是不会改变的。

如果从文书效力的角度加以考虑，经由正式手续发放、具有法律效力的是正本（正文），正本的原件就是本案（案文）。另一方面，从文书发放过程来看，由于表示皇帝判断的御画与官僚的书判真迹作为本案留于官府，其过录本就成为正本，因此，正本所依据的本案，就是文书原本，这种见解也能成立。下文中，笔者将原案确定前的草案称作"草本"，[②] 官府保管的所有原始文件称作"原本"，据原本抄写、正式生效的文书称作"正本"。[③] 另外，说是翻录，也有文书收件方誊写必要张数后在其管辖范

① 对于文案，王永兴认为是"官文书档案"（《唐勾检制研究》，上海古籍出版社，1991，第 44 页）；对于其原义，中村茂夫在贼盗律第二六条疏言及有关文案保管规定部分的解说中指出，"所谓文案，即施行的公文书及其原本"，认为是"公文"与"本案"的缩略语（中村茂夫译注：《贼盗》，《译注日本律令》七，1987，第 167 页）。就文案原义而言，笔者以为中村茂夫说是妥当的，但已施行的公文书（正本）与其本案（原本）并非保管于同一官府，因此还需要稍作详细说明。在某官署作成原本后发行的正本，由接收官署受领并继续贴上下一道指示，作为整体形成原本，经誊写后作成下一份正本，依照这样的顺序进行运作。因此，官府最终保管的案卷是所接收的公文正本（即"文"）与留有该官署裁决痕迹的"案"的复合文书，换言之，从文书发出与接收过程的角度考察文案并未产生矛盾。《唐会要》卷五七《尚书省诸司上·尚书省》载，"省内诸司文案，准式，并合都省发付诸司判讫，都省勾检稽失"，虽是唐后半期建中三年（782）正月上奏中引用的唐式，但也可知，尚书省内所谓文案，是由尚书都省接收后提交负责部门，经过诸司裁决、都省勾检。因为接受勾检的是已知收发件过程的案卷类，故而可以认为"文案=案卷"。

② 管见所及，唐代公文草案的一般名称无法获知。但《唐会要》卷八〇《谥法下·复字谥》注："及草中宗遗制，引相王辅政。及难作，以草本呈刘幽求。幽求言于玄宗，玄宗不许，命杀之。"玄宗诛灭韦后一派时，上官婉儿出示中宗遗制原稿以乞命，这一节中将制书草案称为草本。因此本文暂且依从该用法。以及，宋初《春明退朝录》卷下云"凡公家文书之稿，中书谓之'草'，枢密院谓之'底'，三司谓之'检'。今秘府有梁朝宣底三卷，即贞明中崇政院书也。检，即州县通称焉"，根据负责官署不同，使用稿、草、底、检等多种术语。

③ 岩波《律令》公式令"诏书式条"眉批中对"案"的说明是："受保管的文书。后世提到案文，通常指正文的抄件，但在令文中一般用作被保管的正文或草案之意"（第 366 页）。正如此处"后世提到案文云云"，在一般的日本古文书学说明中，文书分为草案（土代）、正文、案文三种。草案指文书草稿和发出者留存的原始文件；案文分为两种，其一具有依准正文的效力，其二是出于文书本来效力以外的目的而制作，尤其后者被称为抄件（因此，也有研究者划分为草案—正文—案文—抄件四种）。对此详参佐藤进一《新版古文书学入门》第二章《古文书的传世》（法政大学出版局，1997）、饭仓晴武《古文书的形式》三《古文书的种类》（《日本古文书学讲座》1 总论编，雄山阁，1978）等。本文对"案"含义的理解方式基本与岩波《律令》相同，但由于正文、正本这（转下页注）

围内进行再分发的情况。[①] 这虽是“正本”的过录，但也是具有法律效力的正式文书，一准“正本”。对于这种翻录而来的抄件，笔者依照桥本雄的说法，名为“誊本”。[②]

顺说，前揭职制律第二八条律疏云：“公文，谓在官文书。”综合律与律疏的记述，公文在官府管理之下，且裁决原本由官府保管。满足这两个条件才是公文，律的这种观点从以下杂律的规定中也可略见一斑：

> 诸弃毁制书及官文书者，准盗论。亡失及误毁者，各减二等（毁须失文字。若欲动事者，从诈增减法）。其误毁失符、移、解、牒者，杖六十（谓未入所司而有本案者）。[③]

这里规定了有关公文书弃毁、亡失的罪行。原文云“制书及官文书”，是因为皇帝下达文书（这里“制书”指皇帝下达的所有文书）与官文书是构成公文的重要因素（详后述）。据律文判断，在官文书遭弃毁的情况下，杖一百，[④] 亡失及误毁减二等，杖八十。然而，“未入所司而有本案”文书的误毁失则减轻至杖六十。由于律疏说是“未送达负责部门的文书”，[⑤] 故

（接上页注③）样的词汇作为具有正式效力文书的意义很强烈，所以从文书发放过程及其效力的观点出发，笔者将案称为“原本”，将作为生效文书发放的案的抄件称为“正本”。

不过，这是以在受领文书后粘贴发放文书案并继续进行决裁的方式（前揭吉川真司《奈良时代的宣》称其为“案卷系统”，小林隆道《宋代中国的统治与文书》［汲古书院，2013］称作“连粘方式”）为前提的。譬如明代的诰敕与勘合，采用骑缝字与对口章以证明是正本，这在使用发放台帐（底簿）的管理方式中是否也表现有效，尚有可供探讨的余地。关于明代的诰敕，参拙稿《敕谕·诰命》，关于勘合，参桥本雄《勘合·咨文》，均收入村井章介编集代表《日明关系史研究入门：亚洲之中的遣明船》，勉诚出版，2015。

① 例如，恩赦的制书是用绢布从中央送达州，在州进行翻录后再分发到所管辖的县。详参拙稿《中国记录媒体变迁再考：以文书料纸为中心》，收入小岛浩之编《东亚古文书学的构筑：现状与课题》，东京大学经济学部资料室，2018。

② 桥本雄：《德川美术馆所藏〈成祖永乐帝敕书〉的基础性考察》（收入前揭《东亚古文书学的构筑：现状与课题》）。

③ 《唐律疏议·杂律》第五〇条。

④ 由于弃毁“准盗论”，故而适用于贼盗律第二六条“诸盗制书者，徒二年。官文书，杖一百”。

⑤ 《唐律疏议·杂律》第五〇条疏：“注云‘谓未入所司而有本案者’，谓未入曹司之间而即误致毁者。”川村康认为是“由保管原本的官署发往其他官署、处于送达途中的文书”（川村康译注《杂律》，《译注日本律令》八，1996，第190页）；刘俊文则认为是未成为“正案”但尚存“底案”的状态（《唐律疏议笺解》下，中华书局，1996，第1916页）。如果是川村说，误毁失的对象就是送达途中的文书，而刘说中误毁失的对象不太明确。窃以川村说为妥当。换言之，就是在裁决已毕的原本存在的状态下，作为其抄件的正本未送达接收官司时，正本发生误毁失的情况。

而可以认为指的是发件一方的官府存有原本，但正本在送达途中，对方尚未受理。这种情况下应理解为，虽然裁决原本留于发件方官府，但正本尚未纳入接收官府管理之下，因此正本不满足作为公文的必要条件。①

另一方面，即便是官府接收的文书，如以下史料所见表、状、笺、启等官僚个人发出的文书，虽然由各自的负责官署受领，但原本并不保存于任何官府，故而不属于公文范畴。不过，如后所述，在上呈皇帝的表、状收到回复的情况下，提交的表、状作为回复的敕旨或敕牒原案，由官府予以保存，因此被视作公文。

> 表上于天子，其近臣亦为状。笺、启于皇太子，然于其长亦为之，非公文所施。②

另，贼盗律第二六条规定了偷盗公文原本时的罪行，但其律疏论述云，超过保管期限的文书类不属于公文书，适用于一般盗窃罪。③ 公文有永久保存与保管期限三年两种，规定的保管期满后，即遭废弃。

综上，倘若重新定义唐代公文书，亦即公文，就是“处于官府管理之下，在规定的保管期限内，且其裁决原本保管于官府的文书”。

二、唐代公文的种类

接着从名称与用途的角度来概观唐代公文种类。黑板胜美对唐代文书的整体分类阐述如下：

> 应将《唐六典》“尚书省”条对公文的规定视作中国文书分类之

① 刘俊文认为，犯罪性质较轻，且不会妨碍公务，所以从宽处罚（前揭《唐律疏议笺解》下）。

② 《六典》卷一《尚书都省》“左右司郎中职掌”条原注。

③ 《唐律疏议·贼盗律》第二六条疏，疏议曰：“‘即盗应除文案者’，依令：‘文案不须常留者，每三年一拣除。’既是年久应除，即非见行文案，故依凡盗之法，计赃科罪。”另，关于唐宋时代官文书的保管期限及之后的处理方式，参照竺沙雅章《汉籍纸背文书研究》（《京都大学文学部研究纪要》第14号，1973）与前揭拙稿《中国记录媒体变迁再考》。

发轫。

> 凡上之所以逮下，其制有六，曰：制、敕、册、令、教、符。
> 凡下之所以达上，其制亦有六，曰：表、状、笺、启、牒、辞。
> 凡诸司自相质问，其义有三，曰：关、刺、移。
> 其公文分为上逮下、下达上及诸司相互三类。[①]

黑板引用的史料可能是唐式中记载的文书定义规定，[②] 至少是唐代官方的文书分类与名称，这一点应无大误。在此，文书名称根据发出与接收的相对上下关系，将文书分为下行文书（上逮下）、[③] 上行文书（下达上）、平行文书（诸司相互）三种。换言之，可以说，仅借助文书名称，便具有告知发出与接收相对上下关系的功能。

以下，本章将基于《六典》的记述，对每种文书的用途与功能作一概观。关于这些唐代公文书的各论，中村裕一有丰厚的研究积累，本文也随时参照，为避免下文繁杂，对中村的各著作（图书事项参前注）分别使用简称：《隋唐王言研究》作“中村《王言》”，《唐代公文书研究》作“中村《公文书》”，《唐代官文书研究》作“中村《官文书》”，《唐代制敕研究》作“中村《制敕》”。以及，各著作之间共同的指摘，原则上只采用最新的内容。

（一）下行文书

关于唐代下行（上逮下）文书的种类与定义，《六典》叙述如下：

---

① 黑板胜美：《日本古文书样式论》，《虚心文集》6，吉川弘文馆，1940，第27~28页（1903年学位请求论文）。

② 相同内容的史料在《唐会要》卷二六《笺表例》中引作“旧例”。关于故事、旧事、旧例等的理解方式，一般认为与律令格式等有别，是搜集了惯例、惯习等的不成文法，但近年来，认为其中大量包含格与式的见解逐渐带有说服力（徐志卿：《唐故事为“不成文法”说质疑》，《史学月刊》2009年第7期，等）。综上考虑，由于这类文书的定义规定难以认为是惯例、惯习积聚而成的记录，也很难说是格那样对令的修订规则，所以认为唐式中有此规定似也并不奇怪。

③ 日本古文书学中多以从上至下送交的文书为“下达文书”。然而，由于容易与指代上行文书的“下达上文书”这一史料表述发生混淆，本文依据徐望之《公牍通论》（上海商务印书馆，1931年初版），写作下行文书。

凡上之所以逮下，其制有六，曰：制、敕、册、令、教、符（天子曰制，曰敕，曰册。皇太子曰令。亲王、公主曰教。尚书省下于州，州下于县，县下于乡，皆曰符）。①

其中，制（诏）②、敕、册的发件者是皇帝，因此被特别称作“王言”。如下揭史料所示，王言之中，制细分为两种，敕细分为四种，总计存在（1）册书、（2）制书、（3）慰劳制书、（4）发日敕、（5）敕旨、（6）论事敕书、（7）敕牒七种。③

凡王言之制有七：一曰册书（立后建嫡，封树藩屏，宠命尊贤，临轩备礼则用之），二曰制书（行大赏罚，授大官爵，厘革旧政，赦宥降虑则用之），三曰慰劳制书（褒赞贤能，劝勉勤劳则用之），四曰发日敕（谓御画发日敕也。增减官员，废置州县，征发兵马，除免官爵，授六品已下官，处流已上罪，用库物五百段、钱二百千、仓粮五百石、奴婢二十人、马五十匹、牛五十头、羊五百口已上则用之），五曰敕旨（谓百司承旨而为程式，奏事请施行者），六曰论事敕书（慰谕公卿，诫约臣下则用之），七曰敕牒（随事承旨，不易旧典则用之）。④

以下参考中村《制敕》与《王言》，将各王言的概况简单总结如次。册在形式上是唐代最重要的王言，有即位册、尊号册、谥册、哀册、加号册、

---

① 《六典》卷一《尚书都省》“左右司郎中、员外郎职掌”条。

② 唐初，制称诏，但载初元年（689）避则天武后讳改为制。《旧唐书》卷六《则天皇后纪》：“载初元年春正月，神皇亲享明堂，大赦天下。依周制建子月为正月，改永昌元年十一月为载初元年正月，十二月为腊月，改旧正月为一月，大酺三日。神皇自以曌字为名，遂改诏书为制书。”制（诏）除作为王言分类之一的狭义含义以外，也有借此总称王言全体的广义意味。

③ 中村《王言》第7页将王言划分为（1）用于政务的官方王言、（2）内廷中的私人王言、（3）临时性王言、（4）作为惯用表达的王言四种，《六典》列举的七种符合官方王言。由于本文以发掘基于律令的典型文书体系为目的，故而暂不考虑中村所说的（2）至（4）种王言。

④ 《六典》卷九《中书省》“中书令职掌”条。

立册、封册、出降册、祭册（祝册）数种（但尊号册是使用表这一样式的上行文）。而且，与先前用例中所见敕授告身等不同，一般认为无需经门下省同意。制之中，制书表示皇帝关于国政最重要事项的意见；慰劳制书是皇帝的官方书信，也用于外交文书中。敕之中，发日敕与制书同样，表达有关国政的皇帝意见；论事敕书则与慰劳制书同样，是皇帝的官方书简。发日敕、论事敕书均用于比制更轻的内容。另外，敕旨、敕牒都在回复官府、官人上奏与表明皇帝意见时使用，敕牒用于较敕旨轻一等的内容。

如上所述，制敕一般依据事件轻重区别使用，可以理解为制重敕轻。[①]《六典》也论述了大事与小事在门下省事务处理中的差异：

> 凡制敕宣行，大事则称扬德泽，褒美功业，覆奏而请施行；小事则署而颁之。[②]

通过门下省审查的制敕，若是大事，则附上称颂皇帝恩德、盛赞伟业内容的文章，覆奏后请求施行；但若是小事，门下侍中以下签名后便即刻办理颁布手续。中村《王言》与《制敕》将制敕区别为有无覆奏文进行考察，认为制书分为大事与小事，未附覆奏文的小事具体仅指制授告身，敕则全部属于小事。关于制授告身，由于额外规定了文书样式，这里暂将其排除在外，将制书作为只在大事中使用的王言加以考察。

大事与小事具体所指为何虽然并不明确知晓，但笔者的理解是，制被用于包含了传统性、理念性、观念性内容的总论，与之相反，敕则更倾向于记载个别具体且现实性的内容。将原敕中的必要部分节录并加以集聚，即成为格，在未改变律令的情况下更动现实之法，[③] 至唐后半期，最终格在效力上超过了作为基本法典的律令，由此可知，敕的内容更符合社会现

① 滋贺秀三译注：《名例》，《译注日本律令》五，1979，第54页。

② 《六典》卷八《门下省》“门下给事中职掌”条。中村《王言》第47页认为史料起首的“敕”字是衍字，但制敕一词并非具体的文书名称，也常见指代王言本身。关于这一部分，如果叙述的是门下省处理皇帝下达文书的一般论，就不需要特意作为衍字。

③ 前揭滋贺秀三《法典编纂的历史》，第77页。

实情况。这样，倘若敕的内容适应社会实态，那么敕以何为对象，亦即以何为小事，其判断极为变化不定，推测是依照时势做出灵活对应。

此外，作为皇帝书信，也用作外交文书的慰劳制书与论事敕书，根据皇帝与收件者的关系深浅区别使用。若从前述制敕轻重的角度加以考虑，理应大事使用慰劳制书，小事则论事敕书。然而，皇帝与收件者的关系随当时政治社会力量而变化，非是绝对不变。亦即，可知慰劳制书与论事敕书中大事小事分开使用在文书发出时只是相对的，并非截然区分。

换言之，王言中虽有《六典》记载的一般性原则，但在大事小事的区别使用上，需要适应时代与社会的实际情况进行灵活应对，同时，在外交文书等方面，发件者皇帝与收件者之间的相对关系也对所使用文书样式的选择产生了很大影响。

有鉴于此，笔者以重要程度与用途为中心，对制敕加以区分，并结合有无经门下省审查（封还）① 与规定料纸，② 总结为下表1。

表1　制敕的种类与分类

		大　事	小　事	封　还	料　纸
通用用途	A	制　书	发日敕	有	黄麻纸
	B		敕　旨	有	黄藤纸
	C		敕　牒	无	黄藤纸
专用用途	A	慰劳制书		无	黄麻纸
	C		论事敕书	无	黄藤纸

制敕可以区分为两组，即通用性高的制书、发日敕、敕旨、敕牒，与特殊化为皇帝书信的慰劳制书、论事敕书。通用的敕有发日敕、敕旨、敕牒三种，倘若从门下省有无封还进行比较，有封还的敕（较之无封还）处理更重要的事项，手续更为繁杂。如果比较料纸种类，麻纸（较

① 中村：《制敕》，第194~200页。

② 《六典》卷九《中书省》“中书令职掌”条原注：“今册书用简，制书、慰劳制书、发日敕用黄麻纸，敕旨、论事敕及敕牒用黄藤纸，其赦书颁下诸州用绢。”至唐后半期，随着翰林学士制度的确立，纸张的使用也发生了较大变化（详参前揭拙稿《中国记录媒体变迁再考：以文书料纸为中心》），但本文始终按照《六典》完成期的皇帝下达文书中的料纸使用原则展开论述。

之籐［藤］纸[①]）是自古以来使用的较高级纸张，其使用差别基于内容轻重。[②] 因此，结合有无封还与料纸种类加以比较，有封还且使用黄麻纸的敕需要最慎重的手续，处理重要事项；无封还且使用黄藤纸的敕，手续最为简便，处理一般性事项。前者适合发日敕，后者与敕牒相符，有封还但料纸使用藤纸的敕旨恰好处于其中间位置。

表 1 中先尝试进行类型化：有封还且使用黄麻纸作为 A，有封还、使用黄藤纸作为 B，无封还、使用黄藤纸作为 C。此外，在制书、慰劳制书、论事敕书中也同样应用了这一类型。

以及，在本节开头举出的《六典》中，作为下行文书，除王言的制、敕、册外，还见有令、教、符的名称。令由皇太子发出，教是亲王、公主下达的文书。[③] 当皇帝因某种缘故不在时，它们也能作为代替制敕的国家意志发挥作用。从这个意义上说，令与教也可以称作“准王言”。

符是处于“所管—被管”关系（律令中用管隶[④]一词表示这种统属关系）中的上级官府发至下级官府的下行文书。[⑤] 具体言之，正如本节开头《六典》所述，除尚书省至州、州至县、县至乡的意见传达外，也用于从尚书省向九寺的意见传达。前揭图 1 敕授告身，第 28 行以下是符的正文，

---

① 据潘吉星《中国造纸技术史稿》（文物出版社，1979，第 58、69 页；日语版：佐藤武敏译《中国造纸技术史》，平凡社，1980，第 104、125 页），同氏《中国造纸史》（上海人民出版社，2009，第 149、183 页）研究，藤纸在西晋时代始于浙江，隋唐时代迎来生产全盛期。

② 《石林燕语》卷三：“唐中书制诏有四：封拜册书用简，以竹为之；画旨而施行者曰发日敕，用黄麻纸；承旨而行者曰敕牒，用黄藤纸；赦书皆用绢黄纸，始贞观间。或云，取其不蠹也。纸以麻为上，藤次之，用此为重轻之辨。”《演繁录》卷四“黄麻白麻”：“自制书已下至发日敕，则用黄麻纸书之，老杜所谓‘黄麻似六经’者也。若降敕旨、论事及敕牒，则用黄藤纸，其礼又降于黄麻矣。”

③ 中村《官文书》第 70 页认为，汉代至南朝时期的教是诸侯及郡太守管内发布的命令，与唐代的教有所不同。由于北朝的情况尚不清楚，探求唐代式“教”的成立源自何处，留待后考。关于教，除此之外，前揭仁井田陞《唐宋法律文书研究》第三编第四章，砺波护《嵩岳少林寺碑考》（收入前揭《隋唐佛教文物史论考》，初出 1987）等也有详细研究。

④ 关于管隶，岩波《律令》公式令补注 11a（第 646~648 页）有详细解说。

⑤ 关于符，除中村《公文书》、前揭仁井田陞《唐宋法律文书研究》以外，另有中村圭尔《晋南北朝的符》（《人文研究：大阪市立大学文学部纪要》第 49 卷第 6 号，1997）阐述了前代至唐代符的变迁，白须净真《麴氏高昌国的王令与其传达：以下行文书“符”及其书式为中心》（《东洋史研究》第 56 卷第 3 号，1997）对麴氏高昌国的符有所讨论，等等。

整体作为奉敕的吏部尚书符发挥功用。这种传递制敕的文书在处理方式与法律效力上被视作等同于制敕。① 再者，如后所述，不存在统属关系的上级官府发至下级官府的下行文书则使用牒。

此外，从出土文书中还可以确认帖这一下行文书的存在。帖在书式上是牒的简化，但功能上与牒有别，简化发放手续以求迅速，是不拘官民皆可自由下发的文书，起到连结官民之间关系的作用。②

（二）上行文书

关于上行（下达上）文书，我们再看《六典》的相应部分：

> 凡下之所以达上，其制亦有六，曰：表、状、笺、启、牒、辞（表上于天子，其近臣亦为状。笺、启于皇太子，然于其长亦为之，非公文所施。九品已上公文皆曰牒。庶人言曰辞）。③

依据这条史料，上行文书有表、状、笺、启、牒、辞六种，其中表、状、笺、启是非公文，牒、辞是公文。表是官人呈交皇帝的上申文书，状由官人呈交皇帝或近臣（实际是上级），④ 笺、启由官人呈交皇太子或

① 例如《唐律疏议·职制律》第二一条，“诸稽缓制书者，一日笞五十（誊制、敕、符、移之类皆是）”，其律疏云，“注云‘誊制、敕、符、移之类’，谓奉正制、敕更誊已出，符、移、关、解、刺、牒皆是，故言‘之类’”，记载了传达制敕内容的符、移、关、解、刺、牒等文书与制书同样的处理方式。

② 荒川正晴：《库车出土〈孔目司文书〉考》，《古代文化》第49卷第3号，1997。

③ 《六典》卷一《尚书都省》“左右司郎中、员外郎职掌”条。

④ 《六典》“表上于天子，其近臣亦为状。笺、启于皇太子，然于其长亦为之”中，前半部分关于表、状的两句，如若依照原文，其意殊不可解，本文想理解为“表（或状）皆是献与天子的公文格式，其中状也用于向天子近臣的上申”。另一方面，有关后半部分，《文苑英华》卷六二七及卷六五一至六六六中载录了许多对于皇太子、宰相、官府长官的笺启实例，可知笺、启不仅是向皇太子的上申样式，同时也是官僚个人对官府长官的上申样式。考虑到这些实例，后半两句须读作理解为“笺、启用于向皇太子的上申文书，另一方面，向长官上申时亦可使用”。问题的前半两句，由于从句式来看可以认为是对句，故而理解为“表［·状］上于天子，其［于］近臣亦为状”比较合适。近卫本《六典》中，该部分有近卫家熙注“上当作状”，但暂未订正语句，而是通过追加状字来进行理解。本来，表与状都用于向天子的上奏，但《六典》第一句“表上于天子”仅提及表，也可以认为是法典独特的节略方式所致。滨口重国指出，《唐律疏议》屡（转下页注）

上级,[①] 从前一章最后也可看出，这种来自个人的上申文书不属于公文。[②]

另一方面,《六典》对牒、辞的理解是，流内官或官府使用的上行文书中，特别在规定样式不明时使用的通用性文书是牒,[③] 将无位无官的百

(接上页注④) 屡采用“举一例诸”的论述方式（《唐王朝的贱人制度》，东洋史研究会，1966，第137页)。《六典》所依据的下行、上行、平行文书定义部分很可能源于唐式（参照前注)，律与律疏具有同样倾向也并不奇怪。依据这些法典类的《六典》中应当也能窥见同样倾向（前揭《〈唐六典〉卷六·尚书刑部译注稿》下，第37页)。综合考虑《六典》的这种史料特性，可知上述史料解释也绝非向壁虚构。

而且，刘后滨将近臣理解为使职等令外官，认为状由近臣起草（前揭《唐代中书门下体制研究》，第264页)。该论考强调了唐代政治体制从前半期“三省体制”向后半期“中书门下体制”演进过程中，作为政策决定中心的文书也从奏抄向奏状发生转变，这对史料解释也产生了较大影响。另一方面，吴丽娱虽然对刘氏论旨的方向性表示赞同，但认为近臣只是使用的一例，状应广泛用于使职、内使、官人之中（吴丽娱:《试论“状”在唐朝中央行政体系中的应用与传递》，邓小南等编《文书·政令·信息沟通：以唐宋时期为主》上册，北京大学出版社，2012，初出2008)。不过，无论如何都与本文不同，将状理解为“近臣奉上天子的书式”。刘氏认为“其近臣亦为状”这一部分表示唐后半期状况，但从《六典》文本特征来看则缺乏根据，又，近臣在史料上也被用于“公卿近臣以下”等等，原来是泛指高位高官的语词，并不严格限定为令外官，笔者感觉刘氏的议论是囿于“从奏抄到奏状”这一框架下的解释。

另一方面，在丝绸之路沿线的西州，状被用于同一官衙内，抑或作为府州县管下所置馆与坊、城或军府、游奕所（前线军事组织）等的府州县上申用文书（前揭荒川正晴《欧亚的交通、贸易与唐帝国》，第279页)。该地作为公文书使用的状，末尾是“谨牒”，与牒的区别并不清晰，但据赤木崇敏《唐代前半期的地方文书行政：以对吐鲁番文书的检讨为中心》(《史学杂志》第117编第11号，2008）研究，其差异得以辨明。这些说明，状不仅限于近臣，还多带有被用作向上级的上行文书的特性。这一点，吴丽娱“近臣不过是用例之一”的理解大概是正确的（但吴丽娱与刘后滨同样将状理解为发件者是近臣的文书，对此笔者难以认同)，状也被广泛用作个人向上级的上申文书。

① 《太平御览》卷二四六《职官部四四·太子舍人》引《六典》逸文（《六典》现存诸本中无相应文字)：“诸臣及宫臣上皇太子，大事以笺，小事以启，其封题皆曰‘上于右春坊’，通事舍人开封以进。其事可施行者，皆下于舍人，与庶子参详之，然后进；不可者则否。”可知笺用于大事的上申，启则用于小事。

② 《令集解·公式令》“奏事式”条《穴记》云：“问，表奏造样何？答，不见。表奏上表上启等之式，宜放书仪之体耳。”来自个人的上申书非公文，故而公式令中没有规定，需要参酌各种书仪对其书式加以理解。这一点蒙丸山裕美子氏提示。

③ 该史料在《唐会要》卷二六《笺表例》中，武英殿聚珍版作“上天子曰表，其近臣亦为状。上皇太子曰笺、启，于其长上公文皆为牒。庶人之言曰辞”；《四库全书》本作“上天子曰表，其近臣亦为状。上皇太子曰笺、启，于其长为之。有品也诸曹上公文皆曰牒，庶人之言曰辞”。虽然字句随史料不同而有差异，但关于牒的部分，“于其长上公文皆为牒”，“有品也诸曹上公文皆曰牒”，都将牒理解为指代通用性上行公文的词汇。

另一方面,《唐会要》表状笺启的内容缺乏“非公文所施”云云。对于《六典》“非公文所施，九品已上公文皆曰牒”这一部分，黄正建注意到史料中的“皆”字，认为“皆”应是联系非公文与公文的逻辑，结合这两句进行考虑，推测为“不拘（转下页注）

姓的口述写成文书则是辞。

实际上，无论上行、下行、平行还是个人、官府，都广泛运用了牒。学界认为，公式令规定的牒式是尚书都省向尚书省二十四司传达时使用的文书，[①] 吉川真司指出，在尚书省、九寺、五监等拥有别局的官府中，本局对别局的发件文书也用到了牒。[②] 而且，王言之中，敕牒是将敕（皇帝意见）以牒的形式从宰相府发出，度牒[③]则作为尚书祠部牒发放，均是下行文书。此外，在敦煌、吐鲁番等地方官府，已知牒从唐代前半期开始便广泛通行，随着唐代后半期律令制以外的令外官的增多，以缺乏统属关系的官府之间的下行文书为中心，使用牒的传达领域有所扩大。[④] 中村《公文书》认为，即使说敦煌文书中数量最多的公文书是牒式文书也不为过（第 107 页以降），"猜测发生了用公式令明确的文书形式无法处理的情况"（第 400 页），于是规定了牒。

那么，为何牒在《六典》中被归类为有别于实际情况与公式令规定的上行文书呢？笔者认为，将这里的牒与辞进行成对讨论是有意义的。律或律疏言及有关诉讼内容时，常见的语汇是"辞牒"。譬如斗讼律第五五条载"诸为人作辞牒，加增其状，不如所告者，笞五十"，论述了诉讼中有关辞或牒的违法罪行。关于该条文，奥村郁三有如下解说：

> 为使"告诉、告发"抑或广义上的"诉讼"行为有效运作，就必须作成文书。但是，除官员自身的"告发"行为外，实际上大部分始于人民向官员的口头"诉讼"。须得有人在某处将其作成文书，唐代承担此职的是该官署的书记一类。这一阶段的违法行为，正是该条文所规定的。[⑤]

（接上页注③）公文、非公文，官人所上文书即为牒"（《唐代诉讼文书格式初探：以吐鲁番文书为中心》，《敦煌吐鲁番研究》第 14 卷，2014）。然而，这种法令文中用作并列意味的语词，一般不是"皆"，而是"并"（据中村正人氏教示），又如前揭注释所论，可以从对句结构理解史料，因此黄说难以信从。

① 《敦煌发现开元公式令残卷》（P. 2819）牒式："右尚书都省，牒省内诸司式。其应刺之司，于管内行牒，皆准此。判官署位，皆准左右司郎中。"

② 前揭吉川真司《奈良时代的宣》。

③ 关于度牒，参照竺沙雅章《寺院文书》及《宋代卖牒考》，均收入《中国佛教社会史研究》增订版，朋友书店，2002，前者初出 1992，后者初出 1979。

④ 参照前揭赤木崇敏《唐代官文书体系及其变迁》。

⑤ 奥村郁三译注：《斗讼》，《译注日本律令》七，1987，第 402 页。

亦即，这里所谓“辞”与“牒”，指的是诉状与告发状，或是将其汇总后请求上级官府进行判断的文书资料。这样，牒与辞是诉讼手续上必不可少的上行文书，以“辞牒”这一成对词语形式被使用也是其一般功能。大约《六典》（或是《六典》所依据的法令资料）只采用了上述牒或辞功能的一个方面，排列于下达上文书中。

再者，《六典》特意将辞称为“庶人之言”，正如奥村氏的说明，庶人仅是口头陈述，将其以辞的形式整理成文书档案，无非是出于官府所起的作用。换言之，辞是庶人之言的记录，但经由官府作成，原本保管于官府，因此被定位为公文。①

顺说，《六典》未提及的上行文书中有“解”，敦煌出土的《开元公式令残卷》“符式”记述如下：

> 凡应为解向上者，上官向下皆为符。②

前文已述，存在统属关系的官府中，下行文书用符，但其相反的上行文书则是解。换言之，解与符都是具有统属关系的上级官府与被管官府之间用于意见传递的文书样式，两者是收发关系完全相反的文书。《六典》没有定义作为上行文书的“解”，能与解式文书进行准确比定的原文书，迄今为止也并不明确。然而，除律疏外，许多史料中都有关于解的记述，③ 因此可以认为公式令中确实存在样式规定。对此，刘安志认为，赤木崇敏所谓“申式”，吴丽娱所谓“申状式”，④ 以这些公式令中未曾规定的新文书

---

① 关于辞的古文书学研究，除前揭黄正建《唐代诉讼文书格式初探》外，早前有内藤乾吉《西域发现唐代官文书研究》（收入前揭《中国法制史考证》，初出 1960）、中村《官文书》、中村《公文书》等。另外，据荒川正晴《作为通行证的公验与牒式文书》（土肥义和、气贺泽保规编：《敦煌吐鲁番文书的世界及其时代》，汲古书院，2017）研究，作为对居住于中亚地区诸绿洲的粟特商人的特殊安排，根据使用辞式的申请发放公验。

② 《敦煌发现开元公式令残卷》（P. 2819）符式。

③ 例如前揭《唐律疏议·杂律》第五〇条、前揭《唐律疏议·职制律》第二一条等。此外，《六典》也见有“每岁选人有解状、簿书、资历、考课，必由之以核其实，乃上三铨”（卷二《吏部》“吏部员外郎职掌”条）云云关于作为文书的解的记述。

④ 前揭赤木崇敏《唐代前半期的地方文书行政》；吴丽娱：《从敦煌吐鲁番文书看唐代地方机构行用的状》，《中华文史论丛》2010 年第 2 期。

样式进行定义、分类，起首云“为申某事”的文书类正是解式文书。[①]

而且，黑板胜美虽未提及，但《六典》除下达上以外，还定义了如下六种（奏抄、奏弹、露布、议、表、状）下通上的上行文书：

> 凡下之通于上，其制有六：一曰奏抄（谓祭祀，支度国用，授六品已下官，断流已上罪及除、免、官当者，并为奏抄），二曰奏弹（谓御史纠劾百司不法之事），三曰露布（谓诸军破贼，申尚书兵部而闻奏焉），四曰议（谓朝之疑事，下公卿议，理有异同，奏而裁之），五曰表，六曰状。皆审署申覆而施行焉。[②]

在下达上的情况下，收件者“上”指较发件者相对居于上位者（表、状等也包括皇帝，原则上是官僚机构中的上位者）。与之相反，刘后滨亦曾指出，下通上时的“上”并非指相对的上下关系，而是作为绝对上级的“皇上”。[③]在这一点上，虽然同是上行文书，但下达上与下通上两者具有决定性差异。

从具体文书功能与成立过程进行归纳考虑，下达上文书原则上是从下往上单向通行的意见呈报，与之相对，下通上文书是下级将草拟的内容上申皇帝作出判断，且以经门下省审查为前提。滋贺秀三将“国政上皇帝意见的宣布”分为“由皇帝提议向官僚下达命令的形式”（王言）与“官僚起草上奏经皇帝批准的形式”（下通上文书）两种。[④]正如这里对下通上文书是否为下行文书的说明，下通上文书在作为上行文书的同时，最终也具有传达皇帝命令的下行文书的性质。

奏抄是代表性的下通上文书，事先规定了负责官署，按照该官署的职务权限将拟定的内容定期上奏，使皇帝得以了解。[⑤]奏弹是官人违法行为的纠弹文，露布是官军胜利的报告，可以说是将奏抄改变、发展为

---

① 刘安志：《唐代解文初探：以敦煌吐鲁番文书为中心》，收入前揭《敦煌吐鲁番文书的世界及其时代》；同氏：《吐鲁番出土唐代解文杂考》，荒川正晴、柴田幹夫编《丝绸之路与近代日本的邂逅：西域古代资料与日本近代佛教》，勉诚出版，2016。

② 《六典》卷八“门下侍中职掌”条。

③ 前揭刘后滨《唐代中书门下体制研究》，第99页。

④ 前揭滋贺秀三《名例》译注，第54页。

⑤ 坂上康俊：《发日敕、奏抄与论奏事项》，《史渊》第138号，2001。

专门用途。[①] 另，对于朝廷中的疑事，在百官公卿会议上也无法得出结论时会提请皇帝判断，议就是限定于这一情况下的稍特殊的上行文书。[②]

奏抄、奏弹、露布、议详细规定了发件手续或记述内容、发件者，另一方面，表与状对此则没有严格限制。表与状是下达上、下通上双方都能见到的文书种类。如前所见，下达上的表、状是来自个人的单向通行的意见呈报，不属于公文。与之不同，下通上的表、状以门下省审查与皇帝回复为前提，具体而言，是指皇帝以敕旨或敕牒样式加以回复的表、状（中村《制敕》第三章第二节至第四节）。

（三）平行文书

有关官府之间的平行文书，《六典》云：

> 诸司自相质问，其义有三，曰：关、刺、移（关谓关通其事，刺谓刺举之，移谓移其事于他司。移则通判之官皆连署）。[③]

对于移，明确是他司相互使用，亦即用于不存在统属关系的官署之间，[④]但对关与刺仅指出了缺乏具体性的抽象定义。

《敦煌发现开元公式令残卷》载录了关的样式，其中将使用关的范围定义为“其内外诸司，同长官而别职局者，皆准此”[⑤]。另外，对于刺，仁井田陞从《令集解》中检出“检唐令，尚书省内诸司，上都省为刺也”一

---

① 关于奏弹，参照中村《公文书》。关于露布，除古文书学方面有中村《官文书》外，丸桥充拓《唐代战争的记录与记忆：露布·史书·纪功碑·军乐》（《社会文化论集：岛根大学法文学部纪要社会文化学科编》第11号，2015）对先行研究作出了总结，同时也详细阐述了从信息传递过程到进入史书记录的大体情况。

② 关于议，中村圭尔《南朝的议：以宋、齐代为中心》（《人文研究：大阪市立大学文学部纪要》第40卷第10号，1988）讨论了南朝议的全貌，中村《制敕》第三章附节Ⅲ探讨了唐代议的书式。据中村《制敕》研究，议有谥议与奏议，谥议委任尚书考功及太常寺，奏议分为皇帝颁下制敕命令议事，以及皇帝对臣下的上奏无法下判断时发起议事。

③ 《六典》卷一《尚书都省》“左右司郎中、员外郎职掌”条。

④ 《敦煌发现开元公式令残卷》（P. 2819）“移式”：“右尚书省与诸台省相移式。内外诸司非相管隶者，皆为移。”

⑤ 《敦煌发现开元公式令残卷》（P. 2819）“关式”。

句，认为刺是省内文书的一种。[①] 据公式令残卷牒式“右尚书都省，牒省内诸司式。其应刺之司，于管内行牒，皆准此”[②]，可知刺与牒是收发件关系相反的一对文书。

上一节中亦曾简单提及，吉川真司对此有过详细查考，认为，正如尚书都省与六部的关系，官府之中，尤其是别局存在四等官制下的长官的情况下，本局向别局传达时使用牒，别局向本局传达时使用刺，别局同事之间使用的文书是关。[③] 例如，作为中央行政执行机关的尚书省六部二十四司并未设置检勾官，这与尚书都省承担其职有关。都省是尚书省整体的检查机构，与六部之间没有统属关系。因此，为了在本局—别局之间、别局相互之间使用，另行规定了牒、刺、关的功能。

（四）公文书、官文书、私文书

截至上一节，笔者对《六典》所见唐代文书种类进行了概观，其中有公文（册书、制书、慰劳制书、发日敕、敕旨、论事敕书、敕牒、牒、辞、奏抄、奏弹、露布、议、表、状、关、刺、移）与非公文（表、状、笺、启）。职制律第二一条律疏云，“官文书，谓在曹常行，非制、敕、奏抄者”，可见公文之中，官府现用文书除制、敕、奏抄以外定义为官文书。诈伪律第一三条“诸诈为官私文书及增减，欺妄以求财赏及避没入、备偿者，准盗论”，规定了通过伪造、改变官私文书骗取财产的罪行。这部分律条原注，“文书，谓券抄及簿帐之类”，且律疏云“注云‘文书，谓券抄及簿帐之类’。称‘之类’者，谓符、牒、抄案等”，因此可知，文书范畴中除上文所见上行、下行、平行文书的正本与其案（这里指原本或草本一类）以外，还包括券类、[④] 抄目、[⑤] 户籍及各种帐簿类。荒川正晴认为，官

① 前揭仁井田陞《唐令拾遗》，第552页。

② 前揭《敦煌发现开元公式令残卷》“牒式”。

③ 前揭吉川真司《奈良时代的宣》，第217页。

④ 券类是指作为“直接往还中央与州府等的通行证”（前揭荒川正晴《欧亚的交通、贸易与唐帝国》，第174页）的符券（纸券），“褒美臣僚对王朝的功绩，授与刑法上特权（恕死）的王言”（中村《王言》，第264页）的铁券等。

⑤ 抄指抄目，即官府收发文书的目录，每一官府按月整理、保管。抄目是文书的收发记录，每年计会时作为资料提交。关于抄目的详细情况，参照前揭王永兴《唐勾检制研究》。

文书是“官府间或官府与官人之间互相交换的文书（通信文），官府内保管的文书（正校案文），以及为管理、鉴定起勘核功能的一类文书（帐簿、证书、目录、名簿等）的总称”，这是应予信从的见解。①

顺说，前揭诈伪律条文中颇有意趣的是，明确表示了私文书是与官文书相对的概念。杉本一树注意到这一点，指出，至少在唐代文书行政中，与“私”相对的概念不是“公”，而是“官”。② 所谓私文书，指私人间的契约文书等，可以认为其存在于非公文中，与官文书相对。

另外，制敕与奏抄（下通上文书）均是皇帝的指示，所以从上文所见律条的观点来看，属于公文，但并非官文书。其中，关于制敕，“由皇帝提议向官僚下达命令的形式”，存在王言这一史料上的用语。与之相反，对于“官僚起草上奏经皇帝批准的形式”的下通上文书，笔者暂且名之为“上呈皇帝文书”，③ 以与官文书或王言进行区别。图 2 是总结以上的概念图。

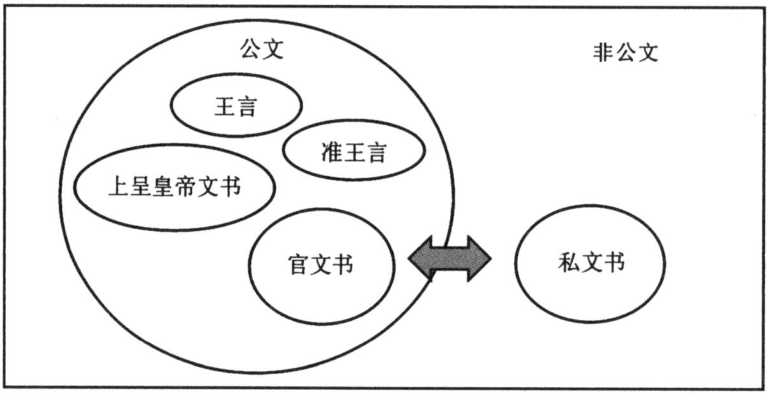

图 2　唐代公文、非公文概念图

① 荒川正晴：《作为西域长史文书的〈李柏文书〉》，白须净真编《大谷光瑞与斯文·赫定：内亚探险与国际政治社会》，勉诚出版，2014，第 215 页。另外，关于唐代官文书的范围，黄正建《唐代“官文书”辨析：以〈唐律疏议〉为基础》（《魏晋南北朝隋唐史资料》第 33 辑，2016）也认为，官司往来文书，官府手续中的文书，保存用文书，符、牒、移、解等文书，户籍、帐簿类等，在官府生成的文书类全是官文书，表达了大致同样的见解。

② 杉本一树：《律令制公文书的基础性考察》，《日本古代文书研究》，吉川弘文馆，2001，初出 1993，第 119~120 页。

③ 大津透《唐律令国家的预算：仪凤三年度支奏抄、四年金部旨符试释》（《日唐律令制的财政结构》，岩波书店，2006，初出 1986，第 52 页）中，将下通上文书说明为“给皇帝的上呈文书”，兹从其说。

在图2中，考虑到上下关系，笔者尝试在公文概念中配置了王言、准王言、上呈皇帝文书、官文书。这是依据渡边信一郎为把握皇帝权力与天下结构、结合中国古代史料中展现的天下观念而进行的如下议论：[①]

> 天下、都城、耕地的所有领域，都被区划为由九个部分组成的井字型，并各自以“公”为核心来塑造“公”的重层结构。
>
> （前略）都城、宫城位于“公”之重层的中心，而居于宫城中心一夫（方百步）的朝廷，则被定位为处于“公”重层结构最上层的“公”中之“公”。天子是作为天下之“公”——中枢而君临天下的。
>
> 不过，中国古代的专制国家，未必是上述观念性国家领域结构在地面上的现实化。观念本身有多种变化。而在观念与实态的相互关系中，创造了现实的政治上层建筑。
>
> 前述天子—生民关系，实态上是十数万至数十万官僚装置对数百万至一千万户编户百姓的支配，构成了皇帝—百姓的基本阶级关系。

如若将之适用于文书世界中，公文是指在“公”中之“公”的朝廷内所使用的全部文书，尤其是作为天下之“公”的皇帝，使用王言与上呈皇帝文书。然而，与单方面表达皇帝意见的王言相比，上呈皇帝文书的形式是由皇帝批准来自官僚的意见申报，从“公”重层结构的视角来看，较之王言稍处下位。皇太子使用的准王言更低一等，从天下支配观念与实态的相互关系出发，可以理解为，官僚作为现实的政治上层结构发挥作用，其使用的就是官文书。并且，如果公之中实质性支配百姓的是官僚装置，那么与“私”直接相对的就不是“公”，而是“官”，可以说这正是官文书与私文书相对立的原因。

另一方面，对于上文所见的唐代公文书中为《六典》所载录的公文种

---

① 渡边信一郎：《宫阙与园林：三至六世纪中国皇帝权力的空间构成》，《中国古代的王权与天下秩序：从日中比较史的视角出发》，校仓书房，2003，初出2000，第149页。依据该讨论，本来图2的各公文书应以重层形式展示，但很难用图片表现，因此暂且只在平面上表示其上下关系结构。

类，表2以发件、收件关系为中心图示其概要。当然，这是在《六典》涉及范围内对公文的认识，并非唐代公文的全部。笔者对《六典》式的说明中的代表性公文种类与其功能作一概说。

表2 《六典》所见公文种类与收发件关系

<table>
<tr><td rowspan="2">公文种类</td><td colspan="2">王言</td><td colspan="2">（准王言）</td><td colspan="3">官文书</td><td colspan="4">（上呈皇帝文书）</td><td>官文书</td></tr>
<tr><td>制</td><td>敕</td><td>令</td><td>教</td><td>符</td><td>牒</td><td>辞</td><td>表</td><td>状</td><td>奏抄</td><td>议</td><td>关、刺、移</td></tr>
<tr><td rowspan="2">发件、收件关系</td><td colspan="5" rowspan="2">下行文书</td><td colspan="2">下达上</td><td colspan="4">下通上</td><td rowspan="2">平行文书</td></tr>
<tr><td colspan="6">上行文书</td></tr>
</table>

三、文书样式与唐公式令

（一）何为样式

在研究古文书的中国史论考中，必然出现的词汇有“样式”“书式”“形式”，许多情况下都可以理解为指称文书雏形。但是，根据研究者不同，其用法多少存在差异，且这些用语能否简单地相互转换尚有疑问。古文书学中的基本术语使用含糊不清，对中国古文书学乃至东亚古文书学的确立而言，很难说是理想状况。因此，本节将匀出少许篇幅，尝试考察“样式”一词的含义。

黑板胜美也引入了西洋古文书学手法，是构筑日本近代古文书学的先驱者。他将样式一词定义如下：

> 公式令义解云“公文式样”，《五代会要》卷一三亦可见“诏书式样”之词，自日记记录之始，中古以来书札礼等皆有书样之事。样，指形成法式之雏形也。现今称古文书雏形之法式云“古文书样式”。①

其实，黑板胜美引为范本的西洋中世古文书学中并无直接对应于“样式”的词汇。如本文开头所述，日本古文书学各论以样式论、形态论、功能

① 前揭黑板胜美《日本古文书样式论》，第37页。

论、传世论四方面为主轴，与之相对，在西洋（中世）古文书学中，则是古书体学（palaeography）、文书形式学（diplomatic）、印章学（sigillography）三方面发挥中心作用。① 古书体学以字体的分析、分类为主要研究领域，文书形式学主要讨论文书的传世、形式、制作，印章学主要关注印章图案的形式或铭文的读解与保存法。这里，文书指“记载法律行为或法律状态的文件，文书与法律行为的区别具有根本重要性”②。西洋古文书学的渊源是文书真伪判定，既然重点在于文书的法律效力与真实性，其学问中心当然集中于证明这些所必需的字体、形式、印章三者上。

换种角度来看，构成西洋古文书学的古书体学、文书形式学、印章学中，如果只着眼于文书形式学，使样式论、形态论、功能论、传世论得以发展的是日本古文书学；有关笔迹或花押、印章的讨论与古书体学或印章学相当，也可以说不过只是被吸收为形态论、功能论的一部分而已。

在古文书形式学中，文书分为开头定式（protocol）、主部（text）、终末定式（eschatocol）三种，对于各分类中诸要素的形式，考虑并论述其流传与功能。另一方面，引入中国律令制的古代日本，虽然存在基于公式令的书式、雏形等定式、定型（公式样），但在中世、近世，文书从公式样或私文书及其他中发生了派生、变形，换言之，中世、近世变化为文书在法律上缺乏定式、定型的世界。因此，笔者认为，首先需要对文书进行观察、比较、分类，而后致力于定式、定型的归纳理解工作。黑板胜美云，“古文书的部分名称在欧洲已成固定，但日本古文书与欧洲古文书性质有异，无法直接取用。今以古来日记或书札礼中散见之词为基础，参酌欧洲名称，聊陈管见”③，印证了这一设想。而且，此时他关注的是发件者（主格）与接收者（对象）的存在。因此，在以后的日本古文书学中，发件、收件关系被视为文书的必要条件，也注意其形态、功能、流传，同时主要

---

① 以下，关于本文中西洋古文书学有关事项，参考高山博、池上俊一编《西洋中世学入门》（东京大学出版会，2005）、森胁优纪《面向图书馆员的西洋古文书之始：以东京大学经济学图书馆所藏古文书为实例》（《大学图书馆研究》第106号，2017）。

② 冈崎敦：《文书形式学》，前揭《西洋中世学入门》，第65页。

③ 前揭黑板胜美《日本古文书样式论》，第32页。

着眼于文书分类与定式化。[①]

继承并发展了黑板样式论的佐藤进一，将文书与样式的关系阐述如下：

> 何为文书？单就回答这一问题而言未必容易，但作为人类社会生活上的手段，如果人类为作用于他人，通过形诸文字（或其替代物）来表达而得到最低限度的共识，那么，根据双方关系以及作用方的想法（或者可以说作用方式），可以为这一意义上的文书设定具体框架。该框架是材料（纸、木、布等）、句型、字体等的总体样式，可以说文书样式就是文书功能的表达形式。而且，在历史上明确这种文书诸样式的个别性与相互关系，应是第一要务。这是笔者借其他机会论述古文书学（应）是文书史的缘由。[②]

佐藤进一断言，样式是“材料（纸、木、布等）、句型、字体等的总体”，正因为从各种形式中推导出作为其总体的定式、定型，即样式，是日本古文书学的应有姿态。

由此看来，可以说，西洋古文书学的特征是，基于定式这一某种绝对标准，对个别构成要素的形式进行论述；与之不同，日本古文书学的特征则相对是找出作为形式总体的样式，并加以研究。

综上，形式可以定义为媒体、记录材料、字体、印玺、定型句、文字排列、避讳、敬意表现、署名顺序、日期写法等文书构成要素，样式则指称组合这些形式的总体。另一方面，提及书式、雏形时，主要着眼于形式之中与文字相关的构成要素，除此以外的形式部分，譬如媒体、记录材料、字体、印玺等，可以认为有被适当省略的倾向。

---

① 文书分类这一行为出现以前，样式论就已成立，对于这一点，保立道久表示：“所谓样式论研究，终归是古文书的分类，其直接的必要性，首先是存在为了文书目录化与编纂而须要给予文书名的情况。在编纂工作中，给予文书名作为能否理解其文书内容与功能的试金石受到重视。”（《档案的课题与中世史料论的状况》，《记录史料的情报资源化与史料管理学的体系化相关研究》，国文学研究资料馆史料馆，1997，第50页）

② 佐藤进一：《中世史料论》，《岩波讲座日本历史》25（别卷2），1976，第98页。

（二）唐公式令的结构

唐代律令格式规定了公文书的形式、书式、发放手续等，其中尤以公式令为中心规定。正如日本养老令注释将公式的含义说明为“‘公文样式’（令释、义解）、‘录公文式’（迹记）之意”①，公式令以代表性公文书的书式、雏形为基轴，从有关文章、文体等形式到发放、施行、保管、废弃等文书整体生命周期，乃至与之关系密切的官僚制相关事项（主要是关于官人办公与秩序的事项），皆有规定。换言之，化身为言词具有实效性的文书的结构变化过程，可以说是也包含其周边事项的通则化过程。

《唐令拾遗》及《唐令拾遗补》（仁井田陞著，池田温编集代表，东京大学出版会，1997）主要参考养老公式令，将条文排列结构大致推定如下：

> ① 关于各种公文书书式雏形的事项→② 关于平阙与避讳的事项→③ 关于印玺的种类与使用的事项→④ 关于符（传符、随身符）的事项→⑤ 关于驿传的事项→⑥ 关于官僚组织框架的事项→⑦ 关于朝会座次的事项→⑧ 关于致仕官及摄、检校官的事项→⑨ 关于公文书制作、发放的事项→⑩ 关于文书处理上不完备、有错误的事项→⑪ 关于从中央官府到地方通知传达方法的事项→⑫ 关于文书原本的保管与废弃的事项→⑬ 关于宿直及勤务时间的事项→⑭ 关于诉讼及上奏的事项→⑮ 关于移动行程标准的事项→⑯ 关于蕃客到来时的报告的事项→⑰ 关于法令不切合实际情况时的奏闻的事项

这一排列顺序很难断言就是唐令本身，但至少存在这些规定内容，殆无疑议，乍看即可略知公式令的大致意图所在。《大唐六典》卷六所载唐令篇目中，公式令由上下两卷构成，对此，中村《王言》（第4页）认为，“上卷规定公文书样式，下卷规定一般公式令条文”。这样，上述仅①构成上卷，②~⑰构成下卷，而在养老公式令中，与①相关的部分也占到整体近

① 岩波《律令》，第637页。

一半分量，因此，笔者认为中村说颇为妥当。据此可以很好理解，公式令在公文书书式或雏形的例示中处于怎样重要的地位。

相反，公式令中书式、雏形以外的条文，可以认为承担了补充书式、雏形未能明示部分的作用。换言之，公式令整体都表达文书样式，仅个别书式或雏形不属于文书样式全部。① 不过，存在凝聚了公式令本质的书式、雏形，由于公式令规定的书式、雏形形成了可以根据需要参照相关条文的结构，因而允许称其为狭义的样式。

（三）文书名称与文书样式

唐公式令规定的文书样式中，其存在与排列确凿可靠的，只有敦煌出土公式令残卷记载的移式、关式、牒式、符式、制授告身式、奏授告身式六种。

《唐令拾遗》与《唐令拾遗补》复原的唐公式令也包括这些，表 3 是公式令文书样式与排列顺序一览。另外，表 4 是将表 3 的公文样式参照表 2 进行重新归纳，从用途与收发件关系的角度对唐代公文书的种类、名称、样式关系进行结构性表现。各表中阴影部分都指敦煌发现公式令中残存的样式。

表 3　唐代公文样式复原

条文序号	唐令拾遗复原样式	唐令拾遗补复原样式
1	制书式	
补 1		慰劳制书式
补 2		发日敕式
补 3		敕旨式
补 4		论事敕书式
补 5		敕牒式

① 公式令规定的文书类，其名称（种类）、文体、用语、样式全部一致。这也是法令全体合乎平仄地表达文书样式的结果。黑板胜美有如下论述：

> 将古文书区分为某一种类之当时名称，有据文体，有据样式，或据其用语而命名，时颇生混杂，中有依据分类，以文体、样式及其用语定下同一名称，进而乃成文书名称。即发源于中国，由我公式令规定者是也。将《文选》或《文体明辨》等附加文体说明之资料，与《唐六典》《会要》或杜佑《通典》等对照推定，云诏敕移牒，云表奏启状，皆属此类。（前揭黑板胜美《日本古文书样式论》，第 43 页）

续 表

条文序号	唐令拾遗复原样式	唐令拾遗补复原样式
2		奏抄式
5		露布式
补 6		令书式
补 7		教书式
7	移　式	
8	关　式	
9	牒　式	
10	符　式	
11	制授告身式	
12	奏授告身式	

表 4　唐代公文书种类与文书样式关系

<table>
<tr><td colspan="4" rowspan="2">发件、收件关系</td><td colspan="6" rowspan="2">下　行　文　书</td><td colspan="2">上行文书</td><td colspan="2" rowspan="2">平行文书</td></tr>
<tr><td>下达上</td><td>下通上</td></tr>
<tr><td colspan="4" rowspan="2">公文种类</td><td colspan="2">王言</td><td colspan="2">（准王言）</td><td colspan="3">官文书</td><td>（上呈皇帝文书）</td><td colspan="2">官文书</td></tr>
<tr><td>制</td><td>敕</td><td>令</td><td>教</td><td>符</td><td>牒</td><td></td><td>奏抄</td><td>关</td><td>移</td></tr>
<tr><td rowspan="8">用途</td><td rowspan="3">通用</td><td colspan="2">A</td><td>制书式</td><td>发日敕式</td><td>令书式</td><td>教书式</td><td></td><td></td><td></td><td></td><td></td><td></td></tr>
<tr><td colspan="2">B</td><td></td><td>敕旨式</td><td></td><td></td><td></td><td></td><td></td><td></td><td></td><td></td></tr>
<tr><td colspan="2">C</td><td></td><td>敕牒式</td><td></td><td></td><td>符式</td><td>牒式</td><td>（牒式）</td><td>奏抄式</td><td>关式</td><td>移式</td></tr>
<tr><td rowspan="5">专用</td><td rowspan="2">皇帝书信</td><td>A</td><td>慰劳制书式</td><td></td><td></td><td></td><td></td><td></td><td></td><td></td><td></td><td></td></tr>
<tr><td>C</td><td></td><td>论事敕书式</td><td></td><td></td><td></td><td></td><td></td><td></td><td></td><td></td></tr>
<tr><td rowspan="2">官爵授与</td><td>A</td><td>制授告身式</td><td></td><td></td><td></td><td></td><td></td><td></td><td></td><td></td><td></td></tr>
<tr><td>C</td><td></td><td></td><td></td><td></td><td></td><td></td><td></td><td>奏授告身式</td><td></td><td></td></tr>
<tr><td colspan="2">战胜报告</td><td></td><td></td><td></td><td></td><td></td><td></td><td></td><td>露布式</td><td></td><td></td></tr>
</table>

对于表 4，纵向（列）是包括多种文书的分类。唐代公文按收发件关系分为下行、上行、平行三种。上行文书进一步细分为下达上与下通上，前者以从下往上单向通行的意见呈报为原则，后者的前提是下位者将起草的内容上申皇帝进行判断。从公文种类的观点来看，大体分为王言（皇帝下达文书）、准王言（皇太子下达文书）、官文书、获得皇帝批准的上呈皇帝文书，并且，王言包括制与敕，准王言包括令与教，官文书细分为符、

牒、关、移等，上呈皇帝文书指奏抄。另外，与表 2 不同，下行文书中揭出了牒式，这是因为表 2 基于《六典》的记述，表 4 则依据敦煌出土唐公式令残卷。关于这一点的差异，请参照上一章上行文书一项。

另一方面，表 4 的横向（行）按用途区分。用途中通用、专用的观点与表 1 相同。

公式令规定的样式存在于这两个要素的交叉处，作为各种相关形式的总体而被定型化。之所以认为这种结构化妥当，有若干理由。第一，因为倘若不这样考虑，敕的名称与样式的关系就无法很好地整理。虽然敕这一名称散见于史料中，但作为实际文书却存在发日敕、敕旨、敕牒、论事敕书四种。如何处理这种一对四的对应关系，可以说正是本文的出发点。据表 4 可知，为理解这一点，笔者不得不将“敕”一词视作公文书分类之一的王言的下位分类名，发日敕、敕旨、敕牒、论事敕书则是用途有别的文书名称与样式名称。不仅是敕，制与奏抄之下也有多种样式。不过，它们与敕不同的是，存在以制书、奏抄等分类名称本身为文书名的样式。但敕书这一样式并不存在，敕既不是样式名，也并非个别文书名称。因此，需要将作为发日敕、敕旨、敕牒、论事敕书总体的“敕”一词在古文书学上加以定位。

第二，有研究注意到，公文中存在通用性文书与对应于特定事项的专用性文书。在同一分类名称内存在多种文书样式的情况下，以基本形为中心，根据用途不同而进行分化。表 4 中制、敕、奏抄正合此例，另外，虽然《唐令拾遗》与《唐令拾遗补》中没有复原样式，但学界认为，过所式以符式为基础，[①] 奏弹式以奏抄式为基础（亦即过所是符的专用样式，奏弹是奏抄的专用样式）。除此之外，虽然公式令中未曾规定，但牒式文书的专用型中还有度牒与公验，也有限定制书用途的“赦书”一词。或许由于制度的变更与扩张、政治体制的变化，从通用性文书中根据需要产生出了限定型、专用型等文书样式。实际唐令中没有规定样式，但开头举例的敕授告身等，可以说是专用型文书逐渐扩张、确立的样式中最常见的。在

① 唐代过所有中央尚书司门发行与地方官府发行，两者样式不同。学者推定，公式令中规定的过所是基于中央发行的符式。详参中村《公文书》第 53 页，及前揭荒川正晴《欧亚的交通、贸易与唐帝国》第八章《唐的通过公证制度与公、私用交通》。

考察唐后半期新样式文书的出现，或文书种类、用途、形式向宋、元、明变迁之时，较之往常更关注从通用向专用的这一部分并加以分析，应是有意义的。

从这些视角加以分析的结果是，表 4 中不得不将收发件关系与用途以外的各种要素全部舍弃。这是因为，现阶段将唐代前半期公文书种类与样式之关系清楚地结构化时，认为采用这两个要素最佳。然而，例如表与状既可以是公文，也可以是非公文，状可以与牒同样使用，牒实际上在上行、下行、平行中皆可灵活使用，等等，这些用收发件关系与用途的二元矩阵无法说明，需要从文书功能演变与扩大等视角重新加以检讨。追加关涉文书样式的其他形式性要素的分析，从更多角度推进考察，是今后希望的课题。另外，表 4 仅考察了《唐令拾遗》与《唐令拾遗补》复原的一部分样式，故而唐代公文书的整体面貌并不完全。因此，为彻底综合理解唐代公文样式，笔者想提出一种试行方案。

四、结　语

这种公文书样式的结构研究，在日本古代公式样中已有实践。佐藤进一根据排列顺序，将养老公式令中规定的文书分为第一类（体现天皇意志的样式）、第二类（律令官厅之间相互交换的文书样式）、第三类（其他）。[①] 倘若将之适用于唐代公文，第一类是王言、“准王言”、“上呈皇帝文书”，第二类是官文书，第三类是制授告身式与奏授告身式等。佐藤进一对这种分类与排列顺序的关系总结如下：[②]

公式令所定的第一类可以说是宫廷内文书，第二类是国家文书，均以授受者关系这一形式性基准进行大致分类，而第三类可以说是通

① 前揭佐藤进一《中世史料论》，第 104~109 页。早川庄八也将公式样分为三类，但并不按照公式令的排列顺序，而是将位记划入第一类，认为第三类只有作为“以维持律令公文书制度为目的，由官署作成的官文书”的计会帐类（《口头世界与文书世界》，《日本古代的文书与典籍》，吉川弘文馆，1997，初出 1990）。关于唐代的计会帐，不明之处颇多，因此现阶段不可能与早川说相较，本文暂且只与佐藤说进行比较检讨。

② 前揭佐藤进一《中世史料论》，第 109 页。

> 过宫廷、国家抽出的具有特别重要意义的书式，因此，律令国家的公文书并非用公式令所载的二十一种书式制作。如先前所举一二例证所示，养老令公式令以外篇章中常常可见各种文书样式；再者，依据今日传存的奈良朝文书，可以知晓更多文书样式，以及部分与公式令规定相异的文书制度实态。尽管公式令无疑提供了重要框架，但在明确律令制公文书体系的基础上，综合诸多令文与传存实例，为体系提供内实，也应是今后的课题。

佐藤进一有关公式样的认识，其要点大约也依样适用于唐代公文书样式结构。不过，对于第三类“是通过宫廷、国家抽出的具有特别重要意义的书式”这部分，很难说照原样显示了唐公式令的结构实态。唐公式令按“牒式→符式→制授告身式→奏授告身式”顺序进行规定，如果遵从佐藤进一的分类，符式以前可以比定为第二类，制授告身式以下是第三类。由于告身发放量很大，对国家而言是官僚人事的最重要课题之一，佐藤进一指出“通过宫廷、国家抽出的具有特别重要意义的书式”云云是正确的。不过，另一方面，由于告身最终用符传达，亦即作为文书相当于符，所以告身式应置于符式之后，大庭脩的这一指摘也很重要。[①] 并且，作为排列顺序，还需要考虑符式之前存在移式、关式、牒式。

譬如，在向地方颁下制敕之时，或是将官府受理的资料送达上级官府时，正如制授告身由制书与符构成、奏授告身由奏抄与符构成，这种官府间文书有时会与原来的制敕或资料一起复合形成文书。以此类推，这种由许多样式复合形成的专门型文书之中，制授告身式以下也可能收录对国家而言重要的样式。由于唐公式令的正确条文排列仅知晓一部分，所以笔者在推测范围内提出试行方案。

另外，佐藤进一认为，凭借公式令规定的文书样式，未必能将该时代的所有文书样式表述完全，这一部分也很重要。样式是一种定式、定型，根据收发件之间的相对关系及用途等种种主要因素发生微妙变化。例如第一节中所见，告身根据发给个人还是一起授与多人，文书开头部分和委任

① 前揭大庭脩《唐告身的古文书学研究》，第193~194页。

宣言存在差异；牒依照上行、平行、下行的不同，开头、结尾也有所变化。与从通用到专用的巨大变化不同，这种书式上的轻微变化该如何掌握、理解，不仅是对该文书的历史评价，也有可能改变文书所写内容的历史定位。从这个意义上来说，特别是关于唐代后半期出土文书的分析，是定式、定型的灵活变化，还是应定位为新的样式，需要谨慎判断。

（日文版载小岛浩之编《東アジア古文書学の構築：現状と課題》，东京大学经济学部资料室，2018）

附记：

本稿译成中文时，译者除订正日语论文的误字外，还对部分表达方式进行了调整。对于译者闻惟氏准确的读解、翻译与恰当的指摘、建议，谨此深谢。

小岛浩之

2021年11月9日

《中国古代法律文献研究》第十五辑
2021 年，第 142~165 页

唐代普通民户的户绝

——唐户籍法研读札记之一*

孙　宁**

摘　要： 唐代户口成立的最低条件是一个人，同时也是户绝与否的最低限度。从目前户籍文书及各类田簿来看，唐代户绝类型可分为死绝、出嫁绝、全家没落（集体失踪绝）、逃亡绝与出家绝等，并显示了濒临户绝的户籍状态：老年为户者与黄小为户者。民户内最常见的两宗财产是田与宅，这便导致了绝户田与绝户宅的归属问题。因此，普通民户的户绝体现了唐代赋役制度与宗法制度间的紧张关系。

关键词： 唐代　户籍文书　户绝　类型

刘禹锡所撰《读张曲江集作并序》谓张九龄的先人“终为馁魂”，且赋诗：“良时难久恃，阴谪岂无因。寂寞韶阳庙，魂归不见人”，即因其绝嗣而使其祖先成为无人祭祀的饿鬼，乃完全由于其为政背离忠恕之道而遭

---

* 本文系国家社科基金青年项目“唐五代户籍编造研究”（15CZS004）的阶段性成果。

** 山西师范大学历史学院副教授。

报应的结果。王承文对此驳之甚详。[①] 李白好友范伦的儿子范传正撰写的《唐左拾遗翰林学士李公新墓碑并序》道:“公名白,字太白,其先陇西成纪人。绝嗣之家,难求谱牒。公之孙女搜于箱箧中,得公之亡子伯禽手疏十数行,纸坏字缺,不能详备,约而计之,凉武昭王九代孙也。”[②] 据此,张、李虽负一时盛名,因身后无人承嗣而成为唐人口中的“户绝”。关键在于,他们二人生前之显赫,仍不免与普通民户一样走向户绝之路。

通常来说,古代中国所谓的绝户是指家庭内没有可以延续宗祧的直系卑幼男性子孙,即使家庭内有卑幼女儿,亦属法律意义上的绝户。[③] 这是一种较为经典的看法。而普通民户户绝的判定、类型、生存状态与官宦人家有无本质上的区别,尤其户籍类文书是怎样统计户绝情况的,以及户绝对国计民生的潜在影响等,都值得深思。

一、“户绝”的最低限度

《天圣令》附唐《田令》第23条谓:“诸以身死应退永业、口分地者,若户头限二年追,户内口限一年追。如死在春季者,即以死年统入限内,死在夏季以后者,听计后年为始。其绝后无人供祭及女户死者,皆当年追。”[④] 这一《田令》条文对“绝后”没有展开讨论,唐律也鲜见对此户口状态的说明。而《令集解》“身死户绝条”对此辨之甚明:“谓户绝者,户口皆悉绝尽也。无亲者,是别户之内,并无五等以上亲者也;即虽有亲,而非《户令》分财色者,不可得分,使其营尽功德,不付四邻五保也。”总之,“户绝,户口不遗之谓也”“身死更无子孙相承,是为绝户”。[⑤] 回溯至北魏,太和《地令》规定:“诸远流配谪、无子孙及户绝

① 王承文:《唐代北方家族与岭南地域文化意象嬗变论略——以唐代张九龄和粤北始兴张氏家族为例》,本书编委会主编《敦煌吐鲁番文书与中古史研究——朱雷先生八秩荣诞祝寿集》,上海古籍出版社,2016,第216页。

② (唐)李白撰,(清)王琦校注:《李太白全集》(下),中华书局,1977,第1461~1469页。

③ 郑显文:《律令时代中国的法律与社会》,知识产权出版社,2007,第351页。

④ 天一阁博物馆等:《天一阁藏明钞本天圣令校证(附唐令复原研究)》(下),中华书局,2006,第387页。

⑤ [日]黑板胜美主编:《令集解》(新订增补国史大系本)卷四〇《丧葬令》,吉川弘文馆,1988,第968~969页。

者，墟宅、桑榆尽为公田，以供授受。授受之次，给其所亲；未给之间，亦借其所亲。”[①] 可见北魏民户的“无子孙”情形与户绝之间不能划等号。同属均田制下的土地还授，唐令以“无人供祭”去限定“户绝”则是一种法理上的补充。所谓“身死户绝”，也就暗含了户主的死亡与本户的终结。

《唐律疏议》“立嫡违法”条（总158）揭示了渐趋户绝的过程：

> 立嫡者，本拟承袭。嫡妻之长子为嫡子，不依此立，是名违法，合徒一年。即嫡妻年五十以上无子者，谓妇人年五十以上，不复乳育，故许立庶子为嫡。皆先立长，不立长者，亦徒一年，故云亦如之。依令：无嫡子及有罪疾，立嫡孙；无嫡孙，以次立嫡子同母弟；无母弟，立庶子；无庶子，立嫡孙同母弟；无母弟，立庶孙。曾、玄以下准此。无后者，为户绝。[②]

这种渐趋户绝的家庭体系当然以男口为重心，并非一般民户可以拥有，大族或勋贵在“妻妾成群”的条件下可以保障“儿孙满堂”。宋家钰以为唐代律令关于立嫡法的规定，是为爵位的承袭而制定的，并非为民户的立嫡而制定的。故应遵从仁井田陞《唐令拾遗》“封爵令”的改动——“无后者，国除”。[③] 从逻辑上看，无后导致户绝，而户绝会造成国除。

唐代的立嫡之法与东周以来的制度传统基本一致。[④] 上引唐律已考虑到嫡子可能死亡、触犯刑律或身状入“三疾”等情形，《令集解》“功田封田分法事”条亦言：“嫡子身亡并罪疾，嫡子不合更立。若父不定嫡子死，官司依法立嫡。”[⑤]《令集解》中所保存的这些唐代法律资料来源广泛，出处明确，弥足珍贵，对于唐代法典的复原具有重要的参考价值。[⑥] 故唐、

① 《魏书》卷一一〇《食货志》，中华书局，1974，第2854页。

② （唐）长孙无忌等撰，刘俊文点校：《唐律疏议》卷一二《户婚律》，中华书局，1983，第238页。

③ 宋家钰：《唐代户籍法与均田制研究》，中州古籍出版社，1988，第63~64页。

④ 陈戍国：《中国礼制史·隋唐五代卷》，湖南教育出版社，1998，第66页。

⑤ ［日］黑板胜美主编：《令集解》（新订增补国史大系本）卷一〇《户令》，第293页。

⑥ 郑显文：《日本〈令集解〉中所见的唐代法律史料》，载“沈家本与中国法律文化国际学术研讨会”组委会编《沈家本与中国法律文化国际学术研讨会论文集》（下），中国法制出版社，2005，第781~796页。

日令中的立嫡规定可以互相借鉴。上举“立嫡违法”中的缓冲措施，很大程度上避免了嫡子危机及户绝情况的出现。

因此，死者如果没有作为祭祀继承人的子孙（男），而且也没有遗孀的话，便谓之“户绝”，这一户（家）就被称为“绝户”。① 而在户绝的定性上，普通人与勋贵之间没有鸿沟，皆以无人承祀为主要特征。

唐律“脱漏户口增减年状”条（总150）对“一户拒不附贯”有所界定：“注云‘谓一户俱不附贯’，此文不计人数，唯据脱户。纵一身亦为一户，不附，即依脱户，合徒三年；纵有百口，但一口附户，自外不附，止从漏口之法。”② 诚然，唐律允许一个人可以为独立的一户，此人既是户主又是户内口。《令集解》于户令部分的“户主”条集解云：“又依律，以一人以上可为户。”③ 与此规定相匹配的情况屡见于敦煌吐鲁番户籍实物。《令集解·田令》“园地条”集解：“其户内所贯，有一人在者，不别亲疏，不为绝户。”④ 故立户的最低条件是一人，同时也是户绝与否的最低限度。

因此，判定为户绝是一个非常严肃的过程。本文即以唐代敦煌、西州地区的民户规模为基础，讨论一般性的“户绝”。吐鲁番出土的景龙三年（709）十二月至景龙四年（710）正月《西州高昌县处分田亩案卷》有一案例云：“右上件大女先已向北庭逐粮在外，死活不知。昨被前里正左仁德逐追阿弥分地入收授出给，比来阿弥所有户内□钱，恒是本里代出。其户内更两人，户见未绝，地未出，望乞处分。”⑤ 大女阿弥虽然前往北庭谋生，但并非全户皆随其迁走，该户在高昌县仍有两人，不属于户绝。大谷文书3377号记载：“阴久托一段六十步菜（四至略）/右件地，户主没落，

① ［日］仁井田陞：《中国法制史》，牟发松译，上海古籍出版社，2011年，第184页。

② （唐）长孙无忌等：《唐律疏议》卷一二《户婚律》，第231页。

③ ［日］黑板胜美主编：《令集解》（新订增补国史大系本）卷九，第263页。唐令复原除中国现存的各种史籍（主要是唐宋史籍）外，一个重要依据是日本的《养老令》。而《养老令》主要保存于《令集解》《令义解》中。黄正建：《唐令复原刍议——以〈杂令〉为中心》，本书编委会主编《敦煌吐鲁番文书与中古史研究——朱雷先生八秩荣诞祝寿集》，第187页。本文凡征引《令集解》之处，均以唐日制度的互相参照为目的。

④ ［日］黑板胜美主编：《令集解》（新订增补国史大系本）卷一二，第357页。

⑤ 唐长孺主编：《吐鲁番出土文书（图录本）》第3册，文物出版社，1996，第562页。

有继后，伏听□□。”[①] 户主应指阴久托，其人虽然失踪，但有“继后之人”，这段菜地不能收回。户内有没有人成为“户绝”与否的重要指标。

与唐同时称雄东部亚洲地区的吐蕃，早于7—8世纪在其本部已对属民按地亩征收赋税、草税等。[②] 并且，敦煌文书显示吐蕃亦统计户绝数量：“及至兔年（中宗嗣圣八年，太后天授二年，辛卯，691）：赞普驻于辗噶尔。夏，于‘色乌秀’集会议盟。赞普驾临，乃迁至‘查那’。清理土地赋税并统计绝户数字。”又，“及至鸡年（玄宗开元二十一年，癸酉，733）：……清查四‘茹’绝嗣之户数”。[③] 所以，在国家治理上，注意对绝户的统计应该是一种进步。

普通民户的户绝实际上是赋役制度与宗法制度争衡的一个问题。它包含了两层意义：一方面是指父系血缘的断绝，即所谓“无后者为户绝”，包括没有任何形式的“继嗣”；第二个方面是指作为国家一个纳税单位——“户”的消失。贞元四年（788）正月敕文说得很明白：“户口增加，刺史加阶，县令减选，优与处分。诸色中有清白政术、堪任刺史县令者，常参官各举所知。朕当亲自策试。”[④] 户数与州县等级息息相关，州、县各分上中下三等，皆有相应的户数要求。[⑤] 表面上看，一户、两户的消失不会对地方长官、州县等第有实际影响。但是，在概念的分析和敦煌吐鲁番户籍文书的梳理上，我们要打破一种仅仅基于古代宗法制度的成见。从保证赋役来源、维护户籍编造制度出发，需要深入了解一下唐代普通民户户绝的历史情境。

二、唐代户绝的类型

若各种政治经济等因素产生了不良的影响，小家庭规模的唐代民户容

① ［日］池田温：《中国古代籍帐研究·录文》，龚泽铣译，中华书局，2007，第268页。
② 陆离：《吐蕃统治河陇西域时期制度研究》，民族出版社，2011，第226页。
③ 王尧、陈践：《敦煌本吐蕃历史文书》，收入《王尧藏学文集》第1卷，中国藏学出版社，2012，第197、206页。
④ （宋）王溥：《唐会要》卷六九《县令》，中华书局，1955，第1218页。
⑤ （宋）王溥：《唐会要》卷七〇《量户口定州县等第例》，第1231页。

易走向萎缩。[①] 学界从不同角度研究了这些处于萎缩程度的民户。卢向前在整理唐代西州退田类别时，将户绝分为了三类：死绝、出嫁绝与移户。[②] 他是从退田的角度关注唐人户绝的，而其他材料中亦常有户绝的记载。不论从何种角度出发，死绝都是大类。

（一）死绝

“死绝”这一描述唐代民户生存状态的名词在敕令中屡见不鲜，如广德元年（763）《册尊号赦文》云：“应征租税，刺史县令据见在户征科。其逃亡死绝者，不得虚摊邻保。”[③] 元和六年（811）衡州刺史吕温奏称：“当州旧额户一万八千四百七，除贫穷、死绝、老幼、单孤不支济等外，堪差科户八千二百五十七。”[④] 唐长孺检出《元和郡县图志》卷二九衡州条所云“户一万八千四十七”，两组数据中唯“十”与“百”稍异，可知是吕温未团定以前的衡州户数。据吕温所奏，其中免征者包括死绝、贫穷、老幼诸色不支济户竟达一万零一百五十户之多，超过了堪差科户。他们显然是一般百姓，并非客户。[⑤] 长庆元年（821）唐穆宗《南郊改元德音》提到了“应诸道管内百姓，或因水旱兵灾，流离死绝”的惨状，“见在桑产如无近亲承佃，各委州县切加检实”。[⑥]

作为朝廷关切的社会现象，“死绝”同时反映在户籍文书中，如吐鲁番阿斯塔那 184 号墓出土的《开元二年（714）帐后柳中县康安住等户籍》，登录了大女令狐伯香“身死户绝”，丁奴见卖，未给田宅。[⑦] 大历四年（769）敦煌县悬泉乡宜禾里手实的第 18—20 行载：“户主李如真年肆拾贰岁，中女，乾元三年（760）籍后死。户主李仙仙年肆拾壹岁，中女，乾元三年籍后死，全户除。母谈年柒拾陆岁，寡。”如上两户即女户的死绝。同件第 108 行“户主令狐海宾年贰拾肆岁，中男，乾元三年帐后死，

---

① 冻国栋：《中国人口史（第 2 卷）隋唐五代时期》，复旦大学出版社，2002，第 384 页。
② 卢向前：《唐代西州土地关系述论》，上海古籍出版社，2001，第 174~175 页。
③ （宋）宋敏求：《唐大诏令集》卷九，中华书局，2008，第 58 页。
④ （宋）王溥：《唐会要》卷八五，第 1558 页。
⑤ 唐长孺：《唐代的客户》，载氏著《山居存稿》，中华书局，2011，第 133~170 页。
⑥ （清）董诰等：《全唐文》卷六六，中华书局，1983，第 703 页。
⑦ 唐长孺主编：《吐鲁番出土文书（图录本）》第 4 册，文物出版社，1996，第 129 页。

全户除"；又有王山子户，共8人，全部死亡。[①] 大谷文书2855号载有"大女史阿堆死绝退二亩常田"，可见户绝必须退田充公。[②] 但是，死退与死绝退是两种不同的土地还公方式。[③]

一些悯恤百姓的诏敕中提到了"死绝"成因。代宗宝应元年（762）十月乙卯敕："又闻杭越间，疾疫颇甚，户有死绝，未削版图。至于税赋，或无旧业田宅，延及亲邻，言念疲人，岂堪兼役！致令逃散，诚有哀矜，亦委租庸使与本州审细勘责，据实户差遣处置讫，具状闻奏。仍委刺史县令设法招携，课最之间，褒贬斯在。其有死绝家，无人收葬，仍令州县埋瘗。"[④] 可见，这次疫病造成了江南地区大量的户口损失。[⑤] 文宗太和六年（832）"五月庚申，诏：诸道应灾荒处疾疫之家，有一门尽殁者，官给凶具，随事瘗藏"[⑥]。死绝户的"未削版图"容易造成户口虚挂。[⑦]

（二）逃亡绝

长安年间，狄仁杰《乞免租疏》说江西彭泽地区地少民贫，租调课税成为当地沉重负担，大量农民被迫逃避赋税、转徙他乡，以致"检有籍历，大半除名，里里乡乡，班班户绝"[⑧]。因此，武周于长安时"发十道使括天下亡户"[⑨]。此次全国性的勘查户籍、检括逃户工作至迟在长安二年（702）七月开始，并一直持续到了长安四年（704）。[⑩] 在神龙三年（707）

---

① ［日］池田温：《中国古代籍帐研究·录文》，第73、80、89页。

② ［日］池田温：《中国古代籍帐研究·录文》，第269页。

③ 杨际平：《唐代西州欠田、退田、给田诸文书非均田说——兼与日本学者西村元佑、西嶋定生先生商榷》，载《杨际平中国社会经济史论集》第3卷，厦门大学出版社，2016，第196~233页。

④ （宋）王钦若等编，周勋初等校订：《册府元龟》（校订本）卷一四七，凤凰出版社，2006，第1643页。

⑤ 张剑光：《唐代江南的疫病与户口》，《上海师范大学学报》2007年第5期，第100~106页。

⑥ （宋）王钦若等：《册府元龟》卷一四七《帝王部·恤下》，第1644页。

⑦ 冻国栋：《关于唐代前期的丁口虚挂——以敦煌吐鲁番文书为中心》，据氏著《中国中古经济与社会史论稿》，湖北教育出版社，2005，第182~194页。

⑧ （清）董诰等：《全唐文》卷一六九，第1728页。

⑨ 《新唐书》卷一二五《苏瓌传》，中华书局，1975，第4397页。

⑩ 陈国灿：《武周长安间敦煌括户案卷研究》，载氏著《敦煌学史事新证》，甘肃教育出版社，2002年，第145~166页。

高昌县崇化乡点籍样中，户主康迦卫57岁，卫士身份，“逃满十年，田宅并退入还公”，户内仅有一人。开元四年（716）敦煌慈惠乡籍中的杜客生户（卫士）早于武后圣历二年（699）“没落”，其子是是（白丁）名下脚注谓“景云元年（710）全户逃走”；又某户“景龙三年全户逃走（709）”。[①] 俄藏Φ. 366号文书为天宝年间敦煌县田簿，不载各户丁中家口，也不区别永业、口分，登籍的顺序是先“见在”，后“破除”。[②] 此文书现存5个断片，纸背保留了“宝应二年十一月三日同法乳人霍写”的抄经题记。其中第5断片第104行明确记载：敦煌县“户壹拾玖逃走”。[③] 有学者由此判断：Φ. 366号文书应不是将敦煌县此前数年的逃户作一次处理，而是仅仅登记当年（或此前一年）的逃户。[④] 这些都属于典型的逃绝之户，在西州高昌县、沙州敦煌县境内完全停止了生产生活。

《唐律疏议》“丁夫杂匠亡”条（总461）对逃亡者的身份及逃亡类型有详细规定：

> 诸丁夫、杂匠在役及工、乐、杂户亡者（太常音声人亦同），一日笞三十，十日加一等，罪止徒三年。主司不觉亡者，一人笞二十，五人加一等，罪止杖一百；故纵者，各与同罪。
>
> 疏议曰：丁谓正役，夫谓杂徭，及杂色工匠，诸司工、乐、杂户，注云“太常音声人亦同”。丁夫、杂匠，并据在役逃亡；工、乐以下，在家亡者亦是。……
>
> 即人有课役，全户亡者，亦如之；若有军名而亡者，加一等。其人无课役及非全户亡者，减二等；即女户亡者，又减三等。其里正及监临主司故纵户口亡者，各与同罪；不知情者，不坐。
>
> 疏议曰“人有课役”，谓或有课无役，或有役无课，而全户亡者，亦如丁夫在役逃罪，一日笞三十，十日加一等，罪止徒三年。……

① ［日］池田温：《中国古代籍帐研究·录文》，第30~35页。

② 杨际平：《北朝隋唐均田制新探》，岳麓书社，2003，第265、293页。

③ ［俄］丘古耶夫斯基：《敦煌汉文文书》，王克孝译，上海古籍出版社，2000，图版第11。解题见同书第80~89页。

④ 杨际平：《北朝隋唐均田制新探》，第264页。

“其人无课役”，谓全户亡者；其有课役，谓“非全户亡者”：各减有课役全户亡罪二等，罪止徒二年。若其人无课役，又非全户亡者，又减二等，罪止徒一年。“即女户亡”，亦谓全户而亡者，“又减三等”，总减有课役亡者五等，罪止杖一百；妇女非全户亡，又减二等，合杖八十。①

如上，法条界定了逃亡到何种程度才可谓之“逃绝”。根据《说文解字》，“亡”的本义就是逃。亡在《广韵》中也有“逃”的义项。② 宋家钰对律文作了总结：民户逃亡分为在役期间逃亡和在家逃亡两大类。其中，在家逃亡又区别为：有无课役，有无军名，全户亡、非全户亡与女户亡。实际上，“女户亡”属于变相的全户亡。

这里的“全户亡”便会造成狄仁杰所谓的“班班户绝”。日令对此情况谓之“浮逃绝贯”：“浮者浮浪也，逃者逃亡也。其绝贯之由，即问浮逃之人，不更牒于本贯也。依律：非亡而浮浪他所、阙赋役者，依亡法即起自阙赋役之年追访。若不获者，依三周六年之法除帐，名为浮逃绝贯耳。”③

有的资料甚至透露了唐中宗时连畿内都有逃绝户的信息，S. 1344 号《唐户部格》残卷所载景龙二年（708）敕令：“畿内逃绝户宅地，王公百官及外州人不得请射。”④ 或以为，虽然在户籍上注明已逃已死，但仍不予剔除，地方官这样做的目的多半是为了考课和征纳赋税的需要，可以随时涂改。⑤

逃亡户还可称作走失户。武宗会昌五年（845）六月敕曰：“自今已后，县令非因灾旱交割之时，失走二百户以上者，殿一选。三百户已上者，书下考，殿两选。如增加二百户以上者，减一选，五百户已上者，书

---

① （唐）长孙无忌等：《唐律疏议》卷二八《捕亡律》，第 534~535 页。

② （宋）陈彭年等编：《宋本广韵》，下平声阳韵，江苏教育出版社，2008，第 50 页上栏。

③ ［日］黑板胜美主编：《令集解》（新订增补国史大系本）卷九《户令》“绝贯”条，第 280 页。

④ 唐耕耦、陆宏基编：《敦煌社会经济文献真迹释录》第 2 辑，全国图书馆文献缩微复制中心，1990，第 572 页。

⑤ 冻国栋：《中国人口史（第 2 卷）隋唐五代时期》，第 171~172 页。

上考，减两选。可减者，优与进改。”[1] 可见，州县长官务必安辑民众，不光有守土之责。而会昌六年（846）五月又敕：“刺史交代之时，非因灾沴，大郡走失七百户已上，小郡走失百户已上者，三年不得录使，兼不得更与理人官。增加一千户已上者，与超资迁改。仍令观察使审勘，诣实闻奏。如涉虚妄，本判官重加惩责。”[2] 因此，在不是水旱等天灾的情况下，州县所辖户口的逃亡数量是有上限的。

（三）全家没落（集体失踪绝）

唐代对失踪性的人口称作“没落”，比较常见的没落类型乃因边地行军。如开元二年（714）帐后的《西州柳中县康安住等户籍》残存6户，其中片（一）康安住户移录如下：

6 □主康安住年柒拾贰岁　老男垂拱贰年疏勒道行□落
7 弟安定年伍拾肆岁　白丁垂拱元年金山道行没□
8 弟安义年肆拾玖岁　白丁垂拱贰年疏勒道［
9 　　　　右件壹户没落[3]

该户康安定系武后垂拱元年（685）金山道行没落，至玄宗开元二年（714）已逾29年，而康安住、安义自垂拱二年（686）没落至开元二年亦达28年，户籍却仍未除削。[4] 据开元十年（722）敦煌县莫高乡籍，户主王万寿年五十一岁，身份为白丁，注脚称：“神龙元年全家没落，开元九年帐后奉其年九月九日格卫士没落放出。”[5] 天宝六载（747）敦煌县龙勒乡都乡里籍显示，阴袭祖户于久视元年（700）全家没落，刘感德户延载元年（694）全家没落。[6] 阴袭祖户自武后久视元年全家没落后，亦虚挂

① （宋）王溥：《唐会要》卷六九《县令》，第1221页。
② （宋）王溥：《唐会要》卷六九《刺史下》，第1209页。
③ 唐长孺主编：《吐鲁番出土文书（图录本）》第4册，第127页。
④ 冻国栋：《关于唐代前期的丁口“虚挂”——以敦煌吐鲁番文书为中心》。
⑤ ［日］池田温：《中国古代籍帐研究·录文》，第44页。
⑥ ［日］池田温：《中国古代籍帐研究·录文》，第49~71页。

47年之久，虚挂籍帐时间之长令人诧异。虚挂时间最长的如刘感德户，自武后延载元年（694）全家没落，至玄宗天宝六载（747），虚挂籍帐长达53年。[①] 以上几户皆直接注明“全家没落”的，属于户口的集体失踪，对于沙州、西州这样的四战之地还是可能性很大的。

《通典》引开元二十五年《田令》谓：“诸因王事没落外藩不还，有亲属同居，其身分之地，六年乃追。身还之日，随便先给。即身死王事者，其子孙虽未成丁，身分地勿追。其因战伤及笃疾废疾者，亦不追减，听终其身也。”[②] 该令与前引《天圣令》所附唐《田令》第23条对比一下：“诸以身死应退永业、口分地者，若户头限二年追，户内口限一年追。”可见，因王事没落之人与普通死者名下土地追回的期限差别很大。

可是，从唐代的一些规定看，没落者有可能回国。《通典·食货》载：“诸没落外蕃得还者，一年以上复三年，二年以上复四年，三年以上复五年。”[③] 而落蕃人可以返回原来的州县。另外，《令集解》“户逃走”条特别标明了“因王事没落外蕃者”与一般没落是有区别的，在课役上后者不得优于前者。[④] 那么，康氏兄弟皆因垂拱年间朝廷征兵而没落，遂成户绝。这里的“全家没落”与“逃亡绝”都是与所贯州县相分离的户绝。

（四）出嫁绝（含再嫁绝）

大谷文书记录了一种较为特殊的退田现象：“大女车寿持出嫁绝退一亩常田。”[⑤] 杜希德给予的解释是：“出嫁绝退：由于一户的女户主出嫁，该户成为空户，便把土地退归国有。”[⑥] 杜希德用“空户”来指代女户主出嫁所导致的绝户现象，宋家钰将这种户绝情况称为“女子出嫁户绝”[⑦]。早

① 冻国栋：《关于唐代前期的丁口虚挂——以敦煌吐鲁番文书为中心》。

② （唐）杜佑：《通典》卷二《食货·田制》，王文锦等点校，中华书局，1988年，第31~32页。

③ （唐）杜佑：《通典》卷六《食货·赋税》，第109页。

④ ［日］黑板胜美主编：《令集解》（新订增补国史大系本）卷九《户令》，第269页。

⑤ ［日］池田温：《中国古代籍帐研究·录文》，第269页。

⑥ ［英］杜希德：《唐代财政》，丁俊译，中西书局，2016，第341页。

⑦ 宋家钰：《唐朝户籍法与均田制研究》，第219页。

在西汉初,《二年律令·置后律》便提到了“女子为户毋后而出嫁者”的情况,[①] 女子为户终会渐趋户绝,若其出嫁,原来的家庭势必户绝。当然,均田制下的“出嫁绝退”与“出嫁退”也是土地还公的两种不同情况。

“出嫁绝”竟然反映在开元四年(716)敦煌县慈惠乡籍中的一对母女身上:

> 户主王妙智年五十六岁 寡 先天二年籍后出嫁入县内敦煌乡临池里户主张有仁为妻
>
> 女杨王年一十八岁 中女 开元三年帐后出嫁入里内户主余善意孙男伏保为妻

本件户籍恰好同时登录了余善意户,其户内有一孙男曰伏保,保妻名下的脚注证明了杨王嫁入的事实。[②] 可见王妙智户实已不存,虚挂户名而已。两户的帐面合计口数共6人,实有口数仅4人。因此,开元元年(先天二年,713)至三年(715)之际,寡母的再嫁、女儿的出嫁共同造成了杨姓某户的绝户问题。

(五)出家绝

因为出家而造成的户绝现象在佛教传播的初期已经发生。北魏灵太后时“民多绝户而为沙门。(李)瑒上言:‘礼以教世,法导将来,迹用既殊,区流亦别。故三千之罪,莫大不孝,不孝之大,无过于绝祀。然则绝祀之罪,重莫甚焉。安得轻纵背礼之情,而肆其向法之意也?正使佛道,亦不应然,假令听然,犹须裁之以礼。一身亲老,弃家绝养,既非人理,尤乖礼情,堙灭大伦,且阙王贯。’”[③] “王贯”即就户籍而言,这些人脱离了国家的编户。

2004年,新疆吐鲁番文物部门在巴达木发现一件文书,是首次面世的

---

① 张家山二四七号汉墓竹简整理小组:《张家山汉墓竹简[二四七号墓]》(释文修订本),文物出版社,2006,第61页。

② [日]池田温:《中国古代籍帐研究·录文》,第33页。

③ 《魏书》卷五三《李孝伯传》附《李瑒传》,第1177页。

僧籍实物。学界主要从籍帐制度的视角对文书展开了深入探讨，兹不赘举。今具引《唐龙朔二年（662）西州高昌县思恩寺僧籍》如下：

1.（前缺）　岁，廿一夏，高昌县顺义乡敦孝里，户主张延伯弟，伪延和十三年四月十五日度（后缺）

2. 诵《法华》五卷　《药师》一卷　《佛名》一卷

3. 僧崇道，年叁拾伍岁，十五夏，高昌县宁昌乡正道里，户主张延相男，伪延寿十四年四月十五日度，计至今廿五年。

4. 诵《法华》五卷

5. 僧显觉，年柒十一岁，五十一夏，高昌县宁泰乡仁义里，户绝，俗姓张，伪延昌卌一年正月十五日度，计至今六十二年。

（后缺）①

从以上户绝成因来看，显觉身为71岁的老男，年事已高，原来户内的亲人应该凋零殆尽，遂成户绝。而显觉已经剃度62年，则其9岁便入寺修行，是否出自天性，不得而知。② 所幸思恩寺僧籍中还有某僧（廿一夏）与僧崇道的情况可作比较。崇道剃度已历25年，则其10岁便遁入空门，原生家庭的户主为“张延相男”。某僧原生家庭的户主为“张延伯弟”，其僧腊廿一，正常年龄当在40岁上下的壮年。从这两例可知，他们的户主原本是张延相、张延伯，但已于龙朔二年之前完成了一轮户主更替，而且户主仍为男子，门户得以延续。但是，显觉的原生家庭没有这么幸运，亲人的死绝与其出度为僧共同造成了户绝。

这是首次在特殊户籍文书中见到僧人原生家庭的户绝情况。诚然，僧人原生家庭的户籍由州县负责造写，其原生家庭的户绝乃由地方官府判定。

另有西州尼僧法慈的类似情况。据《唐大历七年（772）马寺尼法慈

① 荣新江等主编：《新获吐鲁番出土文献》，中华书局，2008，第60~61页。

② 王素从政局动荡入手考察了僧籍的题外深意，参其《吐鲁番〈新获唐西州高昌县思恩寺僧籍〉臆说》，载束迪生等主编《高昌社会变迁及宗教演变》，新疆人民出版社，2010，第118~128页。

为父张无价身死请给墓夫赙赠事牒》,[①] 张无价死时“家贫孑然”，唯有一女且出度为尼。他去世时约80岁左右,[②] 也未见其他亲属，因此法慈只好借助官府之力营葬父丧。

（六）触犯刑律而造成的户绝

北朝时期，大代建国二年（339）规定：“犯大逆者，亲族男女无少长皆斩”，后来北魏权臣崔浩于神麚年间改定律令：“大逆不道腰斩，诛其同籍，年十四以下腐刑，女子没收入县官充奴婢。”[③] 在犯大逆方面，虽未全部处以斩刑，但无论如何细化刑罚并置于轻刑，犯事之人的门户都处于绝灭状态。唐代“十恶不赦”的首位与第二位是：谋反与谋大逆。[④] 唐律对于反逆连坐的规定主要是“谋反大逆”条（总248）：“诸谋反及大逆者，皆斩；父子年十六以上皆绞，十五以下及母女、妻妾（子妻妾亦同）、祖孙、兄弟、姊妹若部曲、资财、田宅并没官，男夫年八十及笃疾、妇人年六十及废疾者并免；伯叔父、兄弟之子皆流三千里，不限籍之同异。”[⑤] 如上，犯事者自己不但有性命之虞，还的确面临着户绝的危险。

据《唐六典》所载：“凡反逆相坐，没其家为官奴婢（原注：反逆家男女及奴婢没官，皆谓之官奴婢。男年十四以下者，配司农；十五已上者，以其年长，命远京邑，配岭南为城奴）。”[⑥] 这些符合没官标准的亲人很可能失去人身自由，同时被褫夺普通户籍资格而变成唐代官贱人制度中最低的一等——官奴婢。亦有因其他罪名而被籍没者，如永泰二年（766）九月，“宣州刺史李佚坐赃二十四万贯，集众杖死，籍没其家”[⑦]。

---

① 唐长孺主编：《吐鲁番出土文书（图录本）》第4册，第396页。

② 孙继民：《唐西州张无价及其相关文书》，武汉大学历史系魏晋南北朝隋唐史研究室编《魏晋南北朝隋唐史资料》第9—10期，武汉大学学报编辑部，1988，第83~91页。

③ 《魏书》卷一一一《刑罚志》，第2874页。

④ （唐）长孙无忌等：《唐律疏议》卷一《名例律》，第6~7页。

⑤ （唐）长孙无忌等：《唐律疏议》卷一七《贼盗律》，第321页。

⑥ （唐）李林甫等撰，陈仲夫点校：《唐六典》卷六《尚书刑部》“都官”条，中华书局，1992，第193页。

⑦ 《旧唐书》卷一一《代宗纪》，第284页。

三、濒临户绝的情况

濒临户绝是就户籍现存状态的未来趋向所作的推测：一是耆老为户者，一是黄小为户者，而且户内没有多余的家口，或者家口不能起到振起门户的作用。

根据《唐六典》"凡男、女始生为'黄'，四岁为'小'"的规定，①如神龙三年（707）高昌县崇化乡点籍样中2岁的户主安浮咖台，尽管是在籍黄口，但户内止有一人；同籍中2岁的户主康义集，户内另有小女一人，尚有5岁小男的户主李丑奴。② 这几户的生存情况比较残酷，在当时的物质条件下，如此幼小的户主恐自身难保。这样的家庭被称为"小户"，"小户"家庭在唐前期并不少见。而年幼的户主在法律上缺乏独立的行为能力，难以履行唐代律令赋予户主的一系列权力与责任。小户虽有法定的受田额，但常常得不到保障，其依法享有的免除赋税的特权也常被剥夺。③

在大历四年敦煌县手实上，户主索游仙乃9岁小男，户内仅一人，"乾元三年籍后死"，即身死户绝。此处不免有疑问：肃宗乾元三年为760年，代宗大历四年是769年，可见在本次手实统计的9年前，索游仙已经夭折，当时他才属于"始生为黄"之际。我们只能讲，这里的9岁是"静止的年龄"，所保存的是旧籍信息。否则，索游仙始生即立为户主，并随即离世，只能说是边地生命之脆弱，唐人立户政策之严酷。

古代日本有一种变相的户绝现象。《令集解·田令》"园地"条集解："若户内人，不堪承户田地户者，亦为绝户还公。"④ 因此，上举神龙三年点籍样中的幼小之户被定义为濒临户绝者，并非无根之谈。除了这种幼小之户的惨淡境遇外，出土文书也记录了女户谋生的艰难。S. 3877背《戊戌年令狐安定请地状》中反映的更为明确，现转引如下：

① （唐）李林甫等：《唐六典》卷三《尚书户部》"户部"条，第73~74页。
② 唐长孺主编：《吐鲁番出土文书（图录本）》第3册，第533~534页。
③ 李世龙、赵大旺：《唐前期的"小男当户"》，《敦煌研究》2017年第5期，第85~92页。
④ ［日］黑板胜美主编：《令集解》（新订增补国史大系本）卷一二《田令》，第357~358页。

1. 洪润乡百姓令狐安定
2. 右安定一户，弟兄二人，总受田拾伍亩，非常田少
3. 窄窘。今又同乡女户阴什伍地壹拾伍亩，
4. 先共安定同渠合宅，连畔耕种。其
5. 地主今缘年来不辞（办）承料，乏（恐）后别
6. 人搅扰，安定今欲请射此地。伏望
7. 司空照察贫下，乞公凭，伏请 处分。
8. 戊戌年正月 日令狐安定①

令狐安定一户有兄弟二人，可以说劳动力比较充足，但户内只有土地 15 亩，“非常地少窄窘”。同时，其同乡女户阴什伍有地 15 亩。从“女户”可知，阴什伍户内没有男劳动力，要耕种 15 亩土地是很困难的。至于吐鲁番文书中的“不办营种”、敦煌文书的“不办承料”，应该都相当于“无力耕佃”。② 若以日令视之，敦煌县洪闰乡女户阴什伍“被绝户”了。

敦煌吐鲁番文书中不乏其他类型的濒临户绝情况。神龙三年（707）高昌县崇化乡点籍样中的户主大女阴阿孙，年龄 35 岁，丁寡状态，户内仅一人，若阴氏再嫁，则该户灭绝；户主大女刘戍，44 岁的丁女，户内仅一人，若有出嫁的可能，势必造成户绝。同籍户主魏双尾属于 60 岁老寡，户内仅有一人；户主郑隆护 52 岁，卫士，户内仅一人。③ 在开元二十一年（733）蒲昌县定户案卷里，户主韩君行为 72 岁的老男，家口总计两人，另一为丁部曲，④ 亦符合濒临户绝的情况。老男韩君行未来的命运恐与《开元二年帐后柳中县康安住等户籍》中的令狐伯香户相似——“身死户绝，丁奴见卖”⑤。在大历四年（769）敦煌县手实上，72 岁的户主宋二娘，代婿承户，户内总计 3 口。其婿索嗣艺已于乾元三年（760）籍后死、

① 唐耕耦、陆宏基编：《敦煌社会经济文献真迹释录》第 2 辑，第 469 页。

② 刘进宝：《“不办承料”别解》，《文史》2006 年第 3 辑。此据氏著《敦煌文书与中古社会经济》，浙江大学出版社，2016，第 302 页。

③ 唐长孺主编：《吐鲁番出土文书（图录本）》第 3 册，第 538、540、533 页。

④ 唐长孺主编：《吐鲁番出土文书（图录本）》第 4 册，第 312 页。

⑤ 唐长孺主编：《吐鲁番出土文书（图录本）》第 4 册，第 129 页。

嗣艺男秀章于大历三年（768）帐后死。[①] 宋氏本为老寡，无论是自然终结或有再嫁等可能，该户都处于濒临灭绝的地步。

女户的先人坟田也有可能被侵夺。P. 4974《唐天复年代神力为兄坟田被侵陈状并判》载："（前缺）右神力去前件回鹘贼来之时，不幸家兄阵上身亡。缘是血腥之丧，其灰骨将入积代坟墓不得，伏且亡兄只有女三人，更无腹生之男，遂则神力兼侄女，依故曹僧宜面上，出价买得地半亩，安置亡兄灰骨"，但二十余年后这半亩坟田被人占有耕种。[②]

唐后期屡见记载的"不济户"与"不支济户""不存济户"的含义相同。这些民户是安史之乱后唐代重建徭役差配制度的产物。彼时已有的籍帐制度趋于崩溃，"九等定户"政策已难以调整贫富、升降社会关系。他们作为贫穷弱户，较为真切地反映了中唐以后社会贫富强弱两极分化的现象，始终是国家免除赋役和抚恤救助的对象。[③] 若没有国家积极的赋役蠲除与救助措施，这些"不济户"终会逐步地滑向户绝的深渊。

唐代之前，有人若因触犯刑宪而处以极刑，则会导致其户绝，于律可以上请而重新改判。《魏书》载，北魏孝明帝时，司州表："河东郡民李怜生行毒药，案以死坐。其母诉称：'一身年老，更无期亲，例合上请。'检籍不谬，未及判申，怜母身丧。州断三年服终后乃行决。"司徒法曹参军许琰谓州判为允。主簿李瑒驳曰："案《法例律》：'诸犯死罪，若祖父母、父母年七十已上，无成人子孙，旁无期亲者，具状上请。流者鞭笞，留养其亲，终则从流。不在原赦之例。'"又载孝文帝太和十二年（488）诏："犯死罪，若父母、祖父母年老，更无成人子孙，又无期亲者，仰案后列奏以待报，著之令格。"[④] 可见，罪人被刑之时能否导致户绝，需要"检籍"——通过勘验其户籍以知虚实。

敦煌文书中也有挽回濒临户绝局面的情况。据《吐蕃子年（九世纪前半）五月沙州左二将百姓氾履倩等户口状上》，在吐蕃占领敦煌时期，隶

① ［日］池田温：《中国古代籍帐研究·录文》，第 74 页。

② 唐耕耦、陆宏基编：《敦煌社会经济文献真迹释录》第 2 辑，第 292 页。

③ 赵贞：《唐代差科簿所见"不济户"略考》，《云南社会科学》2016 年第 5 期，第 165～170 页。

④ 《魏书》卷一一一《刑罚志》，第 2885、2878 页。

属左二将的梁庭兰一户，家口总计 8 人，除“男定国”外，其余皆死亡，处于户绝的边缘。但从文书的下半部分看，梁定国延续了其父的香火，家口有兴旺之势，故而这件户状是由梁定国申报的。①

对于濒临户绝者，朝廷对门户的存续采取了诸多措施。在唐代《户令》关于单独立户头的条文中，有这样的规定：“诸子孙继绝，应以户者，非年十八已上不得析；其年十七已下，命继者，俱于本生籍内。（注云：年十八，然听）。”② 此处已提到了“命继者”。宋代明确规定，所谓“立继者，谓夫亡而妻在，其绝则立也，当从其妻”。当然，丈夫在世的时候夫妇一同做主也属于这一类。所谓“命继者，谓夫妻双亡，则其命也，当惟近亲尊长”。相应地，继承家产的权利也有差别，“立继者，与子承父法同，当尽举其产以与之；命继者……止得家财三分之一”。③ 仁井田陞指出，如果死者没有养子的话，那么死者的妻子可从那些与养子资格相同的人中为死者选立一个继承人（立继），或者死者的父母或族长以同样方式为其任命一个继承人（命继）。立继、命继即是“继绝”的两种主要方式。④ 如前所言，唐代广大普通民户中的每个小家庭都要面临户绝，也意味着有“继绝”的可能需要。

《唐律疏议》“养子舍去”条（总 157）所引《户令》谓：“无子者，听养同宗于昭穆相当者。”⑤ 近年有学者根据旅顺博物馆所藏文书残片，将此复原、补充为：“其欲继绝而得绝家近亲尊长命继者，听之。夫亡妻在，从其妻。申官附籍。”⑥ 吐鲁番所出《唐书牍判牒范本》的第 7～17 行应为同一件事，某人年过耳顺，“扶养无人”，其中称“有从兄男甲乙，性行淳和，为人慈孝，以状谘陈，请乞绍继，孤贫得济”，状请“取从兄男为

① ［日］池田温：《中国古代籍帐研究·录文》，第 375～378 页。

② （唐）白居易原本、孔传续撰：《白孔六帖》卷七八《户口版图》引《户令》，文渊阁《四库全书》影印本，第 892 册，台湾商务印书馆，1986，第 288 页。

③ 中国社会科学院历史研究所宋辽金元研究室点校：《名公书判清明集》卷八《户婚门·立继类》“命继与立继不同”条，中华书局，2002，第 265 页。

④ ［日］仁井田陞：《中国法制史》，第 184 页。

⑤ （唐）长孙无忌等：《唐律疏议》卷一二《户婚律》，第 237 页。

⑥ 田卫卫：《旅顺博物馆藏唐户令残片考——以令文复原与年代比定为中心》，《中华文史论丛》2017 年第 3 期，第 193～214 页。

嗣”，判案则云：“任取从兄男为嗣。”[1] 虽复如此，但敦煌吐鲁番户籍文书中较为频繁的户绝统计，呈现了一个个赋役单位的消失或濒临消失，继绝之举没有好好发挥。因此，户口的灭绝与存续决不纯粹是伦理层面的问题，它会给国家的正常运转带来或正或负的影响。

四、 普通户绝者的财产处置

遗嘱继产方式主要在户绝之家使用，并且经常与立嗣继绝合为一体。遗嘱继产与立嗣继绝合为一体，集中体现出我国古代遗嘱继产的目的：主要不是为了家产的传继，而是门户的传延。[2] 唐《丧葬令》规定：“身丧户绝者，所有部曲、客女、奴婢、店宅、资财，并令近亲（亲依本服，不以出降）转易货卖，将营葬事及量营功德之外，余外并与女（户虽同，资财先别者，亦准此）。无女均入以次近亲，无亲戚者，官为检校。若亡人在日，自有遗嘱处分，证验分明者，不用此令。”[3] 本令针对的是户绝之人名下所属贱口、店宅等财产的处理，并不包括户内的田地。同时，该令强调了“遗嘱优先”的做法，“可以说显示了户绝现象的本质。也就是说，这种情况下，祭祀的断绝只在财产的处置上构成问题”[4]。对于以自给自足的小农经济形态为主的政权而言，广大普通民户的户内最常见的两宗财产是田与宅。

（一）户绝田的处置

未落到户绝地步的土地收授主要在当户内调整，如《天圣令》附唐《田令》第6条：“诸永业田，皆传子孙，不在收授之限，即子孙犯除名者，所承之地亦不追。”第25条谓：“其退田户内，有合进受者，虽不课役，先听自取，有余收授。”[5] 这两条应该针对所有臣民的土地还授，而对

① 唐长孺主编：《吐鲁番出土文书（图录本）》第3册，第106页。

② 邢铁：《家产继承史论》（修订本），云南大学出版社，2012，第152页。

③ （宋）窦仪等详定：《宋刑统校证》卷一二《户婚律》“户绝资产”条，岳纯之点校，北京大学出版社，2015，第169~170页。

④ ［日］滋贺秀三：《中国家族法原理》，张建国、李力译，商务印书馆，2013，第411页。

⑤ 天一阁博物馆等：《天一阁藏明钞本天圣令校证（附唐令复原研究）》（下），第386、387页。

于户绝的民户不适用。前引唐《田令》第23条又规定：“诸以身死应退永业、口分地者，若户头限二年追，户内口限一年追。如死在春季者，即以死年统入限内，死在夏季以后者，听计后年为始。其绝后无人供祭及女户死者，皆当年追。”可见，绝户土地的追回相当迅速，没有户主、户内口等身份的干扰了。

在北京图书馆（今中国国家图书馆）所藏《开元户部格》残卷中，载有一条开元二十三年（735）敕：

> 1. 敕：天下百姓口分[
> 2. 典贴，频有处分。如[
> 3. 富兼并。自今以后，若[
> 4. 地还本主。所买人 资 [
> ……
> 10. 其百姓买勋荫地，将 充 [
> 11. 非死绝，不在收授限。①

经考证，本条敕文与《册府元角》卷四九五《邦计部·田制》开元二十三年诏、《全唐文》卷三〇玄宗《禁买卖口分永业用诏》同出一源，仅有详简之分。其曰“非死绝，不在收授限”，承上文，显然是指永业田的继承问题。这与上举唐《田令》第23条的旨意高度吻合，并印证了本条规定的永业田退还主要就死绝户而言。②

与唐相比，吐蕃王朝后期户绝者的财产并不会充公（以赞普名义）。在相当于唐代宗时期的《恩兰·达札路恭纪功碑》的正面碑文中有：“‘大公’之子孙某代或因绝嗣，其所属奴隶、地土牲畜决不由（赞普）没收，而定举以畀其近亲兄弟一支。论达札路恭之子孙后代，当其手执盟誓文

① ［日］池田温：《北京图书馆藏开元户部格残卷简介》，北京图书馆敦煌吐鲁番学资料中心、台北《南海》杂志社编《敦煌吐鲁番学研究集》，书目文献出版社，1996，第159~175页。

② 戴建国：《唐〈开元二十五年令·田令〉研究》，《历史研究》2000年第2期，第44页。

书。或因绝嗣，或遭罪谴，亦不没收其银字告身。”[①]《谐拉康盟书刻石（甲）》中说：“‘囊桑努贡’之子孙后裔之奴隶、牧场、草料、园林等项，无论何时，设或断绝后嗣，或因罪置狱，王廷亦不没收，亦不转赐他人。”[②] 这从反面说明了当时吐蕃的贵族和平民在遇到绝嗣或犯罪的情况时，其所有的奴户和土地、牲畜等财产是要被赞普没收的。而7、8世纪时，这种没收绝户和犯罪大臣财产的事例，在《敦煌本吐蕃历史文书》的大事纪年部分中屡有记载。[③]

户绝田在唐代沙州、西州常有出现。阿斯塔那35号墓的《武周永昌元年（689）史玄政牒为请处分替纳逋悬事》反映了令狐隆贞于垂拱四年（688）五月死后，其二亩半分地无人受领，可能成为绝户田。[④] 一件武周时期的西州勘田牒载：“右同前得城状称：上件人是麴大志家人，请便追者。依检大志贯高昌县，绝户田四亩（主白居兜）□□义达种秋粟（后略）”[⑤]，可见这里的“绝户田”是由他人佃种的。作为无人承继的土地，唐代对绝户田往往采取了务实的政策。据《玉海》所引李泌《邺侯家传》：“国初太原从义之师，愿留宿卫为心膂不归者六万，于渭北白渠之下七县绝户膏腴之地，分给义师家为永业，于县下置太原田，以居其父兄子弟，于龙首监置营以处，并为臣高祖（即李泌之高祖李仲威）起第于监内，谓之元从禁军。”[⑥] 可见，唐初对绝户田已有整理与利用的实例。

户绝意味着“作为一个有机体的家产就要停止其机能”[⑦]。而户绝者的田宅，因无远近亲属继承，皆可由他人向官府申请。P. 2222背（2）《唐咸通六年（865）前后沙州僧张智灯状（稿）》提到：“将鲍壁渠地回入玉关乡赵黑子绝户地，永为口分，承料役次。”[⑧] 时间为大顺元年（890）正月的《沙州百姓索咄儿等请地状》言：“今遇乾坤清直，均割之次，城

---

① 王尧：《吐蕃金石录》，收入《王尧藏学文集》第2卷，第89页。

② 王尧：《吐蕃金石录》，第122页。

③ 陈庆英：《试论赞普王权与吐蕃官制》，《西藏民族学院学报》1982年第4期，第56页。

④ 唐长孺主编：《吐鲁番出土文书（图录本）》第3册，第496页。

⑤ 唐长孺主编：《吐鲁番出土文书（图录本）》第4册，第77页。

⑥（宋）王应麟辑：《玉海》卷一三八《兵志三》，广陵书社，2016，第2603页。

⑦［日］滋贺秀三：《中国家族法原理》，第409页。

⑧ 唐耕耦、陆宏基编：《敦煌社会经济文献真迹释录》第2辑，第289页。

西刘憨奴绝户地四十亩，五处令（零）散，请矜蒸斛。伏望尚书照察。覆盆之下，乞赐雨（两）弱，合为一户。”① 这些公私往来的文书中皆有“绝户地”一名，在当时应较为普遍。

不过，各种绝户田易被基层官吏侵夺。逃户田、死绝田既然可以由人代佃，不必立即还公，便给各种土地兼并者以可乘之机，如身为西州天山县主簿的高元祯很可能是以“职田”的名义去侵占逃死、绝户田的，其五十五亩八十步职田，恐怕有许多段是从逃绝户那里巧取豪夺来的。②

唐代对户绝田的处理、摸索与总结对宋人的实践不无启发。这些户绝田关涉到当时的继承、土地、财税各项制度。宋代户绝田是依法没纳入官的户绝之家的田产，主要源于无人继承的民田和超过一定年限的逃田。关键在于，没纳入官并非户绝田的最后归宿，它通过出卖、租佃、拨充和转拨等方式再次进入土地流转环节。通过明确管理机构、制定专项条令、规范流转程序、严明赏罚措施、加强权益保障，宋廷在唐人的基础上实现了对户绝田的法制化管理。③

（二）户绝宅的处置

从敦煌所出 S. 3876 号文书看，绝户的住房归官府支配。敦煌寺院法律庆深因为祖业较少，居止不宽，看中了儒风坊中“张清奴绝嗣舍两口”，在官府缴纳屋价后，要求给与凭由，“以免再有搅扰”。④ 唐代还有一道阙名的“对宅判”，涉及户绝宅舍的争讼：“洛阳人晁谚，先蒙本县给同乡人任兰死绝宅一区，又被兰女夫郭恭理诉此宅。县断还谚，州断还女，谚不伏。”对曰：“县司以女既出嫁，判给晁谚之家；州司以宅是见财，断入郭恭之妇。宅及资物，女即近亲，令式有文，章程宜据。”⑤

《文苑英华》保存了一道名为《户绝判》的案牍：“景身死户绝，资

---

① 唐耕耦、陆宏基编：《敦煌社会经济文献真迹释录》第 2 辑，第 473 页。

② 陈国灿：《对唐西州都督府勘检天山县主簿高元祯职田案卷的考察》，据氏著《陈国灿吐鲁番敦煌出土文献史事论集》，上海古籍出版社，2012，第 371～392 页。

③ 张京凯：《宋代户绝田法制化管理及其史鉴价值》，《中国高校社会科学》2019 年第 4 期，第 48～62 页。

④ 唐耕耦、陆宏基编：《敦煌社会经济文献真迹释录》第 2 辑，第 305 页。

⑤ （清）董诰等：《全唐文》卷九八〇，第 10145 页。

财将没官，出嫁女请除葬外，悉收之。叔复请分，所由不决，仰断。”对曰：“景忝彼齐人，生此王土。逐什一之利，既富家财，服畎亩之勤，方编户籍。既而溘先朝露，遂卜佳城。远日新封，已供葬备。昔时余业，可议官收。相彼薄言，将分厚产。且弟惟同气，女有从人。凤兆于飞，既归他族。雁行以序，自合保家。继绝请复于叔兮，论财难专于女也。以兹丕蔽，庶叶其宜。”[①] 虽然判词对某景的户绝资财的处置不偏不倚，但也揭示了其已出嫁的女儿有权利占有这些除了丧葬开销之外的户绝资财。

帝制中国很早存在着女子有权利继承原来家庭或夫家财产的传统。从张家山汉简《二年律令》的内容看，汉代流行着女子可以为户主，女子可以继承父亲、丈夫、儿子的爵位和财产等的法律规定。这直接体现在《户律》和《置后律》中。[②] 就唐代户绝情况而言，女儿是法定的第一顺序继承人，本家近亲只能在没有女儿的时候才可以介入。没官的遗产主要是田宅之类的不动产，给女儿的多是浮财；田宅之类的不动产没官后拍卖，也是优先卖给本家亲邻。[③]

然而，对于生前不尽孝道的出自绝户之家的已婚女子，唐文宗时期明确规定她们不得享有继承权。开成元年（836）七月十五日敕令：“自今后，如百姓及诸色人死绝，无男空有女，已出嫁者，令文合得资产。其间如有心怀觊望，孝道不全，与夫合谋有所侵夺者，委所在长吏严加纠察，如有此色，不在给予之限。”[④] 反之，该户若“无男空有女”，但此女若仍然在室，即不为户绝，财产则不需他分。

宋人在唐代开成敕令的基础上有所增订：“请今后户绝者，所有店宅、畜产、资财，营葬功德之外，有出嫁女者，三分给与一分，其余并入官。如有庄田，均与近亲承佃。如有出嫁亲女被出，及夫亡无子，并不曾分割得夫家财产入己，还归父母家，后户绝者，并同在室女例，余准令敕处分。”应该说，宋人对户绝财产的处置更加细致。而对被离弃女子、夫亡

① （宋）李昉等：《文苑英华》卷五二九《判·户贯帐籍门》，中华书局，1966，第2709页。

② 张家山二四七号汉墓竹简整理小组：《张家山汉墓竹简［二四七号墓］》（释文修订本），分别见于第51~56、59~61页。

③ 邢铁：《家产继承史论》（修订本），第189页。

④ （宋）窦仪等详定：《宋刑统校证》卷一二《户婚律》，第170页。

无子并未分得夫家财产的女性——她们归宗后仍然“户绝”的，可按照在室女一样分割家产。若依唐制，她们的这种“户绝”应属于“女户”的死亡。

不过，近亲不管用什么方式占有户绝之家的家产，都必须为户主发丧，即“户绝条”令文中说的“营葬事”和“量营功德”。只有完成了这个义务，才可占有或优先购买户绝资产。从另一个角度看，相当于若干年以前从其父祖家庭中分割出去的财产，现在又拿回到原来的家庭中重新分配。但是这个大家庭早已经消失，仅仅存在于观念中而已。①

结　语

唐代国家、地方官府与民众自身都在努力维持着一个个户口的存立，但户籍编造过程中还会遇到一种无法避免的现象：普通民户的户绝。“无后者户绝”是一条铁律，这里的“后”从原则上讲指的是男子。然而，普通民户的户绝实际上是赋役制度与宗法制度争衡的一个问题。唐代立户的最低条件是一个人，这同时也是绝户与否的最低限度。唐帝国是建立在广大自耕农群体之上的政权，在一些极端的政治军事情况下，或一些极端的自然环境情况下，许多普通民户的人力、财力缺乏保障户口存续的可能。从目前的户籍文书及各类田簿来看，唐代的户绝类型可分为以下数种：死绝、出嫁绝、全家没落（集体失踪绝）、逃亡绝与出家绝。另据传世文献，还有因触犯刑律而导致的户绝。户籍文书中还显示了一种濒临户绝的户籍状态。对于以自给自足的小农经济形态为主的政权而言，广大普通民户的户内最常见的两宗财产是田与宅，其中绝户田是很大的一类资财。户绝者的田宅，若无远近亲属继承，可由他人向官府申请。但是，敦煌吐鲁番户籍文书显示了代父承户、代兄承户、代夫承户、代子承户、代姊承户、代翁承户诸多保障户口存续的特殊情况。这虽与以子男为嗣的继绝方式远远不同，但在名义上维持了该户的存立。这种配置户主的做法显然在伦理上不适宜，却保障了该户户籍的完整。

---

① 邢铁：《家产继承史论》（修订本），第189页。

《中国古代法律文献研究》第十五辑
2021 年，第 166~186 页

唐宋《营缮令》“津桥道路”条研究*

彭丽华**

摘　要：《营缮令》“津桥道路”条并非唐令首创，其核心内容最早可溯至《夏令》中的“九月除道，十月成梁”。除“九月除道，十月成梁”外，秦、汉律还新增了道路即坏即修的规定。这两方面规定都为唐宋令所遵循。不同的地方有二：一是有关桥道营缮之规定，在战国秦、西汉时为律，而在唐宋则为令，这一改变与魏晋时期“律以正刑定罪”“令以设范立制”的律令分途有关；二是常规营缮的起始时间，战国秦律、汉律谨遵九、十月的古训，而唐宋推迟到“九月半”，这应与租庸调制及长江流域实行稻麦复种制、农时后延有关。

关键词：桥道营缮　十月成梁　租庸调制　农时

唐宋《营缮令》“津桥道路”条最早可追溯到《夏令》。《夏令》中的“九月除道，十月成梁”历来被视为先王之教，是评判为政者施政是否得道的标准之一。至晚在战国秦，这一古训已被采纳入律，后又为汉律沿袭。为了道路通达，秦汉律在“九月除道，十月成梁”之外，还作出了道

* 本文系湖南省教育厅人文社科重点项目“桥渡与宋代市、镇研究”（20A294）的阶段性成果。

** 湖南师范大学历史与人类学研究所副教授。

路即坏即修的规定，体现出遵守时令兼及“达其道路”的务实精神。这两方面都为唐宋令所遵循。但秦汉律与唐宋令也存在一些区别。本文意在探究唐宋《营缮令》“津桥道路”条制度渊源，并分析唐令将营缮桥道的常规起始时间推迟到“九月半”的原因。作文如下，以求教于方家。

一、三条律、令的比较

津桥道路事关交通大事，唐宋《营缮令》设有专条法令对其予以规范。牛来颖先生复原的唐《营缮令》第 23 条，内容与天圣《营缮令》宋令第 19 条一致，① 其复原当是正确的。这也体现出唐、宋津桥道路营缮制度的沿袭无替。为行文简洁，以下将唐《营缮令》第 23 条、宋《营缮令》第 19 条统一简称为“津桥道路”条。翻检出土文献可知，“津桥道路”条制度并非唐令首创，而是渊源有自，近绍汉律，远祖战国秦律，乃至《夏令》，其间还涉及律令分途等事，值得讨论。兹列相关资料如下。

青川木牍《更修为田律》，其文有：

九月，大除道及阪险。十月，为桥，修波（陂）隄，利津梁，鲜草离。非除道之时而有陷败不可行，辄为之。②

张家山汉简《二年律令·田律》第 246—248 号简，有文曰：

九月大除道□阪险；十月为桥，修波（陂）堤，利津梁。虽非除道之时而有陷败不可行，辄为之。乡部主邑中道，田主田道。道有陷败不可行者，罚其啬夫、吏主者黄金各二两。□□□□□□及□土，

① 牛来颖：《天圣〈营缮令〉复原唐令研究》，天一阁博物馆、中国社会科学院历史研究所《天圣令》整理课题组校证《天一阁藏明钞本天圣令校证（附唐令复原研究）》，中华书局，2006，第 668 页。

② 李昭和等：《青山县出土秦更修田律木牍——四川青川县战国墓发掘简报》，《文物》1982 年第 1 期，第 1~21、97~99 页；胡澱咸：《四川青川秦墓为田律木牍考释——并略论我国古代田亩制度》，《安徽师大学报》1983 年第 3 期，第 57 页。

罚金二两。[①]

唐《营缮令》“津桥道路”条云：

> 诸津桥道路，每年起九月半，当界修理，十月使讫。若有阬、渠、井、穴，并立标记。其要路陷坏、停水，交废行旅者，不拘时月，量差人夫修理。非当司能办者，申请。[②]

以上三条资料均涉及桥道的营缮规定，包括常规及不定期修缮，从战国秦律、汉律至唐令的沿袭痕迹甚为明显，且时代愈后，信息愈详细，考虑得愈周全，操作性愈强。具体而言，则有几个问题需要明辨。

第一，上述三条律、令的修订时间。青川木牍系四川青川县郝家坪战国墓群M50出土，纪年明确，系秦武王二年（前309）律，而学界基本认同《二年律令》系吕后二年（前186）的律令。由此，青川木牍及《二年律令》中两条律文的时间则可以确定。

关于唐令“津桥道路”条的时间，则需推定。虽然有学者认为《天圣令》所附《唐令》为开元二十五年令或《建中令》，[③] 但关于上举唐《营缮令》“津桥道路”条，至迟在永徽时期应已入令。按，《养老营缮令》“津桥道路”条，除“若有阬、渠、井、穴，并立标记”，其余文字与《天圣令》同，[④]《养老令》修成于日本元正天皇养老二年（718），是在制

---

① 张家山二四七号汉墓竹简整理小组：《张家山汉墓竹简［二四七号墓］》（释文修订本），文物出版社，2006，第42页。

② 牛来颖将天圣《营缮令》宋令第19条复原为唐《营缮令》第23条，内容一致。见牛来颖《天圣〈营缮令〉复原唐令研究》，《天一阁藏明钞本天圣令校证（附唐令复原研究）》，第668页。

③ 讨论这一问题者甚众，戴建国、坂上康俊、冈诚野等人认为是开元二十五年令，见戴建国《天一阁藏明抄本〈官品令〉考》，《历史研究》1999年第3期，第71~86页；坂上康俊《〈天圣令〉蓝本唐令的年代推定》，刘后滨、荣新江主编《唐研究》第14卷，第29~39页；黄正建认为是唐后期制度，见黄正建《〈天圣令〉附〈唐令〉是开元二十五年令吗?》，《中国史研究》2007年第4期，第90页；卢向前、雄伟则认为是唐德宗时期删定的《建中令》，见卢向前、雄伟《〈天圣令〉所附〈唐令〉为建中令辨》，袁行霈主编《国学研究》第22卷，北京大学出版社，2008，第1~28页。

④ ［日］黑板胜美编：《令义解》卷六《营缮令》“津桥道路”条，吉川弘文馆，1985，第223页。

定于701年的《大宝令》的基础上完善修成的。虽然《营缮令》首次列入唐令见于《唐六典》所载唐令篇目,[①] 一般认为《唐六典》正文所载制度为开元七年（719）之律、令、格、式，但不管是从《养老营缮令》的修成时间还是《营缮令》在汉文典籍中的首次出现，都要早于开元七年。在永徽四年（653）修成的《律疏》之中，有关于《营缮令》的摘录，如《擅兴律》“兴造不严上待报”条律疏即引《营缮令》:“计人功多少，申尚书省听报，始合役功。”[②] 因此，可以确定，至迟在《永徽令》中就已经有了《营缮令》，而且，极有可能在《永徽令》中也已有了与津桥道路相关的法令条文，否则《养老营缮令》“津桥道路”条便无从溯源。在《永徽律令》修订之后，《养老律令》制定之前，日本齐明女皇、天智天皇、文武天皇曾多次派遣唐使入唐，也正是经过这一段时期的学习，日本仿照大唐律令制定了适用于本国的律令，自此进入律令制时代。因此，可以推定效仿唐律令而修订的《养老营缮令》“津桥道路”条应是效仿《永徽营缮令》的对应令条而来。

又，考虑到秦武王时期《更修为田律》及《二年律令》已有相关内容，很有可能唐《营缮令》“津桥道路”条在魏、晋、梁、齐等《律》《令》中已有相关条文，只是因为资料缺失，难寻其踪迹。

第二，营缮道桥等事的法律规定，在秦武王二年《更修为田律》及《二年律令·田律》中均为律（该条汉律明显袭自战国秦律），而唐“津桥道路”条则为令。换言之，与桥道相关的法制在战国秦、汉代归入《田律》之中，而在唐宋时期则一分为二，一部分依旧保留在律（《杂律》）中，另一部分则收录到《营缮令》之中。

桥道营缮法制在战国秦、汉代归入《田律》。这是因为道路、桥梁、陂堤多有在田野之间者，关系到农业工作的正常进行及官府赋税的顺利征收。同时，也与秦汉律驳杂不纯、支离散漫的特点相关。这有必要考虑秦汉法典体系的特征及变化。秦汉时期律、令混杂，律、令之间界限不清，

---

① （唐）李林甫:《唐六典》卷六《尚书刑部》，陈仲夫点校本，中华书局，1992，第183~184页。

② （唐）长孙无忌撰，刘俊文笺解:《唐律疏议笺解》卷一六《擅兴》，中华书局，1996，第1208页。

令可以转化为律，律篇内容也可以归入令篇。一直到曹魏时期，这一状况在陈群、刘劭、韩逊、庾嶷、黄休、荀诜等人制定《新律》时才得以改变。《新律》将汉律三十三篇①简化为十八篇，② 并对秦汉律令体系进行了重大修正。这不仅改变了秦汉律驳杂混乱、缺少逻辑的情况，更改变了此前律令混杂的局面，将律与令明确区分开来。③

桥道相关法制由从战国秦、汉代的《田律》转变为并存于唐《杂律》与《营缮令》，一方面与汉魏间法典体系的这一变化有关，另一方面则与营缮事务的法规从散见于多篇《律》中到《律》《令》分离的背景下逐渐集中的演变、《营缮令》的形成有关。营缮事务因繁杂多样，在秦代分布在《工律》《工人程》《均工》之中，到汉代则散见于《田律》《徭律》《金布律》等律篇中。在魏晋律令分离之后，营缮事务的法律法规也分为"正刑定罪"及"设范立制"两个部分，其中"正刑定罪"之律文散见于《毁亡律》《兴擅律》等律篇，而"设范立制"则应置于《杂令》当中。经过隋代的失败试验，营缮事务法规，最终在唐代形成了"设范立制"部分入《营缮令》，"正刑定罪"部分入《擅兴律》《杂律》的分布格局。④

具体而言，战国秦律仅涉及桥道等事的常规营缮时间及非定时即坏即修的规定。而汉律则比战国秦律多出了邑中道、田道的主管者及对渎职者（啬夫、吏主者）的惩罚。从曹魏制定《魏律》时律、令的性质即"律以正刑定罪，令以设范立制"的区分标准来看，⑤ 这条汉律明显具备律、令合一的特点，即"设范立制"与"正刑定罪"合一。而至唐令"津桥道

---

① 张忠炜总括张家山汉简、西北汉简、睡虎地汉墓及传世文献所涉西汉律之篇目，共计三十三种，分别是贼、盗、具、告、捕、亡、收、杂、钱、置吏、均输、传食、田、□市、行书、复、赐、户、效、傅、置后、爵、兴、徭、金布、秩、史、朝、祠、葬、赍、囚、厩律。另外条例出越宫律、尉律、酎金律、左官律，或疑为律编名，或因无法佐证而存疑。张忠炜：《秦汉律令法系研究初编》，社会科学文献出版社，2012，第107页。

② 《晋书》卷三〇《刑法志》，中华书局，1974年，第927页；[日]滋贺秀三：《西汉文帝的刑法改革和曹魏新律十八篇篇目考》，姚荣涛译，载刘俊文主编《日本学者研究中国史论著选译》第8卷，中华书局，1992，第88页。

③ 孟彦弘：《秦汉法典体系的演变》，《历史研究》2005年第3期，第35页；韩树峰：《汉魏法律与社会》，社会科学文献出版社，2011，第84~85页。

④ 彭丽华：《唐〈营缮令〉形成史论》，《法制史研究》（台北）第28辑，2015年12月，第203~246页。

⑤ 孟彦弘：《秦汉法典体系的演变》，第35页。

路”条，则仅保留并细化了“设范立制”的部分，涉及“津桥道路”的常规营缮时间、主管者及要路应随坏随修的变通原则，也要求标记“阬、渠、井、穴”以免人畜陷入危险，并指导“当司”若无力解决“当界”的津桥道路之事，可申请上司（县申州、州申尚书省等）处理。关于汉律中对渎职者的惩罚，属“正刑定罪”部分，是以也就不见于《营缮令》“津桥道路”条，而保存在《唐律疏议·杂律》之中，其文云：

> 其津济之处，应造桥、航及应置船、筏，而不造置及擅移桥济者，杖七十；停废行人者，杖一百。
>
> [疏] 议曰：“津济之处，应造桥、航”，谓河津济渡之处应造桥，及航者，编舟作之，及应置舟船，及须以竹木为筏以渡行人，而不造置及擅移桥梁、济渡之所者，各杖七十。“停废行人”，谓不造桥航及不置船筏，并擅移桥济，停废行人者，杖一百。[1]

知“津桥道路”正刑定罪部分，在唐代法律体系中被编入律，正是“律以正刑定罪，令以设范立制”的具体体现。

第三，关于渎职内容，从汉律中的“道”转向了唐律中的“津桥”。汉、唐律关于渎职内容及渎职者的处罚均有差异。汉律对渎职者啬夫及吏主者的处罚为罚金二两，唐律则变为杖刑，视情况的轻重而有杖七十、杖一百之分，体现出汉唐法律官吏渎职罪上的处罚差异。

就渎职内容而言，汉律集中在“陷败不可行”之“道”，此“道”指的是陆路，或亦含括桥梁，而唐律则指向津济之处的桥、航、船、筏的造置，及擅移桥济。关于因陆路陷败致停废行人，唐律并无明文规定，但应该并非全无处罚，恐亦与津济之处的处罚一样。这体现出汉、唐律在处罚桥道的渎职者时，考察的重点从“道”转向了“津桥”。这种转变与汉唐间道路系统的改变、干道或要路上桥梁数量的增加、桥梁在交通网中重要性的提升应有密切关系。

---

① （唐）长孙无忌等：《唐律疏议》卷二七《杂律》，刘俊文点校，中华书局，1983，第505页。

汉代交通干线上的桥，见于典籍记载的虽不算少，① 但西汉以长安为中心的关中交通干线上的桥，主要是三渭桥即中渭桥（横桥、横长桥）、东渭桥、西渭桥及灞桥、河桥。中渭桥相传始作于秦昭襄王，秦始皇时复作，用以连接渭河南北兴乐宫与咸阳宫，汉初复作；东渭桥系汉高祖所作，以通栎阳道；西渭桥系汉武帝建元三年（前138）初作，又名便桥或便门桥，位于长安西北二十里，以通茂陵。② 灞桥是东出长安的必经之道，位居灞河之上，始载初作于秦，两汉存，王莽地皇三年（22）二月，灞桥因火灾而败，后新修之桥改名曰长存桥。③ 河桥系秦昭襄王五十年（前257）初作，近临晋关，是沟通秦晋之要道。④ 东汉移都洛阳，南面洛水，有桥沟通洛水南北。

关中及河南一带，重要的桥梁还有孟津河桥，系晋时杜预首创。北魏建都洛阳，洛水上最重要的桥为永桥，永桥市是当时重要的市场。

唐承隋制，设东西两京，以两京为中心的交通干线上，重要桥梁较之西汉时期更为密集，黄河、洛水、渭水、灞水上均有修建，《旧唐书·职官志》载：

---

① 如巨鹿水上之桥。《史记》卷三《殷本纪》有“盈巨桥之粟”，（南朝宋）裴骃《史记集解》引服虔曰：“巨桥，仓名。许慎曰巨鹿水之大桥，有漕粟也。”《史记》三家注本，中华书局，1959，第106页。

② 《史记》卷一〇《孝文本纪》载“渭桥”，《史记集解》引苏林曰：“在长安北三里。”《索隐》引《三辅故事》曰：“咸阳宫在渭北，兴乐宫在渭南，秦昭王通两宫之间作渭桥。”第416页。此为中渭桥。《史记索隐》曰：“案今渭桥有三所：一所在城西北咸阳路，曰西渭桥；一所在东北高陵道，曰东渭桥；其中渭桥在古城之北也。”《史记》卷一〇二《张释之传》，第2755页。《三秦记》：“汉之东渭桥，汉高帝造，以通栎阳道。”《汉书》卷六《武帝纪》载建元三年“初作便门桥”。注引苏林曰：“去长安四十里。”服虔曰：“在长安西北，茂陵东。”颜师古曰：“便门，长安城北面西头门，即平门也。古者平便皆同字。于此道作桥，跨渡渭水以趋茂陵，其道易直，即今所谓便桥是其处也。”中华书局，1962，第158页。

③ 《汉书》卷九九下《王莽传下》，第4174页。

④ 《史记》卷五《秦本纪》载“河桥”，（唐）张守节《史记正义》注曰：“此桥在同州临晋县东，渡河至蒲州，今蒲津桥也。”第218页。关于河桥的修建年代，史书有四种说法，即秦昭襄王五十年、后魏、隋及唐。陆敬严先生断定后魏、隋唐虽都修建了蒲津桥，但初作时间应在秦昭襄王时期。这一论断当无问题，故从。见陆敬严《蒲津大浮桥考》，《自然科学史研究》1985年第1期，第35~41页；王元林《蒲津大浮桥新探》，《文物季刊》1999年第3期，第52~58页。

凡天下造舟之梁四（河则蒲津、大阳、河阳，洛则孝义也），石柱之梁四（洛则天津、永济、中桥，灞则灞桥），木柱之梁三（皆渭川，便桥、中渭桥、东渭桥也），巨梁十有一，皆国工修之。其余皆所管州县随时营葺。①

三渭桥及灞桥沟通关中及关中东行的交通，而洛水上的孝义、天津、永济、中桥则肩负沟通洛阳及洛阳南下的交通。蒲津桥，见于记载的最早资料来自《左传》鲁昭公元年（前541），当时秦公子咸奔晋，“其车千乘，造舟于河”。其后，昭襄王及后周时均又在此修浮桥，蒲州因此而为要地雄州。太原乃李唐龙兴之地，扼守长安与太原交通要塞的蒲津桥得到了前所未有的重视。开元九年至十二年（721~724），唐玄宗任命兵部尚书张说主其事，改木桩为铁牛、易笮索为铁链，疏其船间，倾国力对蒲津桥进行了大规模的改建。蒲津桥肩负起连接关中与太原的重任。大阳桥（太阳桥）位置在今河南省三门峡市西北的黄河上，临近陕郡大阳关，《新唐书·地理志》载“陕有大阳故关，贞观十一年造浮桥”。李吉甫《元和郡县图志》称“大阳桥长七十六丈，广二丈，架黄河为之，在县东北三里”，是沟通长安与洛阳的重要通道。河阳桥，亦称孟津桥或盟津桥，位置在今河南省洛阳市孟津区西南，是沟通河南河北的重要通道。这十一座架（铺）在渭河、灞河、黄河、洛水上的桥梁既沟通了关中与洛阳，还保证了北上太原、河北及南下的道路通畅。除十一巨梁之外，还有二十四津渡，也是沟通陆路交通干线的重要设施。可以说，唐代以长安、洛阳为中心的交通网络的畅通与否，直接受制于这些桥梁、津渡的存亡与运营。这便是唐律关注的重点在津桥，而非道路的根本原因。

第四，战国秦律、汉律要求“九月除道及阪险，十月为桥”，而唐令则概言“津桥道路”，其常规营缮时间为每年“起九月半，十月使讫”。这里有两个疑点：

一是秦、汉律中的“九月除道及阪险，十月为桥”是该理解为互文，

① 《旧唐书》卷四三《职官志二》，中华书局，1974，第1841~1842页。

还是应该按月系事明确区分桥、道的营缮时间？而这事实上也影响到对后面律文“非除道之时而有陷败不可行，辄为之”的理解，即“非除道之时”中的“道”指的仅是陆路之“道”还是也包括“桥”？

二是唐令“津桥道路”常规营缮的起始时间为何推迟至“九月半”？这一变化始自何时？背后有何考虑？下文分别讨论。

二、 九月除道，十月成梁

不管是战国秦律、汉律“九月大除道及阪险，十月为桥”，还是唐令“津桥道路”条“起九月半，十月使迄”的时间断限，均与“九月除道，十月成梁”有关。

“九月成道，十月成梁”首见于《国语·周语》单襄公语所引《夏令》。其文曰：

> 定王使单襄公聘于宋。遂假道于陈，……火朝觌矣，道茀不可行也。候不在疆，司空不视涂，泽不陂，川不梁。……单子归，告王曰：“陈侯不有大咎，国必亡。”王曰：“何故？”对曰：“夫辰角见而雨毕，天根见而水涸，本见而草木节解，驷见而陨霜，火见而清风戒寒。故先王之教曰：‘雨毕而除道，水涸而成梁，草木节解而备藏，陨霜而冬裘具，清风至而修城郭宫室。’故《夏令》曰：‘九月除道，十月成梁。’……今陈国火朝觌矣，而道路若塞，野场若弃，泽不陂障，川无舟梁，是废先王之教也。”[①]

焦天然对“九月除道，十月成梁”进行了详尽的文献追溯，并制成下表：[②]

---

① 徐元诰：《国语集解》卷二《周语中》，王树民、沈长云点校，中华书局，2002，第63~65页。

② 焦天然：《“九月除道，十月成梁”考——兼论秦汉月令之统一性》，《四川文物》2013年第1期，第52页。

文献来源	季春（三月）	孟秋（七月）	季秋（九月）	孟冬（十月）
《国语》			九月除道	十月成梁
《礼记·月令》	是月也，命司空曰：“时雨将降，下水上腾，循行国邑，周视原野，修利隄防，道达沟渎，开通道路，毋有障塞。”	命百官始收敛，完堤防，谨壅塞，以备水潦。修宫室，坏墙垣，补城郭。		坏城郭，戒门闾，修键闭，慎管籥，固封疆，备边竟，完要塞，谨关梁，塞徯径。
《吕氏春秋》	是月也，命司空曰：“时雨将降，下水上腾，循行国邑，周视原野，修利堤防，道达沟渎，开通道路，毋有障塞。”	百官始收敛，完堤防，谨壅塞，以备水潦；修宫室，附墙垣，补城郭。		坿城郭，戒门闾，修楗闭，慎关籥，固封玺，备边境，完要塞，谨关梁，塞蹊径。
《更修为田律》			九月，大除道及阪险。	十月，为桥，修波（陂）隄，利津梁。
《二年律令·田律》			九月大除道□阪险。	十月为桥，修波（陂）隄，利津梁
《淮南子·时则训》	命司空，时雨将降，下水上腾，循行国邑，周视原野，修利堤防，导通沟渎，达路除道，从国始，至境止。	命百官，始收敛，完堤防，谨障塞，以备水潦，修城郭，缮宫室。	通路除道，从境始，至国而后已。	修城郭，警门闾，修键闭，慎管籥，固封玺，修边竟，完要塞，绝蹊径。
《四时月令诏条》	修利隄防，道达沟渎，开通道路，毋有［障塞］。	［完隄］防，谨雍［塞］		附城郭，戒门闾，修键闭，慎官钥，固封印，备边境，完要［塞，谨关梁，塞］［徯径］。

他注意到记载夏令的《大戴礼记·夏小正》与记载周礼月令的《礼记·月令》均无“九月除道，十月成梁”，但《礼记·月令》孟秋条有“完隄防，谨壅堵，以备水潦”，仲秋条有“水始涸”，孟冬条有“完要塞，谨关梁”之语，因此认定“九月除道，十月成梁”与《夏小正》与《礼记·月令》所载事宜在时间上是吻合的。[①] 然而，仔细比对上表内容，便可以发现，有关道路、桥梁的制度渊源有二：一是以《国语·周语》所载《夏令》“九月除道，十月成梁”为源，《更修为田律》《二年律令·田律》乃至唐宋《营缮令》承袭并因时制宜、有所改变；二是以《吕氏春

① 焦天然：《“九月除道，十月成梁”考——兼论秦汉月令之统一性》，第53页。

秋·十二纪》《礼记·月令》为源，为《淮南子》及《四时月令诏条》沿袭。两者不可简单等同。

关于《夏令》，三国东吴韦昭（曜）注曰："夏后氏之令，周所因也。"清人汪远孙认为《夏令》即"夏正"，"小正皆夏记时之书"。[①] 关于《月令》，贾逵、马融、王肃等人云《月令》系"周公所作，未通于古"，但反对者众。鉴于《吕氏春秋·十二纪》与《礼记·月令》的高度相似性，且《礼记·月令》之中官名、时事多不合周法，而与秦法合，因此断定《月令》系秦时之法，如郑玄、卢植、高诱等人均认为后者源出前者。[②] 考虑到前引秦武王二年律与汉律的性质，及其对《夏令》"九月除道，十月成梁"的继承，可以断定《夏令》当为政令性文献。

《夏令》与《吕氏春秋·十二纪》《礼记·月令》之间的关系，虽然今日已难以厘清，但从"九月除道，十月成梁"这一条来看，后者并未因袭前者，而是大有区别。前者九月除道，而后者将除道之事安排在季春；前者十月重在利用水涸之际"成梁"以免民众冬日病涉，而后者"谨关梁"之中虽包含"成梁"之事，但联系上下文"坏城郭，戒门闾，修键闭，慎管籥，固封疆，备边竟（境），完要塞，谨关梁，塞徯径"（《吕氏春秋·十二纪》个别字略有不同），可以明确知道这些措施的重点与目的并非修建桥梁，而在于边境防御与国防安全，"谨关梁"只是加强边境防御的一个方面，其意旨与"十月成梁"以利民涉水迥然有异。基于这种差异，愚以为，《更修为田律》《二年律令·田律》"道桥"条取法《夏令》，而非《礼记·月令》或《吕氏春秋·十二纪》。

《吕氏春秋》《礼记·月令》等所载"开通道路"之事，与"修利堤防、导（道）达沟渠"一样，都在季春（三月）。这里的"开通道路"，除了除道修路以利通行之外，恐怕还有另一层含义。按郑玄注曰："沟渎与道路，皆不得不通，所以除水潦，便民事也"[③]，是说开通道路与导达沟

---

① 徐元诰：《国语集解》卷二《周语中》，第63~65页。

② （汉）郑玄注，（唐）孔颖达疏：《礼记正义》卷一四《月令》，龚抗云整理，王文锦审定，北京大学出版社，1999，第438页；徐复观：《两汉思想史》第2卷，华东师范大学出版社，2004，第9页。

③ （汉）郑玄注，（唐）孔颖达疏：《礼记正义》卷一五《月令》，第484页。

渎都是为了防备水潦。按，“古者沟上有路”①，也即路上有沟以利水行，尤其是在夏季雨多水盛之季，道路上有沟渎供水流通便更加必要。此应是季春三月开通道路、导达沟渎的另一层含义。孙希旦对修堤防、导沟渎、开道路之间的关系阐释得更加详细，其辞曰：“时雨将降者，夏时恒多水潦，故于此预备之也。隄防所以蓄水，故备水，堤防为先。然水潦之既盛，有非可专恃乎隄防者，故于沟渎则道达之，所以使田间之水得以达于川也；于道路则开通至，所以使平地之水以归于畎浍也。障者，开通之反；塞者，道达之反。障塞则水无所归，必泛溢于沟渎而害禾稼，停积于道路而妨车徒也。”② 开通道路，是为了待到夏雨至水潦盛时，平地之水能够流归畎浍水沟，以免停积于道路，既坏道路，又妨车徒，进一步说明季春“开通道路”还含有导水入沟、不害禾稼、保护道路之意。这与《夏令》“九月除道，十月成梁”的考虑并不相同。

为何要“九月除道，十月成梁”？其理由有二。

第一，气候的影响。《周语》曰“雨毕而除道，水涸而成梁”，“辰角见而雨毕，天根见而水涸”，郑玄释曰：“辰角见，九月本，天根见，九月末。”孔颖达曰：“‘九月本’，谓九月之初。按《律历志》角十二度，亢九度，天根在亢之后，辰角与天根相去二十一度有余，日校一度，则九月本与九月末相去二十一日有余也。”③ 九月雨毕，除道、修堤防之后，无水浸冲毁之虞；待到九月末，受雨毕之影响，沟渠河道久无雨水补充而水位渐低，乃至干涸，也为造桥提供了有利条件。

第二，九月、十月间，农事已毕，此时进行除道、修桥等工役，无伤农时之患。《礼记·月令》载，季秋之月“农事备收”，备，即尽也，言农事毕。④ 据《齐民要术》可知，八月大麦已种下，虽然其后还有些杂事，但至九月，农事已基本完毕，“不违农时，谷不可胜食也”的约束力延及后世，所以工役之事必须在农事完毕之后再进行。这在不同时代都被普遍

① （汉）郑玄注，（唐）孔颖达疏：《礼记正义》卷一五《月令》，第484页。

② （清）孙希旦撰，沈啸寰、王星贤点校：《礼记集解》卷一五《月令》，中华书局，1989，第432～433页。

③ （汉）郑玄注，（唐）孔颖达疏：《礼记正义》卷一六《月令》，第529～530页。

④ （汉）郑玄注，（唐）孔颖达疏：《礼记正义》卷一七《月令》，第533页。

强调。农事毕，工役行，亦可序礼仪，《魏书·高祖纪下》载孝文帝太和十一年（487）冬十月甲戌诏曰“乡饮礼废，则长幼之叙乱。孟冬十月，民闲岁隙，宜于此时导以德义”①。

“九月除道，十月成梁”是判断治民者是否知为政、施法度的标准之一。《国语·周语》将这类以月系事之令称为“先王之教”。先王之教亦称先王之政、先王之治，是各国施政之纲，至战国沿袭不衰。《孟子·离娄》载：

> 子产听郑国之政，以其乘舆济人于溱、洧。孟子曰：“惠而不知为政。岁十一月，徒杠成；十二月，舆梁成，民未病涉也。君子平其政，行辟人可也，焉得人人而济之？故为政者，每人而悦之，日亦不足矣。”

周历十一月，即夏九月也。周历十二月，夏十月也。孟子非议子产“不知为政”，评判的标准正是《夏令》“九月除道，十月成梁”。孟子以为，子产以乘舆济人，仅是私恩小利，而非“有公平正大之体，纲纪法度之施焉”，因为“国中之水，当涉者众，岂能悉以乘舆济之哉”？② 是将“九月除道，十月成梁”上升为治民者是否知为政、识纲纪、施法度的标准了。

又，《夏令》《月令》等均是按月系事的政令，③ 而《更修为田律》《二年律令》的律法性质更是确定无疑，那么除道及险阪之事当在九月，而为桥之事在十月，应是可以明确的。《周语》曰“水涸而成梁”，十月而水涸，十月为桥有自然条件的便利。而且，较之除道，桥梁建造需要专门的技术，这应是政令、律法规定除道、为桥分月建造的原因。

然而，在操作中，桥梁并不都在十月建造。按“岁十一月，徒杠成；十二月，舆梁成，民未病涉也”，朱熹注曰：“杠，方桥也。徒杠，可通徒行者。梁，亦桥也。舆梁，可通车舆者。”知“为桥”的时间并不绝对固定在十月。桥是道路的延伸，是道路的一部分，桥若不成，至少有部分道

① 《魏书》卷七《高祖纪下》，中华书局，1974，第162页。

② （南宋）朱熹：《孟子集注》卷八《离娄章句下》，浙江古籍出版社，2014，第226页。

③ 汤勤福：《月令祛疑——兼论政令、农书分离趋势》，《学术月刊》2016年第10期，第131页。

路不通，《夏令》虽有“九月除道，十月成梁”的规定，《更修为田律》《二年律令·田律》亦然，但在实际操作过程中，除道与为桥二事宜可且应需同时进行，这从“非除道之时而有陷败不可行，辄为之”也可以推测出来。出土文献与传世史籍中对桥、道之修也往往相提并论，如《岳麓书院所藏秦简（肆）》151/1255、152/1371、153/1381载：

> 繇（徭）律曰：补缮邑院、除田道桥、穿汲（波，即陂）池、渐（堑）奴苑，皆县黔首利殴，自不更以下及都官及诸除有为殴，及八更，其睆老而皆不直（值）更者，皆为之。冗宫及冗官者，勿与。除邮道桥、驼（驰）道行外者，令从户□□徒为之，勿以为繇（徭）。①

《二年律令·徭律》简413—414云：

> 补缮邑，除道桥，穿波（陂）池，治沟渠，堑奴苑；自公大夫以下，勿以为繇（徭）。市垣道桥，命市人不敬者为之。②

《汉书·高惠高后文功臣表》载靳石于太始四年（前93）：

> 坐为太常行幸离宫道桥苦恶，大仆敬声系以谒闻。③

汉武帝时：

> 公卿议封禅事，而天下郡国皆豫治道桥，缮故宫。④

以上资料表明，桥道因所在地点的不同而有田道桥、邮道桥、市垣道桥之

---

① 陈松长主编：《岳麓书院藏秦简（肆）》，上海辞书出版社，2015，第118页。

② 张家山二四七号汉墓竹简整理小组：《张家山汉墓竹简［二四七号墓］》（释文修订本），第64页。

③ 《汉书》卷一六《高惠高后文功臣表》，第606页。

④ 《史记》卷三〇《平准书》，第1438页。

分，虽由不同的人营缮，但修缮时间则应是一致的。又，设官分职时，桥道事务的掌管者实为同一官，而非有所区分。至迟在东汉时，已设立了郡县专职官道桥掾，如《汉碑集释·耿勋碑》下题记有“熹平三年（174）四月廿日壬戌，西部道桥掾下辨祇造”[①] 字样。至晋时，司空府下也设道桥掾。[②] 隋唐时，桥道事一并归将作大匠（将作监）管理。正是出于此故，到唐《营缮令》“津桥道路”条，已对桥、道的营缮时间不作区分，统一规定为“起九月半，十月使迄”。

三、 唐宋令推迟到“九月半”原因试探

由于史料阙如，我们不能从文献上确定营缮桥道的常规时间由九月推迟到“九月半”是袭自隋令，还是唐令首创（且为宋令所承袭）。但这可能与租庸调制有关。

《通典》卷六《食货典·赋税》载：

> 诸庸调物，每年八月上旬起输，三十日内毕。九月上旬各发本州，庸调车舟未发，间有身死者，其物却还。其运脚出庸调之家，任和雇送达。
>
> 诸租，准州土收获早晚，斟量路程崄易远近，次第分配。本州收获讫发遣，十一月起输，正月三十日内纳毕（若江南诸州从水路运送，冬月水浅，上埭艰难者，四月以后运送，五月三十日内纳了）。其输本州者，十二月三十日内纳毕。[③]

九月上旬官府需将八月民众缴纳的庸调自本州发运京都或指定库藏、边军、都督府、都护府，此事关系重大，官府需集中精力全力办成此事。而且，运输庸调的脚力“出庸调之家”，若欲和雇他人送达，法亦允之，也

---

① 高文：《汉碑集释》，河南大学出版社，1997，第415页。黄留珠：《汉碑所见“道桥掾”考》，《文博》1988年第6期，第51~53、50页。

② 《宋书》卷三九《百官志上》，中华书局，1974，第1221页。

③ （唐）杜佑：《通典》卷六《食货典》，王文锦等点校，中华书局，1988，第109页。

会占据部分民力，是以官府无力在九月初便组织人力进行津桥道路修缮事。各州输送租的时间，是从十一月发遣至京都，或指定储仓。[①] 因此，起输庸调事毕，或已至九月半，待发遣租时，已至十一月，九月半至十一月之间，正好有一个时间空档，官府有余力在这一空档间处理津桥道路事。

后来，租庸调制崩溃，两税法取而代之，而在“九月半”营缮桥道事的规定却被沿续下来，则与唐代南方成为国家财赋主要来源、南方地区农时的后延有关。

至迟在唐高宗时期，南方长江流域一些发达地区已出现了稻麦复种制。[②] 稻麦复种制的出现与中、晚稻品种的形成紧密相连。尽管在汉代，已存在两年三熟制，农民收完粟谷即种小麦，收割完小麦又种粟谷或豆菽。[③] 许倬云先生还从《四民月令》描述的工作日程里发现了农民在八月一面出售小麦，一面购买粟谷，他认为农民买进粟谷是因为八月收获季节粟谷价格低廉，而出售小麦则可解释为八月正是小麦下种的季节。[④] 但从大范围来看，唐代以前，农作物基本为一年一熟制，或两年一熟制。[⑤] 而且秦汉时期，北方为统治中心及赋役的主要承担区域，所种植的主要农作物据《氾胜之书》载，是以稻、麻、禾、黍、秫、小麦、大麦、小豆、大豆为九谷，其中尤以稻、禾即粟、小麦、豆为主。即便是晚种之粟，到季秋八月，也是“农事备收”。这也应是秦汉律将“大除道及阪险”事定在九月，“为桥”事定在十月的考虑之一。

---

① （唐）李林甫：《唐六典》卷三《尚书户部》，“度支郎中员外郎”条，“凡物之精者与地之近者以供御（谓支纳司农、太府、将作、少府等物），物之固者与地之远者以供军（谓支纳边军及诸都督、都护府）”。第 80 页。具体例证，则可见吐鲁番地区所出各地庸调布，见王炳华《吐鲁番县出土唐代庸调布研究》，《新疆历史论文续集》，新疆人民出版社，1982，第 165~181 页。

② ［日］古賀登：《唐代兩稅法の地域性》，《東方學》第 17 辑，1958；《夏稅・秋稅の源流》，《東洋史研究》第 19 卷第 3 號，1960，第 367~390 页。

③ ［日］米田賢次郎：《齊民要術と二年三毛作》，《東洋史研究》第 17 卷第 4 號，1959，第 407~430 页。

④ ［美］许倬云：《汉代农业：中国早期农业经济的形成》，程农、张鸣译，江苏人民出版社，1998，第 117 页。

⑤ 李伯重：《我国稻麦复种制产生于唐代长江流域考》，《农业考古》1982 年第 2 期，第 65~72 页。

按《史记·货殖列传》载“楚越之地，地广人希，饭稻羹鱼，或火耕而水耨”① 可知，南方江淮地区至西汉中期，还是地广人稀，农业经营方式为火耕水耨，以一年一熟的稻作农业为主。② 东吴等六朝时期，南方得到开发，经济发展速度较快，稻、麦种植面积增加，但除了少数地区农业经营趋于集约化，大部分地区仍是农业经营粗放，不管是主要农作物的种类，还是单位产量，依然以北方为胜。③ 有学者认为，六朝后期已出现了“再熟之稻”“三熟之稻”，④ 但近代的水稻早、中、晚三大品类及从属于它们的多数品种，是直到唐代才形成的，⑤ 即便南朝后期有“再熟之稻”“三熟之稻”，也是偶尔出现在极少部分地区的特殊情况，未推广开来。

早、中、晚稻的研发与推广，对同一面积实现一年二熟有着极为重要的意义。早稻移栽多在三四月（成熟期约需 80 天），中稻多在五月（成熟期约需 90 天），晚稻多在六月（成熟期约需 100 天以上），李伯重先生指出，正是因为中晚稻品种的培育与推广，在冬小麦收割之后，五六月间便可在同一片土地上种植中晚稻，待到八九月间，中晚稻收割之后，又可播种冬小麦。因此，北方冬小麦多在八月播种，而气候温暖的长江流域则可推迟到九月，甚至十月亦有播种冬麦者。稻麦复种制在唐高宗时期应已在长江流域推广开来。⑥ 这极大地提高了单位面积的粮食产量，供应新增加的人口口粮，杜甫笔下“忆昔开元全盛日，小邑犹藏万家室。稻米流脂粟米白，公私仓廪俱丰实”的盛唐景象，应与农业生产的这一划时代进

① 《史记》卷一二九《货殖列传》，第 3271 页。

② 多有学者认为火耕水耨是粗放式农业经营，但张荣芳指出，火耕水耨只是南方种植水稻的耕作方式，并不等同于原始粗放。他结合传世文献与画像砖等图像资料，重新解释了“火耕水耨”，火耕就是在播种前放火焚烧树木杂草和干枯的稻杆，火耕还有除草、施肥和防治稻田病虫害的作用。水耨就是水田除草，包括用手拔草及用足踩草。张荣芳：《汉至六朝时期南方农业经济发展的文化阐释》，郑州大学历史研究所编《高敏先生七十华诞纪念文集》，中州古籍出版社，2001，第 19~30 页。

③ 郑学檬：《中国古代经济重心南移和唐宋江南经济研究》，岳麓书社，1996，第 4、9 页。

④ 张荣芳：《汉至六朝时期南方农业经济发展的文化阐释》，第 22 页。

⑤ ［日］加藤繁：《中国稻作的发展——特别是品种的发展》，吴杰译，载氏著《中国经济史考证》第 3 卷，商务印书馆，1973，第 174~180 页。

⑥ 李伯重利用《作物栽培学》（南方本）及农业部编《农业生产技术基本知识》对唐代江淮地区的作物种类及种植情况进行了推测。见前揭文《我国稻麦复种制产生于唐代长江流域考》。

步相关。这也是中唐尤其是安史之乱之后，在河北等地藩镇跋扈、供赋不入于朝廷的前提下，唐中央依恃江淮财赋，依然能够延续百年的基础之一。

在稻麦复种制下，长江流域的农时延后，不同于北方季秋八月农事备收，南方的九月、十月依然农事犹忙。开元七年令（开元二十五年令亦同）规定了交接职田时收获权的归属问题，其文曰：

诸职分陆田限三月三十日，稻田限四月三十日，以前上者并入后人，以后上者入前人。其麦田以九月三十日为限。若前人自耕未种，后人酬其功直；已自种者，准租分法。[①]

李伯重先生解释说，之所以以三月三十日、四月三十日及九月三十日为限，是因为粟、稻、小麦的一般播种时间分别是三月上旬、四月上旬和八月中戊前，大麦是八月下戊前，[②] 在南方播种时间可再推后一些，也就是说一般而言，在三、四、九三个月月底之前，应该播种完毕。将三月三十日、四月三十日及九月三十日定为播种时间，其说并无疑义。换言之，唐时，九月依旧为农时，南方地区尤其如此。

在稻麦轮种制的耕作方式下，九月，既是收割晚稻之季，也是播种冬麦之季。晚稻的收割时间，南方有些地区甚至晚至十月。元稹作《赛神》诗批判岳州民俗因好巫风事妖神结妖社而耽误了收割，其诗曰“年年十月暮，珠稻欲垂新”，“岁暮雪霜至，稻珠随陇湮”。按，稻成熟之后，若两周之内没有收割，稻杆便会软化倒伏于地，十月暮即十月末，“珠稻欲垂新”说明当时岳州谷粒尚在稻穗上，稻杆还未曾伏地，这是晚稻无疑，成熟期应在九月末至十月初或中旬。由此可知，长江中游十月正是稻熟收割季。

整个长江中下游气候相似，洞庭湖平原岳州既如此，其他地区亦相差不大，由于稻麦复种制的推行，南方地区九十月间依旧为农时，一直要到

① （唐）杜佑《通典》卷二《食货典》，第32页。

② 参见（北魏）贾思勰著，缪启愉校释《齐民要术校释》卷二《大小麦第十》《水稻第十一》《黍穄第四》，农业出版社，1982，第74、92~93、100页。

十一月，农事才结束。建中元年推行的两税法，要求“夏税勿过六月，秋税勿过十一月”，反映的是南方而非北方的收获季节，而这也反映出南方地区已成为唐帝国的财赋重心。①

《营缮令》将营缮津桥道路的时间推迟至“九月半”，一方面是秉承先王之政“九月除道，十月成梁”的古训，另一方面则与隋及唐前期的赋税制度有关。在租庸调制下，九月初是各州官府发运庸调的时间，此乃大事，官府必当全力以赴。这是唐代津桥道路事推迟到九月半的重要原因。按租庸调制并非唐代首创，而是袭自隋制。或许，津桥道路事推迟至九月半的制度始自隋代，亦有可能。尽管后来租调制被两税法取代，但随着南方地区稻麦复种制及经济重心、赋税重心的南移，南方地区农时后移，津桥道路事推迟至九月半也为宋代沿袭不替。

唐《营缮令》“津桥道路”条关于“起自九月半，十月使迄”的规定，至少在文献层面上为有唐一代所遵。唐阙名撰《对县令不修桥判》虽为拟判，但多少反映出律令制度对时人思想与认识的影响。长安、万年县令因不修城内桥，而被推按，不伏科罪。该判文判有“既愆十月之期，须明三典之坐”之语；《私雇船渡人判》针对的是洛阳县令杨忠未修中桥，私雇船舫于津所渡人，李孝言所撰判文批判“杨忠莅斯剧县，辄树私恩，不遵十月之规，有损二周之化”；② 白居易撰有《不修桥判》称“得丁为刺史，见冬涉水者哀之，下车以济之。观察使责其不顺时修桥，以徼小惠。丁云恤下”。《对》曰“津桥不修，何以为政？车服有命，安可假人？……启塞既阙于日修，揭厉徒哀其冬涉。事关失政，情近沽名，宜科

① 有学者认为两税法的改革是伴随着黄河以南经济的发展，经济发展起来的南方成为唐政府的财税中心。最早提出这一观点的是日本学者古賀登，他注意到华北和江南在经济上的差异，认为两税法的出现，与唐代经济发展重心转移到江南有关。见氏著前揭文《唐代兩税法の地域性》《夏税・秋税の源流》。其后，有学者认为，两税法的产生与南方地区经济的发展有特定的关系。他们认为安史之乱后，南方地区垦田增多、经济的发展、钱币在交换中普遍使用，具备“按赀纳税”和“以钱为税”的条件。袁英光、李晓路：《唐代财政重心的南移与两税法的产生》，《首都师范大学学报》1985 年第 3 期，第 43~44 页；郭传义：《唐代两税法改革的财政背景考察》，《中南财经政法大学研究生学报》2013 年第 3 期，第 55~60 页。

② （宋）李昉等编：《文苑英华》卷五四五《县令不修桥判》《私雇船渡人判》，中华书局，1966，第 2784、2785 页。

十月不成，庶辨二天无政”[①]。三条判文中的“既愆十月之期”“不遵十月之规”“宜科十月不成”，所依据的正是“十月为梁”的古训与“十月使迄”的法令规定。

需要注意的是，由于法律既规定了常规营缮时间，也要求“要路陷坏、停水，交废行旅者”，需即坏即修，因此事实上唐宋营缮桥梁的时间并未局限在九月半至十一月间。这在多篇桥记中也可找到依据，如唐代崔祐甫所撰《汾河义桥记》云，绛州稷山县南汾河义桥，系绛地一义子历经三年而修成，曾遭七月秋雨毁坏，后待到八月白露雨毕之后再修，终成其功。[②] 南唐常州义兴县令刘某作长桥，该桥“冬而裁，明年暮春而毕”[③]。北宋康定二年（1041）冬十月，宣化军使张景云作清河桥，经九十七日而桥成，是时月已至十二月或次年正月。[④] 益州通惠桥“经始于崇宁三年（1104）十月甲子，落成于大观元年（1107）二月丁酉”[⑤]，时间跨度长达三年有余。南宋绍兴二十六年（1156）季冬至二十七年（1157）四月，潼川府太守张南卿筑城郭，从东北隅筑至南门；当年十一月，潼川路提点刑狱司兼权知潼川府王之望到任之后，于十一月继续筑城，接续前功，自南门而西，至于北门，又缮修捍水长隄，补隍岸之缺，并在东、南、西三门外建石桥，三桥分别架于涪江、凯江及九曲河上，功成于绍兴二十八年（1158）二月。[⑥] 隆兴元年（1163）冬十月，天台县令王琰应民所需新作桥于县西之溪，至次年闰十一月告成，桥名“临川桥”。[⑦] 以上案例有单建桥梁者，也有在营堤岸、城隍、郭墙时一起营造桥梁者，且多遵循“十月为桥”之制，这表明“十月成梁”这一古训的长久生命力。另一方面，

---

① （唐）白居易：《白居易集》卷六七《判》，顾学颉校点，中华书局，1985，第1415页。

② （宋）李昉等编：《文苑英华》卷八一二《汾河义桥记》，第4291页。

③ （南唐）徐铉：《常州义兴县重建长桥记》，（清）董诰等编《全唐文》卷八八二，中华书局，1983，第9223页。

④ 曾枣庄、刘琳主编：《全宋文》卷六三二《石介·宣化军新桥记》，第15册，巴蜀书社，1991，第364页。

⑤ （宋）袁辉：《通惠桥记》，（清）黄廷桂等修，张晋生等纂《四川通志》卷四一，文渊阁《四库全书》影印本，台湾商务印书馆，1986，第561册，第368页上栏。

⑥ （宋）王之望：《汉滨集》卷一四《潼川修城堤三桥记碑阴》，文渊阁《四库全书》影印本，第1139册，第862页上栏~863页上栏。

⑦ （宋）陈骙：《天台临川桥记》，（宋）林表名辑《赤城集》卷一三，新文丰出版社，1948年影印本，第14~15页。

《营缮令》虽有“起自九月半，十月使迄”之规定，然而工程有大小，役工有长短，还有人事、资金、材料、水流、气候等多种因素的影响，要求所有“津桥道路”都必须在九月半至十月末的时间区段内完成，事实上只能是制度层面的理想设计，现实操作中则难以遵行，唐宋皆然。

总而言之，一时代有一时代之问题，制度宜因时因事而常新，但也有不少制度拥有漫长的生命，沿用上千年，乃至更久。这些“通用”制度，奠定了古代中国的一些根本特征，塑造了中华文明的基本面貌。唐宋法律制度，有不少都可以在先秦、秦汉法律文献中找到渊源。从唐宋《营缮令》“津桥道路”条来看，道路、桥梁的营缮制度，兼顾了不违农时与不废行旅，遵循了《夏令》“九月除道，十月成梁”的古训，同时为了适应现实，也有所更改。这一做法也为元代所继承，《通制条格》载，“至元七年九月，中书省。近钦奉圣旨节该：‘都水监所管河渠、堤岸、道路、桥梁，每岁修理。’钦此。照得九月间平治道路，合监督附近居民修理，十月一日修毕。其要路陷坏、停水，阻碍行旅，不拘时月，量差本地分人夫修理。仍委按察司以时检察”①。我们发现，较之唐宋《营缮令》，元代河渠、道桥等工程的常规营缮时间又有所改变，集中在九月间，要求十月一日修毕。元代版图之广，胜过唐宋，江淮地区的农作方式延续了唐宋而有改进，何以将桥道堤岸的常规营缮时间定在九月？或与该条制度的施行、适用地区为中书省所管辖的地区为“腹里”即山东、山西、河北等地有关，或还恐有他故。至明清，津桥道路的营缮规定依然存于法律，《大清律例·工律》最后一条是为“修理桥梁道路”条，其要旨与唐宋《营缮令》“津桥道路”条大致相同。②

附记：

本文在“制度、文学与法制”青年学术沙龙暨新制度史与古文书学创新团队2019年度报告会上宣读时，曾蒙赵璐璐提出修改意见，特致谢忱。

① 方龄贵校注：《通制条格校注》卷三〇《营缮》，中华书局，2001，第740页。

② 张荣铮等点校：《大清律例》卷三九《工律·河防》，天津古籍出版社，1993，第666页。

《中国古代法律文献研究》第十五辑
2021 年，第 187~209 页

论高丽移植唐代法制的原则：以律典为中心

张春海*

摘　要：强化王权是高丽最高统治者的基本政治诉求，也是他们移植唐律的主要动力，由此，政治利益优先原则就成为高丽移植唐代法制的首要原则。为在博弈中取得平衡，在贵族对政治利益让步的同时，王权也不得不在其他方面做出让步，这就使尊重强势集团的既得利益成为法律移植的又一重要原则。高丽移植唐律的主要目的是当下有用，功利原则亦成为重要原则之一。半岛有自身特殊的风俗与国情，高丽在移植法律的过程中予以了充分尊重，使之成为另一重要原则。

关键词：高丽王朝　法律移植　唐代律令

引　　言

高丽王朝曾两次大规模移植唐律以制定本国法典。第一次发生在成宗（981~997）初期，制成第一部《高丽律》。《高丽史·刑法志》序：“曰

* 南京大学法学院教授。

《狱官令》二条，《名例》十二条，《卫禁》四条，《职制》十四条，《户婚》四条，《厩库》三条，《擅兴》三条，《盗贼》六条，《斗讼》七条，《诈伪》二条，《杂律》二条，《捕亡》八条，《断狱》四条，总七十一条。”① 除去《狱官令》，该律典实际上只有 69 条。毅宗二十四年(1170)，郑仲夫、李义方、李高等武将发动叛乱成功，从此，高丽王朝进入长达百年的武人统治期（1170~1270)。② 在这一时期，武人政权再次以唐律为蓝本，制定了第二部《高丽律》，大约在 70 条左右。③

高丽一代，律典一直保持在 70 条左右的规模，直到高丽末期试图制定第三部律典《新定律》时依然如此。恭让王四年（1392)，“守侍中郑梦周进所撰《新定律》，王命知申事李詹进讲，凡六日，屡叹其美”④。郑梦周所撰《新定律》只用六天即为恭让王讲解完毕，以每天进讲 10 条计，总共只有 60 余条，如每天进讲 20 条，也不过 120 多条。作为参照，朱元璋在洪武元年（1368）八月，“命儒臣四人同刑部官讲《唐律》。日写二十条取进止，择其可者从之”⑤。以朱元璋的旺盛精力，每日也不过讲读 20 条，李詹给恭让王进讲《新定律》恐怕不会超过此进度。《新定律》的规模当在七八十条左右，这应是高丽制律时的一个传统。可唐律却有五百条之多，如果加上注释、律疏、问答，规模更为庞大。因此，高丽人在制定本国律典时，要对《唐律疏义》的内容进行大规模筛选，然后依据本国国情对剩余部分加以改造。筛选与改造构成高丽王朝立法的两个阶段，筛选是第一阶段的主要工作，即对唐律进行“过滤”，以消除那些被立法者认为不适合、不需要的律条。之后进入第二阶段，对经过滤剩下的律条进行改造，使之符合现实政治、社会、文化及意识形态的要求。最后，再依照唐律的体系编成律典。既然筛选与改造如此重要，那么高丽人又是依据什么

① （朝鲜）郑麟趾等:《高丽史》卷八四《刑法一》，孙晓等点校，西南师范大学出版社、人民出版社，2014，第 2655 页。

② 高丽元宗十一年（1270)，高丽武人政权的最后一个统治者林惟茂被杀，高丽的武人政治正式终结，最高权力重新回到了国王手中。

③ 关于此，可参考张春海《高丽律辑佚与复原及其所反映之时代》，《南京大学法律评论》2010 年秋季号，法律出版社，2010，第 88~105 页。

④ 《高丽史》卷四六《恭让王二》，第 1399 页。

⑤ 《明太祖实录》卷三四，上海书店，1982，第 616 页。

原则与方法进行？这便是本文要解决的问题。①

一、政治利益优先原则

和一般自然发生的文化传播或零星的制度引进不同，大规模的制度移植更依赖政治力的推动。法律移植特别是体系性的大规模法律移植，往往以重大政治变动为先导，以鲜明的政治目的为诉求，具有明确的政治性。它们多由在政治上居主导地位之集团所发动，历史上这样的例子不胜枚举。② 因此，处于制度移入国权力顶层之各政治势力间的斗争与妥协，对法律移植的方式、规模、程度、结果有决定性影响。③ 诺思云："一般来说，现行的政治规则决定经济规则。"④ 同理，政治规则亦决定法律规则，政治规则本身则由权力所决定，政治利益为其内在动力与基本指向。

高丽政治制度受居于高端文明之中国制度的影响，在形式与框架上采用了中国式的政治体制，君主在名义上是最高主权者，但王朝又长期处于贵族政治的权力格局与社会结构下，名实不符，王权与贵族权之间充满张力。在此语境下，居于政治体制顶层的国王，为了强化王权，消弱贵族权，⑤ 成为大规模制度移植、进行激烈制度变迁的主力。文化高度发达，

① 日本学者花村美树的《高丽律》一文是最重要的研究高丽法制的论文，但主要是对现存于《高丽史·刑法志》的一些律条进行了解说，对以上问题并未留意。［日］花村美樹：《高麗律》，《朝鮮社會法制史研究》，岩波書店，1937。韩国学者宋斗用的《高丽律之研究》一书是第一部系统、全面地对《高丽律》和唐律进行比较研究的著作，指出了现存于《高丽史·刑法志》中之各个律条的来源以及它们和唐律相应条文的异同之处。［韩］宋斗用：《高麗律之研究》，《韓國法制史考》，進明文化社，1992。但没有就《高丽律》对唐律进行的改造与删减进行分类与归纳，特别是没有将《刑法志》中散乱记载的《高丽律》律文与国王颁布的教、判加以区分，并比照《唐律疏议》进行归类与复原，从而就没有揭示出隐藏在两律差异背后的规律性的因素。

② 古代日本之移植唐律就是在古代东亚世界发生的一例。

③ 诺思就指出："制度未必或者说通常不会是为了实现社会效率而被创造出来的，相反，它们（起码是那些正式制度）之被创立，是为了服务于那些有制定新规则的谈判能力的人的利益的。"［美］道格拉斯·C.诺思：《制度、制度变迁与经济绩效》，杭行译，格致出版社、上海三联书店、上海人民出版社，2008，第22页。

④ ［美］道格拉斯·C.诺思：《制度、制度变迁与经济绩效》，第67页。

⑤ 高丽乃是一个贵族社会，王权低落。关于此，可参考［韩］李基白《韓國史新论》，一潮閣，1996，第159页。

早已牢固确立君主专制体制的中国，是他们制度移植的对象，我们可将他们的这些“改革”统称为“华化”政策。高丽王权积极主动移植唐律的基本动力与出发点，就是自身政治利益的最大化，即通过体系化之法律规则的引入，压制基于传统与结构的贵族权，实现王权的专制化。

对唐律的移植之所以被高丽王权寄予如此厚望，则是因为唐律本身即以君主专制体制为依归，《唐律疏议·名例律》“十恶”条关于谋反的律疏便云：“王者居宸极之至尊，奉上天之宝命，同二仪之覆载，作兆庶之父母。为子为臣，惟忠惟孝。”① 以法律形式确立了皇帝居天地之至尊的地位。②

王权的扩张便意味着贵族权的萎缩，双方在权力的分配上，基本是一种此消彼长的零和博弈关系，故贵族集团坚决反对王权移植包括唐代法律体系在内的各种“激进”制度变革措施。可是，在当时的制度框架内，他们又无法赤裸裸地以权力与利益之受损为诉求。于是，他们便采取了诉诸文化的方式。高丽政权同华夏王朝近似，在相当程度上亦可被视为艾森斯塔得所谓“文化取向”的政治体系。③ 贵族集团借助文化理由，为权力与利益之争裹上了一层文化外衣。唐代法与本国“土俗”不合，必须维护本国的固有文化与传统，成为他们反对大规模移植唐代法律制度的主要理由之一。

半岛自新罗以来，贵族的地位和特权一直是由一系列被称为“土俗”“土风”“旧俗”或“本俗”的习惯法及固有法所支撑。在所有这些“土俗”中，最重要的就是贵族政治与贵族特权，④ 所谓“我东方有大家世族，相与维持而夹辅之也”⑤。结果，在高丽初期的光宗（949~975）与景宗

① 刘俊文：《唐律疏议笺解》，中华书局，1996，第56页。

② 具体论述可参考高明士《论唐律中的皇权》，郑学檬主编《中国古代社会研究：庆祝韩国磐先生八十华诞纪念论文集》，厦门大学出版社，1998，第28页。

③ ［以色列］艾森斯塔得：《帝国的政治体系》第9章第4节《中华帝国的文化取向与目标的影响》，阎步克译，贵州人民出版社，1992，第232~240页。

④ 关于此，可参考［韩］邊太燮《韓國史通论》第三编 第一章《門閥貴族社會의 형성》，三英社，1999；［韩］李基白《高麗 中央官僚의 貴族적 性格-成宗대를 中心으로》，《東洋學》5，단국대학교 동양학연구소，1975）。

⑤ （朝鲜）梁诚之：《讷斋集》卷四《请封功臣》，韩国文集丛刊（9），景仁文化社，1996，第334页。

(975~981）两王在位的近三十年间，双方展开了惨烈斗争，坚持“土俗”的贵族和主张“华化”的归化中国士人及其追随者大批被杀，系统的法律移植工作未来得及充分展开。诚如诺思所言：“当正式规则的剧烈变化导致了其与现存的非正式约束不相融合时，二者之间无法缓解的紧张将带来政治的长期不稳定。”①

这种两败俱伤的零和博弈模式显然不能再继续下去了，否则将危及统治集团的整体利益，有必要将零和博弈变为双赢博弈。成宗的继位提供了这样的契机，双方很快达成了妥协——贵族集团承认王权推行“华化”政策的合法性，王权则承诺尊重“土俗”，所谓“华夏之制，不可不遵，然四方习俗，各随土性，似难尽变……不必苟同”②。在此基础上，高丽对唐代法制的移植再次展开。与光宗时期不同，此次对唐代制度的移植是在大规模筛选与改造的基础上进行的。

在一特定社会，主要的规则体系由拥有更强谈判能力的集团所主导、界定，主要反映他们的利益。在高丽社会，拥有最强谈判能力的集团当然是王权与贵族集团。法律移植过程中，对唐律的筛选与改造主要就是他们之间妥协与折中的产物。至于如何妥协，则要看双方的力量及他们在立法过程中博弈的具体方式与水平。

成宗首次移植唐律制定本国第一部律典时，正值光宗以恐怖手段剪除勋旧势力后不久，王权的力量尚强，拥有相当的威势。在此语境下，王权主持制定第一部《高丽律》时，虽对贵族集团做了一定程度的让步，但其基本精神仍是强化王权。因此，我们看到，第一部《高丽律》的《名例律》规定了十恶、官当、除名、免官等制度，在着意强化王权的同时，努力规制贵族与官僚集团的权力，唐律《名例律》中诸如议、请、减、赎、荫等一系列保障官僚与贵族特权的法律均被删除，只剩下了官当一项。

总之，第一部高丽律典对唐律的改造，更多体现了王权的利益与意志。到了武人执政时期，王权极度衰落，沦为任人宰割的傀儡，执政的武人出于自身利益的考虑，在制定第二部《高丽律》时，对唐律《名例律》

---

① ［美］道格拉斯·C.诺思：《制度、制度变迁与经济绩效》，第 193 页。

② 《高丽史》卷九三《崔承老传》，第 2891 页。

进行了更大幅度的删减，只保留了五刑一条，整部律典完全失去了支撑君主专制体制的功能，臣权在无形中凸显了出来。

这种政治利益优先的原则也体现于其他篇目。《唐律疏议·卫禁律》"包括'卫'和'禁'两个方面，所谓'卫'，主要指宫廷之警卫；所谓'禁'，主要指关津之禁约"[①]。从第一部《高丽律》之《卫禁律》存留有"阑入宫殿门及上閤"一条的情形看，该篇当以保卫国王人身安全的"卫法"为主，与此关系不大的"禁法"基本均被删除。可第二部《高丽律》的《卫禁律》的倾向恰恰相反，对保护王权最为重要、也最有实质意义的"卫法"被删除，转而以"禁法"为主。

《职制律》的主要功能在于规制官员的行为。在高丽，贵族与官僚往往是一体两面之关系,[②] 故在第一部《高丽律》中，对唐律《职制律》的采纳较多，共14条，所占比重远远超过了《职制律》在唐律中所占的比重。从现存一条为"被制书施行有违"的情形看，该篇应以对官员的不敬行为、违纪行为和失职行为进行规制的律条为主，这和《名例律》《卫禁律》表现出的倾向一致。武人执政时期，随着王权的式微，实际的最高权力者强调的不再是官员对王室的忠心，而是他们本身的公正、清廉等基本素质。因此，第二部《高丽律》的《职制律》仅五条，除"匿父母及夫丧"一条外，其他四条均集中于对官员贪赃行为的处罚上，而规制官员不敬行为的律条全被删除。

《唐律疏议·擅兴律》由擅律和兴律组成。擅律专言军戎之事，兴律专言工程兴造之事。[③] 从第一部《高丽律》有"擅发兵"条的情形看，其《擅兴律》当以规制官员们军事上之专擅行为的律条为主，维护和提升王权仍是主要目的。在武人执政时期，这些律条显然会对武人集团的权力行使形成掣肘，在第二部《高丽律》中被删除，移植的主要是唐律兴律的内容，现存的一条便是属于该律的"丁夫杂匠稽留"条。

---

① 刘俊文:《唐律疏议笺解》，第537页。

② 因为贵族势力通过荫叙制以及对科举的把持，得以世代维持其地位与特权。关于此，可参考［韩］李基白《高麗貴族社會의形成》，《한국사》4，국사편찬위원회，1974，第184页。

③ 刘俊文:《唐律疏议笺解》，第1160~1161页。

《唐律疏议·贼盗律》分为贼律和盗律两部分。该篇最大的特点之一是集中了大量关于“十恶”的规定，乃《名例律》“十恶”条的具体化。第一部《高丽律》的《贼盗律》共六条，从其《名例律》有十恶的规定，以及在其他各篇所表现出的总体倾向看，也应以这方面的规定为主。然而，在第二部《高丽律》中，该篇的总体倾向却为之一变。首先，尽管第二部《高丽律》之《贼盗律》的条文数远远超过了第一部，但在现存的十则条文中，只有一条属“贼律”（“谋杀周亲尊长”条），剩余九条均属“盗律”。其次，这些条文多为涉及具体财产犯罪之规定。第三，再就它们和十恶的关系看，仅涉及了其中的两恶——“恶逆”和“不睦”，涉及的主要是家族伦理，对于强调君臣关系的“谋反”“谋大逆”“谋叛”则只字未提。突出家族伦理，强调“孝”，刻意回避君臣间“忠”的伦理，显然是在迎合武人政权的需要。[①]

《唐律疏议·斗讼律》分为斗律和讼律两部分。第一部《高丽律》之《斗讼律》现存“斗故杀人”和“投匿名书告人罪”两条，其他五条失传。第二部《高丽律》之《斗讼律》现存律文16条，在整部律典中所占比重最大，但大部分律文均为关于家族犯罪之规定，唐律中保护王权的律条均被删除。这显然也是为了适应武人政权家族统治的需要。武人政权特别是从崔忠献开始持续六十余年之崔氏一族的统治，主要是通过父死子继、世代把持兵柄、王权政治家族化的方式实现的。崔怡于高宗十四年（1227）置“书房”，史称“怡门客多当代名儒，分为三番，递宿书房”[②]。王国的大臣一变而为崔氏一族的家臣，从前的王权政治降格为崔氏一族的家族政治。在此语境下，崔氏武人政权制定刑律时，在贬低君臣之间“忠”之关系的同时，着意强调家族内部“孝”的关系，[③]希望以此来调整崔氏家族内部以及崔氏一族和其家臣的关系，进而达到维持统治的目的。

---

① 参见张春海《高丽律辑佚与复原及其所反映之时代》。

② 《高丽史》卷一二九《叛逆三·崔忠献传》附《崔怡传》，第3906页。

③ 关于高丽律中对“孝”的强调，可参考［韩］李熙德《高麗律과 孝行思想에 대하여》，《歷史學報》58，1973。

《唐律疏议·诈伪律》大致可分为伪造与假冒罪、诈欺罪、伪证罪三类。[①] 在第二部《高丽律》中，现存的两条（“知人诈欺得物而从乞取”条、“违方诈疗病因取财物”条）均属第二类。属于第一类的关于伪造与假冒罪的规定多为侵犯皇权及行政权之犯罪行为，第三类的伪证罪则主要为与法律程序相关的犯罪。对这两类犯罪行为的规制，始终不是第二部《高丽律》的重点，相关律条基本上均被删除。这一现象绝非偶然，亦当与武人政权在法律上刻意压低王权的做法有关。

二、尊重强势集团既得利益的原则

既然移植唐律是高丽社会内部有最强谈判力之集团间的博弈，博弈的技巧、时机等因素固然重要，但最终起作用的还是双方政治力的对比，立法博弈的结果基本由权力格局的状况所决定。而权力格局又建立在一定的社会结构之上，法律的制定和移植必须反映一个社会实际存在的利益格局。从这个角度看，法律移植的结果在其开始之时就几乎被注定。诺思便指出：“显著的制度框架的变迁，牵涉到众多约束的诸多变化……只有当正式规则的改变对那些拥有充分谈判能力的人是有利的时候，正式的制度框架才可能有重大的变化。”[②] 在对唐律进行筛选与改造的过程中，不能只考虑一方的利益，而不顾另一方的利益，否则游戏将无法继续。如上文所言，高丽王朝之所以能在成宗时期以移植唐律的方式制定本国律典，王权与贵族集团之间的妥协是其主因。在政治利益优先的原则下，立法已在相当大的程度上体现了王权的政治利益，作为对价，王权也不能不尊重并保护贵族集团最关键的既得利益，否则半岛正式的法律制度不可能有重大变化。

由于成宗时王权相对强势，以及政治利益对王权所具有的绝对重要性，贵族集团不得不采取在政治利益上让步，而确保经济利益的策略。贵族集团经济上最关键的既得利益乃奴婢制度，朝鲜王朝时代的李宗城即

---

① 刘俊文：《唐律疏议笺解》，第 1684~1685 页。

② ［美］道格拉斯·C.诺思：《制度、制度变迁与经济绩效》，第 95~96 页。

云："至于胜国……许奴婢而为其世传，割杨广一道，作为私田，士夫之骄重，其来远矣。田赋之外，财用之出处，只有户与口，而士夫之骄重待遇，本自如此，不敢为计户计口。"① 如此重要的既得利益当然需要制度化的保障，这是高丽王朝存在一套相对发达的以习惯法为主要表现形式之奴婢法制的根本原因。这套法制的基本原则与具体制度和唐律有重大差异。唐律关于奴婢等贱民阶层的规定基本可以概括为：在严格维持等级身份制度的基础上实行"一良永良""从良不从贱"两大原则，多向有利于贱民的方向靠拢。高丽王朝实行的却是"一贱永贱""从贱不从良""父母一贱则贱"的原则，一旦沦为贱民，本人及子孙世世代代都无法脱离贱籍。②

对于必须确保贵族集团在奴婢制度上的利益，王权和贵族集团是有默契的。因此，他们对唐律律文进行了筛选，并对剩下的律条进行了改造。第二部《高丽律》的《名例律》便将《唐律疏义·名例律》中各种关于贱民集团的律条大部分删除，仅移植了其中的一两条。这一两条还被作了与唐律本条意思完全相反的改造。比如，其"奴娶良女"一条，③ 系移植自唐律的"奴娶良人为妻"条而来，④ 唐律此条处罚的主体是为奴娶良妻的主人，而《高丽律》此条处罚的主体却是奴本人。⑤

在高丽，贵族集团是国家的执政阶层，不仅对王权形成了强有力的牵制，和平民的距离亦极大。尽管成宗在和贵族势力达成妥协的基础上，移植了唐代的三省六部制，试图既以制度的力量在一定程度上保障贵族的特

---

① （朝鲜）李宗城：《梧川先生集》卷一四《与灵城户判书》，韩国文集丛刊（214），景仁文化社，2000，第337页。

② 关于高丽的奴婢法制，可参阅［韩］洪承基《高麗貴族社會와 奴婢》（一潮閣，1997）一书的有关讨论。

③ 《高丽律》之《户婚律》规定："奴娶良女，主知情，杖一百；女家徒一年。奴自娶，一年半；诈称良人，二年。"《高丽史》卷八五《刑法二》，第2716页。

④ 该条规定："诸与奴娶良人女为妻者，徒一年半；女家，减一等。离之。其奴自娶者，亦如之。主知情者，杖一百；因而上籍为婢者，流三千里。"刘俊文：《唐律疏议笺解》，第1063～1064页。

⑤ 这一做法直到后来朝鲜王朝时才有所改变。《朝鲜王朝实录·太宗实录》卷二太宗元年（1401）七月甲寅条："贱口娶良女所生，属司水监。身良役贱故也。醴泉府院君权仲和上疏曰：'本朝奴婢所生，从母从父之法尚矣。凶暴贱口，多娶良女，所生尽为私贱，以此贱口日增，良民日减，供国役者大减。愿自今勿令贱口交通良人，其有良女已为贱口妻者，亦令离异，或有违令，罪及奴主。'俞允。"首尔大学奎章阁本。

权，又能对之形成制约。可是，在现实的社会结构与权力格局下，这种显性的制度，在运作过程中逐渐发生了变化——贵族势力通过对荫叙及科举制的把持，[①] 可世代维持其地位与特权。[②] 在高丽，官员主要来自各个大小不同的贵族家庭，官僚制与贵族制已融为一体，官僚制成了贵族政治的运作形式。《高丽史·辛旽传》载："王在位久，宰相多不称志。尝以为世臣大族，亲党根连，互为掩蔽，草野新进，矫情饰行以钓名，及贵显，耻门地单寒，连姻大族，尽弃其初。"[③] 这已到了高丽末期。

在此状况下，高丽在两次制律的过程中，不仅将不少规制官员的律条删除，在量刑上也对官员予以优待，使《高丽律》在刑罚上出现了官轻民重的特点。比如，第二部《高丽律》的"枉征租税入己"条规定："有禄者，三十匹加役流；无禄者，二十五匹加役流。"[④] 唐律的规定则为有禄者十五匹加役流；无禄者减一等，二十匹加役流。[⑤] 两相比较，可知《高丽律》对有禄者规定的刑罚轻，无禄者反重。这和唐律本条所显示之重罚官员的倾向正好相反。又《高丽律》"被强盗不救助条"规定"官司不救，一百；窃盗减二等"[⑥]，唐律本条的规定则为"其官司不即救助者，徒一年。窃盗者，各减二等"[⑦]。《高丽律》规定的刑罚较唐律减轻了一等。

《高丽律》除了有对官员犯罪予以减轻之外，还有对平民犯罪加重的倾向。《高丽律》"丁夫杂匠稽留"条的起始刑为"一日笞四十"，直到徒一年；[⑧] 唐律"丁防稽留"条的起始刑则为"一日笞三十"，"罪止杖一百"，[⑨]《高丽律》此条比唐律本条重一等。又《高丽律》"辜限"条规定："手足殴伤人者，限十日；以他物殴伤人者，限二十日；以刃及汤火殴伤

---

① 关于高丽科举制度和贵族社会的关系，参见［韩］李基白《高麗貴族社會의形成》。

② 如靖宗朝宰相崔冲，其子孙"登宰辅者数十人"。《高丽史》卷九五《崔冲传》，第 2942 页。这些世代出任宰相的家族就是高丽所谓的"累世宰相""累代功臣宰相之宗"。《高丽史》卷三三《忠宣王一》，第 1063 页。

③ 《高丽史》卷一三二《叛逆六·辛旽传》，第 3976~3977 页。

④ 《高丽史》卷八五《刑法二》，第 2692 页。

⑤ 刘俊文：《唐律疏议笺解》，第 1001~1002 页。

⑥ 《高丽史》卷八四《刑法一》"户婚"条，第 2682 页。

⑦ 刘俊文：《唐律疏议笺解》，第 1967 页。

⑧ 《高丽史》卷八四《刑法一》"户婚"条，第 2682 页。

⑨ 刘俊文：《唐律疏议笺解》，第 1226 页。

人者，限四十日。折趺（跌）支体及碎骨，限五十日。[①] 在“以刃及汤火伤人”的情况下将唐律的保辜期间从30日增加到了40日，较唐律为重。[②] 在这两条中，第一条的适用对象显然是平民，第二条的适用对象在理论上虽说是“凡人”，但主体仍是平民。

对平民处罚的加重亦是刑罚上官轻民重的一种表现。可资比照的是，《高丽律》虽基本上较为完整地吸收了唐律的六赃之法，可由于这些法条的适用对象主要是官员，所以相关条文中无一加重。

三、功利原则

如前文所述，高丽移植唐律主要不是从文本层面之律典本身的合理性、系统性出发，也不完全考虑国家的整体利益，而是以维护和提升参与制定法律之强势集团的利益为主要着眼点。这种状况的出现固然和当时半岛特定的社会结构与权力格局有关。但如果将之与后世朝鲜王朝移植《大明律》时的情形作一对照的话，我们就会发现，这种状况的出现还和当时半岛精英对中国文化的认知有关。以贵族集团为主体的高丽精英阶层中的一些人，不承认中国文化的优越性与普适性。成宗时期，李知白就抨击王权推行的“华化”政策说：“圣祖创业垂统，洎于今日……曷若复行先王燃灯、八关、仙郎等事，不为他方异法，以保国家致太平乎？”[③] 直指唐文化为异端。睿宗时，还有人将唐文化与契丹文化并列，要求不论是“唐风”还是“丹风”，一律禁止。[④] 在此情况下，高丽对唐律的移植处处体现功利的色彩。换言之，他们在制定本国律典的过程中，对唐律这一高度发达的文化体系，基本上不存敬畏之心，移植的目的只有一个，就是当下有

① 《高丽史》卷八四《刑法一》“辜限”条，第2657~2658页。

② 《唐律疏义》“保辜”条规定：“诸保辜者，手足殴伤人限十日，以他物殴伤人者二十日，以刃及汤火伤人者三十日，折趺支体及破骨者五十日。限内死者，各依杀人论；其在限外及虽在限内以他故死者，各依本殴伤法。”刘俊文：《唐律疏议笺解》，第1482页。

③ 《高丽史》卷九四《徐熙传》，第2908~2909页。

④ 《高丽史》卷七九《食货二》：“睿宗元年（1106），中外臣僚多言先朝用钱不便，七月，诏曰：‘钱法，古昔帝王所以富国便民，……不意群臣托太祖遗训，禁用唐、丹狄风之说，以排使钱。……若文物法度，则舍中国何以哉？’”第2520~2521页。

用。这种情形除了以上所论政治与利益色彩较浓的层面外，在其他方面也是如此。

由于《户婚律》涉及的是最一般的社会问题，政治性不强，故第二部《高丽律》对唐律此篇的筛选采取了与对《名例律》《卫禁律》《职制律》和《擅兴律》等篇不同的做法——对《户婚律》的六大类条文,[①] 高丽人均有所选择，而非如其他篇那样，只集中选择其中的某类律条，而删除另一些类别的律条。当然，尽管第二部《高丽律》之《户婚律》的13个律文在《户婚律》的六大类中均有分布,[②] 但仍显不均。在这些条文中，以违反土地管理行为处罚类的律文最多，违反家族礼法行为处罚类的律文次之，这两类律条在《唐律疏议·户婚律》中并不占多数。[③] 高丽人的这种作为，显然和前文所论武人政权重视家族内部伦理及重视土地犯罪的情形有关。另外，在这13个律文中，除“养异姓男”“妻擅去”“奴娶良人为妻”和“父母被囚禁嫁娶”4个律文外，其他9个律文均和财产犯罪有关,[④] 这与我们下文要讨论的高丽人重视财产犯罪的倾向一致。

值得注意的是，尽管户婚律是第二部《高丽律》对唐律条文移植最多的一篇，但户婚制度却是两国在制度上差异最大的部分之一。就田制而论，唐代（至少在唐前期）实行均田制，而高丽实行的却是“田柴科”制。[⑤] 可即便如此，高丽人仍能从唐律中摘取律文为己所用。

当然，《高丽律》之《户婚律》中移植唐律最多的还是那些和某种特

---

① 它们分别为：关于违反户口管理行为之处罚、关于违反土地管理行为之处罚、关于违反赋役管理行为之处罚、关于违反继承管理行为之处罚、关于违反婚姻管理行为之处罚、关于违反家族礼法行为之处罚。刘俊文：《唐律疏议笺解》，第913~914页。

② 属于违反户口管理行为处罚类的有“脱漏户口增减年状”“里正不觉脱漏增减”共2条；属于违反土地管理行为处罚类的有“盗耕公私田”“妄认盗卖公私田”“在官侵夺私田”“盗耕人墓田”共4条；属于违反赋役管理行为处罚类的有“枉征租税入己”1条；属于违反继承管理行为处罚类的有“养异姓男”1条；属于违反婚姻管理行为处罚类的有“妻擅去”“奴娶良人为妻”2条；属于违反家族礼法行为处罚类的有“父母被囚禁嫁娶”“应分财物不平”“子孙别籍异财”3条。关于此，参见张春海《唐律、〈高丽律〉法条比较研究》，《南京大学法律评论》2011年秋季号，法律出版社，2011，第122页。

③ 相反在《唐律疏议·户婚律》中有17条、比重将近占37%的关于违反婚姻管理行为处罚类的律条在复原后《高丽律》的户婚律中仅有2条，所占比例仅15%。

④ 关于此，参见张春海《唐律、〈高丽律〉法条比较研究》，第123页。

⑤ 关于此，参见［韩］姜晋哲《高麗土地制度史研究》第3章《田柴科制度의 制度 및 그 內容》，高麗大學校出版部，1993。

定制度无关，具有普遍适用性的律文，如“盗耕公私田”“妄认盗卖公私田”“在官侵夺私田”“盗耕人墓田”等条即是如此。这些律文指向的目标都是一个，即非法侵害土地所有权的行为。这既和武臣时期日益严重的土地兼并现象有关，[①] 也因为它们涉及了贵族集团的根本既得利益。贵族集团最重要的既得利益除了奴婢制度之外，便是土地即“私田”。上文所引李宗诚的言论即云：“至于胜国……割杨广一道，作为私田，士夫之骄重，其来远矣。”为了保障贵族集团这一重大既得利益，《高丽律》对直接关系土地犯罪的行为多予加重处罚。总之，高丽人对唐律移植的一个主要标准就是功利性、实用性，以能否解决当下问题为鹄的。

《唐律疏议·斗讼律》共60条，其中属于斗律的38条，属于讼律的22条，虽以斗律为主，但两者基本平衡。可在制定第二部《高丽律》的武人政权时期，由于政局动荡、社会不稳，普通刑事犯罪的发案率当有较大幅度的上升，故在移植唐律时，主要移植了唐律中斗律的内容，共计有12个律条。对讼律则作了大幅筛选，只留下4个律条，功利性的色彩非常明显。

《唐律疏义·杂律》共计62条，分为20大类。[②] 在制定第一部《高丽律》时，由于重点在《名例律》与《职制律》，在不到70条的总体规模与框架下，《杂律》不重要，大部分被删除，只移植了两条。可在制定第二部《高丽律》时，移植重点发生了变化。统治集团关注的主要是一般刑事犯罪，他们从唐律的《杂律》中最少移植了12个条文。可即便如此，高丽人仍对唐律该篇进行了有重点的筛选，主要移植了和财产罪与奸非罪有关的律条，其他则多被删除。[③] 这既是重视财产犯罪的传统使然，也因为这两类犯罪乃当时最经常发生的犯罪，必须有针对性地打击。这同样体现了高丽人移植唐律时所具有的功利性与实用性特点。

---

① 在整部《高丽律》中，涉官加重的只有“在官侵夺私田”一条。此条之所以加重，首先是因为在高丽，土地问题一直非常严重，惩治关于土地的不法与犯罪行为一直是王朝关心的重大问题。《高丽史》卷九八《崔奇遇传》：“迁至左司谏，迁御史，以起居舍人为西海道按察使。李资谅营院馆，侵夺吏民田园，掌其事者因缘谋利，为民害。奇遇奏禁之，一方大喜。”第3043~3044页。相关记载甚多。关于高丽土地制度的相关问题，可参考［韩］姜晋哲《高麗土地制度史研究》第7章《田柴科制度의崩坏》。

② 刘俊文：《唐律疏议笺解》，第1772~1774页。

③ 关于这一问题的具体论述，参见张春海《唐律、〈高丽律〉法条比较研究》，第132~133页。

《唐律疏议·诈伪律》有律文27条，大致可归纳为伪造与假冒罪、诈欺罪、伪证罪三类。[①] 在第二部《高丽律》中，现存律文均属第二类，第一类和第三类条文全无，说明它们中的绝大部分均被删除。这并非偶然。以第三类律文论，伪证罪主要规定和法律程序相关的犯罪，可高丽人认为程序性规定缺乏实用性，在移植唐律时一般均予删除，留下的均是实体性条款。就现在我们还能见到的两部《高丽律》的内容看，可以发现一个明显特点，即它们几乎筛选掉了唐律中所有的程序性条款。

在唐代，没有专门的如现今之《刑事诉讼法》或《民事诉讼法》那样的程序性法典，各种程序性规定散见于多种形式的法律中，唐律则以《断狱律》最为集中。《唐律疏议》之《断狱律》共34条，“错综一部条流，以为决断之法”[②]，主要规定了以下4大项内容：有关监管之规定及罚例、有关审讯之规定及罚例、有关判决之规定及罚例、有关执行之规定及罚例。[③] 程序性的、对司法官员进行规制的律条是其主体。然而，在高丽人看来，程序性条文的实用性差，在第二部《高丽律》中，唐律该篇的绝大多数律条都在立法过程中被删除，现在仅存“禁刑”一条。[④] 即便此条，也是对《唐律疏义》“立春后秋分前不决死刑”条[⑤]改写的结果。

在现存的两部《高丽律》的律文中，没有一条关于法律程序的规定。不仅如此，即使是唐律中那些对法律概念和法律适用进行解释之条文，如有本条别有制、断罪无正条、称乘舆车驾及制敕、称期亲祖父母、称反坐

---

① 刘俊文:《唐律疏议笺解》，第1684~1685页。

② 刘俊文:《唐律疏议笺解》，第2011页。

③ 刘俊文:《唐律疏议笺解》，第2012~2013页。

④ 该条规定：“禁刑：国忌、十直（初一日、初八日、十四日、十五日、十八日、二十三日、二十四日、二十八日、二十九日、三十日）、俗节（元正、上元、寒食、上巳、端午、重九、冬至、八关、秋夕）、慎日（岁首、子午日、二月初一日）。”《高丽史》卷八四《刑法一》，第2658页。

⑤ 《唐律疏议》该条规定：“诸立春以后、秋分以前决死刑者，徒一年。其所犯虽不待时，若于断屠月及禁杀日而决者，各杖六十。待时而违者，加二等。疏议曰：依《狱官令》：‘从立春至秋分，不得奏决死刑。’……其大祭祀及致斋、朔望、上下弦、二十四气、雨未晴、夜未明、断屠月日及假日，并不得奏决死刑。其所犯虽不待时，‘若于断屠月’，谓正月、五月、九月，‘及禁杀日’，谓每月十直日：月一日、八日、十四日、十五日、十八日、二十三日、二十四日、二十八日、二十九日、三十日。虽不待时，于此月日，亦不得决死刑，违而决者，各杖六十。……即有闰者，各同正月，亦不得奏决死刑。”刘俊文:《唐律疏议笺解》，第2101页。

罪之、称监临主守、称加减、称道士女官等律文，也因被认为缺乏实用性，在立法的过程中被过滤。

《高丽律》由于其基本规模太小，在移植唐律的过程中，处处凸显功利性。可是，法律是一种体系性存在，而非单个条文的汇集，如果无程序性、解释性及界定性条文的支持，那些实用性的条文也无法落实，难免沦为空中楼阁。

四、尊重“土俗”与国情的原则

半岛有自己特殊的国情，高丽人常将之称为“土风”“土俗”，它们含义复杂，我们可将其中和中国文化不同的半岛固有文化、传统、习俗等因素用“土俗”① 一词来表示。尽管这种意义上的“土俗”一词亦含义甚广，但其包摄的内容均有一个共同特点，即它们的基础乃是半岛固有文化。与此相对，我们将那些和文化、传统、习俗等基本无关但与中国不同的其他因素，称之为“国情”。高丽人在移植唐律并对之进行筛选与改造的过程中，始终考虑到“土俗”与“国情”的因素，采取了尊重的态度。

（一）尊重国情原则

高丽的基本国情是“国小民贫”,② 存在“泛爱重财”的风习,③ 对财产犯罪甚为重视，律典中关于财产犯罪的律条所占比例较大。这首先就意味着，高丽人在移植唐律的过程中，对关于财产犯罪的律条过滤相对较少，保留相对较多。比如，第二部《高丽律》之《贼盗律》中的律条基本上都是关于具体财产犯罪的。同样，因为重视财产犯罪，高丽人在制定律典的过程中，在量刑上也对经筛选剩下的唐律相关律条进行了较为系统的改造，多较唐律为重。举例而言，《高丽律》“恐吓取人财物”条规定满四

① 本文用“华化”来表示中国文化对朝鲜的影响方式，用“华制”来代表中国制度。朴秉濠使用了“中国化”一词，认为朝鲜初期有制度上的“中国化”运动，其含义和我们所说的“华化”相似，只是并未进一步论证而已。［韩］朴秉濠：《韓國法制史考——近世의法과 社會》，法文社，1974，第 334 页。

② 高丽忠烈王语，见《高丽史》卷一二三《嬖幸一·印侯传》，第 3741 页。

③ （宋）徐兢：《宣和奉使高丽图经》卷一九，近泽书店，1932，第 99 页。

十四，首犯处死，而唐律本条则规定“诸恐喝取人财物者，准盗论加一等”，《唐律疏议·名例律》“称加减”条又规定：“加者，数满乃坐，又不得加至于死；本条加入死者，依本条。”① 《高丽律》显然较唐律为重。又《高丽律》“违方诈疗病”条规定到三十五匹计处以加役流，而唐律则规定五十匹加役流。同样，《高丽律·杂律》“用秤斗尺度出入官物不平入己”条规定到三十五匹即处以加役流，唐律则为五十匹加役流。类似情况不少，现将考证的结果罗列如下：

(1)《高丽律》“应分财物不平”条在量刑上，在杖七十以下的情况，基本上要比唐律重一等；在杖七十以上的情况，则重两等。

(2)《高丽律》“盗耕公私田”条在杖一百以上为四十亩徒一年，五十亩徒一年半；而唐律为四十五亩有余徒一年，五十五亩有余徒一年半。

(3)《高丽律》“妄认公私田并盗贸卖”条在杖一百以上为三十亩徒一年，三十五亩一年半，四十亩二年，五十亩二年半；而唐律为三十五亩有余徒一年，四十五亩有余一年半，五十五亩有余二年。

(4)《高丽律》“在官侵夺私田”条规定十亩杖九十，十五亩杖一百；二十亩，徒一年；二十五亩，一年半；三十亩，二年；三十五亩，二年半；而唐律则为九亩有余杖九十，十二亩有余杖一百；十七亩有余徒一年；二十二亩有余一年半；二十七亩有余二年；三十二亩有余二年半。

(5)《高丽律》“丁夫杂匠稽留”条量刑为从一日笞四十到二十三日徒一年，而唐律本条的起始刑为“一日笞三十”，并“罪止杖一百”，《高丽律》该条要比唐律本条重一等。

在第二部《高丽律》的现存律文中，直接关涉财产犯罪的律文共23条，重于唐律的有8条，占三分之一强。其中，又有3条是直接关于土地犯罪的（在官侵夺私田、盗耕公私田、妄认公私田并盗贸卖），亦占加重律文三分之一强的比例。在这些加重条文中，共有5个条文针对的是对公犯罪，占近三分之二。更为重要的是，所有这些被加重处罚的犯罪行为，都是家族以外的犯罪行为，没有一条是关于家族内部犯罪的。可见，对于家族内部的财产犯罪，《高丽律》既继承了唐律的基本精神，又体现了当

---

① 刘俊文：《唐律疏议笺解》，第521页。

时武人政权重视家族伦理的特点。

其他未加重的那些财产犯罪，则多是一些社会危害性相对较小的犯罪，如故放畜产损食人田苗、于他人田园辄将瓜果而去，等等。总之，对于财产犯罪是否要加重，高丽人在移植唐律的过程中，根据本国国情，区别对待，有相当强的针对性。

高丽的另一个基本国情是，在文化发育程度上，和中国有巨大差距。这种状况在法律移植的过程中是必须要加以考虑的。如果法律调整的对象对律典不理解，就达不到移植法律、适用法律的目的。当然，文化是一个非常宽泛的概念，但从文化源头的视角看，我们还是可以大致将文化分为本土文化与外来文化两个层面。就本土文化与外来文化的关系，我们又可约略地将之分为两个层次：第一个层次可从文化的类型上考虑，看它们是属于同质性文化还是异质性文化，更确切地讲，是属于同质性较多的文化，还是异质性较多的文化。如果同质性较多，我们就可大致将之视为同质或基本同质的文化。在这种文化间进行制度上的移植相对容易，且易于保持原有制度的系统性与完整性，输入与移植的规模可相对较大。反之，在输入与移植的过程中则易引起文化冲突，被移植而来的制度亦不易保持其完整性，移植的规模一般也相对较小。当然，实际的情况远为复杂。在高丽王朝前中期，半岛文化与唐文化仍有较强的异质性。① 正因如此，唐律中的不少内容均不能被移植，而是被筛选、过滤掉了。这就造成了高丽人对唐律的移植规模太小，律典本身缺乏系统性与完整性的特点。

第二个层次可从文化发育的程度上考虑。从历史上看，制度多是由文化发育程度较高、文化形态与内容较为复杂的地区被移植到文化发育程度较低、文化内涵较为简单之地。一般而言，两种文化在发育程度上越接近，制度移植越容易，且被移植的制度也较易保持其系统性与完整性。反之，移植的难度就会增大，被移植而来的制度也不易保持其完整性。高丽文化和唐文化相比，其发育程度处于低位，两者之间有相当大的差距。那些文化含量高，体现了很高律学水平的唐律条文，因不能为高丽的大多数人所理解，在法律移植的过程中被删除。高丽人在法律移植过程中，几乎

① 下文所要提及的关于婚姻、家庭的形态，观念和伦理上的差异等等，都是其中的显例。

删除了唐律中所有的通则、通例性律条，就属这种情况。以《名例律》论，不论是第一部《高丽律》，还是在第二部《高丽律》，其《名例律》对《唐律疏义·名例律》中包括相当于现代刑法典中关于犯罪和刑罚问题的总则性规定（如有犯流应配、流配人在道会赦、犯死罪应侍家无期亲成丁、犯徒应役家无兼丁、工乐杂户及妇人犯流决杖、更犯、犯时未老疾、彼此俱罪之赃、以赃入罪、略和诱人赦后故蔽匿、会赦应改正征收、犯罪未发自首、犯罪共亡捕首、盗诈取人财物首露、同职犯公坐、公事失错自觉举、共犯罪造意为首、共犯罪本罪别、共犯罪有逃亡、二罪从重、同居相为隐）的律文基本均未移植。

总则的情况如此，分则的情况也一样。第二部《高丽律》的《贼盗律》中尽管有10个条文，却无一条通例性规定。即使就《高丽律》比较重视的盗律而论，“共盗并赃论”“共谋强窃盗”“盗经断后三犯”“公取窃取皆为盗”等通则性规定也全被删除。在第二部《高丽律》的《斗讼律》中，唐律中涉及精微的法律技术和法律程序的条文也几乎全被删除，这些条文包括囚不得告举他事、犯以赦前事相告言、告人罪须明注年月、为人作辞牒加状及越诉等多个律文。这是高丽人在制律时只能采用列举式立法技术，放弃了唐律的概括式立法技术的原因之一。

（二）尊重“土俗”原则

对于经筛选剩余下的那些与高丽基本社会制度、传统和习俗相冲突的唐律律条，高丽人对其内容作了较大改动。对此，我们不妨以关于婚姻家庭制度的律条为例加以说明。

高丽实行同姓为婚、近亲结婚之制，① 这一婚姻习俗在唐律中属内乱。

---

① 崔溥（1454~1504）云：“新罗之初，习俗鄙野，娶堂从之亲，恬不知耻。……高丽家法，非特堂从，虽姊妹，亦不避。如景宗之纳光宗女，显宗之纳成宗女，睿宗之纳宣宗女，则于己为堂从。光宗之大穆后，则大（太）祖之女。德宗之敬成后、文宗之仁平后，则显宗之女，皆其姊妹也。三纲不正，有夷狄之风。皆假外亲为姓，以之而示群下，以之而闻上国，以之而奉宗庙社稷之祀，可乎？当时群臣……自喜因循，不知其同流于禽兽而不辞也，岂不深可惜哉！……不别同姓，不分亲疏，弃礼乱正如高丽者，又何足责哉？”（朝鲜）崔溥：《锦南先生集》卷二《东国通鉴论》，韩国文集丛刊（16），景仁文化社，1996，第401页。

这显然与高丽现实的婚姻制度不合。因此，高丽人在移植唐律的过程中，便将有关近亲相奸的条文全部删除。

高丽实行“男住女家”的率婿婚制，[①] 有重外家的习俗——在家族关系中，父系、母系和妻系并重。[②] 唐律实行以五服制罪的原则，亲属以父系为最尊，母系和妻系的法律地位较父系低得多。这样一来，便形成了意欲移植之制度与本国习俗的冲突。于是，高丽人在移植唐律时，根据本国现实的家族制度，对唐律的有关律条进行了改造。比如，《高丽律》的“杀堂弟妹”条，[③] 虽系截取唐律“殴缌麻兄姊”条的一部分而来，却增加了为唐律所无之“殴妻父母，准十恶不睦论”的规定，将妻族和本族放到了同等重要的地位。《高丽律》的“谋杀周亲尊长”条[④]将唐律本条的“夫、夫之祖父母、父母者”改为了“夫妇之父母”，使该条的适用范围扩大到了岳父母，同时却排除了“夫、夫之祖父母”。这是对唐律十恶制度的重大修改，乃由妻族地位甚高的现实所决定。

在尊重“土俗”的原则下，对于和婚姻家庭制度相关的唐律条文，高丽人不仅对它们的内容进行了改造，而且还对量刑幅度作了调整。《宣和奉使高丽图经》“民庶”条：“男女婚娶，轻合易离，不法典礼。”[⑤] 高丽的这种社会习俗与唐律“一准乎礼”的精神不合，对于这种行为，如完全依据唐律的规定量刑，会引发大量社会问题。因此，对此类关涉婚姻家庭关系之犯罪行为的处罚，《高丽律》规定的刑罚多较唐律为轻。以“轻合易离”的行为论，《高丽律》“妻擅去”条规定：“妻擅去，徒二年；改嫁，流二千里。妾擅去，徒一年半；改嫁，二年半。”[⑥] 对妾擅去的处罚，

---

① 关于古代朝鲜半岛的“率婿婚”制，可参考［韩］朴秉濠《韓國法制史考——近世의法과 社會》第5章《家族法》的有关论述。

② 关于古代半岛亲族范围的有关讨论，可参考［韩］金斗憲《韓國家族制度研究》，서울大學校出版部，1989，第135~141页。

③ 该条规定：“殴杀堂弟妹、堂侄孙，流二千里；故杀，绞；殴妻父母，准十恶不睦论。”《高丽史》卷八四《刑法一》，第2686页。

④ 该条规定：“谋杀周亲尊长、外祖父母、夫妇之父母，虽未伤，斩；道士、女冠、僧尼谋杀师主，同叔伯父母。”《高丽史》卷八四《刑法一》，第2685页。

⑤（宋）徐兢：《宣和奉使高丽图经》卷一九，第99页。

⑥《高丽史》卷八四《刑法一》，第2683页。

较唐律减轻了一等。[①] 当然，之所以对妾擅去的行为减轻处罚，而不言及妻，主要还是因为妾“轻合易离”在实践中的情况更多所致。

又比如，《高丽律》“子孙别籍异财”条对于祖父母、父母在而子孙别籍异财的行为，规定的刑罚比唐律轻一年。[②] 在高丽，有重外家的习俗，多数人一般从小在外家长大，李穑在其《跋及庵诗集》中就有：“曩予既为金氏兄弟序其外大父及庵先生之诗矣，及今与敬之同在成均……盖敬之生长外家，故知慕尤深。”[③] 在成人之后，由于实行“男住女家”的“率婿婚”制，又常与妻父母一起生活，与祖父母、父母的感情相对淡漠，别籍异财的情况应不会少见，故对这种行为要减轻处罚。根据历史的实际背景判断，即使是这一减轻的条文，在司法实践中也不过是具文而已。

类似的情况不少，不再一一细论，仅将考证的结果罗列如下：

(1)《高丽律·职制律》“匿父母及夫丧”条“闻父母丧若夫丧，忘哀作乐”的情况为“徒一年”，而唐律为“徒三年”，《高丽律》比唐律降低了四等。

(2)《高丽律》“父母被囚禁嫁娶”条在父母犯死罪嫁娶的情况下规定的处刑为徒一年，较唐律轻一等。

(3)《高丽律》“詈亲兄姊”条在殴兄姊以及伯叔父母、姑、外祖父母致折伤的情况下，均处以流二千里的刑罚，唐律为流三千里。

(4)《高丽律》“殴杀堂弟妹”条在殴杀从父弟妹的情况下，处以流二千里的刑罚，唐律为流三千里。

(5)《高丽律》“妻妾詈夫之祖父母、父母条”妻妾詈夫之祖父母、父母的情况，处徒二年之刑罚，唐律为徒三年。

在第二部《高丽律》的现存律文中，直接关涉婚姻家庭犯罪的共有 27 个律条。其中，比之唐律，减轻处罚的共 7 条，占总条文的三分之一强。

---

① 《唐律疏议·户婚律》“义绝离之”条：“即妻妾擅去者，徒二年；因而改嫁者，加二等。”刘俊文：《唐律疏议笺解》，第 1061 页。

② 该条规定：“祖父母、父母在，子孙别籍异财，供养有阙，徒二年；服内别籍，徒一年。”《高丽史》卷八四《刑法一》，第 2683 页。

③ （高丽）李穑：《牧隐文藁》卷一三《跋及庵诗集》，韩国文集丛刊（5），景仁文化社，1996，第 111 页。

这些条文所针对的，基本均属一些相对轻微的犯罪，主要集中在《户婚律》和《斗讼律》两篇之中。其中属于《户婚律》的有祖父母父母在子孙别籍异财、祖父母父母被囚而嫁娶、妻擅去3条。属于《斗讼律》的有詈亲兄姊、殴杀堂弟妹堂侄孙、妻妾詈夫之祖父母父母3条，另外还有闻父母丧若夫丧忘哀作乐杂戏条，属《职制律》。对于属于《贼盗律》的全部犯罪及《斗讼律》中的大部分危害较重的犯罪，《高丽律》均不予减轻。这种情况说明，高丽人在对唐律进行改造时，大致遵循了唐律的基本精神，立法从总体上看，基本属于超前立法。

极富高丽特色的是，《高丽律》对夫殴伤妻的行为，不予减轻；可对于妻妾之詈夫之祖父母、父母的行为却予以减轻。两者的内在逻辑一致，即优待女性，均是妇女地位高的现实在法律上的反映。由此可见，高丽人移植唐律，对律条进行的改造与筛选有其内在的逻辑，这个逻辑就是在大致遵循唐律基本精神的同时，尊重土俗与习惯法。

结　　语

法律移植的背后是政治与社会问题，是特定时期的政治主导势力试图利用法律的一些功能[①]实现更为宏大的政治与社会目标。严耕望在研究北魏前期尚书制度的演变时曾经谈及鲜卑政权的汉化（华化）：“尚书制度之演变既明，其与华化趋势之关系亦自易了，盖北魏初期之立国实由部族制度演化而来，君弱臣强，事固宜然；是以华化为君主所欣乐，而为部酋所嫉惮，非雄才大略之君不能御其臣而就己意也。”[②] 高丽王权积极移植包括唐律在内的中国制度，内在的动因亦在于此。

高丽人在移植唐律时所遵循的原则是在立法博弈的过程中，在各种利益、力量与考量的牵引下，于不自觉的状态中形成的。以政治利益优先与

① 关于法律功能的界定，聚讼纷纭（对此问题的介绍和讨论，可参看付子堂《法律功能论》第一章《功能论与法律功能》），笔者认为所谓法律的功能是指法律自身所特有或被立法者赋予及期待的对社会产生的效能与作用。

② 严耕望：《北魏尚书制度考》，《历史语言研究所集刊》第十八册（1948），中华书局，1987，第255页。

尊重强势集团既得利益两大原则论，在成宗时期移植唐律的博弈过程中，双方各退一步，基本上采取了王权取政治、贵族得经济的路径。这种做法对双方来说是最优博弈策略。因为王权是国家的人格化身，是名义上的最高主权者，政治权力与地位的提升，哪怕仅是文本与象征意义上的，都有助于使这种最高权力进一步法理化、实在化。同样，正因王权是最高主权者，从理论上说，在经济上它不应有自己的私利。就当时高丽的实际情况而言，在现实社会结构、文化观念与政治力量的对比下，王权也无从根本上动摇贵族集团重要经济利益的可能性。因此，在政治上进、在经济上退，对王权而言，就成了一种风险最小、利益却很大的做法。况且，巩固政治利益，还可为下一步在经济上的进取创造条件。对于贵族集团而言，光宗时期的历史教训，使他们深刻体悟到不能轻易挑战王权的政治权威，特别是在王权尚有力量的情况下。于是，他们主动后退一步，弃虚而取实。

总之，当时法律移植总的路径是王权取政治，贵族取经济；王权得名，贵族得利；王权取虚，贵族取实；王权重视的是合法性，贵族重视的是合理性。双方的策略互补，博弈也就能进行下去，法律移植活动再未起大的波澜。但这也使王朝的法律呈现出多种不同的趋向，使之后的发展有多种可能性。这是其一。

其二，这些原则并非等量齐观，在重要性上有区别。从总体上看，政治利益优先原则乃第一位的原则，尊重既得利益的原则居于其次。之后才是尊重土俗、国情以及功利的原则。《高丽律》内含的矛盾在相当大的程度上便是由这些各不相同之原则的适用所造成。比如，高丽实行同姓为婚之制，在对唐律进行筛选的过程中，把其中与亲属相奸相关的律条全部删除，可在第一部《高丽律》中，却因为政治利益的需要完整地保留了唐律的“十恶”条。由于政治利益优先的原则乃第一位的原则，[①] 对土俗的考虑就被放在其后了。

其三，艾森斯塔得认为历史上的中华王朝是“文化取向”的政治

① 在制定第一部《高丽律》时，成宗为了强化王权，压制贵族权，必须移植唐律中的十恶制度。

体系，占主导的文化特殊主义取向，强调特定传统、秩序或文化模式的维持。① 受中国文化影响的高丽也有这种色彩。因此，上文所论各原则并非截然区分，而是以文化为纽带，纵横交错在一起。比如，尊重国内强势集团既得利益的原则和尊重土俗的原则便相互缠绕，因为“土俗”就是传统，而这种传统又生长于已延续了几百年之久的贵族社会的结构之上，为它们所规定、所制约。半岛的奴婢制度即被贵族集团用文化的形式包裹，被宣称为半岛最关键的“土俗”之一，② 在相当程度上意识形态化了，在制度变迁过程中发生了重大影响。实际上，贵族集团为了和王权推动的“华化”政策相对抗，几乎将半岛所有与中国的不同，特别是本集团的各种既得利益都放到了“土俗”的筐子里，以获得正当性和合理性。

① ［以色列］艾森斯塔得：《帝国的政治体系》第9章第4节《中华帝国的文化取向与目标的影响》。

② 《高丽史》卷八五《刑法二》“奴婢”条序：“夫东国之有奴婢，大有补于风教。所以严内外、等贵贱，礼义之行，靡不由此焉。”第2716页。

《中国古代法律文献研究》第十五辑
2021年，第210~232页

回鹘文买卖契约中的权利瑕疵担保条款

阿力木江·依明*

摘　要： 回鹘文买卖契约中权利瑕疵担保责任问题较为复杂。一方面，其责任主体不仅包括立契人本人，在多数情况下还可能涉及追夺主体。另一方面，其责任形式包括民事赔偿、纳罚入官、道德伦理上的“不利益”以及刑事入罪等。追本溯源，发生追夺的根本原因是立契人与追夺主体之间对财产的“共有”关系。一方面，立契人与家族成员之间存在对财产的“同居共财”关系。另一方面，十户、百户成员之间对税赋与劳役的连带关系使得十户、百户成员的私人财产具有“共有”属性。本文通过比较回鹘文买卖契约与敦煌、吐鲁番出土的汉文契约，并从生产关系、世俗管理制度、契约取信方式以及宗教伦理等四个维度，对其中体现的权利瑕疵担保制度进行法文化解读。

关键词： 回鹘文买卖契约　权利瑕疵担保　共有　追夺

* 新疆师范大学政法学院讲师。

导　言

回鹘文买卖契约中通常有权利瑕疵担保条款和质量瑕疵担保条款，其中前者最为常见。在这些条款中，立契人通常承诺其亲属、十户成员乃至百户成员不对契约内容发生争议。现代民法上权利瑕疵担保责任的责任主体自然是出卖人。但在回鹘文契约中权利瑕疵担保责任主体除了立契人之外，还包括家属或十户、百户成员等追夺主体。契约中通常约定“谁追夺，谁承担责任”。追夺主体不仅包括“弟弟”“哥哥”“子女”“女婿”等家族成员，还包括“十户”“百户”的成员。这些追夺主体并没有直接参与契约，也不会在契约上签字画押，但同样受到契约的约束力。此外，权利瑕疵担保责任形式多元，包括民事赔偿、纳罚入官、道德伦理上的“不利益”以及刑事入罪等类型。回鹘文契约反映的这种习惯与唐五代时期发展并成型的“亲邻之法”高度相似，但在具体责任的承担上也有一定的差异。目前，学界对回鹘文买卖契约瑕疵担保条款有了一定的研究。德国学者冯·佳班在其著作中提到“财产从来都不是一个人的事，它是整个家族事”①。土耳其学者麦莱克敏锐地观察到，买卖契约中立契人为不参与契约签署的家庭成员设定权利义务。② 以上学者的表述是回鹘文契约中瑕疵担保条款的重要特征，他们并没有对其进行专门讨论。霍存福、王宏庆将瑕疵担保条款分为两种：一是所有权瑕疵担保赔偿条件条款，二是所有权瑕疵担保赔偿金额条款。③ 这两位学者对瑕疵担保条款的内容以及主体等都做了详细论述，但并没有对其进一步进行文化解读。本文在以上研究的基础上，将回鹘文买卖契约与敦煌、吐鲁番出土的汉文契约呈现的瑕疵担保制度进行比较研究，并试图从生产关系、世俗管理制度、契约制度、

① ［德］冯·佳班：《高昌回鹘王国的生活（850～1250年）》，邹如山译，吐鲁番市地方志编辑室出版，1989，第35、46页。

② ［土耳其］A. Melek Özyetgin, Criminal Law Practices among Turfan Uigurs according to Civil Documents，余太山、李锦绣主编《欧亚学刊（国际版）》新1辑（总第11辑），商务印书馆，2011，第375～397页。

③ 霍存福、王宏庆：《吐鲁番回鹘文买卖契约分析》，《当代法学》2004年第1期，第5～18页。

宗教伦理等四个维度进行法文化解读。

一、回鹘文买卖契约中的追夺主体

回鹘文买卖契约主要分为两类，一类是土地买卖，另一类是人口买卖。目前，根据可考文献，土地买卖契约总共16份，另外还有3份土地交换契约；人口买卖契约总共16份，[①] 其中包括11份奴隶买卖契约和5份卖儿子（或弟弟）的契约文书。回鹘文契约书写方式比较固定，遵循一定的格式要求。契约所记录的内容包括交易日期、交易原因或目的、交易内容、标的物的描述、买受人的权利、瑕疵担保条款、责任条款以及证人、书写人、签字画押（印章）。其中瑕疵担保条款是回鹘文买卖契约中规定最为详细的内容，包括权利瑕疵担保条款与质量瑕疵担保条款。回鹘文买卖契约只有土地与人口为标的，并没有发现以动产为标的的买卖契约。土地买卖中通常并不涉及质量瑕疵问题，只有在少数几份人口买卖中当事人对所出卖人口的品行作了瑕疵担保。因此本文重点讨论内容为我国古代回鹘地区有关权利瑕疵担保的社会制度及其民间习惯法的特征。

现代民法上权利瑕疵担保是指出卖人就标的物保证第三人不得向买受人主张任何权利。回鹘文契约中的权利瑕疵担保条款是为了保证标的物出卖后不被出卖人家人或其他人追夺。这种追夺可能有两种原因：一是出卖“寒盗”之物，物主追夺标的物；二是出卖“共有”财产，家族成员或十户（或百户）成员可能提出异议。

（一）“寒盗”之物（的追夺主体）

出卖“寒盗”之物实际上是卖主无权处分他人财产。为了防止这种情

① 耿世民先生著作中收录了16件土地买卖契约和3件土地交换契约；而李经纬先生著作中收录了9件土地买卖契约。本文研究以耿世民先生著作中收录的19件土地买卖契约为准。耿世民先生著作中收录了21件人口买卖契约，但其中有2份是赎出奴隶的自由书，1份是一位奴隶的伸冤书，2份文书是以典押人口为担保的借贷关系。因此，买卖人口契约应该是16份；而李经纬著作中收录了13件人口买卖契约，但其中有关斌通的4件文书合并为一件文书。本文研究以耿世民先生的著作所收录的16件人口买卖契约文书为准。参见耿世民《回鹘文社会经济文书研究》，中央民族大学出版社，2006；李经纬《吐鲁番回鹘文社会经济文书研究》，新疆人民出版社，1996。

况的发生，在买卖契约中当事人必须保证其有合法的所有权。在“寒盗”的情况下，追夺的主体是物的本主。出卖人可以通过出示前手交易的凭证或其他证据来证明所出卖的标的物具有合法来源。在一份买卖奴隶契约中这样记载：

manga… … böz krgäk bolup polat-tïn yuz böz alïp män qalïmdu-nïng kišitin ulam sadïγïn almïš tulat adlïγ küngümni toγuru tomlïdu sadtïm. bu küngning sadïγï yuz bözni män qalïmdu bitig qïlmïš kün üzä tükäl sanap aldïm. män polat ymä bir ägsüksüz tükäl sanap birdim. bu küngkä ming yïl tümän künkädägi polat ärklig bolzun. ……bu küngning čamï čarïmï ätsärlär yalγanï bolsar, män qalïmdu bilirmän. polat bilmäz.

我（因需要作为通货用的）棉布，从 Polat 处收取了一百棉布。我 Qalimdu 把从（别）人那里按常价买来的、名叫 Tulat 的婢女正式卖了。在立约的当日，我 Qalimdu 已经全部收取了这婢女的卖价一百棉布。我 Polat 也一个不少地付清了。这个婢女直到千年万日归 Polat 所有。……如关于此婢女有争议（或）有假的话，由我 Qalimdu 负责，Polat 不负责。①

这份契约中出卖人交代了交易标的的合法来源，即通过买卖交易继受取得对婢女的所有权。在契末作出了所有权瑕疵担保，即“如果关于此婢女有争议或有假的话，由我 Qalimdu 负责”。这笔交易中当事人提供前手交易的文书，以证明交易标的的合法来源。按照回鹘文契约的书写习惯，契约文书一般由卖方单方面出具，并交由买受人收执，文契中只有出卖人一方签字画押。这是一种证据也是一种权利凭证。在这份文书中既然说明标的物是“买来”的，当事人理应一并交付前手交易凭证。在另一份文书中出卖人交代了交易标的的合法来源，即“家生”。在这份文书中记载：

① 耿世民：《回鹘文社会经济文书研究》，第 116～117 页。拉丁字母转写部分，“… …”为原文阙略符号，“……”为引者所省略部分。下同。

manga qyytso tutungqa yunglaqlïq tawar krgäk bolup. titso 'atliγ oγlumnï. činrso ayaγqa tägimligkä süt säwinči yarïm yasduq alïp oγulluq birtim.

我 Qyytso Tutung 因需通用的财物，以半锭（银子）的奶水钱把我名叫 Titso 的儿子寄养给 Chintso 尊者为子。①

这份契约中出卖人交代了交易标的的合法来源，并保证其家属不得争议。

（二）处分“共有”财产

在大部分买卖契约中立契人通常会对买卖标的物的来源给予说明。这种情况下出卖人处分的实际上是家族的财产。立契人虽然有权处分这种财产，但立契人与追夺主体之间存在特殊的关系。一方面，立契人与家族成员之间存在“同居共财”关系。另一方面，每个家庭在行政上都属于特定的十户、百户，这些十户、百户在税赋和劳役上实行连环保，因而十户、百户成员的私有财产也具有“共有”的性质。十户、百户任何成员的财产外流，都可能会引来其余成员的追夺。

具体来说，在处分合法财产时的追夺主体包括家族成员、十户、百户成员。

1. 家族成员

在 16 分奴隶买卖契约、19 份土地买卖（交换）契约中的瑕疵担保条款所担保的追夺主体中，“兄弟”总共出现 23 次（比重为 65%）、儿子（儿女）出现 4 次（比重为 11%）、甥舅出现 6 次（比重为 17%）、女婿出现 1 次、“亲属”出现 16 次（比重为 45%）。概括地来说，可能会对契约标的物提出异议的家庭成员，即追夺主体主要包括：兄弟、儿女、甥舅、女婿等家族成员。这些亲戚作为家族成员，是家族财产的共有人。但只有家长具有完全的财产权利。家族其余成员不得违背家长意志擅自处分家族财产，否则受到刑罚。家长拥有至高无上的支配权利，妻儿或弟弟都可以视同财产而成为买卖契约的标的物。在这种宗法社会中，家长在世时，家

① 耿世民：《回鹘文社会经济文书研究》，第 132、133 页。

族其余成员并不会轻易追夺。追夺通常是在家长死去后才发生。

2. 十户、百户

在35份买卖契约文书中“十户”出现7次、“百户”出现6次。十户是古代社会重要的军事和行政管理制度。十户，即onluqlar（意思为十个人的团体），这概念对草原民族而言并不陌生，是一种军事行政单位。十户是回鹘社会的一种基层组织，回鹘人早在漠北高原已经有十人为基础单位的社会组织形式。① 人们按十户划分，即划分成能够有十个男子共同组成一个军事单位。公元762年回鹘人引进摩尼教，可汗谕令每十个人中安排一个人作为领导人并勉励这些领导人好好工作。② 在蒙古元朝所有的部落分支、氏族、克兰被分为“十户”“百户”“千户”“万户”，即分为能提供十名、百名、千名、万名战士的集团。③ 这种军事行政单位划分法很早以前就形成，回鹘西迁后虽然逐渐向以农业为主的定居式生活方式转型，但这种军事行政管理制度仍然延续，并在民间日常生活中具有重要的作用。元朝时，这种管理制度在分地方面起重要的作用。皇帝将土地分给诸王（亲王），然后是万户长，万户长之下分给千户，千户之内分给百户长。④ 元朝时期在从国家领取土地方面主要以这种军事划分单位为主要依据。百户之内有若干十户，他们是赋税和劳役的基本单元。在民事关系上也会作为共同的契约当事人出现。在一份文书中记载：

bičin yïl tordünč ay säkiz ygrmikä biz üdkä Arslan buqa ada qulun älp ming buqa aryaširi tämir yanä … mïsïr bašlap onluqlarqa tarïγ kärgäk bolup qayïmtu baxšïtïn bir… … … … aldïmïz küz yangïta tört … küri bilä iki šiγ tarïγ birürbiz bu nišan biz onluqlarnïngol.

猴年四月十八日，我们以Udka、Arslan、Buqa Ada、Qulun、Alp、Ming Buqa、Aryashiri、Tamur、Misir等为首的十人因需要谷物，从

① 尚衍斌：《元代畏兀儿研究》，民族出版社，1999，第49页。

② ［德］冯·佳班：《高昌回鹘王国的生活》，第35页。

③ ［苏］Б. Я. 符拉基米尔佐夫：《蒙古社会制度史》，刘荣焌译，中国社会科学出版社，1980，第165页。

④ ［苏］Б. Я. 符拉基米尔佐夫：《蒙古社会制度史》，第166页。

Qayimdu Baxshi 处借取了……秋初我们（归还）四斗……二石谷物。这画押是我们十人的。①

这份文书中十个人共同使用同一个画押。这种十人组合在税赋和劳役方面是密切相连的，各个成员都会彼此监督，相互负责。当然，他们的财产虽然是私有，但具有浓厚的共有制色彩。因此，财产的外流会影响整体的利益，转移所有权自然就会受到限制。

百户在行政管理上划分为若干个十户，百户成员之间的关系远不及十户密切，在民事上的联系也相对疏远。在 19 份土地买卖契约中只有 2 份提到“百户”，在 16 份奴隶买卖契约中有 4 份提到“百户”。土地交易通常发生在百户成员之内，百户成员发生追夺财产的可能性相对比较小。只有将土地转让给百户成员之外的他人时，百户成员追夺土地才具有实际意义。奴隶买卖如同动产买卖，容易运到百户范围之外的市场去交易。在这种情况下，百户成员也可能成为追夺主体。

二、回鹘文契约权利瑕疵担保责任

（一）责任主体

现代民法上权利瑕疵担保责任的责任主体自然是出卖人。但在回鹘文契约中权利瑕疵担保责任主体除了立契人之外，还包括家属或十户、百户成员等追夺主体。契约中通常约定“谁追夺，谁承担责任”。这种情况可以从以下几份文书中窥见一斑：

kitdim sayïn buqatïn özky-ä kimtin mä čam čarïm kälsär män tikuy tayšï bilirmän.

如萨英布哈本人（或）有何人来争执，由我定惠负责。②

① 耿世民：《回鹘文社会经济文书研究》，第 204~205 页。

② 耿世民：《回鹘文社会经济文书研究》，第 106~107 页。

bu qarabaš üzä ming yïl tümän künkädägi šiwsay tayšï ärklig bolzun. taplarsar özi tudzun. taplamasdar adïn kišikä ötkürü satzun. män aday tutungnung ičim inim tuγmïšïm qadašïm yäganim taγayïm kim kim mä ärsär čam čarïm qïlmazunlar. apam birök ärklig bäg iši yat yalawač küčin tutup. yullayïn alayïn saqïnsarlar. bu qarabaš tänginčä iki qarabaš birip yulup alzunlar.

这奴隶直到千年万日属秀赛大师所有。如他愿意，他自己保有，如不愿意，可转卖他人。我阿体都统的兄弟、亲属、甥舅，不论谁都不能争执。若有谁借官员或外来使节的力量要赎买的话，就让他付这个奴隶的双倍（价钱）来赎取。[①]

män čintso ayaγqa tägimligning inim ičim oγlum qam qadašïm. ilmäzün tartmazun apam birök. ilgäli tardγali saqïnsar sawlarï yorïmazun yasataqï qïnqa tägsünlär män qyytso tutungnïng titsonï män bašlap inim ičim qam qadašïm ärklig bäg išining küčin tutup v üntürtürman tisärlär sawlarï yorïmazunlar. v ögödäy süüsingä iki yurüng adan otünüp ambï v balïq taruγalarïnga ädärkä yarašu at birip čintso v ayaγqa tägimkigkä birkä iki birip aγïr qïnqa v tägirbiz.

我 Chintso 尊者的弟、兄、儿子、亲属不得找麻烦。如要找麻烦，让他们的话不算数，并依照王法（蒙古刑法）要受到惩罚。对我 Qyytso 的 Titso，以我为首，我的弟、兄、亲属不得凭借官势把他弄出。他们的话不算数，（否则要向）窝阔台皇帝陛下交纳二头白骆驼，向 Ambi 城达鲁花赤交纳可乘马（一匹），向 Chintso 尊者交纳双倍的（赔偿），并受到重罚。[②]

män sadanïng aqam inim uruγum tuγmïšïm onluqum yuslüküm kim kim mä čam čarim qïlmasunlar apam birök 'ärklig bäg iši ilči yalawač küčin tudup čamlasar bu oq ögäntä bu borluq tänginčä iki borluq birip sözläri yorïmasunlar.

① 耿世民：《回鹘文社会经济文书研究》，第 98、99 页。
② 耿世民：《回鹘文社会经济文书研究》，第 132～133 页。

> 我 Sada 的兄弟、亲属、十人体、百人体，不论谁都不得争议。谁若凭借官员、使者的势力来争议，那就让他赔偿这渠上同样的两个葡萄园。①

在第一份文书中立契人承诺，任何人追夺时立契人自己承担责任；第二份文书中立契人的家人中有谁“争执”，谁就付出两倍的价钱来赎取；第三份文书中提出争议者不仅承担双倍赔偿的民事责任，还要向官员交纳罚金，甚至要受到刑罚；第四份文书中除了立契人亲属外，十户、百户成员也不能争议，否则承担责任。

可见，在回鹘文买卖契约中，不仅立契人本人承担瑕疵担保责任，立契人家属、十户、百户成员中发生追夺者也会承担责任。

（二）责任类型

回鹘文契约中对发生追夺的责任的承担方式丰富多样，包括针对当事人的民事赔偿责任、向特定官员贡奉一定金额的罚金、道德伦理上的“不利益”，以及刑事入罪。这几种责任方式有时可以同时出现。

1. 民事责任

针对当事人的民事责任中，“原价”“原物”“等价物”返还出现 4 次；“双倍赔偿”出现 16 次；有一份文书上约定了违约金。其中双倍赔偿是最普遍的责任类型之一。按照约定，赔偿主体是任何提出异议者（或追夺者）。这里所讨论的民事责任，是针对立契人以及其家族或十户、百户成员。并不是针对对方当事人，即买受人。买受人在交易发生时已经履行支付对价的义务，通常并不存在违约的情况。这也是回鹘文契约的单契特性的体现。这种由立契人出具的文书不仅对立契人有约束力，更重要的是对可能提出异议的家属或十户成员也有约束力。民事责任通常具有惩罚性。

2. 纳罚入官

“纳罚入官”出现 5 次。向官员贡奉罚金作为一种责任承担方式并非

---

① 耿世民：《回鹘文社会经济文书研究》，第 157、158 页。

回鹘地区首创。从敦煌、吐鲁番出土的汉文文书中也有不少契约中约定了类似的条款。假借官员势力，对当事人来说可以有效保证契约的履行。因为“契约即律令”，当事人做出的承诺不能随意返回。在回鹘文买卖契约中，这种向官员贡奉财物并不仅仅针对立契人本人。按照约定，任何追夺主体都要受到契约的约束。

3. 道德伦理上的“不利益”

有部分契约中出现“（违反约定者）将受到损失”“丢脸”“（违反约定者）不受尊重”等条款。这种道德伦理上的“不利益”对于当时处于相对封闭且迷信状态的人群来说有很强的约束力。在有些契约中当事人直接约定“不得凭借巫师提出异议”，也有些契约中将“四大天王”列为证人。摩尼教与佛教是对回鹘社会影响深远的两大宗教，尤其是汉传佛教影响最为深远。人们有强烈的善恶观，“欠债”“违约”被视为“罪孽”。回鹘地区严酷的地理环境要求人们必须大规模合作才能生存，个体对群体的依赖性很强。社会对个体的负面评价往往会带来严重的后果。在这种生存环境下，道德伦理上的“不利益”是最严厉的惩罚。

4. 刑事入罪

在一份文书中记载：

> män čintso ayaγqa tägimligning inim ičim oγlum qam qadašïm. ilmäzün tartmazun apam birök. ilgäli tardγalï saqïnsar sawlarï yorïmazun yasataqï qïnqa tagqa tägsünlär.
>
> 我 Chintso 尊者的弟、兄、儿子、亲属不得找麻烦。如要找麻烦，让他们的话不算数，并依照王法（蒙古刑法）要受到惩罚。①

按照契约规定，追夺者将会受到刑罚。这种通过约定刑事入罪条款来保证契约履行的做法在回鹘文契约中并不少见。在另一份文书中记载：

> sudbaq ymä tuγmïš oγullarï birlä täng tudup kälinläp birip ädgü asïrap

① 耿世民：《回鹘文社会经济文书研究》，第 132、133 页。

oγul törüsinčä tudup qulγaq boyïn tolap ünärmän kidärmän tisär törü yarγu yosunï birlä ada yasmïš yazuqqa tägsun.

如（我）Sudbaq把他视同我子一样看待，为其娶妻，并依照养子法善待、关心他，而他仍然要离开的话，那就依照法律，他将犯不孝罪。①

这是一份领养文书，当事人约定被领养人违约的后果。在有些契约文书上记载着“我愿意接受死刑”“我将受到鞭笞刑”等表述。对此，有学者指出这里所说的惩罚是依照《扎萨克》进行刑事处罚，按照情形的严重程度可以分为死刑、体罚、罚款、法律或习惯上的其他刑罚。② 人们的观念之中，契约即是法律，契约中约定刑罚条款可以防止违约。在买卖契约中约定刑罚条款有威慑效果，可以有效防止发生追夺。

三、回鹘文契约权利瑕疵担保制度的独特性

——兼与敦煌、吐鲁番出土汉文契约比较

（一）追夺主体范围较广

在敦煌、吐鲁番汉文买卖契约中追夺主体通常是“寒盗”之物的本主或房亲地邻。我国民法上的追夺担保可以追溯到汉代，即买到田地被别人所占有，卖主应负责解决。到了唐代这种担保延伸到亲邻优先购买权，背于亲属、地邻出卖田宅时，卖主负担防卫及赔偿责任。③ 在敦煌、吐鲁番汉文契约中田宅的买卖受到“亲邻之法”的约束，追夺主体是房亲地邻。亲邻在唐代是指血亲和四邻。到了宋代，优先购买权则被限制在既有血亲又是至邻的范畴内。④ 亲邻优先购买权中房亲为第一优先，其次是地邻。

① 耿世民：《回鹘文社会经济文书研究》，第136、138页。

② ［土耳其］A. Melek Özyetgin, Criminal Law Practices among Turfan Uigurs according to Civil Documents，第375~397页。

③ 孔庆明、胡留元、孙季平编：《中国民法史》，吉林人民出版社，1996，第256页。

④ ［美］韩森：《传统中国日常生活中的协商：中古契约研究》，鲁西奇译，江苏人民出版社，2009，第101页。

《元史》记载："诸典卖田宅，须从尊长书押，给据立帐，历问有服房亲及邻人典主，不愿交易者，限十日批退，违限不批退者，笞一十七。愿者限十五日议价，立契成交，违限不酬价者，笞二十七。任便交易，亲邻典主故相邀阻，需求书字钱物者，笞二十七。业主虚张高价，不相由问成交者，笞三十七，仍听亲邻典主百日收赎，限外不得争诉。业主欺昧，故不交业者，笞四十七。亲邻典主在他所者，百里之外，不在由问之限。"① 如果不先问房亲及地邻，将田宅出卖给他人，房亲地邻可以在一百天内撤销其买卖而收回不动产。②

在回鹘文买卖契约中的追夺主体，除了"寒盗"之物的本主外，包括兄弟、子女、甥舅、叔伯、女婿等家族成员以及十户、百户成员。在维吾尔语中"弟弟""哥哥"不一定是指亲生兄弟。在日常生活中通常用"哥哥"（aka）来称呼年长者，用"弟弟"（uka、eni）来称呼年幼者。因此，在回鹘文契约中"兄弟"泛指男性亲属，有时还包括非血缘关系的亲朋好友。与敦煌、吐鲁番汉文契约相比，这里的"哥哥""弟弟"等亲属的范围要比"房亲"广泛。回鹘文契约中的十户、百户的范围也要比这里的地邻范围广。

（二）"共有"关系是追夺的主要原因

敦煌、吐鲁番出土汉文契约中，追夺的原因主要为两种：一是"寒盗"；二是违背"亲邻之法"擅自处分财产，当事人侵犯房亲地邻的优先购买权。在第一种情况下，当事人往往提供前手交易的凭据来证明所出卖标的的合法来源，并保证出现问题由卖主负责。出卖人保证其所出卖的物是出卖人合法所有的，而不是"妄认"或"盗卖"的。敦煌、吐鲁番汉文契约中有时会在契约中直接说明合法来源，有时则提供上手契（或元买契）附在契约中。在《唐乾宁四年（897）张义全卖宅舍契》中，出卖人张义全明示所卖标的为"祖父舍兼屋木"。③ 在第二种情况下，卖主违反"亲邻之法"，侵犯房亲地邻的优先购买权。《五代会要》记载："如有典

① 《元史》卷一〇三《刑法志二》，中华书局，2011，第2641~2642页。

② 戴炎辉：《中国法制史》，三民书局，1979，第207页。

③ 张传玺主编：《中国历代契约会编考释》，北京大学出版社，1995，第226页。

卖庄宅，准例，房亲邻人合得承当。若是亲人不要及著价不及，方得别处商量，不得虚抬价例，蒙昧公私。有发觉，一任亲人论理。勘责不虚，业主牙保人并行重断，仍改正物业。或亲邻人不收买，妄有遮恡阻滞交易者，亦当深罪。”①

在回鹘文契约中，追夺的原因主要包括：一是“寒盗”，二是“共有”关系。第一种情况与敦煌契约一致，在契约中当事人通常说明出卖标的物的合法来源。在第二种情况下，生产资料的流失会直接影响家族成员或十户、百户成员的利益。这些成员会想尽办法防止财产外流。有学者指出回鹘文契约中约定防止立契人亲属追夺的条款是因为回鹘地区也有“亲邻之法”。② 也有学者指出回鹘契约中的“十户”“百户”成员是中原地区“亲邻关系”的扩大。③ 但由于缺乏地方政府的正式法律文件或诉讼材料，无法考证这些“亲邻”的优先购买权。但家族成员的“同居共财”关系是家族成员提出争议的基础。原先土地是分发给十户、百户为单元团体，各个成员对土地是共同所有。随着私有制的发展，对于土地的共有关系逐渐变成共有私用关系，最后完全私有化。但在行政管理上十户、百户成员之间在税赋和劳役上有连带关系，十户、百户成员是利益共同体。这使得十户、百户成员的私有财产具有“共有”的性质。

（三）责任上更重视惩罚

敦煌、吐鲁番出土汉文买卖契约中约定的权利瑕疵担保责任主要是民事补偿或赔偿。在《宋太平兴国七年（982）吕住盈等卖宅舍契》中约定“自卖已后，若中间有兄弟及别人诤论此舍来者，一仰口承二人面上取并邻舍充替。”④ 有些契约中还约定违约者向官府交纳罚金，但通常是针对当事人双方中先悔约的一方。《后周显德三年（956）（?）敦煌宋欺忠卖舍契》记载：“中间或有兄弟房从及至姻亲忓恡，称为主记者，一仰舍主宋

① （宋）王溥：《五代会要》卷二六《市》，上海古籍出版社，1978，第416页。

② 韩伟：《习惯法视野下中国古代“亲邻之法”的源起》，《法制与社会发展》2011年第3期，第72~82页。

③ 霍存福、王宏庆：《吐鲁番回鹘文买卖契约分析》，第5~18页。

④ 沙知辑校：《敦煌契约文书辑校》，江苏古籍出版社，1998，第53页。

欺忠及妻男邻近稳便买舍充替，更不许异语东西。……如先悔者，罚黄金叁两，充入官家。”①

与敦煌、吐鲁番汉文契约相比，回鹘文契约中当事人更重视惩罚。这种惩罚不仅仅是民事上的惩罚性赔偿，还包括大量的纳罚入官、道德伦理上的“不利益”，甚至是包括死刑在内的刑罚。

（四）非契约参与者也可能成为责任主体

在敦煌、吐鲁番汉文契约中权利瑕疵担保责任的承担者是卖主，有些情况下包括保证人。《寅年令狐宠宠卖牛契》中记载：“如后牛若有人识认，称是寒盗，一仰主保知当，不干卖人之事。”② 但在回鹘文买卖契约中往往约定“谁争议谁承担责任”的条款。这些追夺主体主要是当事人的家族成员和十户、百户成员。这种追夺主体并不直接参与契约，但发生追夺时受到契约的约束。

四、回鹘文契约权利瑕疵担保独特性的成因
——法律文化解读

回鹘文买卖契约中瑕疵担保条款充分体现了立契人在家庭内部绝对的支配地位，同时也反映了较为封闭落后的生产关系。严格的责任条款反映了当事人重视“诚实信用”的契约态度。以下从回鹘社会的生产关系、世俗管理、契约制度以及宗教伦理四个维度对回鹘文买卖契约中的权利瑕疵担保进行法文化解读。

（一）氏族共有制影响深远

回鹘地区所有制是介于氏族共有制与私有制之间过渡期的特殊所有制。虽然私有制有了很大的发展，但氏族共有制的残留始终没有完全消失。北宋使臣王延德奉命到高昌地区考察时曾写道：“无贫民，绝食者共

① 张传玺主编：《中国历代契约会编考释》，第 241 页。该文书亦有学者拟题作《丙辰岁（896 或 956 年）宋欺忠卖宅舍契》。

② 中国科学院历史研究所资料室编：《敦煌资料》第 1 辑，中华书局，1961，第 290 页。

赈之。”他说“无贫民”不是说高昌地区很富裕，而是说贫富差距没有那么大。这显然是回鹘社会的氏族特征。[①] 氏族养活自己的一切没有劳动能力的成员。“我们没有穷人，谁有需要，哈里（氏族）就来养活他。”[②] 回鹘西迁至高昌地区后逐渐实现了农业化转型。原先的氏族公社开始瓦解，最终分解成以地缘关系为基础的农村公社（以下简称“村社”）。这些由若干“家庭组成的村社首先是按军事方式组织起来的，是军事组织或军队组织，而这是村社以所有者的资格而存在的条件之一”[③]。按照草原游牧民族的习惯，十户、千户、万户是军事单位，表示能提供十名、千名、万名战士的团体。土地是由皇帝册封给各个诸侯，再分配给万户长，以千户长、百户长的次序分配。[④] 若干个十户甚或百户聚居生活，组成一个村社。村社的一个重要作用在于统一管理水利灌溉。[⑤]“同一氏族的各个公社自然形成的集团最初只是为了维护共同利益（例如在东方是灌溉）。”[⑥] 高昌地广人稀、气候干旱，人们不得不大规模合作，共同开垦土地并创造灌溉条件。他们开发的土地是村社的土地。所以，蒙古时期分配的土地或新开发的土地都具有共有制性质。随着社会的发展，村社的土地分割给百户、十户，成为“共有私用”的财产。随着私有制的发展，最后成为小家庭的私有财产，但还是没有完全脱离“共有制”的阴影。因为世俗管理上的连带责任制发挥了重要的作用。

（二）世俗管理制度使得私人财产具有“共有”属性

回鹘地区税赋和劳役上施行连保制度。土地被分配给十户，成员彼此

---

① 从史籍上关于回鹘人的记载以及大部分学者的观点来看，10到14世纪的回鹘社会属于封建社会。笔者认同这种观点，这里所说的氏族特点只是说虽然在性质上已经是封建社会但社会中仍存在着氏族部落社会的残留。回鹘自从9世纪末开始西迁，定居在高昌一带以来长期从事定居农业活动，但天山以北适合游牧的天然条件，促使相当一部分人仍然继续过着游牧生活。

② ［德］恩格斯：《家庭、私有制和国家的起源》，人民出版社，2018，第204页。

③ ［德］马克思：《政治经济学批判（1857~1858年草稿）》，《马克思恩格斯全集》第46卷（上），人民出版社，1979，第475页。

④ ［苏］Б. Я. 符拉基米尔佐夫：《蒙古社会制度史》，第166页。

⑤ 杨宽：《试论中国古代的井田制度和村社组织》，《学术月刊》1959年第6期，第39~49页。

⑥ ［德］恩格斯：《反杜林论》，《马克思恩格斯全集》第20卷，人民出版社，1971，第162页。

之间相互监督相互督促，并负连带责任。整个十户对行政当局保证它的每个成员按时交清税、服满劳役、遵纪守法，甚至保证十户中任何人都不抛弃自己的土地、不逃跑。例如，在税目中有整个十户交纳的税，其中提供骆驼或马匹就属于这种交纳方式。如果十户应该提供一匹骆驼，就由一户为大家交一匹骆驼，而其余九户各交一块当地产的丝帛。交了骆驼的户就不交丝帛。这种制度保证了及时完全交清税。[①] 在这种情况下，其余的十户成员会限制该成员转让这匹骆驼，因为不这么做，全体成员都受惩罚。土地、奴隶是重要的生产资料，土地、奴隶的流失直接影响十户乃至百户的整体利益。为了保障履行整体的税赋和劳役，十户、百户成员会想尽办法追夺由任何成员转让出去的财产。对于统治阶层来说通过这种办法可以实现最高的税收收入。体现在私法领域，以几人团的名义进行借贷，[②] 彼此互负连带责任的借贷对于债权人来说是很有保障的。行政管理上的连带责任制度使得十户、百户成员成为命运共同体。这种特点在民事契约的取信上也有所体现。

（三）契约取信习惯有很强的威信力

回鹘文契约署名方式具有浓厚的“氏族社会”色彩。回鹘文契约形式上最大的特点在于，立契人即使是会写字的人，在契约中通常不会签自己的名字。回鹘文契约中通常用 tamγa 和 nišan。tamγa 在《突厥语大词典》中意思为“印。可汗和其他人的印”[③]。《南村辍耕录》上记载：“今蒙古色目人之为官者，多不能执笔花押，例以象牙或木刻而印之。宰辅及近侍官至一品者，得旨，则用玉图书押字，非特赐不敢用。按周广顺二年，平章李榖以病臂辞位，诏令刻名印用。据此，则押字用印之始也。”[④] tamγa 是画押，通常是手画某种图形。nišan 在现代维吾尔语中有“信物、标记、

---

① ［苏］Д. И. 吉洪诺夫：《十至十四世纪回鹘王国的经济和社会制度》，姬增禄译，新疆人民出版社，2012，第 32 页。

② ［法］童丕：《敦煌的借贷：中国中古时代的物质生活与社会》，余欣、陈建伟译，中华书局，2003，第 60 页。

③ 麻赫默德·喀什葛里：《突厥语大词典》第 1 卷，校仲彝等译，民族出版社，2002，第 447 页。

④ （元）陶宗仪：《南村辍耕录》卷二《刻名印》，中华书局，1980，第 27 页。

目标”之意。在词源上，nišan 来自波斯语，蒙元时期通过回鹘语进入蒙古语。拉施特《史集》上记载：“合赞汗根据他的判断，首先确定了铸币的样式，并在其上设置了一个标记（nīshān），这样就没有人能够成功地模仿它，并下令在他的统治区内，金银都应该按照这种模式铸造。”① 在这层意义上 tamγa 和 nišan 都有“标志、符号”的含义。在回鹘文契约中这些 tamγa 或 nixan 通常是某种图形或形状，而不是人名。

在回鹘文契约中在多个立契人共同立契或者以十户名义订立契约时，通常只使用同一个 tamγa 或 nišan。在借贷契约中往往有保证担保条款，但在回鹘文借贷契约中保证人通常不会直接参与契约的签订，而直接由立契人指定为保证人。这种情况与敦煌、吐鲁番出土的汉文契约有所不同。虽然在唐代以前的部分契约文书中也曾出现过保证人不签字画押的情况，但唐以后契约中不管是亲属还是亲朋好友作为保人时一般都需要在契约上签字画押。而回鹘文契约中为数众多的立契人往往会共同使用同一个 tamγa 或 nišan。这跟回鹘人在草原氏族社会中的习惯有关。牲畜的所有权以特殊的烙印标志（塔马合，tamaga）来表明，这种烙印标志显然是为该氏族的全体成员所一致使用的。② 这种草原风俗影响深远，农耕转型后的回鹘社会仍然遵循这种古老的做法。

一个 tamγa 或 nišan 代表整个家族甚至十户、百户或村社全体成员的情况，在回鹘文契约中极为普遍。这种 tamγa 或 nišan 有很强的威信力，它代表的不仅仅是立契人个人的意志，更重要的是它代表某个群体的意志。因此，即使在立契人去世后发生追夺的情况下，tamγa 或 nixan 确立的威信力仍然发挥作用，使得追夺主体受到契约的约束。这些追夺主体并不是直接参与契约，但他们试图追夺财产时就要受到契约的约束。这种约束力背后

---

① Rashld al-Dīn, trans. A. K. Arends, *Sbornik Letopisei*. vol. Ⅲ, Moscow: Academy SciencesPress, 1946, p. 271: “[Ghāzān] first established according to his judgement the pattern of the coinage, set on it a mark (nīshān) such that nobody would succeed in imitating it, and ordered that throughout his dominions, gold and silver should be struck according to this pattern.” Howorth 的《蒙古史》上也有相关记载：“Ghazan had a new die made, with a mark (nishan) which could not be easily counterfeited.” Henry H. Howorth, *History of the Mongols: from the 9th to the 19th Century*, Cosimo Classics, 2008, p525.

② ［苏］Б. Я. 符拉基米尔佐夫：《蒙古社会制度史》，第 93 页。

宗教伦理发挥了重要的作用。

（四）宗教伦理使契约神圣化

“契约即是法律”充分体现了诚实信用原则在古人心中的至高地位。诚实信用原则的建立离不开宗教教义与伦理思想的影响。回鹘原先信奉摩尼教，西迁后逐渐改信佛教。在这两种宗教的熏陶下，回鹘人形成了强烈的善恶观念。这种善恶观的影响延续至今。视债务为罪孽的佛教教义深入人心，促使人们有债必还、信守诺言、诚实信用。欠债越多，罪孽越重。当事人约定严酷的责任条款来保证契约的履行。

回鹘人有祭祀祖先和祖先崇拜的习俗,[①] 再加上儒家思想的深远影响，造就了家长至高无上的权威。“父债子还”“夫债妻还”的观念深入人心，巩固了家长权。严酷的刑法保护家长的权威。子女违背父亲是严重的罪行，构成“不孝罪”。因此，家长作为立契人与他人签订契约时，可以指定其家属为保人，这些家人作为保人时大部分情况下都不需要直接参与契约，不需要在契约上签字画押。在这种人伦关系网络下，家长在权利瑕疵担保条款中约定“谁争议谁承担责任”也是有很强的法律效力的。

结　　论

在从“无君长，居无恒所，随水草流移”的游牧民族转变为从事定居农业的绿洲居民的过程中，回鹘人吸收了中原文化的养分。这种文化上的学习首先表现在民间契约制度的学习上。回鹘契约制度是在中原契约文化的基础上建立并发展起来的。但地理环境的封闭性、语言上的差异，使得回鹘文契约有着独特的地域特色。这种独特性首先体现在买卖契约中的权利瑕疵担保制度上。

从追夺主体范围来看，回鹘文买卖契约中的瑕疵担保条款不仅防止家族成员的追夺，同时还防止十户、百户成员的追夺。从责任承担主体来看，在回鹘文买卖契约中通常约定“谁争议谁承担责任”。这种条款有很

① ［德］茨默：《佛教与回鹘社会》，桂林、杨富学译，民族出版社，2004，第101页。

强的约束力，即使立契人去世，其家族成员或十户、百户成员仍然要受到契约的约束。从责任内容来看，回鹘文买卖契约中的权利瑕疵担保制度重视对违约的惩罚。从责任类型来看，权利瑕疵担保责任类型多元，具体包括原价（或等价）赔偿、双倍赔偿、赔偿违约金等民事责任、向皇帝以及地方官员交纳罚金的惩罚性赔偿、道德伦理上的“不利益”以及包括死刑在内的刑事惩罚。

回鹘文买卖契约中瑕疵担保条款的独特性由当时的生产关系、世俗管理制度、契约制度以及宗教伦理共同决定。首先，氏族共有制影响深远，制约了私有制的发展。对买卖契约标的物的追夺通常是基于某种共有关系而发生。其次，世俗管理上的连保制度使得私有财产具有共有属性。再次，契约特殊的取信习惯建立了很强的威信力。立契人在契约上使用的tamγa或nišan，并不仅仅代表他个人，更重要的是它代表了家族、十户甚或百户的意志。因此，即便立契人去世，那些没有直接参与契约的潜在追夺主体也会受到契约的约束。最后，宗教教义和伦理思想保障了立契人的权威，并使得诚实信用成为民间契约最重要的原则。违背立契人意志、违反诚实信用原则会受到严厉的惩罚。

附录：

表1　回鹘文人口买卖契约瑕疵担保条款

人口买卖	瑕疵担保条款	追夺主体	责　任	标的物来源的说明	备　注
1	无	无	无	无	此件文书为奴隶斌通的买卖契约，其中无瑕疵担保条款。
2	我阿体都统的兄弟、亲属、甥舅，不论谁都不能争执。	兄弟、亲属、甥舅	双倍价钱；丢脸。	无	
3	如萨英布哈本人或有何人来争执，由我（立契人）负责。	任何人	未规定具体的责任条款	无	
4	我K. T. 的亲属、儿子、女儿如查问此奴隶，他们的话不算数。	亲属、儿子、女儿	赔偿等价物	无	“各十尺盖有官印的官布”；“一匹上下体都无毛病的马”。
5	缺	缺	缺	无	此件文书为奴隶Asil Bay的买卖契约，但文书较为残缺，无法确定其中的瑕疵担保条款。
6	我的女婿三思八、弟弟司思、弟弟司思五（?），不论何人，不得争执。	女婿、弟弟	双倍价钱	无	
7	我牙尔铺脱呼林兄、弟、亲属、甥、舅不得争议。	兄、弟、亲属、甥、舅	双倍价钱	无	
8	我 Alik Qaya Achi 的兄、弟、亲属不得争议。	兄、弟、亲属	双倍价钱赎买；赎买者受到损害。		
9	如关于此婢女有争议或有假的话，由我 Qalimdu 负责。			按常价买来的	这份文书中立契人所出卖的奴隶是“按常价买来的”，可能有前手交易的契约文书作证。

续 表

人口买卖	瑕疵担保条款	追夺主体	责 任	标的物来源的说明	备 注
10	不论我们的十户长、百户长、债权人、债务人、兄长、弟弟，任何人都不得争议。	十户长、百户长、债权人、债务人、兄长、弟弟	双倍价钱	出卖的人口是三个立契人的亲属	
11	这奴隶今后如偷盗、作假、捣鬼、引发事端，十户长、百户长挑起争议由我 Quqqdmuni（出卖人）负责。	十户长、百户长	向皇帝陛下交纳白银一锭、向官员交纳备鞍的马一匹。	无	对奴隶的品行担保。
12	我们 Tadmilig 和 Qara Buqa 二人的兄长、弟弟、十户长、百户长，不论谁都不要争议。	兄长、弟弟、十户长、百户长	双倍价钱； 引起争议者受损害。	无	
13	我的兄弟、亲属、十户长、百户长、债权人，不论谁不得引起争议。	兄弟、亲属、十户长、百户长、债权人	双倍价钱； 引起争议者受损失。	无	
14	我 Chintso 尊者的弟、兄、儿子、亲属不得找麻烦。对我 Qyytso 的 Titso，以我为首，我的弟、兄、亲属不得凭借官势把他弄出。	弟、兄、儿子、亲属	向窝阔台皇帝陛下交纳二头白骆驼，向 Ambi 城达鲁花赤交纳可乘马一匹，向 Chintso 尊者交纳双倍的赔偿，并受到重罚。	立契人儿子	这份文书中买受人也承诺“不找麻烦”。
15	从今以后我对我弟 Antso 不再挂扯引发争议。		一锭罚金	立契人弟弟	双方谁违约将交纳一锭违约罚金。
16	无	无	无	立契人儿子	文中出现“按照民间惯例过继”、“按照养子法”等术语。

表 2　回鹘文土地买卖契约瑕疵担保条款

土地买卖、交换	瑕疵担保条款	追夺主体	责 任	备 注
1	我 Adigh Tash Sangun 的兄弟、亲属不得过问。	兄弟、亲属	赔偿同样的土地	

续 表

土地买卖、交换	瑕疵担保条款	追夺主体	责 任	备 注
2	我的弟弟、兄长、亲属不得过问。	弟弟、兄长、亲属	赔偿同样的土地	所出卖的土地是立契人与其兄长共有的土地。
3	我 Yrp Yanga 和 Adgu 的兄弟、亲属、儿女不得过问。	兄弟、亲属、儿女	赔偿两块同样的土地； 向内署各交纳 350 罚金。	立契人为二人，土地为共有土地。
4	我 Shabi 的儿女、兄弟、亲属、甥舅不得过问。	儿女、兄弟、亲属、甥舅	两倍土地	
5	我 Ozmish Toghil 的兄弟、亲属不得争议。	兄弟、亲属	两倍的葡萄园	
6	我们二人的兄弟、亲属，不论什么人不得引起争议，不得过问。	兄弟、亲属	两倍土地	两位立契人的土地。
7	我们二人的兄弟、亲属，不论什么人不得引起纠纷和过问。	兄弟、亲属	两倍土地	两位立契人的土地。
8	我们二人的弟弟、兄长、亲属不得争议。	弟弟、兄长、亲属	双倍土地	两位立契人的土地。
9	不论任何人都不得争议。		两倍土地	这份文书是以十人团（即十户）的名义签订。
10	我 Sada 的兄弟、亲属、十人体、百人体，不论谁都不得引起争议。	兄弟、亲属、十人体、百人体	同样的两个葡萄园	立契人出卖的是与 Surya 共有的属于自己的一份土地。
11	关于这葡萄园我 Tarbish 的兄弟、甥舅，不论什么人不得引起争议。	兄弟、甥舅	向皇帝陛下交纳一个金锭、向内库交纳一个银锭、向官员们各交纳一匹马。	立契人出卖的土地是立契人与其父亲共有的属于立契人的份额。 只约定纳罚入官，没有约定民事责任。
12	从今以后，Tapmish 的兄弟、甥舅不论谁都不得引起争议。	兄弟、甥舅	向皇帝陛下交纳一个金锭、向官员们各交纳一匹马。	本契约出卖的土地是立契人女婿与他人共用的土地。 只约定纳罚入官，没有约定民事责任。
13	Kulug 的亲属、甥舅不得引起纠纷。	亲属、甥舅	赔偿同样的房屋	

续　表

土地买卖、交换	瑕疵担保条款	追夺主体	责　任	备　注
14	对此葡萄园我的兄弟、家族、十户组、百户组，不论什么人都不得挑起争议。	兄弟、家族、十户组、百户组	双倍的葡萄园	出卖的土地是与兄弟共有的，属于立契人的份额。
15	我 Sinsidu 的兄弟、十户组……不得争议。	兄弟、十户组	残缺	两位立契人共有的土地。
16	我们 Inch Qaya 的兄弟、族人，不论什么人……	兄弟、族人	残缺	
17	我们 Torchi、Yolchi、Ilchi 三兄弟的后代，不论什么人都不得争议。	后代	无	交换土地。 立契人为三兄弟，土地是三人共有的。
18	我们寺院中的僧人、长老，不论谁，都不得挑起争议。	寺院中的僧人、长老		立契人为几个僧人，可能代表寺院签订交换土地的契约。
19	我 Qarsha 法师和 Wirya 法师的兄弟、亲属，不论何人都不得惹起争议。	兄弟、亲属	双倍土地	立契人为两位法师，土地可能是属于寺庙的，也可能是属于二人所有的。

《中国古代法律文献研究》第十五辑
2021年，第233~257页

洪武三十年前《大明律》反逆罪的立法嬗变

——与唐律的比较研究

叶 萍*

摘 要：《大明律》草创于吴元年，之后在洪武六年、洪武二十二年等年间多有改定，最后定型于洪武三十年。由于史料的佚失，现存《大明律》基本上是洪武三十年后版本。幸运的是，在明初律学著作《律解辩疑》与《大明律直解》中所附明律皆与洪武三十年有异，被认为是明律定型之前的版本。经过比对，这三版明律中的“谋反大逆”条规定均不一致，结合唐律“谋反大逆”条的比较研究，可以清晰地窥见明初在谋反大逆罪立法上经历的重大嬗变，从而揭示其逐步转向极度重刑主义之过程。值得注意的是，明清律学家们面对专制高压的紧张社会氛围，选择对“以刑去刑”的重刑主义诸多迎合，甚至以“严密之至，乃宽仁之至”为重刑主义辩护。

关键词：谋反 大逆 唐律疏议 大明律 重刑主义

* 西南政法大学行政法学院博士研究生。

据《明史·刑法志》记载，《大明律》“草创于吴元年（1367），更定于洪武六年（1373），整齐于二十二年（1389），至三十年（1397）始颁示天下。日久而虑精，一代法始定。中外决狱，一准三十年所颁”[①]。现今通行的《大明律》为洪武三十年所颁版本。明初《大明律》的其他版本主要见于明人何广撰《律解辩疑》与朝鲜金祗等撰《大明律直解》，二书中所载明律律文与洪武三十年有异，学者黄彰健认为其属于洪武三十年前之《大明律》。其中，洪武三十年《大明律》“谋反大逆”条比《律解辩疑》《大明律直解》所引《大明律》“谋反大逆”条加重，[②] 但未及深入的比对分析。学界对反逆罪在明清之际的流变甚少关涉。[③] 考虑到反逆罪的治理与古代君主制之间的微妙关系，以及该罪名在刑法体系中的重要位置，[④] 有必要进行更为深入的探索。

为此，笔者将洪武三十年《大明律》与《唐律疏议》中的谋反大逆罪两相比较，再结合《律解辩疑》与《大明律直解》中谋反大逆罪的规定加以剖析，以期勾画出反逆罪在明初立法中不断加重的演变路径。洪武三十年后的《大明律》最终将反逆罪刑罚推向极致，是为古代刑罚史迈向重刑主义的重大转折。这根源于皇权意志的无限扩张，对刑罚威慑效力的迷信，暴露出专治体制发展至后期在社会治理手段上的困境，转而一味依赖

---

① 《明史》卷九三《刑法志一》，中华书局，1974，第 2284 页。杨一凡对大明律修订始末进行考证后认为洪武年间对《大明律》大的修订不少于五次，分别是洪武元年（1368）、七年（1374）、九年（1376）、二十二年、三十年，较之《刑法志》所载更为详备。参见杨一凡《〈大明律〉修订始末考》，《政法论坛（中国政法大学学报）》1990 年第 2 期，第 41~48 页。

② 黄彰健：《律解辩疑、大明律直解及明律集解附例三书所载明律之比较研究》，《“中研院”历史语言研究所集刊》第 39 本（上册），收入黄彰健《明清史研究丛稿》卷二，台湾商务印书馆，1977，第 208~236 页。

③ 目前而言，学界对洪武年间修律的研究大多从整体上对律、令体例及条目的流变进行考证，如杨一凡《〈大明律〉修订始末考》；柏桦、卢红妍《洪武年间〈大明律〉编纂与适用》，《现代法学》2012 年第 2 期，第 10~20 页。对如反逆罪这样的具体罪名其在立法上的演变作微观研究还鲜有涉及。

④ 《法经》以“王者之政，莫急于盗贼”为由，首立贼、盗篇，反逆罪为其中首要之罪名，以打击危害皇权统治的各类犯罪。专制社会中，重刑换取皇权稳固历来是经久不衰的不二选择，因而反逆罪所适用的刑罚自然居于各犯罪之首，集中体现刑罚的酷烈程度。然而刑罚的酷烈却是与最基本的人道主义相背离，古代中国之君主制一面张举仁义之大旗，一面却毫不犹豫地迈向酷刑主义，法律所呈现的温情与酷烈的悖论，不能不引人注目。

刑罚的工具价值。明清之际，统治者虽延续“以礼教治天下”[①] 的古训，但为追求秩序稳定已然诉诸酷刑，是为对传统礼法之治的背离。与此同时，与法律最为亲密的律学家群体，他们虽精研律学操持法律解释之说，但在集权高压之下，并无独立批判之意志，特别是面对“兹事体大”的反逆罪立法嬗变时，律学家们几乎陷于集体失语之中，这对律学乃至整个社会的发展而言，都是不可估量的损失，而对造成这一局面的原因保持警醒，是为对历史的尊重。

一、洪武三十年《大明律》与《唐律疏议》反逆罪比对

兹引唐、明律中“谋反大逆”条如下。《唐律疏议·贼盗·谋反大逆》：

> 诸谋反及大逆者，皆斩；父子年十六以上皆绞，十五以下及母女、妻妾（子妻妾亦同）、祖孙、兄弟、姊妹若部曲、资财、田宅，并没官，男夫年八十及笃疾、妇人年六十及废疾者，并免（余条妇人应缘坐者，准此）；伯叔父、兄弟之子皆流三千里，不限籍之同异。
>
> 即虽谋反，词理不能动众，威力不足率人者，亦皆斩（谓结谋真实，而不能为害者。若自述休征，假托灵异，妄称兵马，虚说反由，传惑众人而无真状可验者，自从袄法）；父子、母女、妻妾并流三千里，资财不在没限。其谋大逆者，绞。[②]

《唐律疏议·贼盗·口陈欲反之言》：

---

① 《清史稿》卷一四二《刑法志一》中立法者对历代立法精神的总结，礼教治天下，被认为是传统中国法治之根本精神。“中国自书契以来，以礼教治天下。劳之来之而政出焉，匡之直之而刑生焉。政也，刑也，凡皆以维持礼教于勿替。……君子上下数千年之间，观其教化之昏明，与夫刑罚之中不中，而盛衰治乱之故，綦可睹矣”。参见邱汉平编著《历代刑法志》，商务印书馆，2017，第584页。

② 刘俊文点校：《唐律疏议》卷一七，法律出版社，1999，第348~349页。

诸口陈欲反之言，心无真实之计，而无状可寻者，流二千里。[①]

《大明律·贼盗·谋反大逆》：

凡谋反（谓谋危社稷）及大逆（谓谋毁宗庙、山陵及宫阙），但共谋者，不分首从，皆凌迟处死。祖父、父、子、孙、兄弟及同居之人，不分异姓，及伯叔父、兄弟之子，不限籍之同异，年十六以上，不论笃疾、废疾，皆斩。其十五以下，及母、女、妻、妾、姊妹，若子之妻妾，给付功臣之家为奴。财产入官。若女许嫁已定，归其夫；子孙过房与人，及聘妻未成者，俱不追坐（下条准此）。知情故纵、隐藏者，斩。有能捕获者，民授以民官，军授以军职，仍将犯人财产全给充赏。知而首告，官为捕获者，止给财产；不首者，杖一百，流三千里。[②]

（一）明律以“谋”入罪的扩大化

“谋”作为一种犯罪概念出现在律条中最早可追溯到《睡虎地秦墓竹简》，其《法律答问》中有：

夫盗三百钱，告妻，妻与共饮食之。可（何）以论妻？非前谋殹（也），当为收；其前谋，同罪。[③]

甲谋遣乙盗杀人，受钱十分，问乙高未盈六尺，甲可（何）论？当磔。[④]

此两条法律答问中的“谋”都被视作定罪量刑的依据，包含了犯罪前

① 《唐律疏议》卷一七，第352页。

② 怀效锋点校：《大明律》卷一八，法律出版社，1999，第134页。

③ 睡虎地秦墓竹简整理小组：《睡虎地秦墓竹简》，释文注释部分，文物出版社，1990，第97页。

④ 《睡虎地秦墓竹简》，释文注释部分，第109页。

的预谋、计划、准备的意思，特别是相对于具体的犯罪实施行为而言，特指犯罪的前期预备阶段。秦汉时期陆续出现与“谋”相关的罪名包括“谋反”“谋大逆”“谋杀人”“谋叛”等。西晋时期律学家张斐对“谋杀”中的“谋”含义明确解释为“二人对议”①，意味着谋杀罪应指二人以上预谋的故意杀人，那对“谋反”“谋大逆”等罪中的“谋”是否作同样的解释，张斐并未言及。

唐律对“谋”的解释基本沿用自张斐但有扩充。《唐律·名例律》“称日年及众谋”条规定：“称‘谋’者，二人以上。”疏议进一步阐释其意理：“称‘谋’者，《贼盗律》云：‘谋杀人者，徒三年。’皆须二人以上。余条称‘谋’者，各准此例。”② 此即意味着“谋反”“谋大逆”等罪也一并被看作是二人以上共同犯罪。但是唐律中的“谋罪”立法较之前朝又进一步，将一个人有预谋的犯罪也纳入谋罪之列。《名例律》“称日年及众谋”条在前引律文后加小注“谋状彰明，虽一人同二人之法”③，也即单个主体也能构“谋”罪。唐律中“二人对议”的谋罪，典型的罪名如“谋杀人”：“谋杀人者，徒三年；已伤者，绞；已杀者，斩。从而加功者，绞；不加功者，流三千里。造意者，虽不行仍为首。”④ 分别规定“造意者”“从而加功者”“不加功者”三种不同拟罪形态，细化区分共同犯罪中的首犯与从位的犯罪地位及相应的法律责任；除此之外，“谋杀人”条在量刑上也将“谋”（仅谋而未行）与“行”（已伤、已杀）区分开来。就“谋杀人”而言，处于犯罪预备阶段的“谋”只是“徒三年”，进入实行阶段的“已伤”则“绞”，已杀则“斩”。唐律将“谋杀人”作为“六杀”中的一种杀人形态单独规定，旨在突出“谋”的法律意义。但是，“谋反”罪中对谋与行不再区别科刑。从立法意图出发，疏议认为“谋危社稷，始兴狂计，其事未行，将而必诛，即同真反”⑤，由是，量刑上不再区分谋与行，反罪的认定从“谋”始，“诸谋反及大逆者，皆斩”。与此相

---

① 《晋书》卷三〇《刑法志》，参见邱汉平编著《历代刑法志》，第147页。

② 《唐律疏议》卷六，第153页。

③ 《唐律疏议》卷六，第153页。

④ 《唐律疏议》卷一七，第356~357页。

⑤ 《唐律疏议》卷一七，第348页

对，大逆罪却区分谋与行，大逆为斩，谋大逆为绞。疏议对此解释："大逆者，谓谋毁宗庙、山陵及宫阙。反则止据始谋，大逆者谓其行讫。"① 也即说，唐律对反逆重罪，反罪定罪不分谋与行，大逆以谋与行分为大逆与谋大逆。

如此反观明律。首先，明律对"谋"状的认定发生变化。《唐律疏议·贼盗律》疏议："《名例》：'称谋者，二人以上。'若事已彰明，虽一人同二人之法。"② 大明律沿用唐律"称谋者，二人以上"的概念，其后的小注："谋状显迹明白者，虽一人，同二人之法。"③ 两相比较，差异在"事已彰明"与"谋状显迹"之处，虽则两个语词极度相似，但内涵却相差千里。唐律强调所谋之"事"要有"彰明"之程度，即使在犯罪准备阶段之"谋"，也需已进行着手准备之阶段，并且所谋之"事"已然显露，为人所知。而明律中的"谋状"更接近犯意表示，相较"事已彰明"是要求更低的一个层次，导致谋罪的入罪门槛进一步降低。其次，明律中的大逆与谋大逆一体科刑。与唐律相比，明律"凡谋反及大逆，但共谋者，不分首从，皆凌迟处死"中多出"但共谋者"一处，意即包括谋大逆之情形。唐律将"谋大逆者绞"作为单独的内容规定在律末，"大逆"为斩，"谋大逆"为绞，谋与行的量刑区分律意甚明，但是明律中取消对"谋大逆"的规定，也即意味着大逆与谋反的入罪均从犯罪预备阶段开始。

（二）明律取消反逆罪犯罪形态的区分

何为"谋反""大逆"，唐律在疏议中分别解释为"谋危社稷""谋毁宗庙、山陵及宫阙"。大明律直接将这两点解释合并放在律文后，内容与唐律及疏议完全相同。就其内涵而言，谋反与大逆是极其宽泛的一个概念；就其罪名性质而言，反逆罪属于国事罪，在君权至上的社会，国事罪极其容易失去边界控制。哪些行为在法律上归罪于谋反大逆，是需要有具体的情状描述加以限制的。为此，唐律以危害结果为限区分反逆罪的既遂与未遂，在未遂形态中又进一步分别能犯未遂与不能犯未遂。

① 《唐律疏议》卷一七，第349页。
② 《唐律疏议》卷一七，第348~349页。
③ 《大明律》卷一，第22页。

第一，谋反大逆罪的完成形态。本犯处斩，父子年十六以上皆绞，十五以下及母女、妻妾、祖孙、兄弟、姊妹若部曲、资财、田宅，并没官。因对谋反的定罪从“谋”始，就犯罪预备的“谋”而言，如何判明“谋”已进入着手状态以及衡量危害大小，具有极大的模糊性。为了缩小反逆罪的打击范围，唐律另规定谋反大逆的未遂形态、不能犯形态以示区别，对反逆罪的外延予以限定。

第二，谋反大逆罪的未遂形态，其中有三个层次：1. 表现为“词理不能动众，威力不足率人者”。疏议曰：“即虽谋反者，谓虽构乱常之词，不足动众人之意；虽骋凶威若力，不能驱率得人；虽有反谋，无能为害者：亦皆斩。”[①] 这里的“词理”“威力”表明“谋反大逆”已进入具体实行阶段，或以反逆言词煽动鼓惑人群，或以武力率召众人，“不足”“不能”只是因为犯罪行为人意志以外的因素没有达到客观危害结果，疏议称之为“无能为害”，可以视为谋反大逆的未遂犯。因此在量刑的客观评价上本犯处斩，其余亲属只需处以流刑。2. 有主观犯意的不能犯，表现为“自述休征，假托灵异，妄称兵马，虚说反由，传惑众人而无真状可验”[②]。从罪状描述上看“自述休征，假托灵异，妄称兵马，虚说反由”中“自述”“假托”“妄称”“虚说”皆指犯罪事实的虚构与想象，查“无真状可验”即不具备谋反大逆之实质性的犯罪举措，但是由于语言的传播在客观结果上造成“传惑众人”，又具有了客观的危害性。唐律规定此种情形“自从祆法”，即比照“造祆书祆言”罪论处，[③] 本人处绞，妻子不连坐。3. 无主观犯意的不能犯。罪状描述为“口陈欲反之言，心无真实之计，而无状可寻者”，又次之。[④] 从犯罪客观表现上看“陈欲反之言”意即口出反言，但是主观上“心无真实之计”，客观表现来看“无状可寻”，最后没有造成危害结果。疏议进一步解释为“有人实无谋危之计，口出欲反之言，勘无实状可寻，妄为狂悖之语者”[⑤]。点明其罪状不过是“妄为狂悖之语”，比之

---

① 《唐律疏议》卷一七，第 349 页。

② 《唐律疏议》卷一七，第 349 页。

③ 《唐律疏议》卷一八，第 373~374 页。

④ 《唐律疏议》卷一七，第 352 页。

⑤ 《唐律疏议》卷一七，第 352 页。

“传惑众人”更轻一层，本犯处以流二千里之刑，且排除连坐亲属。第2、3款实质上均属于思想犯与言论犯，犯罪行为仅限于话语言说冒犯皇权统治秩序，但仍被纳入反逆罪的打击范围。

比较《大明律》“谋反大逆”条“凡谋反及大逆，但共谋者，不分首从，皆凌迟处死”，从相同点来讲，明律保留了唐律以来的“但谋即反”“不分首从”的立法精神，即反逆重罪无首从的区分。差异是唐律“谋反大逆”条下之犯罪形态的四个层次区分在明律中消失不见。也即是说对“谋反大逆”罪的量刑评价上不再区分犯罪行为的情节轻重（实行犯或思想犯）、手段（能犯或不能犯）、客观危害结果（有或无），这意味着即便是思想犯、不能犯、无危害结果的“谋反”“大逆”行为在量刑上与“谋反大逆”的实行犯、结果犯一体同视。凡“谋危社稷”为“谋反”，凡“谋毁宗庙、山陵及宫阙”为“大逆”，如此高度抽象化的立法条文使得反逆罪的内涵外延完全丧失边界。特别是将“谋反大逆”的思想犯与实行犯一同科罪，为明清时期文字狱泛滥大开法律之门。除此之外，明律还加强对反逆罪的捕告，一是严刑禁止对反逆罪纵、匿，“知情故纵、隐藏者，斩”；二是以官职赏金鼓励捕获、告奸，“有能捕获（正犯）者，民授以民官，军授以军职（量功受职），仍将犯人财产全给充赏。知而首告，官为捕获者，止给财产”；三是对知而不首处以重刑，“不首者，杖一百，流三千里”。①

（三）明律中反逆罪处刑的扩张

1. 本犯由处斩上升为凌迟

唐律规定“凡谋反及大逆”本犯处以斩刑，“谋大逆”者处以绞刑。对此规定，元律始出现变化，规定本犯及同情者处以凌迟之刑，而后明律承继之。关于凌迟之刑的出现，“五代以前的东晋已有类似凌迟的脔割存在，但仅偶尔为之，到五代时期才成为一种法外之刑。最先有凌迟之刑的是契丹，起源于其本民族的习惯法，且契丹最先使用凌迟作为死刑的名称。宋代凌迟之刑在宋太宗晚期开始使用，仁宗时开始以诏令的形式规定

① 《大明律》卷一八，第134页。

其适用范围，神宗时凌迟之刑的适用范围扩大，南宋相沿无改”[①]。这即是说，在宋代凌迟即已正式入敕令成为法外之刑，但这一时期的正式国家法典如《宋刑统》还并未将凌迟作为反逆罪的刑罚加以规定，而后在元律中成为正式的法律规定。大明律延续了此规定，“凡谋反及大逆”皆凌迟处死。特别值得注意的是，由于明律中“谋大逆”已被“大逆”所吸收，“谋大逆”的刑罚等级在唐时只是绞刑，那么在大明律的规定中，也一跃上升为凌迟，这是明律刑罚扩大化的又一显著变化之处。

2. 亲属连坐范围的扩大化

唐律亲属连坐有三个层次：其一，缘坐亲属范围包括祖父、父母、妻妾、子女、孙子女、兄弟、姊妹、伯叔父、兄弟之子。直系亲属止于祖孙、父子三代，期亲只及于伯叔父及兄弟之子。不包括祖母、伯叔母、姑、兄弟之妻及伯叔子、兄弟孙。其二，缘坐亲属及刑罚包括三个层次：正犯之父、子处以绞刑，且需年十六以上，八十以下；其余亲属包括子十五以下及母女、妻妾、祖孙、兄弟、姊妹没官；伯叔父及兄弟之子不限籍之同异流三千里。其三，特殊的优待条款：男八十及笃疾者，妇女六十及废疾者免除处罚。《唐律疏议》“老小及疾有犯”条“八十以上、十岁以下及笃疾，犯反、逆、杀人应死者，上请”[②]，是《名例律》中的总则性规定，反逆罪中的特殊规定将妇女六十以上及废疾者一并纳入免除刑罚之列。最后，对谋大逆者，罪止本人，并不缘坐亲属。

反观明律，在亲属连坐范围上及刑罚等级上急速加剧：其一，缘坐亲属范围，明律在祖父、父母、妻妾、子女、孙子女、兄弟等直系亲属外增加同居之人，且不分同姓异姓，将本族无服亲属及外祖父、妻父、女婿之类，甚至子之妻妾纳入缘坐范围。期亲中伯叔父、兄弟之子除不限籍之同异外，不论已、未析居均在连坐之列。其二，缘坐死刑由绞刑上升为斩刑，且适用斩刑的亲属范围已无限扩张。唐律中仅正犯之父、子缘坐死刑，明律中将祖父、孙、兄弟及同居之人，甚至扩大至伯叔父、兄弟之子，凡十六以上，不论笃疾、废疾均纳入斩刑。唐律中连坐之伯叔父、兄

---

① 孔学：《论凌迟之刑的起源及在宋代的发展》，《史学月刊》2004年第6期，第38页。
② 《唐律疏议》卷四，第90页。

弟之子只需处以流三千里之刑，明律已全部上升到斩刑。连坐死刑的亲属范围，不但远甚于唐律中的父子绞刑，甚至超过汉时所谓“夷三族”，加上祖孙二代实为“夷五族”，古之所谓满门抄斩不过如此，已然是滥杀之法。值得注意的是，唐律中的免罪条款，即“男八十及笃疾者，妇女六十及废疾者并免”已不载于明律的规定。① 其三，知情故纵者及隐藏者连坐斩刑，知情无故意纵容、隐藏，但不首告者仍要处以杖一百，流三千里。这意味着缘坐范围除去亲属之外，竟及于知情故纵及不首者，明律对反逆罪的控制和打击已走向极限。其四，明律较之唐律在反逆罪上还增加了奖励捕告的内容。对能捕获正犯者，授以官职，将犯人财产充赏。如果反逆事未行，亲属捕告，正犯与缘坐人同自首免；反逆事已行亲属捕告，正犯不免，余免缘坐；非由亲属捕告，无论已行未行，依律治罪。这一条款实质上是缘坐范围的进一步扩张，加重普通人对反逆罪的捕告义务。

综上，明律谋反大逆罪的定罪量刑较之唐律的变化突出反映在两个方面。一是本犯刑罚的提升以及亲属缘坐范围的扩张和刑罚的加重，祖孙、同居异姓之人、兄弟及兄弟之子，这些在唐律中是免于连坐死刑之人，在大明律中全部拟以斩刑，甚至连老幼废疾并免条款也一并取消。二是对反逆罪犯罪形态区分的取消，这就意味着反逆罪在定罪量刑上没有既遂、未遂的区别，将谋反大逆中的思想犯与既遂犯一体科罪。较之唐律，大明律对反逆罪做出的修改使得刑罚最终迈向酷刑主义。值得注意的是，在洪武三十年《大明律》最终定型之前，谋反大逆罪还经历了两次重大的修改。

二、《律解辩疑》与《大明律直解》中的谋反大逆罪

据明初律学著作《律解辩疑》的记载，其摘录“谋反大逆”条：

凡谋反（谓谋危社稷）及大逆（谓谋毁宗庙、山陵及宫阙），但共谋者，不分首从，（止）杖一百，流三千里。

---

① 王明德认为“盖律所最重，莫如反逆，是以虽系老幼、废疾、笃疾，亦皆不为稍贷，恶之至也”，颇能代表当时社会对反逆罪之认识。参见（清）王明德《读律佩觿》卷一《八字广义·皆》，何勤华等点校，法律出版社，2001，第7页。

【解曰】谋反大逆，但共谋者，不分首从、有禄无禄，皆凌迟处死。父母〔子孙年〕八十以下、十五以上，不分笃疾残疾者，皆斩。祖、伯叔兄弟及本宗缌麻以上亲，年八十以下、十五以上，不分笃疾残疾者，皆〔绞〕；母、妻、妾、女、孙女、男妇，年八十以上、十四以下男子〔给付功臣之家〕为奴。〔同〕居男子八十以下、十五以上无残疾者，〔发极边卫〕分见丁充军，其财产尽没入官。祖母、伯叔母、姊妹以下亲，及女、孙女已定、已嫁归，已出、并已聘未成婚，及同居异姓男子八十以上、十四以下，并患残疾者，免缘坐。若男、若孙已过房与人者，亦通坐处绞。若伯叔兄弟以下亲，过房与人者，并免缘坐。其有禄人不预谋，止随从其谋，本身凌迟处死；父、子、孙八十以下、十［四］〔五〕以上，不分笃疾残疾皆绞；祖、伯叔兄弟，本宗缌麻以上，年八十以下、十五以上无残疾者，发极边卫分见丁充军；母、妻妾，女、孙女、男妇、孙妇年八十以上、十四以下，给付功臣之家为奴，财产尽没入官。若男若孙已过房与人者，亦［追］〔发〕极边卫分见丁充军；祖母、伯叔母、姊妹以下亲，及祖、伯叔兄弟、侄，若年八十以上、十四以下并笃疾残疾者，若女、孙女已定、已嫁归、已出，并已聘未成婚，及同居异姓男子残疾者，并免缘坐。无〔禄〕人止斩其本人；父、子、孙年八十以下、十五以上，无残疾者，并发极边卫分见丁充军，其余亲口并过房与人男孙，并免缘坐，财产免籍没。若受财为官者，同有禄人论。若已谋而状未行，能自首者，全免；若状已行，而能自首者，并已谋而未行论。欲告而自首者，有禄之人止斩本身，亲口家产并免。缘坐之人，止将本身杖一百，发极边卫分见丁充军。亲口、家产亦并免缘坐。若状已行，而其势已逼，方自首者，不准。并如前论。若亲属首告，即同自首论。知情故纵、隐藏者，斩。能自首告及获者，量功赏用。窃知而不首者，杖一百，流三千里。①

① （明）何广：《律解辩疑·大明律》卷一八，杨一凡主编《中国珍稀法律典籍续编》第4册，黑龙江人民出版社，2002，第173~174页。（）内为原文小注，［］内为整理者删除文字，〔〕内为整理者增补文字。

《律解辩疑》中律条摘录只取首尾，以“止”隔断，不能见律文全貌，其内容只能从随后的注解进行推断。从作者的注解看，此条“谋反大逆”的规定有以下几个方面。

第一，犯谋反大逆者，但共谋，不分首从，正犯凌迟处死。亲属缘坐分为6个层次：

1. 斩刑：父子（年八十以下、十五以上，不分笃疾残疾）。注解中父母应为父子，恐为抄录过程的错误，后面括号标注子孙，应还包括孙；

2. 绞刑：祖父、伯叔兄弟及本宗缌麻以上亲（年八十以下、十五以上，不分笃疾残疾）；

3. 给付功臣之家为奴：母、妻、妾、女、孙女、男妇，年八十以上、十四以下男子；

4. 充军：同居男子年八十以下，十五以上无残疾者；

5. 免缘坐：祖母、伯叔母、姊妹以下亲，及女、孙女已定、已嫁归，已出、并已聘未成婚及同居异姓男子八十以上、十四以下，并患残疾者；

6. 过房子、孙的处理：男、孙已过房与人，亦坐绞；伯叔兄弟以上亲过房与人，免缘坐。

第二，对有禄人“不预谋，止随从其谋”的规定除去正犯凌迟外，缘坐的刑罚及范围有4个层次：

1. 绞刑：父、子、孙年八十以下、十五以上，不分笃疾残疾；

2. 充军：祖、伯叔兄弟，本宗缌麻以上，年八十以下、十五以上无残疾者，包括已过房男、孙；

3. 给付功臣之家为奴：母、妻、妾、女、孙女、男妇、孙妇（年八十以上、十四以下）；

4. 免缘坐：祖母、伯叔母、姊妹以下亲，及祖、伯叔兄弟、侄，若年八十以上、十四以下并笃疾残疾者，若女、孙女已定、已嫁归、已出，并已聘未成婚，及同居异姓男子残疾者。

第三，对无禄人“不预谋，止随从其谋”规定正犯处斩刑，缘坐范围仅限于父、子、孙（年八十以下、十五以上，无残疾者），缘坐的刑罚仅是充军。

第四，对已谋状而未行的自首，免罪；若状已行自首，等同已谋而未行论。

以上内容是对律后注解的分析，虽不能完全窥见律文全貌，但也能提供一定的信息。与唐律及洪武三十年《大明律》相比，《律解辩疑》中谋反大逆有如下特点：

其一，正犯凌迟，比唐律斩刑为重，与洪武三十年律同；

其二，父子缘坐斩刑，祖父、伯叔父兄弟绞刑，比唐律为重，比洪武三十年律为轻；

其三，给付功臣之奴的范围与洪武三十年明律同，与唐律相比，律解剔除祖父，将祖父划入缘坐绞刑，洪武三十年律中祖父缘坐斩刑，更甚一层；

其四，充军刑缘坐范围，律解规定的是年八十以下，十五以上同居男子。洪武三十年律无充军，同居异姓男子全入斩刑，唐律充军缘坐范围是伯叔父兄弟之子，此款三者相比，洪武三十年律用刑又明显提高；

其五，对过房子孙的缘坐，唐律与洪武三十年律规定相同，均不缘坐，律解却规定男孙过房亦绞，伯叔兄弟以上亲过房免缘坐，律解规定为三者之中最重；

其六，律解中有“若状已行，而能自首者，并已谋而未行论”，其中“并已谋而未行论”，这意味律文中对谋而行的完成形态与谋而未行的未遂形态应有分别规定，而洪武三十年律无此内容；

最后，《律解辩疑》中所附“谋反大逆”最特别的规定便是“有禄无禄人”的区分，对有禄人犯谋反大逆拟刑明显重于无禄人，这一规定在其他谋反大逆罪中均未出现。显然，《律解辩疑》所引《大明律》比唐律为重，比洪武三十年《大明律》为轻。

再看律著《大明律直解》中“谋反大逆”之规定：

> 凡谋反大逆，但共谋者，不分首从，皆凌迟处死。父子年十六以上，皆绞。十五以下及母女、妻妾、祖孙、兄弟、姊妹，若子之妻妾，给付功臣之家为奴，财产并入官。男夫年八十及笃疾，妇人年六十及废疾，并免缘坐之罪。伯叔父、兄弟之子，不限籍之同异，皆流三千里安置。缘坐之人，非同居者，财产不在入官之限。若女许嫁已定，归

其夫，子孙过房与人及聘妻未成者，俱不坐。知情故纵、隐藏者，斩。有能捕获者，民授以民官，军授以军职，仍将犯人财产全给充赏。知而首告，官为捕获者，止给财产。不首者，杖一百，流三千里。①

直解中的“谋反大逆”条内容完整：第一，谋反大逆的正犯，不分首从，皆处凌迟之刑。第二，缘坐范围与刑罚包括：1. 绞刑：父子年十六以上；2. 给付功臣之家为奴：男子十五以下，母、女、妻妾、祖、孙、兄弟、姊妹、子之妻妾；3. 流三千里：伯叔父、兄弟之子；4. 免坐：男年八十及笃疾者，妇人年六十及废疾者，女已许嫁，子孙过房与人，聘妻未成。第三，对藏匿、捕告的规定。《大明律直解》与唐律高度一致，不同之处一是将正犯处斩刑变更为凌迟，二是增加对藏匿、捕告的规定，这一点与《律解辩疑》及洪武三十年明律的规定均一致，这说明此款在修律时一早便确定下来。三个版本还有一处相同点是正犯均处凌迟，这应该是继受元朝的反逆罪规定。据《元史·刑法志》：“诸谋反已有反状，为首及同情者陵迟处死，为从者处死。”② 元代已将反逆罪正犯的刑罚上升至凌迟，只是遗憾的是元律中反逆罪的内容全貌已不可见。

值得注意的是，《大明律直解》所载谋反大逆条大部与唐律同，而与《律解辩疑》及三十年明律悬殊极大；而《律解辩疑》所载谋反大逆条的规定明显处在唐律与洪武三十年明律之间，大部分条款用刑比唐律为重，比三十年明律低，三者之间互有异同。从反逆罪的用刑轻重来看，唐律<《大明律直解》<《律解辩疑》<洪武三十年律，这条路径也符合修律循序渐进的一般规律。但是，《律解辩疑》所注明律被认为是洪武十九年修订版，而《大明律直解》被断定为洪武二十二年版。③ 如果《律解辩疑》所

① （朝鲜）金祗：《大明律直解》卷一八，杨一凡主编《中国珍稀法律典籍集成》乙编第1册，科学出版社，1994，第548页。

② 《元史》卷一〇四《刑法志三》，参见邱汉平编著《历代刑法志》，第494页。

③ 关于《律解辩疑》，从何广自序所记成书时间（洪武丙寅春正月）推知，书中所录明律当系洪武十九年（丙寅）前所颁。而《大明律直解》所载明律与《明史·刑法志》所记洪武二十二年律完全一致，基本可以断定为洪武二十二修律后的版本。参见杨一凡主编《中国珍稀法律典籍》乙编第1册，第16~17页。学者黄彰健对此也持相同观点，参见黄彰健《律解辩疑、大明律直解及明律集解附例三书所载明律之比较研究》，《明清史研究丛稿》卷二，第298页。

引明律为洪武十九年版，《大明律直解》为洪武二十二年版，这就意味着谋反大逆条在已经大幅加重的情形下又大幅改轻，而这些改动是在极短时间之内发生，说明当时围绕反逆罪的修订，立法者也曾在“重刑”与“重礼”间摇摆不定。[①] 耐人寻味的是，明初关于这一时期修律记载遗留下诸多空白，[②] 是史家记录的疏忽抑或是有意而为之？

三、明清律学家对反逆罪修订后的评价：“严密之至，实乃宽仁之至”乎？

（一）史家对明初修律的记载缺位

不管是刑罚适用的等级抑或是连坐波及的范围，谋反大逆一罪，在洪武三十年的《大明律》中均已达至极限。明初对反逆罪如此这番重大的修订，其具体经过竟然没有详细的记录，文献中提及于此，也是极尽敷衍，语焉不详。《明史·刑法志》载：

> 洪武元年，谕省臣：“鞫狱当平恕，古者非大逆不道，罪止及身。民有犯者，毋得连坐。”尚书夏恕尝引汉法，请著律：“反者夷三族。”太祖曰：“古者父子兄弟，罪不相及。汉仍秦旧，法太重。”却其奏不行。[③]

根据《明史·七卿年表》，洪武二十九年七月夏恕才署刑部尚书，至三十一年五月罢。[④] 这里以洪武元年开篇，后面接的却是洪武三十年间事，在时间层面有一个极大的断层，隐去太多关键信息。夏恕此次上书要求将

---

① 关于此次反逆罪的由重改轻，与当时的明太孙朱允炆有一定的联系。《明史》卷九三《刑法志一》记载，修订洪武二十二年律时，“太孙请更定五条以上，太祖览而善之”。第2283页。其他几条律文分别是“老少废疾收赎”“诈为制书”“诈传诏旨”“官吏受财”。参见杨一凡《〈大明律〉修订始末考》，第44~45页。

② 长期以来，因洪武前三十年间所颁几部律无从得见，加之《明实录》和《明史·刑法志》所记疏漏甚多，给后人留下了许多难解之谜。参见杨一凡主编《中国珍稀法律典籍》乙编第1册，第16页。

③ 《明史》卷九三《刑法志一》，第2287页。

④ 《明史》卷一一一《七卿年表一》，第3402~3403页。

谋反大逆处以夷三族之刑，被明太祖以“法太重”断然拒绝。这段记载当然与史实全然不符，现行洪武三十年《大明律》在正犯处凌迟之外，祖父、伯叔父、兄弟、兄弟之子，连同居外姓也一并处以斩刑，岂止夷三族。太祖反对此奏议，从何说起。诡异的是，这一事件还出现在《明太祖实录》洪武三十年三月甲戌条记事中，与《刑法志》大意相同。

> 刑部署尚书夏恕、都察院署左佥都御史司中等奏请加反逆法，以为汉法反者夷三族，宜改《大明律》依汉法，不分异姓同居，三族应坐者，男子无长幼皆磔于市，妇人入官为婢，没其赀。上曰：“古者父子兄弟罪不相及，汉用秦法，故谋反逆者皆夷三族，其法太重。且夫明刑定律，务在公平，使加之于人，其人虽死不怨。传之后世，虽有仁圣之君，必不能有所变更矣。”恕等曰：“不轨，大恶也。重刑以治之，所以使民不敢犯也。”上不允，但令如律。①

以上是为明初奏议修订反逆之法不可多见之记载，却张冠李戴，顾左右而言他。黄彰健认为史官对这段修律历程使用隐讳曲笔：“按今本明律书首有洪武三十年五月御制序，其颁行是在这年五月。在洪武三十年三月，刑官讨论谋反大逆处罚是否应加重，太祖谓‘但令如律’，其时刑官欲迎合帝王家天下、传之万世的心理，拟将谋反大逆罪刑加重，这不必深责。实录记此一事，称赞太祖圣德，今由三十年定谋反大逆律条较直解所载为重看来，实录所记恐有隐讳曲笔。”② 古代史家的“隐讳曲笔”本不足为奇，但是明初所隐去的这段修律历程却是古代刑法史上的重要一环。洪武三十年后正式颁行的大明律较唐律而言，最显著的变动就是谋反大逆罪的规定，大明律将对谋反大逆罪的打击从刑罚种类到连坐范围都提升至空前的高度，加剧古代刑法的酷烈，与传统法制所倡导的“仁治”理念背道而驰。《律解辩疑》与《大明律直解》所载谋反大逆条表明，明初统治者在此条款的修订上历经反复的试探和逐步确立的过程。令人遗憾的是，史

① 《明太祖实录》卷二五一，上海书店，1984，第 3633 页。

② 黄彰健：《律解辩疑、大明律直解及明律集解附例三书所载明律之比较研究》，《明清史研究丛稿》卷二，第 296 页。

家对这段修律讳莫如深意左言他，令我们难以梳理清该条款演变的全部面貌。究其原因恐怕还是在于反逆罪修订后的绝对重刑主义倾向，已然突破传统社会法制德主刑辅的根本立法准则，这段历史被悄然抹去。

（二）明清律学家对反逆罪立法转变的辩护

《大明律》对反逆罪的修改为《大清律例》完全继承，面对谋反大逆罪如此重大的改变，以及随之而来的重刑酷法，明清之际律学家对此作何认识。检索明清时期各家注律之书，要么对反逆罪避而不谈，要么为重刑主义作合理性论证，个中观点，值得玩味。

首先，对维护皇权神圣性的阐述，这一立法主旨从官方正式的律典疏议到各种私家律注，千百年来几无变化。以《唐律疏议》为肇始，《名例律》“十恶”之“谋反”下疏议曰：

> 案《公羊传》云：“君亲无将，将而必诛。”谓将有逆心，而害于君父者，则必诛之。《左传》云：“天反时为灾，人反德为乱。”然王者居宸极之至尊，奉上天之宝命，同二仪之覆载，作兆庶之父母。为子为臣，惟忠惟孝。乃敢包藏凶慝，将起逆心，规反天常，悖逆人理，故曰“谋反”。①

疏议首先确证谋反的客观危害性，这是由君权神圣不可侵犯所决定的。诸如“王者居宸极之至尊，奉上天之宝命”之阐述，树立君主的绝对权威，人臣惟忠惟孝是基本义务，以此论证谋反是为“规反天常，悖逆人理”之最大恶行。

紧接着“谋反”下还有律注云：“谓谋危社稷”，是进一步指明谋反罪行的具体对象是君主，以“社稷”为名是避讳君主之尊号。

> 社为五土之神，稷为田正也，所以神地道，主司啬。君为神主，食乃人天，主泰即神安，神宁即时稔。臣下将图逆节，而有无君之

① 《唐律疏议》卷一，第7页。

心，君位若危，神将安恃。不敢指斥尊号，故托云“社稷”。《周礼》云“左祖右社”，人君所尊也。①

《名例律》“谋大逆”条，疏议认为：“此条之人，干纪犯顺，违道悖德，逆莫大焉，故曰‘大逆’。”而对大逆的具体罪行，律注有云：“谓谋毁宗庙、山陵及宫阙。”对此，疏议解释为：

有人获罪于天，不知纪极，潜思释憾，将图不逞，遂起恶心，谋毁宗庙、山陵及宫阙。宗者，尊也。庙者，貌也。刻木为主，敬象尊容，置之宫室，以时祭享，故曰“宗庙”。山陵者，古先帝王因山而葬，黄帝葬桥山即其事也。或云，帝王之葬，如山如陵，故曰“山陵”。宫者，天有紫微宫，人君则之，所居之处故曰“宫”。其阙者，《尔雅·释宫》云：“观谓之阙。”郭璞云：“宫门双阙也。”《周礼·秋官》“正月之吉日，悬刑象之法于象魏，使人观之”，故谓之“观”。②

此处进一步说明宗庙是指供奉帝王之所在，山陵是帝王所葬之山脉，宫阙是帝王所居之处所，对这些的冒犯即是对皇帝本人的侵犯，是为大逆。

后世的律学家对谋反大逆的解释与《唐律疏议》的话术完全相同，兹引一二。明代张楷在《律条疏议》有云：

一曰谋反（谓谋危社稷）。疏议曰：王者，居宸极之至尊，奉上天之宝命，同二仪之覆载，作兆民之父母。为子为臣，竭忠尽孝，尚虑不能尽职，乃敢包藏凶慝，将起逆心，规反天常，悖逆人纪，故曰“谋反”。注谓“谋危社稷”者，《唐律疏议》云，社〔为〕五土之神，稷为田正，所以神地道〔，主司啬〕。君为神主，食乃民天，臣下将图逆节，神将安恃，不敢指斥，故曰“社稷”也。

二曰谋大逆（谓谋毁宗庙、山陵及宫阙）。疏议曰：《唐律疏议》

① 《唐律疏议》卷一，第7页。
② 《唐律疏议》卷一，第7~8页。

云，本条之人，干纪犯顺，违道悖德，逆莫大焉，故曰“大逆”。注谓“谋毁宗庙、山陵及宫阙”，宗者，尊也，庙者，貌也，刻木为主，敬像尊容，以时致享，故曰“宗庙”。帝王之葬，如山如陵，故曰“山陵”。天有紫微宫，人君则之，故名所居曰“宫”。又《尔雅》云，观谓之阙。郭璞云，宫门两阙也，故曰宫阙。[①]

这样的解释与《唐律疏议》几无二致，均是将皇家之宗庙、社稷、宫阙与皇帝本人相勾连，对以上事物的冒犯指代为对皇帝的侵犯，为反逆罪之客体。但是应槚在《大明律释义》中已不再着力解释谋反与大逆中犯罪对象如“社稷”“宗庙”“宫阙”的差异：“天子为宗庙、社稷、山陵之主，宫阙其所御也，谋危毁者将以行僭夺之祸，故曰反曰大逆，恶之极也。”[②] 此处以危害后果“恶之极”对反逆罪行笼统视之，表明注律者并不再关注谋反与谋大逆之间的界限。如果考虑到明律之中大逆不再区分出谋大逆，谋反大逆科刑完全相同，对这两个罪名再分辨的意义的确不大。

其次，明代律学家们如何评判反逆罪连坐的扩大化？对比唐律而言，明律反逆罪中新增捕告条款，将反逆缘坐扩大至知而纵匿者“知情故纵、隐藏者，斩”。对此，王肯堂解释说：

此条立法之意，非徒峻诛于事后，实欲遏乱于初萌。盖反逆之人，须借众力。潜结聚谋，踪迹难掩，同堂血属，与同居之人，无有不知。后有连坐之诛当避，前有首免之路可趋，其发觉破露易耳，知而不泄，便是同恶，斩之何恤。故九十以上及笃疾人死罪不加刑者也，而亦斩之。以虽老疾之甚，犹能宛转发露也。十五以下，则待以不死，以幼小无知，不可责以发露也。同堂同居者，虽异姓而必诛，外嫁外继者，虽亲子而不坐，盖意在曲突徙薪，岂求多于焦头烂额之后哉。[③]

① （明）张楷：《律条疏议》卷一，杨一凡编《中国律学文献》第1辑第2册，黑龙江人民出版社，2004，第106~107页。

② （明）应槚：《大明律释义》卷一八，杨一凡编《中国律学文献》第2辑第2册，黑龙江人民出版社，2005，第134页。

③ （明）王肯堂原释，（清）顾鼎重编：《王仪部先生笺释》卷一八，杨一凡编《中国律学文献》第2辑第4册，第318~319页。

对刑罚的扩大化，王肯堂从立法目的出发，认为重刑是为“遏乱于初萌”，他认为对反逆之事，终有谋划之痕迹，同居之人不可能不知，知而不报，与共同犯罪无异，处以斩刑，实属应当，甚至老疾者都不应在限免之列。立法的目的不是惩治犯罪于事后，而是将犯罪消灭于源头。以刑去刑的重刑主义思想为清代诸多律学家所沿用。清代王明德对“缘坐”一条有过如此释读：

> 夫以无罪之人，必缘而坐之以罪者，盖所以甚正犯之恶，凛人以不敢犯之惧，而更动人以交相戒畏、互相规正之义也。律义若日火烈，民望而畏之，故鲜死焉。缘坐以重之，庶乎民志其火畏，暴乱其由戢乎。①

将无罪之人纳入缘坐，是因为本罪实乃罪大恶极。处罚无辜之人，是让除了本犯之外的所有人皆对此罪心有所惧，可以“交相戒畏，互相规正”。刑罚如烈火，民望火而畏之，自然趋避之。如此，刑罚越烈，暴乱渐弥，民故鲜死焉。王明德接着以反逆条下缘坐为例，认为反逆罪下缘坐法虽至极，却正是律义至仁至爱之体现。

> 然法虽居其至极，而律义则有至仁至爱者存。细阅反逆条内正文，一则曰男子十五以下给付功臣之家为奴。是此年十五以下之男子，俱在律应斩之列者也，乃给付功臣之家为奴，则生矣。贷其死而与之以生全，所以矜未成人也。再则曰女许嫁已定归其夫、子孙过房与人及聘妻未成者，俱不追坐。是此许嫁已定及聘妻未成之各女子，俱在律应给付功臣为奴之列，而此过房与人之子孙，又俱或系律应皆斩立决，或系律应为奴之人也。今不复追而坐之，固脱然于事外矣。夫以律应缘坐之人，而令之得以脱然于事外，所以矜女弱、弛竭泽也。……是于诘奸禁暴之中，广开汤网三面之路，恕之极，仁之至也。然律中正文固如是矣，而本朝则更为注明曰“下条准此，止此坐

① 《读律佩觿》卷三《缘坐》，第57~58页。

正犯兄弟之子，不及其孙，余律文不载并不得株连”二十七字于下，用以统承本条反逆上文，包括谋叛以下一切缘坐各条。谆复再三，则又仁极义尽忠厚之至，无以复加焉。①

清代另一位律注大家沈之奇，在《大清律辑注》中对谋反大逆罪的注解，明显继受自王肯堂与王明德之说，一是将反逆罪中捕告条款的增设也解释为“遏恶于初萌，悔悟于未发”②；二是继续阐发反逆罪中缘坐条款的宽仁之处，如“盖反逆之人，必然依凭众力，结党聚徒，其事虽秘，其迹难掩，同居亲属，岂有不知？本律有缘坐之条当避，名例有自首之法当趋，能于未行之前，为之出首，均得免罪，乃隐忍不举，便同党恶，斩之何恤”③ 之语，基本上是对王明德之说的继承。

上述律著中对明律反逆罪内容变化之处均不予论及，是律学家囿于知识结构的认识局限吗？张伯元在分析明代律著释律方法的时候总结出当时律学家对律条分析使用的“结构分析法”，他以《大明律集解附例》中的集解释文为例：

在《集解》“纂注”的开头首先做的就是结构分析。从结构着手，分清总说、分说，以及分说的上下句关系。如：卷二二“刑律·诉讼·诬告”条的“纂注”这样写道：“此条作四段看，自‘诬告’起，至‘加役三年’，以无罪全诬者言；自‘若告二事以上’至‘犹以诬告论’，以有罪而诬告者言；‘若各衙门官’一节，又通有罪、无罪言；末节专自已问结者言之。”先剖析律文的结构，理清律文脉络，从总体上把握律文的要害和层次。上面分成四个层次：“以无罪全诬者言”“以有罪而诬告者言”“通有罪、无罪言”“已问结者言”，层次清楚，泾渭分明，读者一目了然。④

① 《读律佩觿》卷三《缘坐》，第 58~59 页。

② （清）沈之奇：《大清律辑注》卷一八，怀效锋等点校，法律出版社，2001，第 546 页。

③ 《大清律辑注》卷一八，第 546 页。

④ 张伯元：《〈大明律集解附例〉“集解考”》，载氏著《律注文献丛考》，社会科学文献出版社，2016，第 206 页。

《大明律集解附例》中对律典进行“结构分析法”的使用并非特例，是当时律学家普遍使用的一种律注方法，这证明当时的律注对律条的分析已达致非常高的水准，及于律条所包含的规范结构与层次。

由此观之，对唐明律之间反逆罪的变化，律学家们不可能不予以察觉，只是能指出这些变化的唯清代薛允升：“《唐律》谋反及大逆为一层。首犯，斩（父子年十六以上皆绞，其余亲属俱无死罪）。词理不能动众，威力不足率人者，次之（本犯，斩。父子、母女、妻妾，并流）。自述休征，假托灵异，妄称兵马，虚说反由，传感多人，而无真状可验，又次之（本犯，绞。妻、子，不缘坐）。口陈欲反之言，心无真实之计，而无状可寻者，又次之（流二千里）。谋大逆而未行（绞），《明律》并无分别，知谋反大逆不告者，绞；《明律》知情故纵隐藏者，斩。俱较《唐律》为严。”[①] 薛氏通过对唐明律的比较，直指明律俱较唐律为严的事实。考虑到清律反逆罪条与明律皆同，对比其他律学家而言，薛允升作出此评价展现了律学家应有的学识与客观，当然这也与时代背景密不可分。[②] 不仅如此，对其他律学家交相称赞的“宽仁之至”缘坐条款，薛允升也不以为然，在考察完汉代至魏晋、唐律至明律之流变后，他指出：“若如《明律》所云，则五族而非三族矣。一味从严，均与古法不符。再，《汉律》只言父母、妻子同产无少长皆弃市，曹魏时改为不及祖父母、孙，《唐律》因之，《明律》改而从严，不惟上及于祖，下及于孙，甚至兄弟之子，亦予骈诛，此则任意为之矣。”[③] 明清时期反逆罪的亲属连坐在薛允升看来已然突破秦汉三族，变为任意之法。

最后，关于明清律学家一致称颂的重刑止刑一说，早在宋代即有人勘破这层皇帝的新衣。宋真宗咸平五年（1002），蕲州通判钱易面对当时凌迟等法外酷刑，上疏请求去非法之刑，有过一段论说：“凡罪当死，故重矣。刑止于杀，则绞、斩行焉。而使先受苦痛，脔截断割，然后就刑，然

① （清）薛允升：《唐明律合编》卷一七，怀效锋等点校，法律出版社，1999，第453页。

② 薛允升（1820~1901）生于清朝后期，《唐明律合编》一书的撰写在其晚年，时近清末，社会风气已然发生剧变，西风东渐，晚清言路逐渐开放，薛氏创作之环境与明清时期其他律学家所处的时代不可同日而语，对此也需客观评判。

③ 《唐明律合编》卷一七，第453~454页。

亦非欲黩于刑，所贵诫于后人令无犯者。”刑罚惩戒之功能不过是警示后来者勿犯，此目的可否实现？钱易举其亲身经历，“臣淳化中寄居寿春县，见巡检使生钉一贼，而于集众之际，犹盗人物者。此岂严刑可诫乎？若使严刑可诫，则秦之天下无一黔首为盗贼矣，汉文措刑亦乱国矣”[①]。严刑可诫于后人令无犯者？不可。为何后世的律注家们集体沦陷于重刑主义之中，钱易在这篇奏疏中这样论断：“国政暴则臣不敢言，臣不敢言，则一人专善恶之心以制天下，烛理不及，则几于乱矣。”[②] 只是他曾经担心的法外重刑“亦恐仁圣之朝不能除之，则永为讹法”[③]，果真变成元明清永为讹法之现实。在钱易所处的时代，心忧的问题是法外酷刑将会滋生暴政，“刑不本于法则刑黩，刑黩则法无据，法无据则国政暴”[④]。可能令他无法想象的是，后世直接将法外酷刑变成法内之刑，结果只能益发是“臣不敢言”。酷刑、暴政与不敢言的交织，就此将封建社会后期封闭在重刑主义的阴影之下。

结　语

行文最后，不甚唏嘘。以反逆罪观之，明清社会在长达几百年的时间里，益发迷信依赖酷刑主义路径，将法律变成手中挥舞的大棒，将刑罚变成大杀四方之利器，皇权恣意之时，社会深陷蒙昧。明律在反逆罪上的酷刑重法，株连扩张，已然超乎人道主义的基本底线，而当时操持法律解说、引领法律精神的一众律学家们在专制高压之下，纷纷附合以刑去刑、以刑遏恶的执念，甚至对重刑主义发出“严密之至，实则宽仁之至”的论说！我们无法苛责历史人物有超越时代之见识，却无法不对法律人应有的独立之精神保持警醒。

---

① （宋）钱易：《上真宗乞除非法之刑》，（宋）赵汝愚《宋朝诸臣奏议》卷九九，上海古籍出版社，1999，第1062页。

② （宋）钱易：《上真宗乞除非法之刑》，第1061页。

③ （宋）钱易：《上真宗乞除非法之刑》，第1062页。

④ （宋）钱易：《上真宗乞除非法之刑》，第1061页。

附录:

表 1 《唐律疏议》与洪武三十年《大明律》“谋反大逆”罪比较

反逆罪出处	犯罪阶段的区分		本犯处刑	缘坐刑罚与亲属范围	免罪范围
《唐律疏议》	完全形态	谋反大逆	斩刑	绞刑:父子(年十六以上)	男夫年八十及笃疾; 妇人年六十及废疾
				没官:子(年十五以下)、母女、妻妾(子妻妾)、姊妹	
				杖一百、流三千里:伯叔父、兄弟之子	
	未遂形态 (无危害 结果)	词理不能动众,威力不足率人者	斩刑	流三千里:父子、母女、妻妾	
		自述休征,假托灵异,妄称兵马,虚说反由,传惑众人	绞	无缘坐	
		口陈欲反之言,心无真实之计,无状可寻	流二千里	无缘坐	
	谋大逆	绞		无缘坐	
洪武三十年 《大明律》	谋反(谋)大逆		凌迟	斩刑:祖孙、父子、兄弟及同居之人不分异姓; 伯叔父、兄弟之子,不限籍之同异 (年十六以上,不论笃疾废疾) 知情故纵隐藏者	无
				给付功臣之家为奴:母女、妻妾、姊妹、子之妻妾	
				杖一百、流三千里:知而不首告者	

表 2 《大明律直解》与《律解辩疑》中“谋反大逆罪”比较

反逆罪出处	犯罪阶段的区分	本犯处刑	缘坐刑罚与亲属范围	免罪范围
《大明律直解》	谋反大逆	凌迟	斩刑：知情故纵、隐藏者	男夫年八十及笃疾，妇女年六十及废疾；若女许嫁已定归其夫，子孙过房与人，有聘妻未成者
			绞刑：父子年十六以上	
			给付功臣之家为奴：母女、妻妾、祖孙、兄弟、姊妹、子之妻妾及男十五以下	
			流三千里：伯叔父、兄弟之子	
《律解辩疑》	谋反大逆	凌迟	斩刑：父子（年八十以下、十五以上，不分笃疾残疾）	无
			绞刑：祖父、伯叔兄弟及本宗缌麻以上亲（年八十以下、十五以上，不分笃疾残疾），过房子孙	
			给付功臣之家为奴：母、妻、妾、女、孙女、男妇，男子年八十以上、十四以下	
	无共谋有禄人，随从其谋	凌迟	绞刑：父、子、孙（年八十以下、十五以上，不分笃疾残疾）	无
			充军：祖、伯叔兄弟，本宗缌麻以上亲（年十五以上，不分笃疾残疾），过房子孙	
			给付功臣之家为奴：母、妻、妾、女、孙女、男妇、孙妇（年八十以上、十四以下）	
	无共谋无禄人	斩	充军：父、子、孙年（年八十以下、十五以上，无残疾）	

《中国古代法律文献研究》第十五辑
2021 年，第 258~304 页

《大越黎朝国朝刑律》解题

[日] 八尾隆生　著　李龢书　译*

前　言

因汉武帝南征而处于中国支配下的越南，在 10 世纪唐朝灭亡后的混乱期独立。然而当时的越南政权（曲—丁—吴—前黎）不仅国祚短暂且统治机构尚未成熟，在许多方面还是不得不利用中国支配时期所接受的制度。已有许多研究指出，① 此后尽管李朝（1009~1225）、陈朝（1225~1400）、以及虽短祚但锐意推行各种改革的胡朝（1400~1407）相继建立，不过在法律制度上，这些王朝仍是以中国的法律制度为模仿对象的。

黎朝（1428~1527、1533~1789）在击退了消灭胡朝而暂时将越南纳入版图的明朝后也同样如此：除了中央有刑部、御史台、大理寺等与法制相关的专责机关外，地方上最大的行政区如承宣也有三司之一的清刑宪察使司（宪司）。然而承宣以下的府县却不存在专责的官员，而是由府县官作为“行政工作的一环”而担任初审者，以进行裁判、调停的业务。② 而

* 八尾隆生，日本广岛大学大学院人间社会科学研究科教授；李龢书，日本东京大学大学院人文社会系研究科研究员。

① 像是片仓穰［1987：第 1 篇第 2 章、第 4 章］便指出李朝、陈朝模仿中国法律的五刑制度，在李朝、陈朝时代已经出现。

② 参照滋贺秀三［1984：第 4 章］。当然，在府县的审理之前，先争取在村或是在族当中解决问题，这点不论是在越南还是在中国都是一样的。

其业务的基础便是“法”。

《词讼律例》（越南汉喃研究院藏，图书号码：A. 1982）收录了黎朝后期的法律文类和书写格式，其中列举出了配置于县衙门的物品里，有鼓一面、《天下版图》一册、《国朝条律》一册以及印信一枚等。

一般认为，配置于地方衙门的《条律》，以及见于黎朝后期各种文书的《条律》，便是现存的《国朝刑律》（以下除了引文等部分外，均简称“《刑律》”）又或者是其前身。然而，尽管该书有数种版本，以及阮朝期以后冠以《黎朝刑律》之名的数种写本，但合校工作却至今尚未进行。

而研究前近代越南史的最大问题，是所使用的史料（即便是编纂史料）几乎未经过史料批判，又或者是存在着无法进行史料批判的现实，这在同行间已是众所周知之事。

合校者以计划班研究代表的身份在参加始于2001年的文部科学省科学研究费（特定领域研究）“东亚出版文化研究”之际，在传达给同行以外的研究者上述情况时，有感于即便为时略晚，但还是得接续曩昔日本研究者对保存越南史料的贡献，[①] 因此开始着手越南的“出版”史料研究。而个人的专业领域黎朝期的根本法典《刑律》，便在这批研究对象当中。

合校者在前述科研计划结束后，仍继续参与文部科学省科学研究费（特定领域研究）“东亚海域交流与日本传统文化之形成——以宁波为焦点的跨学科创生研究”的文献史料班“东亚地域的形成和地方统治官：规范的普及与现实”，并作为自身的研究课题开始正式进行《刑律》的合校工作，而终有此书的付梓。

《刑律》相关研究在越南和日本曾盛极一时，问世者多为与唐律、明律的比较研究；而越南在马克思主义史观的全盛时期虽热烈议论过《刑律》中散见的“奴婢”“典雇”“色役”等记录的实际情况，坦白说目前却是呈现出衰微的态势。

而日本在1970年代，也有如将《刑律》写本带回日本的山本达郎，以及从中国法制史转换领域而来的片仓穰等人的一系列研究，在此后却乏人问津。然而，由于20世纪末越南开放政策的实施，包含《刑律》在内，

① 日本研究者与越南史资料的关系，参照八尾［2010b］。

研究者过去无法过目的版本和相关的法律书籍变得相对容易入手，合校者在合校的过程中也注意到了先行研究中的不少问题。这些问题可参照八尾［2010a、2013、2014、2016a、2016b］特别针对越南研究者而发的论文。本解题将在这些问题的基础上，针对《刑律》的来历及其作为历史史料的价值进行解说。此外，由于合校工作自1990年代起已断断续续地持续了二十年以上，合校者的见解也因不断地在发表新稿时有所修正而存在微妙的差异；本解题若和过去文稿有不一之处，还敬请谅解。

一、原始史料与研究史

こくちょうけいりつ　/　国朝刑律　/　Quoc trieu hinh luat

越南Lê（黎）朝的根本法典。数种版本皆为民版，无现存官版。后代的写本则冠以《黎朝刑律》之名。由六卷十三章（名例章、卫禁章、违制章、军政章、户婚章、田产章［附：始增田产章、增补香火令、增补参酌校定香火］、奸通章、盗贼章、斗讼章、诈伪章、杂律章、捕亡章、断狱章）七二二条（根据写本而有所异同）所组成。本书正确的作成年代不明，Lê Thánh Tông（黎圣宗）朝《洪德律》为其蓝本，本书内容和1767年印行的《国朝条律》几无二致。本律虽在唐律的基础上增添了明律，但诸如在五刑之上并课损害赔偿和降罢身份的量刑办法、赎罪制度、保障女性财产权和诉请离婚权等、以及用于祭祀祖先的香火田之相关规定等，则强烈反映出越南旧有的社会习惯。在越南已影印原文出版，且另有当代越南语、法语、英语的译本。→越南、Lê（黎）朝、法制、土地制度、Lê Thánh Tông（黎圣宗）、法国远东学院、东洋文库、山本达郎

前引文是合校者为新版《认识东南亚事典》（平凡社，2008年。部分修订，实际脱稿时间为出版前五年，有底线的引文部分是合校者在本解题企欲更正的最大错误）所撰关于《刑律》的解说条目。该刑律的相关研究史已有山本［1984］、[①] 片仓［1987：第2编第1章］、埃米尔·加斯帕多

① 山本先生去世后，其藏书赠予东洋文库，目前已能阅览。

纳［1935：44—45］、陈文甲［1984（第二版）：247—250］以及阮玉辉、谢文才［1987：第1卷4—43］等进行了统整，前引的解说文字也据此为主要的参考材料。① 但一如上述，这些研究史的整理在1990年代越南本国正式公开其原始史料前便已出版，加以越南本国尚无新的图书学研究，因而有重新整理的必要。

（一）一手史料

越南的近代式书籍搜集工作，是在法国殖民时期以河内的远东学院为中心所进行的，其中越南汉文史料（过去称之为“安南本”②）的图书编号为A.…。③ 第一次印支战争结束后，远东学院转移到巴黎，其藏书遂由北越政府所接管，法国则在此之际将多数的书籍拍制成微卷。其后，在越南亦由汉喃研究院持续进行史料搜集工作，其书籍编号则另作VHv. 等。④ 目前可知其所藏地的《刑律》版本及其写本如下。

〈版本〉

1. A. 1995本：现藏于汉喃研究院。东洋文库有山本所携远东学院微卷本（图书编号：X-2-68）。

2. A. 341本：现藏于汉喃研究院。书首有“狱具之图”等三张图绘。东洋文库有远东学院微卷本（图书编号：X-2-68。与A. 1995本同函）。破损之处原已不少，自远东学院接管后的损毁情况似乎更加严重，若将原本和微卷相比对，可知原本有残缺的部分。

3. A. 2754本：现藏于汉喃研究院。似乎未制成微卷。至少未见于远东学院和东洋文库。

---

① 该书有法语译本、英语译本以及五种越南语的译本，详情请参照表1。

② 在日本也有称为“越南本”的习惯（后藤均平［1995、1999］等），目前尚无定称。在越南本国则包含越南版的汉籍在内，一般习惯将其称之为汉喃本，本解题也按此称法。

③ 根据松本信广［1934］、山本达郎［1938、1953b］，以及针对接收远东学院藏书的汉喃研究院藏书进行调查的川本邦卫［1971］，可以得知远东学院当时所收的史料内容。此外，其目录也已出版（［社会科学图书馆（编），1969~1972］，［汉喃研究院、法国远东学院（编），1993］）。

④ 然而由远东学院所搜集，但还没来得及整理的资料里头，被标上新编号者似乎也不少。关于汉喃史料的整理概略，可参照拙稿［2003］以及阮氏莺［2005］。

4. A. 2755 本：现藏于汉喃研究院。东洋文库有远东学院微卷本（图书编号：X－2－90）。该本的书名作《国朝勘讼条例》，而该书到第四十八页为止，接续的部分则是缀合《刑律》第四十九页以后，是不完全本。先行研究当中并未提及相关的事例。

5. GA 本（此据山本［1984］的拟题）：加斯帕多纳旧藏本。现藏庆应义塾大学斯道文库（图书编号：ベトナム　G250－1）。是唯一完全保留“狱具之图”“五服总图”等图绘的版本。

6. GB 本：同前。（图书编号：ベトナム　G251－1）。经合校，确认与 A. 341 本的印板相同，但未保留“狱具之图”等图绘。

上述版本就结论而言，一如山本［1984：70—73］所指出，各版皆为半页 10 行×18 字，当是由同系统的底本所翻刻。由于各本均缺序文等开头的部分，文字也不具统一性，且有不少部分是连无法判读的汉字都称不上的文字，当是出自刑书的实用性格所制成的民间版。①

〈写本〉

接下来为写本。除了 VHv. 1990 本，其余书名皆作《黎朝刑律》，从书中大多不避黎朝时讳，反而多见阮朝的避讳等迹象可知，应是阮朝成立后所抄写者。诸写本除山本的旧藏书（原本）以外，未收于东洋文库的微卷当中。②

1. A. 340 本：现藏于汉喃研究院。为最完整的写本。

2. A. 2669 本：现藏于汉喃研究院。此写本亦相当完整。其系统近于 A. 340 本。

3. VHt. 31 本：现藏于汉喃研究院。明确标出“1931 年（保大六年）抄自印本 A. 341 本”，并摘录了 A. 341 本的“五服总图”等图绘；和其他写本同样缺少第 219 条（后述），共 721 条。据此，较为稳妥的看法是该本“五服总图”等图绘部分抄自 A. 341 本，内文部分则是抄自其他写本。

4. VHv1990 本：现藏于汉喃研究院。仅此本的书名作《国朝刑律记》，

① 根据日本研究者的藏书调查（松本［1935a、1935b］、岩井大慧［1935］、山本［1953a、1953b、1954］、藤原利一郎［1974］、和田正彦［1992～1993］等），未见其他官方机关有收藏该刑律的迹象。

② 越南国家翰林院所属史学院里虽有书名作《国朝刑律》的藏书，但内容却是阮朝期的法令集。

内容包含版本的第219条。然此写本最为粗糙，不仅意图不清地漏抄了不少条文，且忽视了许多原注。

5. NQT本（参照表1）：根据译者的序文，此为战前启定朝的刑部尚书抄自宫廷书库所藏书后，赠于西贡的某文士者。译者阮决胜［1997：9—10］推测，该写本为当时远东学院院长卡罗德·玛提尔于1908年在顺化所发现，并成为雷蒙·德卢斯塔尔法语译本的底本［德卢斯塔尔1908—1913，1919，1922］，当是抄自后来成为现存A. 2669本的写本。虽然不清楚译者的推测根据，但该写本内容同样缺少版本的第219条，转抄自其他写本这点当无疑义。

6. 山本达郎旧藏写本：现藏于东洋文库（图书编号：Y－X－2－71）。山本于1936年赴河内之际所雇人抄写者。虽未注记其底本的来历，但从避讳和误写的状态来看，A. 2669本当是其底本。在日本如片仓等人虽然都使用该写本，但不知是否因抄写者不小心的缘故，该本错漏字极多。

《黎朝刑律》各写本除VHv. 1990本外，各写本如出一辙般地均缺少版本的第219条。从德卢斯塔尔法语译本同样缺译该条来看，较稳妥的看法是，顺化的王宫本已无该条，尔后再以此王宫本为底本而陆续有其他的写本问世。一如前述，阮决胜认为现存的A. 2669本即是此王宫本，但不知所据为何。

（二）图书学的整理

如前节所述，越南书籍的近代图书学研究始于法国远东学院，并与史料搜集和翻译工作同时展开。关于汉喃本最初的完整研究，虽有前述1904年加迪耶神父与伯希和所撰安南本解题［加迪耶神父、伯希和1904］，但其中只提到175种书籍，且无与《刑律》相关的叙述。不过大多数的书籍条目中有“为远东学院已制成副本”的注记，可知在顺化进行王宫藏书的调查时，将重要书籍制成副本并收入远东学院的工作，和法语翻译工作几乎同时进行。而这批书籍的背后，应附上了自A起始的远东学院图书编号。

这里先就版本《刑律》的相关论点作整理。阮朝初期类书《历朝宪章类志》（以下简称“《类志》”）卷四十二《文籍志》有“国朝条律六卷，景兴三十年（1769）删定印行，大约依国初洪德原律”的记述。而山本依据加斯帕多纳的记述，认为从各版本的封面均作“景兴二十八年”来看，《刑律》应刊于1767年，[①] 尽管年号的记录有些许出入，但此版当是现存《刑律》的直接底本。[②] 只是《刑律》并非始刊于1767年，山本在进行版本系统的检讨后指出，从GA本有疑似加斯帕多纳的笔记“同于A. 2754本”来看，GA本和A. 2754均为同一版木所印制（即景兴二十八年刊）；而经与GB本比较后发现，GB本是更早的版本，亦即《刑律》在景兴二十八年刊行以前，应早已有过数版。

另一方面，因越南本国未存GA、GB本，向来将唯一在书首有“狱具之图”的A. 341本视为最古本、善本；[③] 但就图书学的角度而言，其根据似嫌薄弱。根据合校者的合校工作，要找出汉喃研究院所藏三本之间的关联性并不容易。目前只知道，追根究底这三版其实应源于同一版本，但其中以A. 2754本所刻文字最为精细（特别是原注的部分），A. 1995本和A. 341本亲近性最高（如误刻的部分相同等），而无法判读的文字也最多等。附带一提，由于所有版本均见黎朝中后期诸帝及其生母等的避讳字，显然新的避讳字一经颁布便会进行补刻作业。[④]

至于《刑律》的写本问题，根据松本［1935a］的研究，旧阮朝王宫也应藏有《黎朝刑律》，但并没有保留在移交单位即越南国家第一公文书馆里头。德卢斯塔尔最初是就《类志》卷三十四至三十七《刑律志》当中，被认为是摘录自《刑律》的部分开始进行法语的翻译；而如前所述，在顺化王宫发现写本《黎朝刑律》后，德卢斯塔尔便将其作为翻译的底本。然而不论是从德卢斯塔尔的翻译论文注记，抑或后世研究者的推论，都无法判定他所据的写本究竟为何（毕竟当时都还未附上图书编号），也找不到该写本日后去向的相关记录。

---

① GA本由收录法律文书雏形的《百家公案》所拼合而成，《百家公案》的封面内页作“岁在乙酉年（1765）春节吉日重刊”。

② 加斯帕多纳［1935：44—45］的解说条目里作《国朝条律》，而在武文亩对所藏书名提出质疑后，则将其藏书名订正为《刑律》［武文亩、梁辰等 1956：vii—ix］。现存版本均作《刑律》。

③ 阮玉润、阮佐而［2006：32—34］等。

④ 山本［1984：70—73］从现行《刑律》有不少文字歪斜，且有文字不统一等现象，推测先有木活字版，再以此为底本制成版木。这么考虑的话，进行避讳字等替换作业的确是较为容易。

合校者根据《刑律》的合校工作，认为 A. 340 本和 A. 2669 本为相近系统，① 然而从 A. 340 本基本上保留了黎朝的避讳字，却往往未严格执行阮朝的避讳，且主要使用的是多见于版本的大写汉文数字（如壹、贰、叁等）；相较之下 A. 2669 本几乎不避黎朝讳，反而避阮朝讳，且使用小写汉文数字（如一、二、三等）等现象来看，A. 340 本较早问世，A. 2669 本则是据 A. 340 本所抄写的可能性极高。

在版本《刑律》被发现之后，尽管山本在进行版本考察时论及了写本的重要性，而关于写本《黎朝刑律》，也有像是阮决胜的越语译本底本等新写本的发现，但相关的图书学研究却未见重大的进展。再者，虽然 VHv. 1990 本至今尚未成为研究对象，但从该本是唯一包含第 219 条的写本这点来看，VHv. 1990 本无疑是直接抄写自版本者。另从该写本缺漏多处条文，且几乎无视原注等情况，可以推测该本的目的并非出自学术，而是为了用于民间。此外，因该本不避阮朝时讳且书名作《国朝刑律记》，可知该本为黎朝期写本的可能性极大，可惜该本成为汉喃研究院藏书的过程并不清楚。

现将目前为止的图书学研究以及翻译工作制成表 1。

表 1　《刑律》版本和写本，法译、英译、越译本底本之关系

RD 法译 = ［德卢斯塔尔 1908—1913，1919，1922］，VVM 越译 = ［武文亩、梁辰等，1956］，NNH 英译 = ［阮玉辉、谢文才，1987］，VSH 越译 = ［史学院，1991］，NQT 越译 = ［阮决胜，1997］，NNN 越译 1 = ［阮玉润、阮佐而，2006］，NNN 越译 2 = ［阮玉润、阮佐而，2009］，NQT 写本 = ［阮决胜，1997］。此外，因无人论及 A. 2755 本，是以省略。

<table>
<tr><th colspan="8">版　本</th></tr>
<tr><th colspan="2"></th><th>发表年</th><th>A. 341 本</th><th>A. 1995 本</th><th>A. 2754 本</th><th>GA 本</th><th>GB 本</th></tr>
<tr><td rowspan="4">译本</td><td>RD 法译</td><td>1908—1922</td><td colspan="5">未提及</td></tr>
<tr><td>VVM 越译</td><td>1956</td><td>以微卷为底本</td><td>作校勘用</td><td rowspan="2">明确提及未见</td><td colspan="2" rowspan="3">未提及</td></tr>
<tr><td>NNH 英译</td><td>1987</td><td>同 A. 1995，以微卷为底本</td><td>同 A. 341，以微卷为底本</td></tr>
<tr><td>VSH 越译</td><td>1991</td><td>以原本为底本、刊载影印全文</td><td colspan="2">作校勘用</td></tr>
</table>

① 像是正文中附加的原注的缺漏部分大都相同等。

续　表

<table>
<tr><th colspan="8">版　本</th></tr>
<tr><th colspan="2"></th><th>发表年</th><th>A.341 本</th><th>A.1995 本</th><th>A.2754 本</th><th>GA 本</th><th>GB 本</th></tr>
<tr><td rowspan="3">译本</td><td>NQT 越译</td><td>1997</td><td colspan="3">未作利用</td><td colspan="2" rowspan="3">未提及</td></tr>
<tr><td>NNN 越译 1</td><td>2006</td><td>以原本为底本</td><td>用作 A.341 残缺部分的补充</td><td>用作 A.341 残缺部分的补充</td></tr>
<tr><td>NNN 越译 2</td><td>2009</td><td>当是以原木为底木</td><td colspan="2">未提及</td></tr>
<tr><td rowspan="8">研究及介绍等</td><td>加迪耶神父、伯希和</td><td>1904</td><td colspan="5">未提及</td></tr>
<tr><td>松　本</td><td>1934</td><td colspan="2">明确提及存在</td><td colspan="3">未提及</td></tr>
<tr><td>加斯帕多纳</td><td>1935</td><td colspan="3">未提及存在（但理应知晓）</td><td>明确提及存在</td><td>未提及</td></tr>
<tr><td>陈文甲</td><td>1970</td><td colspan="3">明确提及存在</td><td colspan="2">未提及</td></tr>
<tr><td>山　本</td><td>1984</td><td>未提及</td><td colspan="2">明确提及存在</td><td>封面有应为加斯帕多纳的注记文字“同 A.2754 本”，并指出此为和他书的缀合本</td><td>明确提及存在</td></tr>
<tr><td>片　仓</td><td>1987</td><td colspan="2">以微卷为研究之底本</td><td colspan="3" rowspan="2">未提及</td></tr>
<tr><td>后　藤</td><td>1999</td><td>有微卷。与 A.1995 同印板</td><td>有微卷。与 A.341 同印板</td></tr>
</table>

<table>
<tr><th colspan="8">写　本</th></tr>
<tr><th></th><th>发表年</th><th>A.340 本</th><th>A.2669 本</th><th>VHt.31 本</th><th>VHv.1995 本</th><th>山本写本</th><th>NQT 写本</th></tr>
<tr><td>RD 法译</td><td>1908—1922</td><td>底本？</td><td>底本？</td><td colspan="4" rowspan="2">未提及</td></tr>
<tr><td>VVM 越译</td><td>1956</td><td>未提及</td><td>明确提及存在</td></tr>
<tr><td>NNH 英译</td><td>1987</td><td>作校勘用</td><td colspan="5">未提及</td></tr>
<tr><td>VSH 越译</td><td>1991</td><td colspan="3">作校勘用</td><td colspan="3">未提及</td></tr>
<tr><td>NQT 越译</td><td>1997</td><td colspan="5">未提及</td><td>以原本为底本</td></tr>
<tr><td>NNN 越译 1</td><td>2006</td><td colspan="2">未提及</td><td>明确提及存在</td><td colspan="3">未提及</td></tr>
</table>

续　表

<table>
<tr><th colspan="8">写　本</th></tr>
<tr><th></th><th>发表年</th><th>A. 340 本</th><th>A. 2669 本</th><th>VHt. 31 本</th><th>VHv. 1995 本</th><th>山本写本</th><th>NQT 写本</th></tr>
<tr><td>NNN 越译 2</td><td>2009</td><td colspan="6">未提及</td></tr>
<tr><td>加迪耶神父、伯希和</td><td>1904</td><td colspan="6">未提及</td></tr>
<tr><td>松　本</td><td>1934</td><td colspan="2">明确提及存在</td><td colspan="4">未提及</td></tr>
<tr><td>加斯帕多纳</td><td>1935</td><td colspan="6">未提及</td></tr>
<tr><td>陈文甲</td><td>1970</td><td colspan="6">未提及</td></tr>
<tr><td>山　本</td><td>1984</td><td colspan="2" rowspan="2">明确提及存在</td><td colspan="2">未提及</td><td>抄录</td><td rowspan="2">未提及</td></tr>
<tr><td>片　仓</td><td>1987</td><td>明确提及存在</td><td>未提及</td><td>为参考而借用</td></tr>
<tr><td>后　藤</td><td>1999</td><td colspan="6">未提及</td></tr>
</table>

二、 对于成说的疑问

为了解决上述的停滞情况，合校者开始进行《刑律》合校本的编制工作，也因此对该书的作成时期抱着极大的疑问。

（一）成说

一般认为，平息黎朝初期的混乱局面，开启黎朝盛世者为第五代的圣宗（在位：1460~1497）。由于圣宗是在功臣们所策划的政变中即位，因此在光顺年间（1460~1469）并未进行急剧的变革，但从光顺末期到洪德年间则厉行了大规模的改革。特别像是在文武官制、行政制度、中央地方的行政划分、公田制度、军制等方面的改革，到黎朝灭亡为止都还是被之后的为政者视为典范（参照［藤原 1980a（1986）：471—483］）。

根据前引《类志》，《刑律》大致上是依于 15 世纪后期圣宗朝《洪德原律》，而《类志》卷三十三《刑律志》有如下记述：

迨于有黎兴，复行删定。鸿（合校者：“鸿”是“洪”的避讳字）德刑律，参用隋唐，断治有划一条，轻重有上下准，历代遵行，用为成宪……

也因此，尔后《类志》的说法遂为成说，在越南甚至还有拿《洪德律》来作副标题的译本等书籍（如NQT本等）。而像是“几同于黎圣宗的《洪德（1470~1497）律》”这样的扩大解释大行于世，以此为前提写就的专书论文大量出版更是不争的事实。①

如第一节“原史料与研究史”开头所引合校者的解题所示，许多研究已指出该刑律的性格和来历，像是虽以唐律为蓝本，却也可能受到明律的影响；当中也能看到许多在中国法律没有的越南独有元素；不仅有洪德期以前，还包含了黎朝以前的条文等。

特别是阮玉辉、谢文才的英译以及阮玉辉［1980］在此前已发表的考证论文里头，除了翻译还进行了详密而系统性的校注工作：将各条分别与唐律、明律、清律、几乎完全复制清律的阮朝《皇越律例》② 以及汇集洪德期所颁条文的《天南余暇集》（以下简称作《余暇集》）“条律”、莫朝在篡夺黎朝后以圣宗朝条文为中心所编成的《洪德善政》（以下简称作《善政》）③ 等，进行了比较勘合的工作（后述）；进而指出《刑律》当中，有别于唐律的独有条文412条，别于明律的独有条文377条（包含重复者），因其中44条和《余暇集》“条律”几乎相同，这些条文当为圣宗朝所加者。④

日本则有山本、片仓［1987］等人发表为数众多的研究论文，并指出

① 近年便有黎氏山（编）［2004］等。

② 为阮朝第一代世祖嘉隆帝于嘉隆十三年（1814）所颁布，是《刑律》之后的基本法。御制序里虽云“命廷臣准历朝令典，参洪德、清朝条律……”，但实际上其连续性颇为薄弱，几乎完全沿袭清律。且从引文来看，可知“洪德条律”的存在仍是被阮朝朝廷所认识着的。

③ 该书内容未见成书时期的相关信息。该书活字版对译印刷本的序文里［阮士觉、武文亩 1959：iv—ix］考证认为，所收条文系年最晚者为莫朝大正（1530~1540）、广和（1541~1546）年间，因此当为此时所编。的确，若是在莫氏自河内撤退，黎朝成功复兴后的黎朝后期所编，那么带有莫氏年号的条文等内容自然会被删除的吧。另参照第290页注释③。

④ 参照阮玉辉［1980：205—207］。该论文指出，圣宗朝所增补的条文并未出现偏重某章的现象。

《刑律》存在圣宗朝以前的条文，以及自黎朝初期便已存在的被称作《刑律》的法律典籍。

为了整理各种先行研究者的见解，下面先行列出《刑律》的篇目（共13章722条，但各写本的条文算法和章名部分有异）。

第一卷　名例章四十九条、卫禁章四十七条

第二卷　违制章四十四条、军政章四十三条

第三卷　户婚章五十八条、田产章三十二条、始增田产章一十四条、增补香火令四条、增补参酌校定香火九条、奸通章一十条

第四卷　盗贼章五十四条、斗讼章五十条

第五卷　诈伪章三十八条、杂律章九十二条

第六卷　捕亡章一十三条、断狱章六十五条

关于其中第三卷“始增田产章一十四条”（内容为田产的继承与买卖等相关规定和罚则）的部分，《大越史记全书》（以下简称作《全书》）《本纪》卷十一仁宗大和七年（1449）十一月末条有“新增律田产章十四条。初太祖欲均田，故略田产章，至是增之”的记述，可以合理推断此事便是该项的内容。

其后是“增补香火令四条”，这四条的首字均缺“诸”字，其中有三条的尾注分别标示光顺三年（1462）、洪顺三年（1511）、光绍二年（1517）等颁布时的年号，显然都是后来所加。此外，《善政》莫大正十一年（1540）三月十四日条自“查考前朝条令”开始，引用了与前述四条几乎相同的内容。该书的越南语译本序文［阮士觉、武文亩 1959：xvi—xviii］推测这四条是1540年以后，可能是在莫朝统治时期所添入《刑律》的内容。[①] 至于再其后的“增补参酌校定香火九条”各条的首字也都缺

① 译著所附活字版原文的误植处不少。对照原本（汉喃研究院藏A. 330本）和《刑律》成问题的四条内容，可知《刑律》四条的系年记录为：光顺三年（1462）、洪顺三年（1511）、无记年、光绍二年（1517）；而《善政》则为：无记年、洪德三年（1472）、洪德十四年（1483）、光绍二年（1517）。尽管年号有异，内容却几乎相同。

“诸”字，虽然具体时代不清楚，但应在“增补香火令四条”之后所添入。

考虑到《类志》所述“大约依国初洪德原律”，亦即有部分是后来所添加者，以及洪德以前已有被称为《刑律》的书籍等现象，就有必要作出一定的让步。然而，所谓“洪德（原）律”若是洪德年间的增补版《刑律》，那么此处“大约”的矛盾也就可得以化解。现将上述各种观点以图示的方式整理为图 1。

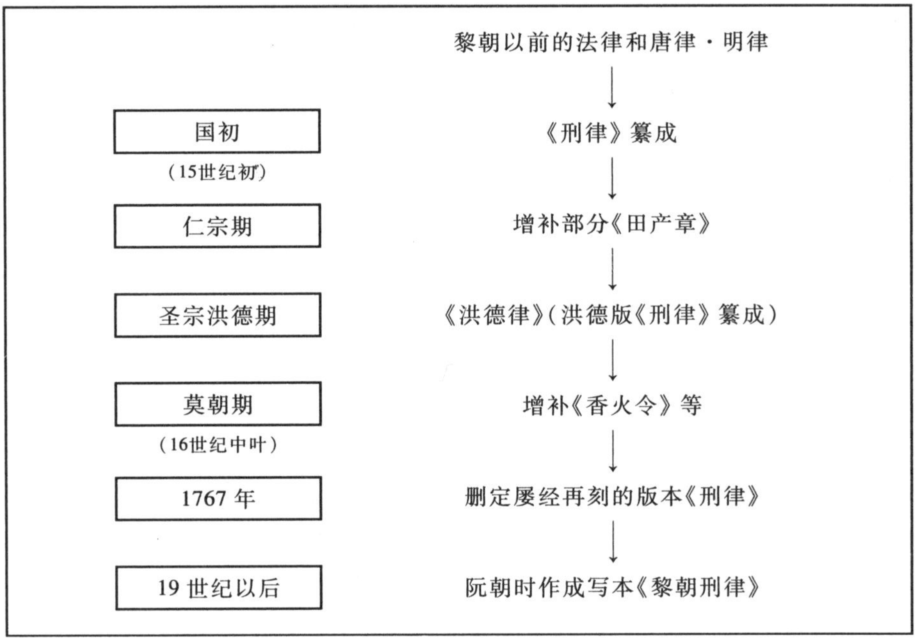

图 1

（二）成说误谬之一：所谓《刑律》蓝本为“洪德原律”之幻想

由于光顺（1460~1469）末期开始了一系列的官制改革，因此从条文当中对已撤消的官职及行政单位等名称的保留情况，便可追溯出明显为洪德以前的条文。像是如行遣、审刑院、省院、路（官）、安抚使、社官等。

关于行遣一职，据《类志》卷十四《官职志·官名沿革之别》“行遣”条：

行遣之职，始于李朝。专中官为之。加（合校者：当为“如”的误字）入内行遣、同中书门下平章事，盖亦相职之次。陈初，因李旧制。……自圣宗（引者：陈圣宗，1257~1278在位）杜国佐，其后文学之士，相继登用（夹注省略）。行遣之职，遂为儒绅要途。黎朝初兴，仍陈旧制，分置大行遣、五道行遣，分掌军民籍簿词讼事。俱在文班之首，亚于宰相。迨圣宗修定官制，革去。自此遂不用云。

可知在黎朝初期地位仅次于宰相的行遣一职，到陈朝中期为止为宦官所独占，陈朝后期以降随着官僚阶层的兴起而多为科举系统出身的官僚所出任，最终于黎圣宗朝遭废止。

黎朝初期的文官职位除了有位次宰相的大行遣，还有二部（吏部、礼部）、[①] 三省（中书、门下、黄门）、审刑院、翰林院等。在地方上则分置东、西、南、北、海西五道，其下有路，再则为府、县、州，且设置相应的文职官；如各道长官为各道行遣，副官为参知、同知各道军民簿籍及知词讼事，路则为安抚使，[②] 县为转运使，[③] 州为宣慰使、镇抚使等。

《刑律》所录二条“行遣”（第233条、第626条）的内容未见内官担任此职的迹象，且二条的标记方式和《全书》相同，均作“大臣、行遣等”的连续标记，可判断这些条文当作成于行遣地位仅次于大臣时的黎朝初期，甚至是陈朝后期。

其辖下的路是存续至圣宗改制为止的行政单位，相关条文都娴熟地运用路县社官等职称，将其视为黎朝初期的条文当不成问题。此外，自官制改革以后，最大的地方行政单位“承宣”及其都、承、宪三司之长：都总兵使、承政使、宪察使，完全没出现在《刑律》里头。社官在光顺七年（1466）更名为“社长”，但在条文中仅有一条作社长，其余均作社官。[④]

至于执行审判事务的审刑院名称，从编年史等资料来看在陈朝就已出

---

① 《类志》只举出二部，其他如“户部郎中”之名则见于《全书》卷一〇顺天元年（1428）三月一十八日条（藤原［1982（1986）：486—487］）。

② “安抚司”之名仅见于第615条（卷五《杂律章》第63条），“路官”却所在多有。

③ “转运使”未见于《刑律》，仅有“县官”的记述。

④ “社长”仅见于第447条（卷四《盗贼章》第37条），仅据该条的内容来看，其与社官的执掌无异，为何只有该条作社长的原因不明。或许是后世补刻时，为贴合现实所作的改动亦未可知。

现。如前所述，黎朝初期尚未设置刑部，而是设置审刑院和左、右、详、司等五刑院，编年史内常见的是审刑院，《刑律》当中也只见审刑院一名。① 根据《全书》记载，经宜民的政变②而决定设置六部以后，圣宗先改“都省堂”为“钦刑院”，继而更其名为刑部。而这个在《类志》里头执掌不明的省堂却在《刑律》里登场两次。③ 其时审刑院被撤销，余下的刑院则被刑部的五司所吸收改组；然而刑部之名也未见于《刑律》。

上述各项其实都不是合校者的新发现。但是多数的前辈学人以《类志》“依洪德原律”这一无甚根据的记述为依据，却对现行《刑律》里为何没有反映出圣宗光顺末期后官制改革的结果——随着改革而出现的上述各种变更为何没有编入条文中——这一问题未表示疑虑，这才是真正的大问题。

如前所述，阮玉辉氏指出在圣宗朝《刑律》中至少新增了44条的可能性，其根据是《余暇集》“条律”中有许多条文和现行《刑律》相似，且这些条文未见于中国的唐律、明律。④ 但若细绎这些“出于圣宗朝”的条文，恐怕难以骤然赞成阮玉辉氏的见解。今将《余暇集》“条律”的条文具体引用如下。

> 一本，光顺九年（1468）七月初五日，权兵科给事中沂仁寿谨奏：为正风俗事。臣等谨按《国朝刑律》：“诸丧中而释服从吉，若忘哀作乐，即乐而听，及预吉席者，罪至贬、杖。”“诸乡中丧葬者，乡里必相赒恤。哀主随其丰俭供给。即以鄙俚旧俗，索酒、饼、鱼、肉大盘，杖八十。”……为此陈奏。合严禁中都村巷，敢有违者，及坊乡长，一体治罪，以立风俗。臣等所见如此，未知可否。谨具奏闻。
>
> 本月日，权司礼监右监丞吴士荣，奉敕旨：“是。”
>
> （引文中加·者为光顺改制后的新设职名、行政单位名）

① 《刑律》卷六《断狱章》有四条可见“审刑院”之名。

② 指1459年黎宜民杀仁宗自立为帝一事。

③ 第709条、第711条可见处理鞫狱和诉讼的讼院内建筑。

④ 光顺期二十一条、洪德期二十三条，但洪德期的一条却不好说是“相似”。

引文是光顺九年（官制改革如火如荼进行之时）新设六科之兵科权兵科给事中汧仁寿，鉴于奢靡之风漫布于民间的情况而上奏的文字，内容则是其自身和官员们按核《刑律》条文的记录。那么奏文所引的条文自然是收录在光顺九年以前的《刑律》版本里头的。[①] 另检《余暇集》“条律”洪德五年（1474）条，可知颁布了如下条文。

洪德五年

一、乡中有丧葬，邻里必相赒恤。丧主随家丰俭供给。以邻里旧俗，索饼、酒、鱼、肉大盘于丧葬之家者，杖八十。

若和前者（光顺九年条中加____标记部分）相较可知，即便部分文字有所改动，但内容可说几乎如出一辙。也就是说，《刑律》在光顺九年以前已经存在，且当中的相同条文在洪德五年又再度颁布；而不能说《余暇集》“条律”所录洪德五年条文是初次出现，是日后才被添入《刑律》的。

于此再试举一例。《刑律》第367条（卷三《田产章》第26条）里有如下内容：

诸所在官物［系花果、田土、潭塘等物］,[②] 而路、县、社官不用心督视、整理，致有损者，县、社官，以贬论。路官，以罚论，偿依时价外，凶荒者，别论。

而《余暇集》“条律”洪德九年“官田土县、社官不能督视整理”条作：

一、在官田土系有生花、潭池等物，而县、社官，不能用心督视、整理，有致损者，其县官，以贬论。若年凶者，勿论。

若比对这两条酷似内容的画线处，可知后者显然是按现行制度而删去了前

① 引文内的前一条文几乎相当于现存《刑律》第130条（《违制章》第34条），后一条则几乎相当于第141条（《违制章》第45条）。

② 引文中［］内为原注。下同。

者内容里头已经不存在的“路”官。若反过来认为《刑律》第367条是按《余暇集》所作，那么假定现行《刑律》是洪德期的产物就会有极大的矛盾；因为这将造成《刑律》把已撤销的官名再特地还原的现象。

再来则是公认的问题:《刑律》蓝本之一的唐律和明律中禁止“同姓为婚”的条文，却未见于《刑律》。这意味着,《刑律》继承了李朝、陈朝时期的部分刑律，但是在陈氏宗室采行族内婚的情况下,[①] 也就无法采用禁止“同姓为婚”的条文。黎朝的族内婚情况虽不如陈朝普遍，但在初期也存在着当权者内部有堂表通婚的现象（像是太祖的姐姐便以其表兄弟为夫［八尾　2009：404］），因此略去相关禁令也是无可奈何之事。然而在朱子学成为国学后,[②] 特别是圣宗对此旧习感到厌恶，遂颁布禁止“同姓为婚”的条例。[③]

若如阮玉辉氏所述，是在圣宗朝才加上正条的话，那么这项最涉儒教伦理的重要条文便不可能不添入《刑律》的正条当中。因此，妥当的判断是，在圣宗朝新增正条的可能性是极低的。合校者认为，黎太祖朝已编成的《刑律》在几乎没有更动的情况下（如《田产章》所附的《始增田产章》《增补香火令》《增补参酌校定香火》等，显然为后世所添加的部分则是例外)，一直保留到黎朝末期才是最自然的判断。

（三）成说的误谬之二：关于刊行年

前引《类志》以及合校者的解说文，都将《刑律》的刊行年系为1767年。《类志》未见刊本，现存者皆为写本，其中有作景兴三十八年（1777)、三十年（1769）者，亦有作“删定”或“刊行”者。

一如前述，加斯帕多纳在《国朝条律》的解题［加斯帕多纳 1935：44—45］里头，将其私藏《国朝条律》的书名作《刑律》，其刊行年作景兴二十八年（1767）刊；而山本［1984：60—63］记述了其借阅加斯帕多

① 关于陈朝宗室有严重的族内婚现象，桃木至朗［2011：第7章］论述颇详。

② 第二代的太宗于绍平元年（1434）下诏开始科举，且明文规定采用《四书》，并于隔年刊行官版《四书大全》(《全书》之《本纪》卷一〇绍平元年八月九日至十八日条，以及该书同卷绍平二年十二月十一日至二十七日条)。

③《善政》第301条,《故黎律例》“国朝新增条例六十四条”第1条等。

纳旧藏《刑律》之际，书中夹了一张写着“景兴二十八年”的纸片，因而赞成1767年的说法；片仓［1987：122—123］也持相同看法。

山本［1984：69—70］为了证明其说法的正确性，还检阅了《全书》续编卷五中关于1760—1770年代的记载，推测《刑律》乃是作为国家针对诉讼等法律进行整饬工作的一环，在1767年经删定而成。而加斯帕多纳［1935：44—45］也另作考证，认为1777年刊行的是叫做《国朝勘讼条例》（前述A. 2755本的前半）的另一种法律文书。

然而这些研究只不过是徒费功夫罢了。如前所述，尽管有数种现存的《刑律》版本，但都是由民间所出版，[①] 且经反复刊行（过程中版木还屡加覆刻、补刻），景兴二十八年所刊者其实也就只是民间版的其中一种而已。虽然山本［1984：60—63］就现存各种刊本的粗劣情形，指出了从鱼尾不统一的现象来看，有拼合各种版木用作印刷的可能性；但他显然并不理解自身指陈事实的意义。若是作为国家整饬法律的一环所出版的话，那么就应该会是具备着序文及由撰者所作的上进表等齐整形态的官版才是。其实这些都是依循《类志》的简短记述而加以扩大解释的结果，又或者不能否定这样的可能性：《类志》撰者潘辉注，不过是恰好根据手上的民间版而作了错误记述。黎朝末期的景兴年间，由国家刊行《刑律》或《国朝条律》的说法其实毫无根据。

（四）《洪德律》并不存在的原因

那么既未作成洪德版《刑律》，且日后也看不到作成官版《刑律》的迹象又是为什么呢？圣宗以积极引入明朝的制度而著名（［八尾2009］等），过程中适时地追加颁布了受明律强烈影响的法律（也包含不少和现存《刑律》差距极大的条文）确是事实。在中国明代其实也存在同样的情况，亦即大明律的正文作为祖宗之制而不加改订，到追加的法令集结到某种程度后，再颁布《条例》这样的追加法令集，最终则整

---

① 由于全部的体例都相同（每叶的行数、每行字数均同），版木当是从官版所复制者；然而却缺少了本应具备的序文和上进表等部分。山本［1984：69］虽指出加斯帕多纳旧藏本是民间版的可能性，但如前述，其倾向于认为此乃国家整饬法律工作的系列环节之一，对这可能性也就避免作明确的表述。

理汇编为《问刑条例》。[1]

相较于此，《刑律》受唐律和黎朝以前越南独有法的影响远较明律来得强烈，如此一来，原本的《刑律》和新颁布的条文之间就出现了整合上的困难；其结果是洪德版《刑律》未能编纂，也未能定期针对追加条文进行有组织的汇整工作。而圣宗死后政局持续混乱，政权一度为莫氏所夺，黎朝虽于16世纪末夺回河内，但实权却归权臣郑氏所把持；在这样的情况下，要刊行官版恐怕并非易事吧。

三、洪德期追加法及其与《刑律》、明律的比较

如前所述，因推行各种改革以及发动对外战争均获成功的黎圣宗有着“明君”的评价（对此提出部分异议者可参照［八尾 2009、2015］），但其在法制层面上的“改革”则一如前述，其实有不少不甚清楚之处。

由于黎朝未能像明朝那样以“条例”的形式汇整追加法，因此就有必要从编年史和《刑律》以外的后世法律典籍中辑出追加法（特别是洪德时期），以和唐律、明律及其补足条文、《刑律》等来作比较，同时也必须探讨追加法之间的相互关系。

（一）洪德时期的追加法

越南民主共和国（今越南社会主义共和国的前身）在第一次印支战争获胜后，汉喃研究院接管了法国远东学院的藏书，其后也不遗余力地搜集各种书籍。[2] 在其藏书当中，有数种洪德时期以后所编纂的法律典籍，其中虽包含部分洪德时期的条文，而彼此重复的条文也不少。合校者目前所掌握可与明《条例》相拟的史料群如下（唯现存者均为阮朝写本）。

---

① 像是有弘治十三年（1500）《弘治问刑条例》，嘉靖二十九年（1550）、三十四年（1555）《嘉靖问刑条例》，万历十三年（1585）《万历问刑条例》等［佐藤 1993：458—465］。由于圣宗驾崩于洪德二十八年（1497），诸《问刑条例》对于洪德期的补足条文应该没有直接的影响；但也不能排除在《问刑条例》编纂前的个别敕文阶段，经由朝贡使节而传至圣宗处的可能性。

② 关于越南的汉喃本来历，参照阮氏莺［2005］以及八尾［2010b］。

① 洪德时期:《余暇集》“条律”(A. 334)的条文数量较难计算，计收录了 143 条。各条均有明确系年是其优点。

② 莫朝时期:《善政》(A. 340。编号 A. 340 者有二，另为《黎朝刑律》)一如前述，莫朝(1527~1592)在混乱的政治情势下取黎朝而代之，却只不过是毫无章法地收录前朝条文。有系年的条文虽然不少，但其可信度则不无疑问。具体而言，完全无法保证有系年的条文其系年和其后条文的系年是相同的。再者，和书名不同,《善政》内容还包含了自黎太宗朝及圣宗朝以后到莫朝时代的少数条文(另参注第 290 页注释②)。在旧南部政权下虽然出版了活字版的对译印刷本，但误植处极多;其编者所附的编号共 343 条，但按合校者的计算则为 348 条，以下按编者的条文编号为准。

③ 黎朝后期:《国朝洪德年间例诸供体式》(A. 957，以下简称“《体式》”)如书名所示，该书收录了洪德时期所制定的文书雏形等相关资料，也包含了其他时代的文书。其中相当于洪德时期追加法的条文也不易计算，计 176 条。

④ 阮朝时期:《故黎律例》(A. 613，以下简称“《律例》”)应是在阮朝时期出于特定目的，汇抄黎朝所颁布的条文类而成。《洪德申明各条例》(以下简称“《洪德申明》”，六〇叶背面至六四叶背面)里有 38 条，《国朝新增条例六十四条》(以下简称“《新增条例》”，六四叶背面至七〇叶背面)里有 63 条，汇集了圣宗时期无标题条文类的部分(以下简称“《无题》”，主要为第七七叶正面至第八〇叶背面)里头有关的条文。关于《洪德申明》有片仓[1988]的初步分析(后述)。《新增条例》虽未明确标出洪德时期所出法令，但如后述，其内容多与《善政》一致。

⑤ 编年史《全书》当中洪德时期的相关记录:遗憾的是，与《刑律》直接相关的记录几乎不存在。

这里先介绍惠特摩尔·约翰所撰，与法律虽无直接相关但和上述史料群有关的研究论文。惠特摩尔考察了圣宗死后的黎朝混乱期、1527 年黎朝的中断和莫朝的成立、1592 年黎朝依靠郑氏、阮氏等的力量重新夺回河内的过程，认为襄翼帝在对暴虐至极的威穆帝的内战中获得胜利后，将自己的行为定位成“中兴”之举，并且命令科举官僚黎嵩撰作新编年史《越鉴通考》一事值得注意(该书今已不存，现行本《全书》在各种序文的后面，收录了洪顺六年[1514]的《总论》，当中宣称“备太祖之良法”)

［惠特摩尔 1995：119—120］。尽管襄翼帝的晚景凄凉，但他致力于恢复陷入混乱的社会秩序，并颁布了并非律文而是新法令的《治平宝鉴》凡五十条；① 不过究竟有多少条文被后世所继承就不得而知了。

惠特摩尔氏接着以②《善政》是“核心文本”（central text）为例，认为自此可看出莫氏将自身的正统性诉诸“继承伟大圣宗的统治”［惠特摩尔 1995：113—124］。不过如后所述，《善政》在莫朝的实际使用情况其实并不清楚。惠特摩尔氏虽然揭示了“基于血统而复兴的黎朝（实权在郑氏）”VS“将正统性诉诸继承圣宗治世的莫朝”这一极具魅力的范式以作总结［惠特摩尔 1995：135—136］；但只要看到③的存在便可明白，郑氏未必就不重视圣宗。不论如何，多亏了这些拘执于圣宗的人们，尽管为数不多，但圣宗朝的法令终究得以保存下来。

（二）具体工作及相关解读

具体工作是制作各书条文的对照表：首先将《善政》从第一条开始按顺序排列，并录出在其他书中相对应的条文编号；接下来列出《善政》中未见，但其他典籍之间相互对应的条文。因此，在任何典籍都未出现对应的条文，其编号将不会出现在这张表当中。至于“对应”的界定，阮谢二氏［阮玉辉、谢文才 1987］在进行《刑律》和唐律、明律的比对时，除了定出 A = copy（相同）、B = similar（类似）、C = influential（有影响）的基准外，还在此基准上另附+-以作程度上的区别（参照第四节）。这里不作如此严密的要求，只要有 A、B 的程度，便是本节所认定的“对应条文”。

对应的结果见于表 2，之后试着列出从该表可解读出的相关事项。

表 2　相关史料对照表

洪德善政		量刑规定	大明律	比附律条	洪德申明	量刑规定	新增条例	无题	体式	余暇集	刑律
洪德二年	1								165		380，400
									175		
									176		

① 其中仅七条保留在《全书》之《本纪》卷一五洪顺三年（1511）四月二十七日条里。

续 表

洪德善政		量刑规定	大明律	比附律条	洪德申明	量刑规定	新增条例	无题	体式	余暇集	刑律
大正十一年三月十四日	3								162		388
洪德三年	4								164		389
洪德十四年令	5								165		380
光绍二年令	6								166		381
光顺七年例	8										514
系年不明	13										387
	14						38	10	5 31		
洪德二年岁次庚戌新增条例	38						15			101	
	41						41		72		
洪德二年？户婚章	53								48		
	57						18		42		
	65						60				
	67						14				
	68								46		
	69						28		53 64 74 75	6	318
	70						20		62	85	316
	72										
	73								137		
	74										321
	75								54		
	78								84	118	

续 表

洪德善政		量刑规定	大明律	比附律条	洪德申明	量刑规定	新增条例	无题	体式	余暇集	刑律
洪德二年?户婚章	79						42		1 8	114	
	83								153		
	84								78	121	466
	85								130		
	86								105		
	88						12			83	
	89						7		58	50	
	90						13			85	
洪德二年?田产章	105								163		381
	108										383
	110								7		537
光顺二年增补四条	120						37	14			
	121										400
洪德二十五年	141										588
绍平年	144									40 46	
系年不明	147			4							
	148			5							
	149			6							
	150			7							
	151			8							
	152			9							
	153	◎		11							
	154			12							
	155	◎		13							
	156			14							
	157			15							
	158			16							
	161			17							

续 表

洪德善政		量刑规定	大明律	比附律条	洪德申明	量刑规定	新增条例	无题	体式	余暇集	刑律
系年不明	162			18							
	163			20							
	164			21							
	165			22							
	166	◎→×		25							
	167			33							
	168			38							
	168			40							
	170			41							
	174			28							
	175			29							
	178			56							
	180								161		
	181			58							
	182			58							
	185			76							310
	186										
洪德七年申明各条	199				1					112	374
	200				3						
	201				5				113		263
	缺				6				101	104	
	202				7				128	102	
	203				8				123 158	8	
	204				9						
	205				10				124		
	206				11						428
	207				12				110		
	208				14						
	209				13						
	210				15					101	

续 表

洪德善政		量刑规定	大明律	比附律条	洪德申明	量刑规定	新增条例	无题	体式	余暇集	刑律
洪德七年申明各条	211				17						
	212										444
	213				18						
	214				20				58		
	215				21						
	216										
	217				16						428
	218				23						
	218				18				112	100	446
	220				17				116	11	444
	缺									12	
	221										
	222										
	223				22					103	
	224								110		
	225								127	88	
	226										
	227				21						
	228				24						
	229										
	230		277		25						
	231	◎									
	232										
	233	◎	280		26	◎					
	234		281								
	235				27						
	236		282								
	237										
	238		283								
	239	◎	284								
	240	◎									

续　表

洪德善政		量刑规定	大明律	比附律条	洪德申明	量刑规定	新增条例	无题	体式	余暇集	刑律
洪德七年申明各条	241	◎	285								
	242	◎	286		28	◎					
	缺		287		29	◎					
	缺		288		30	◎					
	243	◎	289								
	244	◎			37	◎			118	124	
	245										
	246	◎	290								
	247	◎									
	248	◎	291								
	249	◎			35	◎					
	250	◎→×			36						
	251		292								
	252	◎									
无			293		31	◎					
			294		32	◎					
					33						
			295		34	◎					
					38						
殴人令	257								88		
									80		
									81		
	258						46		78	121	
	259						47		81		
	260						48		85		
									86		
	261								87		
系年不明	262						49				
	263						50		154	56	136
	264						26				
	266						32				

续　表

洪德善政		量刑规定	大明律	比附律条	洪德申明	量刑规定	新增条例	无题	体式	余暇集	刑律
系年不明	267						38				
	268						40				
	269						41				
	270						42			114	
	271						45			115	
	273						15				
光顺五年十一月？	280										388
系年不明	284	◎	380								
洪德五年一、诱奸私和休令	288	◎	323							46	418
	289										419
系年不明	301						1			51	
	302						3				
	303										
	304						4		74		318
	305						5				
	306						6		56	6	317
	307						7			51	401
	308						8				105
	308						9		41		
	310						10		69		
	311						11		68		
	312						12		51	83	
	313						13			85	
	314						14				
	315						18		61		
	316						20		62	85	316
	317						21				

续 表

洪德善政		量刑规定	大明律	比附律条	洪德申明	量刑规定	新增条例	无题	体式	余暇集	刑律
系年不明	318						22				
	318						23				
	320						24		132		
	321						25		153	130	512
	322						18				
	323										
	325										
	326						60		134 138	17	
	327						61				450
	329										587
	333				18						
	342										502
洪德九年	347							1	150 151		
无							30				
							52				
							57				
							58		135	77 135	580
									2	114	
									7	68	357
									8	123	
									47		308
									57	84	
									58	50	
									60	48	
									66	87	
									73	64	322
									83	116	
									82	31	486

续 表

洪德善政	量刑规定	大明律	比附律条	洪德申明	量刑规定	新增条例	无题	体式	余暇集	刑律
无								83		468
								84		
								107		466
								114	32 -	436
								120	77	
								122	108	
								128	13	
								138		421
								142	42	581
								145		548
								148	106	
								156	34	
								157		577
								158		504
								167		382
								168		383
								169		395
								170		396
								171		397
								172		398
								173		399
								174		394
										400
									15	301
									20	213
									21	215
									22	223
									23	288
									24	332
									25	620
									26	611

续 表

洪德善政	量刑规定	大明律	比附律条	洪德申明	量刑规定	新增条例	无题	体式	余暇集	刑律
无									27	607
									28	546
									30	512
									33	424
									40	130
										141
									57	
									44	587
									54	2
										130
									55	135
									58	142
									60	128
									61	286
									62	285
									63	313
									65	367
									67	717
									68	188
									70	358
									81	404
									118	483

※在量刑规定栏中，◎为中国法律中的徒某年、流某千里，本来黎法所无却在此出现者。◎→×为适应黎法而取消了如徒某年等量刑者。

1.《善政》各条乍看之下毫无秩序，但若与其他典籍相比，尽管不明显但仍然可以知道其实有几个条文群存在。

（1）第 147~185 条是为了把比照明律的“比附律条”，统整为黎朝条例的体例，因而作部分更动的条文群。合校者的指导学生岛本和美于 2003 学年度自广岛大学文学部毕业，其毕业论文［岛本 2004］比较了《善政》的条文和《刑律》、唐律、明律以及明律的追加法；本解题则借用了其部分的数据资料。

为了作明律的类推解释而个别制定（在民间也擅自制定）“比附”（即类比适用），而将相关诸条律作统整汇编的书籍便是所谓的“比附律条”；[①] 在稍早如明成化十五年（黎朝洪德十年［1479］）的朝议上，民间贩卖此类书籍的现象就已被当成问题来讨论了［仁井田 1959：272—273］。诸如此类明代坊刻本的明律注释或日用书，可能是经由朝贡使节等而被带回越南；令人惊讶（哑然?）的是，这些在明朝由民间“违法”制作而被当成问题的“条文”，在洪德时期尽管部分作了更改，却成为了正式的追加法令。

（2）第 228～252 条几乎全以明律的正文为基础，仅是为了统整为追加法的体例而作部分更改的条文群。即便有所更改，但仍有许多条文保留了明律的量刑形式（后述）。

（3）虽未形成条文群，但可看到部分酷似《刑律》的条文，其中还包含了后世（可能是洪德时期）加入正文的条文，如《刑律》之《田产章》所附《增补香火令（第 388～391 条）》《增补参酌校定香火（第 392～400 条）》，都保留在《善政》里。可以推想《善政》所保留者，当是圣宗重新施行黎朝初期未能完整施行的“均田制”时，所颁布添入《刑律》正条的诸条文。

2.《律例》当中《洪德申明》和《新增条例》的条文顺序虽稍显混乱，但和《善政》里的特定条文群有集中吻合的现象。《无题》则少见与《善政》吻合的条文。

（1）《洪德申明》共 38 条，其中 33 条为止可对应于《善政》第 199～252 条（第 199 条有“洪德七年，申明各条”的系年）。亦即和明律的亲近性极高，其中第 31～34、38 条还有可相对应的明律正条；反倒是在《善政》里头没有相对应的条文。然而这也很难认为是直接引自明律者，应是《善政》在辑录时有所缺漏之故。不论如何，《洪德申明》后半部分和前半部分的性格迥异，是受明律强烈影响的条文群。

---

① 本解题所使用的“比附律条”底本，见［酒井忠雄（监修），坂出祥伸、小川阳一（编）2003］。

（2）《新增条例》虽无“洪德年间新增之条例”的明确记录，但其中有可与《善政》第15~90条洪德二年颁布的新增条例、洪德二年（?）颁布的户婚章，第255~277条的一连串条文群（系年不明）以及第301~343条（系年不明）的条文群相对应的条文。而《新增条例》也有在《善政》中没有对应，但对应于《刑律》和《余暇集》的部分条文，不过《新增条例》却完全没有使用明朝量刑基准的条文。

3.《体式》也完全没有遵循中国法律里徒刑、流刑的条文。此外，和《善政》《余暇集》《刑律》相对应的条文虽然不少，但条文的次序和各书有颇大出入。

（1）《善政》第51~92条的“洪德二年（?）颁布的户婚章”群。

（2）包含在《善政》第199~252条（第199条有“洪德七年，申明各条”之记录）的条文不少，也和上述《律例》《洪德申明》相对应；但一如前述，当中没有按明律量刑的条文。亦即和《洪德申明》的后半部分全无吻合之处。

（3）和《善政》第257~261条（为系年不明的殴人令）完全一致。

（4）和《善政》第301~327条（系年不明）的条文群有不少重合处，因而和《律例》《新增条例》吻合者颇多。

（5）有近70条对应于《余暇集》或《刑律》，抑或在二书中均有对应的条文。

4.《余暇集》完全没有收录遵循中国法律里徒刑、流刑的条文，和《刑律》的亲近性极高。然而却与《善政》“洪德二年（?）颁布的户婚章”群、“洪德七年，申明各条”群等有不少相重合的条文。问题是这些条文和《余暇集》的系年不一致者不少，可再次知道是《善政》的系年出了问题。

从以上各项，可知《律例》“新增条例”、《体式》、《余暇集》显然删去了援引自明律的条文，但还不清楚是否有意为之。

（三）需解决的问题

从上一小节所作的粗略观察可知，如表2将《善政》和《刑律》置于两端的情况下，可认为有如下的现象：最接近《善政》的是《律例》“洪德申明”，其次为《律例》《新增条例》，中间为《体式》，而《余暇集》

则最近于《刑律》。问题在于《善政》《律例》《洪德申明》的后半部里头，却混入了遵循中国法律量刑规定的条文。① 片仓［1988：36—38］在分析《律例》《洪德申明》时也指出了这一问题，认为黎朝律法和中国律法的量刑不可能在相同时期相混，但并未解释其成因。

因此，必须注意的是《善政》所录前述明律“比附律条”的存在。使用“比附律条”也就意味着，用以比附的明律及其追加条例的存在是不言自明的前提。表 3 录自岛本［2004：表二《洪德善政》与明律比较表］的一部分，除修正了错字外，对强调之处也以黑体字等方式作呈现。如第 170 条：

一、打破纱帽，比毁弃制书论，比毁弃器物论。

明确地表示依循明律第 55、56 条（卷三《吏律》第 3、4 条）“弃毁制书印信”。另一方面，《善政》第 147～162 条当中，有不少显然是为了消除“比附”的痕迹，而将“比”字改作“同”“与”“此”等字的条文；② 但即便是更改了文字，如果在黎朝的《刑律》和追加法令里头没有可资对应者，那么也就只能援引明律。③

表 3　《善政》和明律“比附律条”的比较

条文序号	《善　政》	条文序号	“比附律条”
147	一、奸亲女，**与**子孙之妇并兄弟之女同，论斩决，不待约。	4	一、奸亲女，比依奸子孙之妇，又比依奸兄弟之女者律，斩，决不待时。律无该载，合依斩。

① 《刑律》的量刑对徒刑未设年限，流刑有“流近州、外州、远州”三阶段；中国法律则对徒刑课以年限，流刑则是“流某千里”。

② 表 3《善政》条文中虽有“此”字，但这也是“比”的误写，又或者是想隐藏“比”字的手法吧。

③ 前稿［八尾 2016a］在此后介绍了《善政》第 284 条如下的记述：圣宗朝的首位科举状元梁世荣，针对某事件参照了明律的解说书《明律琐言》后，向圣宗提出了采用明律的建议。然而在核对过《明律琐言》的引文，可知其内容和嘉靖二十三年（1544）科举及第的雷梦麟所撰《读律琐言》几乎雷同。此外，《善政》第 346 条还有梁世荣参照由万历年间舒化等所辑《新刻御颁新例三台明律招判正宗》的记录。15 世纪的梁世荣没有参照两书的可能性，只能认为这是为提高他名声的创作。据此，不但前稿的相关部分必须删除，也必须指出此事对《善政》的史料价值其实造成了极大的伤害。

续 表

条文序号	《善 政》	条文序号	“比附律条”
148	一、男女交婚，未曾过门，私下通奸，**此同**子孙违者犯教，合杖一百。	5	一、男女定婚，未曾过门，私下通奸，比依子孙违犯教令律，杖一百。
149	一、奸妻之母姨，**与同**凡奸论。	6	一、奸妻之母姨，比依凡奸论。
150	一、义男、嗣男奸义母，**同**雇工人奸家长男（?）律，斩。	7	一、义男、嗣男奸义母，比依雇工人奸家长妻律，斩。
151	一、奸义男妇，**与同**奸前夫之女律断。其男与妇虽非本宗，但强者，斩。	8	一、奸乞义男妇，比依奸妻前决之女律科断。其男与妇断还他本宗，但强者，斩。
152	一、壻奸妻母，系败坏人伦，有伤风化，**比**依本科条事例，合斩。	9	一、女婿奸妻母，系败怀人伦，有伤风化，比依本科条事，各斩。
153	一、兄戏弟妻，与强奸未成，**流三千里**。	11	一、兄调戏弟妇，比依强奸未成者律，杖百、流三千里。
154	一、强奸女，**与同**奸子孙之妇、兄弟之女律，斩。	12	一、强奸女，比依子孙之妇、兄弟之女律，斩。
155	一、奸姊妹，**同**奸同母异父之姊妹，杖一百、**徒三年**。	13	一、奸义姊，比依奸同母异父姊妹律，杖一百、徒三年。
156	一、另兵奸官职妻妾，奴婢及雇工人奸家长期亲之妻放出者（以下文字中断）	14	一、另兵奸官职妻，比依奴及雇工人奸家长期亲之妻者律，斩。
157	一、前妻男子娶后前夫之女为妻，律无服，不禁。	15	一、前妻子娶后前夫女为妻，律无文，不禁。
158	一、奸继母，**与**奸父妾律，斩。	16	一、奸继母，比依奸父妾律，斩。
161	一、骂亲生，**与**骂祖父母同律，绞。	17	一、骂亲主，比依骂祖父母同律，绞。
162	一、义女骂义父母，**此**子孙骂父母同律，绞。	18	一、义子骂义父母，比依子孙骂祖父母律，绞。
163	一、毁骂官职，**依**奴婢家长期亲，听亲赎。	20	一、□骂官职，比依奴婢家长期亲论罪。
164	一、奴婢放火，烧围房畜，**依**奴婢骂家长律，斩。	21	一、奴婢放放火，烧主房屋，比依奴婢骂家长律，绞。
165	一、诽谤朝廷，**比**子孙骂祖父同律，绞。吏骂官职者，斩。	22	一、诽谤朝廷，比依子孙骂祖父母律，绞。
166	一、妻子之打庶母伤者，**比**依弟妹殴兄姊律，杖八十。	25	一、妻之子打庶母伤者，比依弟妹殴兄姊者律，杖九十、徒二年半。
167	一、僧道打死徒弟，**比**依叔伯打死子侄论罪。	33	一、僧道打死徒弟，依伯叔打死子侄律论。

续 表

条文序号	《善　政》	条文序号	“比附律条”
168	一、打信牌，比依毁官文书，杖一百。比依弃毁制书论。	38	一、打破信牌，比依毁官文书律，杖一百。又比依弃毁制书论。
169	一、弃毁祖宗神主，比依毁父母死尸律，斩。	40	一、弃毁祖宗神主，比依弃毁父母死尸律毁，斩论。
170	一、打破纱帽，比毁弃制书论，比毁弃器物论。	41	一、打破纱帽，比依毁弃制书论，比依毁弃器物论。
174	一、养异姓殴养父母，比雇工人谋杀家长已行，其罪同子孙杀父母已行罪。	28	一、乞养异姓子殴养父母，比依顾工人谋杀家长已行罪，同子孙杀父母已行律。
175	一、妻将夫殴打，又行吓说，系每日将母打，我去告，以系致告缢身，比依咸通期亲尊长致死者，绞。	29	一、妻将夫殴打，又行吓说，系每日将母打骂，我去告系，以致夫自缢身死，比依威逼期亲尊长致死者，绞。
179	一、出妻，凡无应绝而出、义绝而不出之，杖八十，完娶。虽犯七出，有三不可去，杖八十，完娶。犯义应离者，杖三十，如法离者，免绝夫妻之道。	56	出妻，凡无应出入绝状而出之者，杖八十，完娶。虽犯七出，有三不去，而出之，杖六十，完娶。
181	妇有三不可去。 一曰，当居父母之丧。二曰，前贫贱后富贵。三曰，有所娶无所归。有此三者，虽犯七出，难以离之。	58	一、三不去。有所娶无所归，不去。与更三年服，不去。贫贱后富贵，不去。犯义应离者，杖八十。
182	一、夫妻不和谐而愿离者，书要亲书手记，而年号夹来，押为一书云，合词二道，各执一道，相分南北。下年号日字，夫记姓名，妻点指。若不能写字者，许尊人或愿媒代书，亦听。其余分铜钱只箸，及外人书者，其理不成放法，并以虚论，再还夫妻。	59	一、夫妻不和谐而愿离者，听离。书务要丈夫亲书手，印缝内划花字。不能写者，方许亲人、原媒代写。
184	一、前夫之子娶后夫妻、妾之子，律既无服，不问。	60	一、前夫之子娶后夫妻、妾为妻，律无文，不问。
185	一、强盗伤人，比依白昼夺伤人抵罪。	76	一、强盗不得财伤人，比依白昼夺抢伤人者律，斩。

若是接受片仓所示“黎朝律法和中国律法的量刑不可能在相同时期相混”，以及表2、表3所见实际上却已直接适用明律的事实，[①] 那么最为周

① 特别阐明“直接适用”明律，是因为黎朝初期编成的《刑律》当中显然已有受明律影响的条文，这里主要想探讨的是，其后的圣宗在此基础上是否接受了明律及其附属法。

延的看法可能是：在圣宗朝应该有过一时适用明律补足条例和“民间法”的尝试，① 只是后来未能生根。莫氏不加拣别地收集了洪德时期曾暂时颁布却又废止的法令以编成《善政》；而圣宗的文集《余暇集》则理所当然地剔除了已经废止的法令。至于《律例》和《体式》，可认为是保留或删除受明律强烈影响的法令所编成的原始史料，尽管其动机至今已不清楚。

综合整理上述内容，《刑律》和其他典籍之间的关系如图 2 所示。

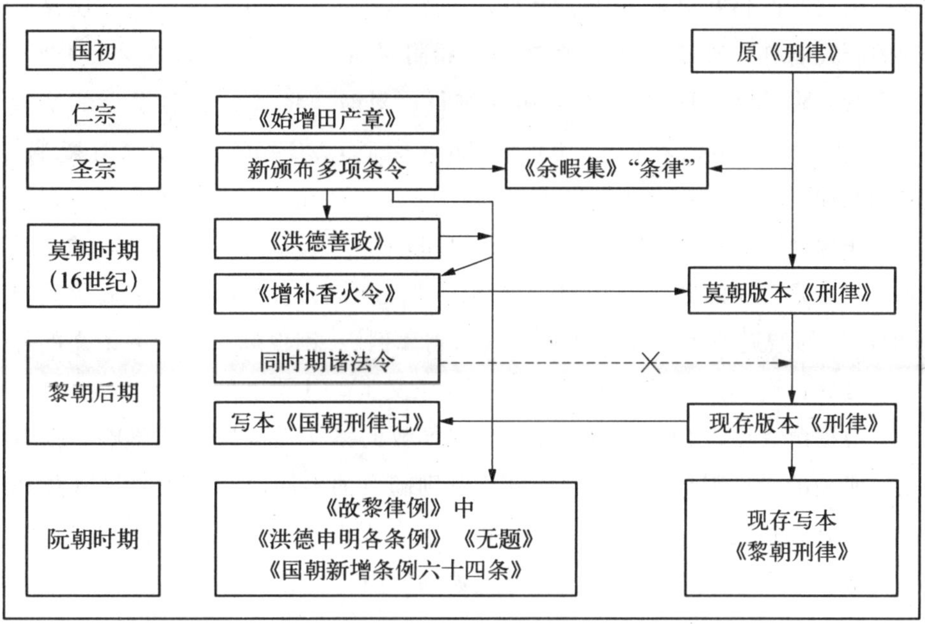

图 2　《刑律》的编纂过程及其与其他典籍间的关系

① 《全书》是相当粗略的编年史，当中未见这时期的相关记载，不可能针对颁布的时期进行锁定。然而若是注意和《刑律》有高度亲近性的《余暇集》“条律”所收各条例的颁布年代，可知有光顺元、三至六、八、十年（光顺年号到十年为止）、洪德三、五、九、十至二十一、二十七、二十八年（二十八年初圣宗去世）。由于难以认为在同一年里头颁布了与《刑律》具高度亲近性的条文，和施行依循明律的条文，因此采用明律的时期，应该是在这些系年之间。其中最长的时段为洪德二十一年至二十七年之间。至于其他的时段，如果也一并考虑光顺末、洪德初施行过大规模官制和行政改革的话，那么光顺十年至洪德三年这期间也有十足的可能性。

四、 模仿性与独有性

《刑律》的特色，在于其基础是以唐律为蓝本并增添明律的同时，还强烈反映出越南旧有的社会习惯。正因如此，早已颁布于七八世纪的唐律却是其模范这一点便成为最大的问题。

阮玉辉、谢文才的英译本附录还针对各条文与唐律、明律、清律、皇越律例之间的相互关系进行了考察，因此该书不仅是单纯的译著，还是宝贵的研究著作。如前所述，该书第 3 卷附录 A［阮玉辉、谢文才，1987：第 3 卷，附录 A，3—25］在与唐律进行比对时，将其与《刑律》的亲近关系，按 A = copy（相同）、B = similar（类似）、C = influential（有影响）的标准加以分类，并在此基准上另以+-的方式呈现其程度上的差异。在与明律作比对时，将受唐律影响的条文以 abc+/-来表示其与《刑律》的亲近关系；若是明律的独有条文则与唐律的基准相同，以 ABC+/-来表示其与《刑律》的亲近关系。至于清律和《皇越律例》，则仅标识出相关条文的号码。据此，剩下的便是《刑律》独有的条文了。其结果见表 4。

根据此表可以判断，《刑律》约有半数的条文受到唐律的影响，换言之，所剩的半数则是独有条文，其比例则随章的不同而有极大差异（如田产章约有九成是独有条文，见后述）；至于其与明律的关系则较为薄弱，各章最多只有一成左右。造成这种现象的原因将在后文作考察。

（一）与唐律的关联性

《刑律》编成于黎太祖朝（1428～1432），时值明朝宣德年间，已具备参照明律的条件；但即便如此，唐律在该书留下的影响却更为深刻。要理解这一现象，就有必要再次确认尽管有和唐律相同的条文存在，但并不是在《刑律》编纂之时所直接摘录自唐律者。

不难想象，越南即使在 10 世纪脱离了中国的支配，但之后的各代王朝仍以唐律为蓝本来修整自身的法律。不过同时也如片仓［1987：29—31］所主张，从散见于《全书》的条文清楚可知，10 世纪以前便存在的越南固有法（惯习）也早已编入基本法里头。尽管今已不存，但从前黎朝期以降

表 4 《刑律》和唐律、明律的亲近关系

刑律各章	总条文数	唐律							明律												
		类似条文					独有条文	独有性比率	类似条文										独有条文一	独有条文二	独有性比率二
		A+	A-	B+	B-	C			A+	A-	B+	B-	C	a+	a-	b+	b-	c			
名例章	49	3	7	0	13	7	19	38.8	0	0	0	0	4	0	3	0	15	8	19	45	91.8
卫禁章	47	0	2	5	8	11	21	44.7	0	0	1	3	2	0	0	1	3	17	24	45	95.7
违制章	144	0	1	19	3	19	102	70.8	0	0	1	0	11	0	0	1	4	30	97	132	91.7
军政章	43	0	0	4	6	3	30	69.8	0	0	0	0	3	0	0	0	0	9	31	40	93
户婚章	58	0	0	5	2	10	41	70.7	0	0	1	0	10	0	0	0	4	11	32	47	81
田产章	32	0	0	1	2	2	27	84.4	0	0	0	0	7	0	0	0	0	5	20	25	78.1
始增田产章	14	0	0	0	0	1	13	92.9	0	0	0	0	1	0	0	0	0	1	12	13	92.9
增补香火令	4	0	0	0	0	0	4	100	0	0	0	0	1	0	0	0	0	0	3	3	75
增补参酌校定香火	9	0	0	0	0	0	9	100	0	0	0	0	0	0	0	0	0	0	9	9	100
奸通章	10	0	0	0	0	6	4	40	1	0	0	0	1	0	0	0	0	6	2	8	80
盗贼章	54	0	1	13	7	9	24	44.4	0	0	0	0	7	0	0	4	2	22	19	47	87
斗讼章	50	1	3	15	12	7	12	24	0	0	0	5	2	0	0	0	8	20	15	43	86
诈伪章	38	3	0	3	9	8	15	39.5	0	0	1	1	3	0	0	1	4	16	12	33	86.8
杂律章	92	0	1	15	11	17	48	52.2	0	0	0	3	9	0	0	1	7	31	41	80	87
捕亡章	13	0	1	2	6	2	2	15.4	0	0	0	0	0	0	0	0	0	9	4	13	100
断狱章	65	1	5	6	4	8	41	63.1	0	0	0	4	6	0	0	0	6	12	37	55	84.6
计	722	8	21	88	83	110	412	57.1	1	0	3	13	67	0	3	8	53	197	377	638	88.4

注记：在和明律的亲近关系当中,《刑律》“独有条文一”是将 A+到 c 视为具亲近关系而作计算者,“独有条文二”是将 a+到 c 视为具亲近关系而作计算者。

就已有过数次基本法的编纂。今检《全书》的相关记载制成表 5。如同中国各王朝的法律均在承继前朝的基础上仅略加损益般地，越南各王朝在成立初期编纂法律之际，也不可能完全不参考前朝的刑律。最受唐律深刻影响的前黎朝律法，是从李朝、陈朝，再经胡朝而为黎朝所承继的。由于中国和越南社会间的风俗习惯以及社会经济发展程度的差异等因素，《刑律》编成之时，显然已进行过新条文的增订修改并删除了不必要的条文。这并不是越南独具的现象，日本的法律等也是如此。其“土著化”程度之所以显著，不过是表示其土著化期间的悠久而已。

表 5　黎朝初期为止的刑律史（据《全书》的记述）

前黎朝	应天九年（1002）三月	定律令
李朝	明道元年（1042）十月	颁刑书。初，天下狱讼烦扰，法吏拘律文务为深刻。（中略）命中书删定律令，（中略）书成，诏颁行之，民以为便。（与此记述前后相关的记述频出）
	英武昭胜二年（1077）二月	试吏员以书算、刑律
	会丰六年（1097）正月	诏检定诸例，仿依故典
	大定十八年（1157）	诏定律令
陈朝	建中二年（1226）二月	定律令、条例
	建中六年（1230）三月	考前代诸例，定为国朝通制，及改刑律、礼仪，凡二十卷
	天应政平十三年（1244）正月至三月	定刑律、诸格
	绍丰元年（1341）八月	命张汉超、阮忠彦编定皇朝大典、考撰刑书、颁行。
	绍庆二年（1371）十月	以修史藩义为礼部郎中，令其定国朝通制及诸礼仪
胡朝	绍成元年（1401）四月至十二月	定大虞官制、刑书
黎朝	《太祖纪》之史论	定律令
	顺天元年（1428）五月十二日	与大臣共议定（中略）并词讼律令、职爵制例、国务事。
	顺天二年（1429）二月二十六日	指挥大臣及行遣等官，“如见朕条令，若有不便于军国，（中略）即奏请修正”。

（二）与明律的关联性

唐律虽是《刑律》的模范，而同时代的明律显然也对《刑律》造成影响。明律编纂于陈朝后期的明太祖朝，极可能也已传入越南。然而继陈朝而立的胡朝贯彻其反明的姿态，拒不接受宋学和其完成形态的朱子学，因此难以认为从 1394 年胡氏完全掌权到 1407 年胡朝灭亡之间，明律会成为新刑律的参考对象。而毋庸置疑的是，在胡朝灭亡后由明朝直接统治的二十年间，明律则是系统性地被引进了越南。

那么，终结明朝支配的黎朝，其新刑律的编纂方针又是什么呢？《刑律》的实际编纂者，应是以太祖的参谋即阮廌①为首的黎朝初期科举系官僚，而其中的多数则是胡朝的中举者。尽管不清楚他们抱着什么样的态度以接受明朝长达二十年的直接统治，但可以确定的是，他们并不抗拒引进朱子学，对采用明律也不特别抵拒。然而包含了许多前述有着越南独有性的旧刑律在当时未能全面改定，因而明律的影响和条文的采用仅止于极少的一部分。而这背后其实和黎朝初期的政治体制息息相关。

如拙著［八尾 2009：第 1 部］所指出，黎朝初期凌驾于文人官僚之上者，是由开国功臣且为黎帝同乡的功臣们所组成的支配体系。在政治上以皇帝专制为理想的文人官僚和企图维持现状的功臣②之间的持续对立，③旧律的全面修订工作也就不可能开展。这一部以唐律为蓝本，明律也保有一定的影响力，且包含了许多独有条文的太祖朝“独创性”《刑律》，其实是折中了历史与政治现状的妥协之物。

（三）独有性

关于《刑律》的独有性，已为越南本国学者以及牧野巽、山本、片仓等先学所指出：像是在基本的五刑刑罚体系基础上并课赔偿损害（罚款）或降罢身份（贬资）的量刑方法、赎罪制度、承认女性的财产所有权·继承权和得以暂时担任祭祀祖先的主办者等。

---

① 阮廌的著作有《律书》六卷（已佚），片仓［1987：122—123］推测该书与现行《刑律》在架构和主要内容方面并无太大的差异。

② 前朝即陈朝前半期采取宗室独占政权的体制，而反映这一现象的旧律对黎朝的功臣而言可说是再好不过了（［藤原 1987：9—13］）。

③ 功臣们反抗正式引进科举制度，推行科举制度的太宗死因成谜，阮廌则死于冤狱。对于功臣们的跋扈行为，文人则以弹劾的方式作应对，部分功臣因而被迫辞职或遭处死（参照［八尾 2009：第 2 章］等）。

然而，这里所谓的“独有性”其实是相当暧昧的语汇。因为除了前述真正的“独有”条文外，还有许多本来就不在“律”的范畴内，在中国法律里当然也没有对应的条文，而最终成为“独有”的条文者。因此，本解题所关注者，为数据上（表4）最具“独有性”的《田产章》。

如前所述，广义的《田产章》是由现行《刑律》编成之际就已存在的本章（狭义的《田产章》）、仁宗朝条文《始增田产章》、主要收录圣宗朝以后条文的《增补香火令》，以及时代不明但应较晚成立的《增补参酌校定香火》所组成。由于土地制度以及土地实际所有情况的差异，有许多与唐律及明律相异的条文是很自然的事，但只说“独有”也不好理解。

可以认为，狭义的《田产章》在极大程度上反映了陈朝末期到胡朝时期的情况。然而，经过了明朝短暂却强力推行了中国化政策的统治时期，以及抗明时期所造成的国土荒废，土地所有制度和土地的实际所有情况有了激烈的改变。或因土地所有者的消失，或因协助明朝而遭籍没处分的现象所在多有，黎朝因而没入了大量的无主之地。且不仅王朝如此，像这样巧妙地占有土地者也陆续出现。

有鉴于此，黎太祖为了解决社会矛盾而着手施行均田制，狭义的《田产章》也因此变得极为简略，未能充分反映陈朝后期以降各种规模大小不等的土地私有化实态。然而均田制在太祖朝几乎未能实行，土地私有制度依旧持续。其结果是土地纷争的常态化，继而颁布追加法，而这些追加法在第三代的仁宗朝被汇整为《始增田产章》并添入《刑律》里头。从表4可见包含《始增田产章》等新增的部分，其独有性高于狭义《田产章》的情况。而阮玉辉氏等研究者指出，这些独有条文大多数和圣宗朝的条例集《善政》有着高度的亲近性［阮玉辉、谢文泰，1987：第2卷，189—231］。也就是说，由于在明律当中没有相对应的条文，因而在数据上被理解为“独有”，但这些被当成是“独有”的条文却能看出明儒间接但浓厚的影响。在此简介曾在其他论文［八尾 2010b：386—387］中作过部分介绍的《始增田产章》第1条内容。

诸夫与前妻有子，后妻无子，及妻与前夫有子，后夫无子或先

> 殁。无嘱书，而田产归前妻子、前夫子。若后妻、后夫不如法者[法，谓前妻有一子，后妻无子，则夫宗田产，分为三，归前妻子二分，后妻一分。若前妻二子以上，则后妻之分，与诸子同。其归后妻分，听给养一世，不得为私。后妻殁及改嫁者，则其分还夫之子。妻殁夫，亦如之。但不拘改娶。若与前妻𢇬造田产，分为二分，归前妻及夫各一分。其前妻分归夫。子分，又分如前。与后妻𢇬造田土者，亦分为二，归后妻及夫各一分。夫之分，亦分如前，其后妻分，听为私。妻殁，夫亦如之]，笞五十、贬一资。即父母在，别论。

引文未见除了“妻”以外如“妾”的观念，对小孩的嫡庶、男女也未作明显区别，以及男女的继承权几乎对等等部分确实是“独有”的规定；但与此同时，就个人的财产和“宗族”发生关系这一点而言，则无法在编年史里各处摘录的以往越南法律中得到确认，这显然是受到明代宗法的影响。

到了《增补香火令》和《增补参酌校定香火》，已不仅是针对财产，也针对祭祀祖先的权利和义务作了详密的规定；至少从法制上来看，可以看作是越南已进入儒教规范的社会。但问题是，这些规定在明朝并没有被认定为刑律。被理解成越南独有条文中的大多数，就以广义的《田产章》而言，即便其理念和社会背景有许多的“独有性”，却是因为在中国并未入律，从而造成“独有”的结果。[①]

结　语

黎朝政权在引进科举制度时虽以朱子学为正统，但社会朝向“儒教（朱子学）社会”的转型步伐却相对缓慢；对此试图采取自上而下的形式以推进改革者，为圣宗和支持圣宗的科举官僚们。

---

① 若就法律的实在性而言，也可以认为是为政者借由规定这样的儒教社会，以推展儒教化的意图在其中起着作用。

也因如此，他（他们）不满足于过去的《刑律》，而渐次颁布受明律影响的法令。极言之，甚至有完全使用明律的可能。[①] 然而这一尝试最终并未成功，这些法令也成了活化石，并以圣宗朝法令的样貌传之后世。

一如《全书》的记载，莫氏在圣宗死后三十年便篡夺了黎朝政权，由于怕引发社会反弹而继续使用黎朝的法律。《善政》便是在此情况下，汇集了以圣宗朝为中心所编成的黎朝法令集；但从内容和编排顺序来看，颁行公告并不是其目的，而更有可能是为了将来制定根本法所作的准备。然而在与黎朝流亡势力持续缠斗的状况下，制定根本法的目标终究未能实现。考虑到《刑律》正条的追加部分即《田产章》所附《增补香火令》《增补参酌校定香火》的完整条文均收录于《善政》，以及条文次序也几乎一致的现象，可能就是莫氏制作了现存《刑律》的底本，亦即是最新也是最后的官版《刑律》。

据此，合校者认为将《刑律》视为黎朝初期的法律来加以利用，是身为研究者的妥切态度。合校者也认为，历经陈末黎初越南社会和政治体制的巨大变化，据此以考虑该书成立过程的话，那么除了受明律影响的条文和证实是后世所增添的条文外，应允许《刑律》的一部分也能作为陈朝后期的史料来加以利用。

那么，黎朝后期的法律体系和实际的运作情况又是如何呢？作为黎朝全期的基本法，《刑律》理应存在。然而在黎朝中兴后，郑氏封王并于皇城外开府，自此重要的政务遂由王府所主导。如上田新也的系列研究［2019：第 1 章—第 3 章］所示，尽管此时郑氏政权的权力已远远无法与黎圣宗时期相提并论，但因其独立机构（即所谓“非例官署”，其最具代表性的单位为六番）的存在，在对军事和财政的掌握上取得了一定的成功。当然，在《刑律》里头完全没有这种独立机构的相关条文。这是因为此类条文一旦入律，将使国法自身暴露出权力的二元性之故。即便如此，每月的朝会等各种仪式依然在宫城举行，且考虑到郑王府的空间，实际的行政事务仍在皇城内外各官署进行的可能性为高。如此一来，便产生了《刑

① 与黎朝同为明朝册封国的朝鲜王朝也是在建国之初使用明律，即便其独有法《经国大典》编纂完成后，依然规定如“谋反”等重大事件则按明律论处（平木实［2010］）。

律》之《卫禁章》中和护卫宫城、皇城等相关的各项条文既无法轻易更动，其他却有许多条文早已失去存在意义的矛盾现象。

如 17 世纪前期迎来了所谓朱印船贸易时代，对外交易的活化造成了社会和经济结构的大幅变革，出现小额以铜钱结账、巨额则以白银结汇的转变。但是《刑律》当中却不存在与白银作为结汇工具直接相关的条文。[①]此外，自李朝时期开始出现的国际贸易港“云屯”，其相关条文（第 615、616 条［卷五　杂律章］等）当是不早于陈朝或不晚于黎朝初期的产物；然而在黎朝后期，云屯的重要性已大为降低，在郑氏政权下兴安的庯宪以及中部海岸的乂安则成为重要的贸易港。[②]

进入 18 世纪，郑氏政权的海上贸易虽然转趋衰微，但接下来则是华人的大举非法越境且频繁地骚扰北部的矿山山区；如此一来，不只劳动者是问题，取缔供给生活物资同时也还行秘密运输银铜的商人也成了问题。而郑氏政权对于外国人，特别是华人来越者的增长抱着强烈的警戒感，除了限制海外贸易者的居住和交易场所，禁止其与国人杂居外，对于定居的外国人则采取使其越南人化的方针（［藤原 1980b（1986）：236—244］）。《刑律》当中虽有针对“化外之民”和以海上贸易者为对象的条文，却没能设想到这样的事态。

在这种混乱的情况下，如樱井由躬雄［1987：第 3 章］所论，当初作为行政区划村所成立的“社”既提高了自律性，也强化了其作为地缘+血缘共同体的性格。[③] 而立国初期的《刑律》同样也应付不了性格早已有所变化的村落社会。

为了解决前举的诸般情况，便要制定追加法，这在中国也是一样的。然而如前所述，那些并不是日后添入《刑律》的追加法，而是独立的法条。只要稍微检索汉喃研究院的书目，便可看到许多以黎帝或是郑王令旨

---

① 作为新商品、手工业品的新式武器也已出现，并开始铸造葡萄牙式的大炮和铁炮，但《刑律》里头同样也没有对此应如何处置的相关条文。

② 岩生成一［1985：149—151］等。

③ 拙稿［1998］也曾讨论过在村落内部，地缘关系和血缘关系极为错综复杂。大多数的村落由复数的族所组成，过往的村落会议或是现在的人民委员会，其结构其实也反映了各族的势力关系。相较于血缘关系具相对优势的中国和朝鲜社会，以及地缘关系具相对优势的日本社会，越南北部、中北部的平原社会约在这两者之间。

的形式所颁布法令的汇编书籍，像是《黎朝事例》（A. 332）、《黎朝会典》（A. 57）、《黎朝旧典》（A. 333）、《黎朝官吏赏罚律》（A. 2035）、《国朝诏令善政》（A. 257）、[①]《景兴条律》（A. 1945）、《国朝勘讼条例》（A. 2755）等。然而，这些冠上“黎朝”的典籍其实大多编纂于阮朝，有版本留存的唯有《国朝勘讼条例》而已，[②]在黎朝时期甚至没能汇整为刑书形式的法令其实不少。也就是说从莫氏以后，既无官版且实效性薄弱的《刑律》，和顺应时势而颁布的法律其实同时并存。

如前所述，片仓［1988：36—38］着眼于洪德期法律的量刑现象，指出不可能出现黎法和中国法相混的情况。然而在洪德时期，大多数的审判是和土地、动产或社会地位等相关的民事案件，凭着早已步入小农社会的黎朝初期《刑律》，完全是足以应付当时情况的。[③]当然，量刑和其他的背离现象并非全无问题。其实在汉喃研究院所藏，缀合于《国朝勘讼条例》后的《刑律》残篇（A. 2755 本）上头，虽然书写者不明，但可以看出在条文的量刑部分作了几处修正。《刑律》的量刑制度恐怕是取自明清律，也因此日后新颁布的法令也就产生了“独有性”；关于此点，俟日后考察上述的法律相关诸书后再另作讨论。

（日文版载八尾隆生編《大越黎朝國朝刑律》，
汲古書院，2020，第 3~59 页）

参考文献

1. 岩井大慧，1935，《永田安吉氏搜集安南本目录》，《史学》14（2）
2. 岩生成一，1985，《新版·朱印船贸易史研究》，吉川弘文馆
3. 上田新也，2019，《近世越南的政治与社会》，大阪大学出版会
4. 片仓穰，1987，《越南前近代法的基础研究——〈国朝刑律〉及其周边》，风间书房
5. 片仓穰，1988，《关于〈故黎律例〉的洪德申明各条例》，《越南黎法研究》，昭和六十二年度科学研究费补助金［一般研究（C）］研究成果报告书，金泽大学教养部
6. 川本邦卫，1971，《越南社会科学书院所藏汉喃本目录》，《庆应义塾大学言语文化研究所纪要》2

---

① 该书书名作《黎朝诏令善政》，已出版了金属活字的翻刻和对译本［阮士觉、武文亩 1961］。

② 拼合在《刑律》GA 本的《百家公案》虽然也是版本，但未藏于汉喃研究院。

③ 关于越南社会的时代性，参照拙著［2009：结语］和桃木［2011］。

7. 阮氏莺（Nguyen Thi Oanh）著，清水政明译，2005，《汉字・字喃研究院所藏文献——现状与课题》，《文学》6（6）
8. 后藤均平，1995，《国立国会图书馆所藏越南本一览》，《亚洲资料通报》33（3）
9. 后藤均平编，1999，《东洋文库藏越南本书目》，东洋文库
10. 酒井忠雄监修，坂出祥伸、小川阳一编，2003，《中国日用类书集成》第10—11册《万用正宗不求人》，万历三十五年（1607）刊本影印本，全二册，汲古书院。卷十二“律法门”含“比附律条”。
11. 樱井由躬雄，1987，《越南村落的形成——村落共有田=公田制的历史发展》，创文社
12. 佐藤邦宪，1993，《明律、明令和大诰及问刑条例》，滋贺秀三编，《中国法制史——基本史料研究》，东京大学出版会
13. 滋贺秀三，1984，《清代中国的法与裁判》，创文社
14. 岛本和美，2004，《越南黎朝期法律的比较考察》，2003年度广岛大学文学部毕业论文
15. 仁井田陞，1980（1959初版），《补订中国法制史研究　刑法》，东京大学出版会
16. 平木实，2010，《朝鲜时代初期王位继承的争夺与“投壶”》，《立命馆文学》619
17. 藤原利一郎，1974，《巴黎国立图书馆新收安南本目录》，《史窗》32
18. 藤原利一郎，1980a，《关于黎朝圣宗的官制改革》，《山本达郎博士古稀记念　东南亚・印度的社会与文化》下，山川出版社（另题作《黎朝圣宗的官制改革》，收于藤原［1986］）
19. 藤原利一郎，1980b，《黎朝后期郑氏的华侨对策》，《史窗》38（另收于藤原［1986］）
20. 藤原利一郎，1982，《黎朝圣宗官制改革的背景》，小野胜年博士颂寿纪念会编，《小野胜年博士颂寿纪念　东方学论集》，朋友书店（另收于藤原［1986］）
21. 藤原利一郎，1986，《东南亚史研究》，法藏馆（前举藤原论文之引用处皆据本书页码）
22. 藤原利一郎，1987，《越南李、陈朝官制考——关于宰相制度》，《史窗》44
23. 松本信广，1934，《河内法国远东学院所藏安南本书目》，《史学》13（4）
24. 松本信广，1935a，《越南王室所藏安南本书目》，《史学》14（1）
25. 松本信广，1935b，《越南王室所藏安南本书目暨追忆》，《史窗》14（2）
26. 桃木至朗，2011，《中世大越国家之成立与变容》，大阪大学出版会
27. 八尾隆生，1998，《黎末北部越南村落社会断面之一：南定省旧百谷社的事例》，《南方文化》25
28. 八尾隆生，2003，《另一个越南的近现代史——步往越南前近代史史料的道路》，《历史与地理　世界史研究》196
29. 八尾隆生，2009，《黎初越南的政治与社会》，广岛大学出版会
30. 八尾隆生，2010a，《作为社会规范之越南〈国朝刑律〉的可能性——从图书学的考察出发》，山本英史编，《近世的海域世界与地方统治（东亚海域丛书第一卷）》，汲古书院
31. 八尾隆生，2010b，《黎朝越南的刑法》，历史学研究会编，《世界史史料》4，岩波书店
32. 八尾隆生，2010c，《越南汉喃本研究及其收集之现况》，大泽显浩编著，《东亚书志学的招待（学习院大学东洋文化研究丛书）》下册，东方书店
33. 八尾隆生，2013，《前近代越南法试论——再论〈国朝刑律〉》，《历史评论》759
34. 八尾隆生，2014，《〈光顺刑律〉存在过吗？——论〈国朝刑律〉蓝本非〈洪德律〉》，《第4届国际越南学学会纪要》第1卷，河内，社会科学出版社（越文）
35. 八尾隆生，2015，《黎朝圣宗的目标——十五世纪大越越南的对外政策》，《东洋史研究》74（1）
36. 八尾隆生，2016a，《越南黎朝圣宗接受明律的初步考察》，《史学研究》293
37. 八尾隆生，2016b，《〈国朝刑律〉最后的官版编纂于何时?》，“第5届国际越南学学会”，2016年12月16日，河内，越南国家会议中心，报告用纸本（越文）
38. 山本达郎，1938，《河内法国远东学院所藏字喃本及安南版汉籍书目暨追忆》，《史学》16（4）
39. 山本达郎，1953a，《巴黎国民图书馆所藏安南本目录》，《东洋学报》36（1）

40. 山本达郎，1953b，《河内法国远东学院所藏安南本追加目录》，《东洋学报》36（2）
41. 山本达郎，1954，《巴黎亚洲协会所藏安南本书目》，《东洋文化研究所纪要》5
42. 山本达郎，1984，《国朝刑律的版本与写本》，《东南亚：历史与文化》13
43. 和田正彦，1992~1993，《松本信广博士所携之安南本——庆应义塾图书馆·松本文库所藏安南本解题》，《史学》16（4）
44. 加迪耶神父、伯希和（L. Cadière & P. Pelliot），1904，《对安南历史的安南语文献的初步研究》，《法国远东学院院报》第4卷
45. 雷蒙·德卢斯塔尔（Raymond Deloustal），1908—1913，1919，1922，《古代安南的司法》，《法国远东学院院报》第8—13、19、22卷
46. 埃米尔·加斯帕多纳（Emile Gaspardone），1935，《安南语书目》，《法国远东学院院报》第34卷
47. 黎氏山（Lê Thị Sơn）编，2004，《〈国朝刑律〉：制作过程及内容·价值》，社会科学出版社
48. 阮士觉、武文亩（Nguyễn Sĩ Giác & Vũ Văn Mẫu），1959，《洪德善政书》，西贡大学院所属律科大学
49. 阮士觉、武文亩，1961，《黎朝诏令善政》，西贡大学院所属律科大学
50. 阮玉辉（Nguyễn Ngọc Huy），1980，《黎朝法典，或曰国朝刑律》，《法国远东学院院报》第67卷
51. 阮玉辉、谢文才（Nguyễn Ngọc Huy & Tạ Văn Tài），1987，《黎朝法典——传统越南法》，全三卷，俄亥俄大学出版社
52. 阮玉润、阮佐而（Nguyễn Ngọc Nhuận & Nguyễn Tá Nhí），2006，《国朝刑律》，阮玉焕编，《越南典制与法律的诸问题》第1卷：15到18世纪，社会科学出版社
53. 阮玉润、阮佐而等，2009，《越南古代律：〈国朝刑律〉和〈皇越律例〉》，越南教育出版社
54. 阮决胜（Nguyễn Quyết Thắng），1997，《黎朝刑律》，文化出版社
55. 社会科学图书馆（Thư viện Khoa học Xã hội）编，1969~1972，油印本，未出版
56. 陈文甲（Trần Văn Giáp），1970（初版），1984（二版），《对汉喃书库的考察》第1卷，初版，河内，国家图书馆；二版，文化出版社
57. 汉喃研究院、法国远东学院（Viện Nghiên cứu Hán Nôm & École française d'Extrême-Orient）编，1993，《汉喃遗产：书目提要》全三卷，社会科学出版社（该书另有中文版，刘春银、王小盾、陈义主编，2002，《越南汉喃文献目录提要》全二卷，“中研院”）
58. 史学院（Viện Sử học），1991，《国朝刑律》，法理出版社
59. 武文亩、梁辰（Lương Thần）等，1956，《国朝刑律》，越南大学院所属律科大学
60. 约翰·惠特摩尔（J. K. Whitmore），1995，《17世纪越南文本中的中兴与正统》，基斯·泰勒（Keith W. Taylor）、约翰·惠特摩尔编，《越南史论集》，康乃尔大学出版社

译者附记：

本文忝受中国政法大学法律古籍整理研究所赵晶教授委托翻译，翻译过程中除赵晶教授惠予诸般宝贵协助与建议，以及法国巴黎政治大学博士、中国政法大学比较法学研究院朱明哲副教授惠赐原文所引法文资料的翻译外；也有幸得到原文作者八尾隆生教授和广岛大学陈思齐学友的费心审校纠错，以及主编、编委们的细腻编校，使拙译能以更完善的面貌呈现。谨借此向诸位师长学友表示衷心的谢意，文责自由译者负责。

《中国古代法律文献研究》第十五辑
2021年，第305~324页

清代刑部成案中的图赖裁判*

杨　扬**

摘　要：传统中国刑事案件的审判过程，揭示出官员对于人命重情案件的司法态度。所谓以“身”图赖，既包括自然状态下身体话语在图赖活动中作用的体现，亦包括社会状态下身体政治通过图赖行为在司法领域中的实践发挥效用。行为人在具体实施犯罪行为的过程中，因其自然身体具备的某种“身份”，导致案件进入司法领域中成为官员判断案件性质以及定罪量刑的重要因素。通过对若干清代人命图赖案件进行集中分析，观察刑部在人命图赖案件的驳回说理过程中，对当事人的不同“身份”产生的差异性影响予以说明。

关键词：人命图赖　刑部成案　身体话语　定罪量刑

* 本文系教育部人文社会科学研究青年基金项目“清代图赖行为与社会治理研究”（项目号：21YJC820046）的阶段性成果。

** 北京科技大学历史与文化研究所讲师，北京科技大学马克思主义学院博士后。

一、前提：案件来源与基本概念

（一）案件来源：清代的刑部成案

清代法典规范变迁过程中最重要的是例文的不断增修删减。[①]尽管呈现几何倍数增长的趋势，但无论例文如何增加，法律规范自身也很难完全适应与满足“世情万变”的社会需要。乾隆朝在增加例文以弥补律文之不足时，就出现了试图以案代例的司法实践，这时的成案在司法裁判中就发挥了不小作用。《大清律例集解》“凡例”中曾言：“成案与律例相为表里，虽未经通行之案，不准引用，然其衡情断狱，立议折中，颇增学识。”因此，成案中的通行与条例、则例实质方面相同，都具有法律效力。[②]嘉庆时期，以案代例的情况已十分普遍。尽管皇帝要求“遵例不遵案”[③]，但“引案附例，上下其手”的情况仍司空见惯。[④]

由于发生在全国各地司法案件的案情差异，司法人员解释与运用法条的学识才能也各有不同，“成案”逐渐成为各级司法人员据以断案的重要基础。“律、例、案”逐渐成为清代审案裁判的主要法源，不仅涌现出更多讲究司法个案的专门法律人才，政府官员和书坊商人在印行律例书籍之外，也更为重视刊行“案”类法律书籍。[⑤]

这类刑部核覆的案件经过一定程序的整理后，随即刊行出版。本文研究使用的案件来源——《刑案汇览》，就是在上述情况下产生的具有汇编

① 据已有研究统计，康熙初期旧例文321条，至康熙六十一年（1722），新增例文仅115条，共计436条。雍正三年（1725）《大清律集解》，所附例文为824条，乾隆五年（1740）《大清律例》，例文为1049条，至乾隆三十三年（1768）已增加到1456条。乾隆六十年（1795）推断在1600条左右。同治九年（1870）例文1892条。参见张晋藩、林乾《〈刑案汇览三编〉序》，北京古籍出版社，2004，第2页。

② ［日］织田万：《清国行政法》，陈兴年、梁继栋、郑篪译，上海广智书局，1906，第43页。

③ （清）包世臣：《包世臣全集》，李星校点，黄山书社，1997，第372页。

④ 刑名师爷也皆从熟悉成案入手，而不读律例。这也是乾隆后期，尤其是嘉道时期刑案之类书籍大量出现的最重要原因。参见张晋藩、林乾《〈刑案汇览三编〉序》，第4页。

⑤ 邱澎生：《真相大白：明清刑案中的法律推理》，收录于熊秉元编《让证据说话——中国篇》，麦田出版股份有限公司，2001，第135页。

性质的案例。[①] 学界对于这类成案的概念、性质与功能方面的研究已有较多成果。[②] 所谓成案，即已成之案，是经有权机关或者皇帝核覆的典型案例。乾隆四十六年（1781）全士潮刊本《驳案新编》，收录有乾隆、嘉庆和道光三朝案件的《刑事判例》，光绪年间的《刑案新编》，皆是乾隆以后陆续出版刊行的案例集。其中《刑案汇览》《驳案新编》记载的具体内容学界多有介绍。[③] 这里要指出的是，《刑案汇览》与《驳案新编》记录的案件多独立成篇，每篇都会记录州县初审、府州审转、臬司覆核、督抚汇总报告、刑部核拟、皇帝批行等审理过程，反映了案件审理是从基层司法机关到中央司法机关的共同参与，是兼具静态与动态的裁判结果。[④]

《刑案汇览》中收录的案件内容多是“例无专条、情节疑似”的法律案件，是中央司法官员对全国疑难司法案件的解释汇编。[⑤] 这些案件具备的并非常规案例中的共性特征，更多是对个性症状的说明。《刑案汇览》通过处理这类“例无专条”的司法案件，寻求“法条规范”与“刑案事实”之间的一致性与贯通性。[⑥] 实际的司法活动中，司法官员要面对的，更多的是具体且纷繁复杂的案例事实。对这些案件进行事实方面的认定，才能为恰当适用法律提供重要的依据。

通过对这类成案中刑部驳回说理内容进行讨论，企图发现司法官员在说明自身司法主张与立场的过程中，在律例皆无明文规定的情形下，为何援引彼例而非援引此例？透过这种直观司法经验方式的观察，揭示清代刑部司法官员的“审判法感”。

（二）基本概念：图赖及其他

上述聚焦于本文分析图赖裁判的案例来源，即刑部成案。关于本文讨

① 除此以外，本文案例资料的来源还包括第一历史档案馆藏题本刑科类档案。

② 李凤鸣：《清代重案中的成案适用——以〈刑案汇览〉为中心》，《北京大学学报》2020年第2期，第147~157页；罗洪启：《清代成案的功能、效力及其运用方式》，《政法论丛》2018年第4期，第150~160页；王志强：《清代成案的效力和其运用中的论证方式：以〈刑案汇览〉为中心》，《法学研究》2003年第3期，第146~160页；胡兴东：《中国古代判例法运作机制研究：以元朝和清朝为比较的考察》，北京大学出版社，2010。

③ 张田田：《清代刑部的驳案经验》，法律出版社，2015，第8~16页。

④ 张田田：《清代刑部的驳案经验》，第9页。

⑤ 邱澎生：《真相大白：明清刑案中的法律推理》，第141页。

⑥ 邱澎生：《真相大白：明清刑案中的法律推理》，第162页。

论的另一个关键概念——图赖，国内外学者在研究清代诉讼问题、图赖问题时已有不同程度的研究成果进行讨论。[①] 笔者也曾专就明清时期图赖法律规范与司法实践的相关问题进行讨论，[②] 其中亦对图赖概念进行过专门阐释。简言之，所谓图赖，即以极端的尸体出现作为借口，通过或意图通过诉讼的手段，发泄私忿或攫取钱财的行为通称。

通过爬梳史籍，会发现这类图赖行为的表达并非仅此一种，其他诸如图诈、诈赖、诬赖等皆为图赖的相同表达。对于图赖现象，抑或图赖问题的认识，要立足于社会现象—社会规范—司法实践的逐层深入，不应拘泥于法律规范文本中，而是应将图赖现象、图赖行为置于整个清代社会史的视野下进行讨论，由此便可窥得其真实样貌。

具体到法律规范的文本中，在“工乐户及妇人犯罪”例文中明确记载：“各直省审理妇女翻控之案，实系挟嫌、挟忿、图诈、图赖或恃系妇女，自行翻控，审明实系虚诬，罪应军、流以上，及妇女犯盗后经发觉，致纵容袒护之祖父母、父母畏罪自尽，例应问拟云贵、两广极边、烟瘴充军者，均免其实发驻防为奴，各监禁三年。”[③] 在“老小废疾收赎”例文中也有同样的规定。

最后，通过《清代六部成语词典》中的词条式解读，也可发现图诈是图赖的另一种异名表达。其中提到：“清制规定禁图赖，例如以尸身图赖人者，无论尊长将卑幼，或卑幼将尊长，或将他人已死尸身指赖别人索财，均按不同辈分和情节科罪。”[④] 显然，以他人尸体诬赖他人索要财物的行为理应视作

---

① 日本学者如夫马进先生在研究清代诉讼社会过程中发现了图赖这种现象，并进行了个人的定义：民众根据法律以及众所周知的“道理”提起诉讼，而且有时明明知道对方当事人并没有什么过错，也可以凭空捏造口实提起诉讼的这类行为，通常被称之为“图赖”，是希图赖骗、图骗抵赖等词的缩略语，指找借口欺诈对方、攫取钱财之意。在以诉讼为手段的情况下，可称之为“架词诬控”，即“欺诈诉讼”。具体参见［日］夫马进《中国诉讼社会史概论》，范愉译，中国政法大学法律古籍整理研究所编《中国古代法律文献研究》第6辑，社会科学文献出版社，2012，第3页。

② 具体参见杨扬《清代图赖问题的成因、禁革与治理》，《历史档案》2021年第1期，第74~82页；《从官法到民习——明代社会视野下的图赖现象》，《交大法学》2019年第3期，第87~97页；《清代社会视野下的图赖现象研究——以嘉道时期题本刑科档案为例》，《云南民族大学学报》2018年第3期，第146~148页。

③ （清）吴坤修等编撰，郭成伟主编：《大清律例根原》第1册，上海辞书出版社，2012，第121页。

④ 李鹏年、刘子扬、陈锵仪：《清代六部成语词典》，天津出版社，1990，第368页。

图赖行为。所谓图赖，即是利用人命尸体图赖他人，无论是基于报复的目的，抑或图财得财的目的，在行为层面是相同的。图赖与图诈的两种用法本质上一致，只是在目的方面有所侧重，后者更加凸显某种图勒得财的目的。①

回归到将要讨论的若干图赖裁判的刑部成案，在这些人命图赖案件中，案件的参与主体、尸体身份与被图赖者的人际网络值得探究。譬如，案件当事人包括图赖者、受害者（尸体）、被图赖者，三者之间总是存在某种既存的社会关系，如亲属关系、主仆关系、雇佣关系等。其中血缘亲属之间因各种目的发生的人命图赖案件最为频繁。作为拟制血亲亲属的养父子、养父女之间的图赖案件时有发生。此外，具备某种特定身份的旗人、乞丐、僧侣在进行人命图赖时，司法裁判思考的内容也会有所不同。奴婢作为图赖行为进行的客体，也常被利用实现图赖目的。

福柯曾提出“身体政治”的概念，即身体是一种政治结构，阐述了权力关系是如何作用于身体的。所谓以“身”图赖，既包括作为自然状态的身体话语，也包括作为社会状况的身份政治。通过对若干具有类似性质的人命图赖案件裁判进行分析，观察法官在考量案件事关定罪量刑轻重抉择的法律维度是否有所差异，以此展现出多元化的人命图赖司法实践状况。

二、适用：不同身体话语在图赖裁判中的体现

（一）亲属间的图赖行为

1. 血缘亲属的图赖情形

【案例1】意欲图赖谋杀胞侄伤而未死

此案刘（六）〔大〕系正定县民人，因占种坟地经族人刘第控县

① 夫马进先生对图赖的解释中，也已经清楚地表达了图赖与图诈同意语的内涵。其指出“图赖是指找借口欺诈对方，攫取钱财之意”即为此。此外，在清代基本法律规范《大清律例》中，贼盗律中并无有关本文集中讨论的图赖或图诈的内容。下文讨论的案例中如有图诈的表达用法，更多是倾向表现在图赖行为背后意图是图财的动机而已。这个问题有必要予以说明。

责惩，交与张士选佃种。刘大心怀不甘，起意将胞侄刘二小致死，图赖张士选。令刘二小饮醉，带至坟前石上碰伤太阳等处，并用划伤心坎右肋，伤经平复。[①]

本案在案件事实部分由两个部分构成：前者为占种坟地。刘大因占种坟地，经族人刘第控县责惩，交与张士选佃种；后者为致死图赖未遂。因坟地耕种纠纷使刘大心怀不甘，起意将胞侄刘二小致死，图赖张士选。

刑部在法律评价方面，首先是法律规范的选择，该案分别是适用“尊长谋杀卑幼依故杀法，伤者减一等”律；“故杀侄图赖人，发附近充军”例。刑部认为，该案情节固属残忍，但即便如此，谋杀卑幼图赖例应仍照服制科断。若刘二小因伤身死，刘大按例仅止附近充军；但本案刘二小伤而未死，且伤经平复，自应在附近充军例上减一等，治罪拟徒。该省总督对刘大却是从重发驻防为奴，与例有不符。刑部这里特别提出，谋杀卑幼伤而不死之案，反较谋杀卑幼已杀之案为重，未免轻重倒置。轻重颠倒是刑部对法律适用提出的最大疑义。基于上述理由，刘大应改依谋杀卑幼伤者减一等律，于故杀侄图赖人军罪上减一等，杖一百，徒三年。[②]

据此，本案两个核心要素是适用律例时考虑当事人之间的服制关系以及案件自身轻重的逻辑关系。当事人之间是叔侄关系，要求在适用律例过程中，量刑上是要减一等处罚；本案在造成伤害未死的情况下，要比造成死亡的案件量刑为轻，刑部认为这是更加符合轻重衡平的原理。因此，身份与情理成为案件在法律评价中重点考察的两个内容。

【案例2】将父未埋尸棺抬往人家讹诈

万希文因见伊父尸棺拴盖秫秸已朽烂，棺木显露，忆及万河家承买伊祖遗庄基，起意邀同万顺德，将伊父尸棺抬至万河家讹诈。[③]

---

① （清）祝庆祺等编：《刑案汇览三编》，史春风等标点，北京古籍出版社，2004，第1204页。

② （清）祝庆祺等编：《刑案汇览三编》，第1204~1205页。

③ （清）祝庆祺等编：《刑案汇览三编》，第1208页。

该案案情简单，毫无缘由，只因当事人见其父尸棺拴盖秫秸腐烂，显露在外，起意邀同万顺德图赖万河家。无论是图赖者、帮助者、死者或是被图赖者，彼此间都是具有服制关系的当事人。因此，刑部认为应将万希文比照“子将父尸图赖人律”，杖一百，徒三年。这是明显符合律例规定，且案情涉及血缘亲属间服制关系的案件。这些彼此间具有血缘亲属关系的人，不仅成为了进行图赖工具的尸体，也成为了意图讹诈的对象。这种内部的图赖活动为何如此盛行，是图赖的成功率更大一些，抑或是犯罪者认为更加方便进行图赖活动，都是值得思考的问题。

【案例3】将老病父母扛抬索诈

云南按察使奏称：窃思亲长不可不知爱敬，闾党不可不务敦庞。我皇上孝亲锡类，凡所以厚民成俗之道，固已训谕频颁，群黎遍德矣。惟是小民无知，刁风未息，或因一时口角，或因细事分争，或索找产价而不从，或取讨欠项而不得，辄将家有老病之人，不论父母尊长，老者扶之而行，病者抬之以往，一至彼家，坐卧其室，附从之卑幼凶恶欺陵，官长不及遽问，乡邻不能劝解，被害之家恐罹不测之祸，有力者或杜门而不容其人，无力者或潜匿以避其锋，其而冻死饿毙，酿成人命，因而毁室抄家，行凶挟诈，无所不至，俗兢浇离，所关匪细。请嗣后如有子孙将老病之人扛扶他往，未致死故，及因而致死者，其余尊长卑幼及亲属互相图赖，及诈取及抢去财物者，作何治罪，请敕部分别定议，等因。①

这是乾隆元年（1736）十一月云南按察使上奏刑部的内容，目的是希望刑部对于图赖行为该作何治罪予以明确规定。这种图赖行为的表现是子孙将老病之人扛扶他往，未致死故或因而致死，其余尊长卑幼及亲属互相图赖，诈取或抢去财物的行为。

刑部认为，律内载有将已死身尸图赖人，是分别适用于尊长、卑幼各条。但对于将老病之人扛扶他往，因而致死的情形并无明文规定。这并非

① （清）祝庆祺等编：《刑案汇览三编》，第1209页。

律文的遗漏，而是对于这些因民间口角细事就将家里老病之人扛扶前往索诈的行为，已有“恐吓取财律”分别以得财、不得财分别科断。即使因而致死者，也可照“将身尸图赖人”律审断。上述行为是还未告官的情况。若告官，又有“诬告人死罪未决”律可供援引。在这种已有规范存在的情况下，若再另立例文，案牍不仅繁杂，小民也会因此借机大肆诬告。对于“尊长卑幼及亲属互相图赖”的行为，以及诈取及抢去财物等行为，律文中也有“干名犯义”律与“抢夺”律进行规制。

因此，刑部对此事表明态度，即不必再有更张，并没有单独针对此类行为进行定例。这些内容都涉及具有血缘关系的亲属之间的图赖行为，反映了社会中存在大量且频繁的人命图赖案件。

在《刑事判例》中也有谋死亲母移尸图赖的案例。贵县民犯李老閦因行窃败露，与苏观谋死亲母梁氏移尸图赖。李老閦是照例凌迟示众，对同谋的苏观仅止拟绞监候。但是本案中苏观助逆灭伦，并非寻常谋杀人加功者可比，要加等处罚。因此，刑部请将苏观即行绞立决，将量刑由绞监候加一等为绞立决。[①]

乾隆皇帝认为如此处理甚好，并进而解释：

> 灭伦重犯，为覆载所不容，其寸磔固不宜少缓。而案内同谋之人，忍助逆子以戕害其亲，彼岂无父母乎！即于枭獍无异，亦当诛不待时。乃向来于此等罪犯，概不立案定拟，故与同谋加功之犯，亦无专条。今于逆恶凶犯，必令明正典刑，以快人心，而申国法。惟同谋加功者，尚未拟及，若仅照寻常谋杀之律定拟绞候，实不足以蔽辜。[②]

乾隆帝此番解释实是精妙。皇帝提到本案同谋之人竟会忍助逆子以戕害其亲，难道其无父母吗？并认为此人与枭獍无异，亦当诛不待时。因此，若仅依寻常谋杀之律定拟绞候，是不足以蔽辜，法律的威慑功能难以实现。因此，乾隆皇帝认为要参酌本案案情，苏观先是教令李老閦寻找所

① 杨一凡、徐立志主编：《历代判例判牍》第6册，中国社会科学出版社，2005，第460页。
② 杨一凡、徐立志主编：《历代判例判牍》第6册，第460页。

用毒药，继而怂恿助逆殴毙其母，情罪实为可恶。最终是将同谋之人苏观由绞监候改拟为绞立决。

本案中伦纪服制成为决定案件裁断方向的关键，量刑的变化即为这种原则的体现。图赖者与受害者间的服制关系，一定程度影响了乾隆帝对苏观同谋协助行为的认定，得出较寻常谋杀人加功量刑为重的判断。血缘亲属关系不仅对内部人员发生影响，对外部人员（如同谋之他人）也产生在量刑方面较凡人有所不同的影响。

2. 拟制亲属作为图赖工具的情形

除了前述提到具有血缘亲属关系的图赖情形外，那些并不具备血缘关系的亲属，因其他收养行为产生养父母、养子女关系的拟制亲属，也成为这些养父母人命图赖的工具。这里着重讨论的是养父母将养子女故意杀害后图赖他人的情形，毕竟很少会有养子女故杀养父母后图赖他人的情形。以《刑案汇览》中相关案件举例示之：

【案例4】故杀收养遗弃小儿图赖人

此案唐综佑因挟唐易氏不允买地之嫌，将收养年甫三岁之遗弃小儿唐酉元砍毙图赖，情节固属残忍，且系恩养未久，该督将该犯依家长故杀雇工人律拟绞监候，与例相符，似可照覆。①

【案例5】故杀恩养年久抱养子图赖人

林存照于林增弟甫生一月即抱养为子乳哺，恩养已至七年，林存照因向庄德泰批佃不遂，又被拔毁麦子，一时气忿将林增弟故杀图赖，例无专条，应比依故杀侄图赖人例发附近充军。②

【案例6】故杀恩养年久义女图赖人

李沅抚养童春酉为义女，恩养已至七年，李沅因向徐均复赎银不遂，起意将童春酉致死图赖，将李沅比照故杀子孙图赖人例发附近充军。③

① （清）祝庆祺等编：《刑案汇览三编》，第1205页。
② （清）祝庆祺等编：《刑案汇览三编》，第1205页。
③ （清）祝庆祺等编：《刑案汇览三编》，第1205页。

上述三件案例，均为嘉庆年间发生。相同之处在于，皆为养父对其养子或义女故杀后实施的图赖行为。相互之间进行比较，或能发现一些端倪。

表1　三例拟制血亲图赖案件的梳理

	当事人关系	收养时间（时长）	定罪方面（律例适用）	比照的关系类型	量刑方面
案例4	养子关系	N*恩养未久	依家长故杀雇工人律	雇主-雇工人	绞监候
案例5	养子关系	恩养已至七年	比依故杀侄图赖人例	叔-侄	附近充军
案例6	义女关系	恩养已至七年	比照故杀子孙图赖人例	父-子	附近充军

*：N表示为在原始材料中并未明确描述唐综佑收养唐酉元的时长，仅言是在唐酉元未满三岁时收养。故此处仅能标注为N。

通过比照上表，可以发现如下几个问题。

首先，收养时间的长短决定了具体将要适用的律例类型；如案例4中，唐综佑收养唐酉元的时间未久。根据相关律例规定，义子过房，年在十五岁以下，恩养未久者，以雇工人论。根据规范内容，可以合理推测此条规范要求应同时符合义子过房年十五以下，且恩养未久两个条件时，才能以雇工人论。本案唐综佑收养唐酉元的时间应是恩养未久的情形；案例5与案例6则明确指出养父恩养已至七年，根据上述规范内容，则不属于适用故杀雇工人律的范畴。故分别以故杀侄图赖人例与故杀子孙图赖人例，论处附近充军。

其次，服制关系对案件定罪量刑依旧发挥效用。根据量刑处罚的内容，同样是养父与养子女的关系，显然案例4是重于案例5与案例6的。服制关系亲疏远近的基本原理，体现在法条上的规定，那就是尊长杀伤卑幼图赖，较家长故杀雇工人的行为，量刑方面减等处罚。

再次，依据现有的三件案例表明的内容，人命图赖案件在拟制亲属关系中的发生，多为养父故杀养子女后图赖他人的情形，比较少会发生养子女故杀养父后图赖他人的情形。

最后，是这些案件还无法有效解释的问题。在案例5与案例6中，同样是恩养已至七年的情形，同样在量刑方面都是附近充军，但在定罪方面，却分别是依故杀侄图赖人例与故杀子孙图赖人例。根据此处定罪的内容，可反推刑部官员认为林存照与林增弟比照为叔侄关系（案例5），李沅与童酉元之间则是比照为父女关系（案例6）。在现有材料的情况下，除性别的差异外，并无别故。但刑部为何会如此认定两者之间的服制关系，值得再去思考。

（二）奴婢作为图赖工具的行为

奴婢作为与养子女不同的群体，在人命图赖案件中的地位也是不同的。[①] 这种身份是相对于其主人而存在的，有时亦会成为主人的财产，并不具备主体的身份。基于此，奴婢经常成为人命图赖案件中图赖者选择杀害成为图赖他人的重要“工具”。例如贵州省黄玉彩故杀奴婢图赖任志先的案件。

> 【案例7】故杀奴婢图赖人
>
> 贵州省黄玉彩故杀婢女小伴图赖任志先一案，该抚将黄玉彩依律拟以杖七十，徒一年半，似可照覆。[②]

在陈述案情前，刑部先查律载：

> 故杀奴婢图赖人律与子孙图赖一体，拟杖七十，徒一年半。例内将故杀子孙图赖人者，改拟附近充军，其故杀奴婢图赖并无续纂例文。查系前明旧例，其因何专立此条定例之故，无从稽核。但推原例意，诚以子孙为属毛离裹之爱，因图赖他人故行杀害，其情较故杀奴婢尤为残忍，是专门定例特为加重。[③]

刑部这段针对律例设置来由的论述，颇有意味。根据律文规定，故杀

---

① 有学者在研究敦煌文书的过程中，根据史料曾有辨别被收养人与奴婢之间的区别。参见蒲成中《非奴婢而是被收养人：敦煌文书中“恩子”的身份》，《上海师范大学学报》2017年第5期，第144~152页。

② （清）祝庆祺等编：《刑案汇览三编》，第1205~1206页。

③ （清）祝庆祺等编：《刑案汇览三编》，第1205页。

奴婢图赖人与故杀子孙图赖人，一律处刑，都是“杖七十、徒一年半”的基本刑罚。但在例文中将故杀子孙图赖他人的行为，特别规定为附近充军。其中对故杀奴婢图赖他人的行为，刑部指出并无相应例文的规定。至于为何会有故杀子孙图赖人的定例，刑部指出是无从查考。但据该例例意所指，以为子孙当属毛离裹之爱，为了图赖他人而杀害自家子孙，情理方面较故杀奴婢的行为更为残忍，需要特别定例，加重处罚。

依据现有规范内容，故杀子孙图赖人有特别的例文规定。而故杀奴婢图赖人依旧遵循既有的律文规定，两者不存在同罪的条文。本案中对黄玉彩的量刑继续是照杖七十、徒一年半的刑罚判处。根据刑部的法律评价，故杀奴婢图赖人的行为与故杀子孙图赖人的行为之间，是经历了同刑处罚转为异刑处罚的过程。身份在此通过刑罚的方式被予以特别强调，成为区别定罪与量刑的又一因素。

（三）旗人图赖的行为

清人入关以后，在适用律法方面均与汉人有所不同。① 具体到本文讨论的人命图赖案件中的司法审断，作为案件当事人的旗人因其特殊身份是否会对这类案件的裁判产生影响，是可以讨论的话题。清代刑案集中曾有旗人杀子图赖他人，致被赖之人自尽的案例。

【案例 8】旗人杀子图赖被赖之人自尽

此案旗人李存幅因挟张赵氏与伊口角争殴之嫌，辄起意将瘫痿成废之子留锁儿踢死，向张赵氏讹赖，以致张赵氏被赖情急，自缢身死，实属讹诈，行同无赖，例应销除旗档，照民人一体问拟。乃该侍郎将李存幅依例拟军折枷发落，实属轻纵，李存幅应改依故杀子图赖人例发附近充军，系旗人销除旗档，照例发配，不准折枷，

① 有学者曾利用满文档案就顺治朝旗人在司法审断过程中，具体适用法律规范与刑罚进行过论述。参见王天驰《顺治朝旗人的法与刑罚》，《国学学刊》2018 年第 3 期，第 5～23 页。也有专就旗人与民人之间定罪量刑差异进行专门研究的成果。参见刘小萌《清代旗人民人法律地位的异同——以命案量刑为中心的考察》，《清史研究》2019 年第 4 期，第 1～16 页。

虽事犯到官在道光八年（1828）十一月初九日恩诏以前，应不准援减。[①]

本案的案件事实部分，是旗人李存幅因与张赵氏口角争殴之嫌，起意踢死瘫痿成废之子留锁儿，借此向张赵氏图赖。在李存幅图赖的过程中，导致张赵氏被赖情急、自缢身死结果的发生。本案的问题是，对于情急被逼、自缢死亡的张赵氏，责任追及的问题。

刑部查律载：

旗人诬告讹诈，行同无赖，不顾行止者，均销除本身旗档，照民人一例办理。犯该徒流军遣者分别发配，不准折枷。

刑部查找例文系属《大清律例》“名例律”中有关“犯罪免发遣”中有关旗人诬告讹诈行为的处理办法。一般情况下旗人犯罪，是可以免发遣的。但对于旗人诬告讹诈，行同无赖的行为，清律是销除该旗人自身旗档后，再照民人犯罪处理。本案对于李存幅进行法律上处理的第一步即是遵照该规定进行。因此，刑部认为，侍郎将李存幅依例拟军折枷发落，实属轻纵。按起初依据民人有犯例处理的话，应将李存幅改依故杀子图赖人例，发附近充军。李存幅系旗人，要销除旗档，照例发配，不准折枷。[②]旗人的特殊身份，在司法审断过程中，均是要先被销除旗档后，再依据民人犯案之例加以处罚。这应是旗人杀人图赖的特色，某种程度反映了清代旗人并非如常人所言，依旧是享有部分法律特权。

（四）既是图赖工具、又是图赖者：乞丐图赖的行为

清代乞丐在人命图赖的行动中，发挥着非常重要的作用。无论是被他人“饲养”，留待日后成为需要加以利用杀害、进行图赖工具的乞丐，亦是成为图赖他人主体的乞丐，这些在地方社会中都曾发挥过不同程度的影

① （清）祝庆祺等编：《刑案汇览三编》，第1207页。
② （清）祝庆祺等编：《刑案汇览三编》，第1207页。

响，成为地方社会治理中应当注意的问题。①

清代乞丐活动带来的社会问题不容小觑。据文献记载，清中期以后，社会上出现了大批乞丐。嘉庆中期，据地方官反映："近数年来，杭、嘉、湖及苏、常等府，每届秋冬之间，有江北淮、徐、海一带游民，百十为群，或乘坐船只，或推挽小车，或结队步行，衣履齐全，不类乞丐，号称饥民，所过乡村，坐索饭食，铺户等敛钱资送，必须给其所欲始去，否则恃众强取。人皆畏其强横，不敢较论，地方里保亦不行查问。"② 清代中后期的乞丐在坐索饭食，进行图赖讹诈方面可谓"蔚为大观"。

根据文献记载，清代乞丐实施人命图赖案件的地点主要集中发生在福建、江西和台湾地区。这些区域的乞丐发生人命图赖的多发实况，导致这方面研究也主要是集中在这些区域。本文将要讨论的这起案例，也是发生在福建的闽清县，而且属于乞丐团伙作案，在毒杀他人后进行图赖活动。根据资料显示，这个团伙应属临时建立，但彼此间有却又有更为明确的分工。

原任闽浙总督署福建巡抚印务苏疏称：

缘张扬扬向在闽清县求乞，与乞丐陈四四、吴发发、张秃子、郑一仔、王奈奈及麻风之余林、余红红等素相熟识。乾隆三十二年(1767) 正月，张扬扬往陈四四庙内饮酒，谈及穷苦，张扬扬即起意找寻外方流丐毒死，吓诈财主银钱分用，陈四四允从。

张扬扬寻获断肠毒草，令陈四四挖起，张扬扬用水洗净收存袋内。于二月中，余林、余红红遇见余老老合伙同行，张扬扬看见，密告余林，欲将余老老毒死，图赖诈钱。余林、余红红依从。

① 有学者利用相关碑文资料研究清代乞丐从事的图赖活动。参见耿慧玲《试析台湾碑志的公诉功能》，载中国政法大学法律古籍整理研究所编《中国古代法律文献研究》第 11 辑，社会科学文献出版社，2017，第 446~466 页；蔡惠琴《明清无赖的社会活动及其人际关系网之探讨——兼论无赖集团：打行即窝访》，花木兰文化出版社，2010，第 126~129 页；李志扬《清代台湾乞丐研究》，台湾"中央大学"硕士学位论文，2013，第 1~78 页。

② 杜家骥主编：《清代社会基层关系研究》，岳麓书社，2015，第 602 页。原文为中国第一历史档案馆藏《刑科题本》，档案号：02-01-07-3100-018。

张扬扬唤同陈四四、余林、余红红、余老老等五人同往讨乞，路遇素识之吴发发，张扬扬即密告情由，吴发发亦应允入伙。

三月间，又遇郑一仔。张扬扬知其熟识地方，即与相商，寻觅财主，郑一仔应允。张扬扬等七人同行，又遇张秃子、王奈奈亦结伴同行。

有武生张斌家道殷实，向系郑一仔贴票包管众丐，每年许给钱四百文，郑一仔于本年正月间，先收一百文，余约年终给付。张扬扬即同郑一仔、陈四四三人前往张斌家预支钱米，张斌不允。张扬扬回歇空庙，即向郑一仔声言再往索取，如无支给，即欲行事。张秃子、王奈奈未识缘由向询，张扬扬告知谋情，并许得钱分用，张秃子亦俱允从。①

据此，我们发现这是一个完全有组织、有预谋、有具体分工的乞丐行动组织，他们通过利用断肠毒草来毒杀外来的乞丐余老老，实现图赖家道殷实的武生张斌的结果。这些活动得以安排实施的中心或媒介，是叫张扬扬的乞丐。在与陈四四谈及穷苦时，心生找寻外来流丐毒死以吓诈图赖财主的想法。首先，是找到作案工具——断肠草。陈四四在挖起后，由张扬扬洗净收存袋内备用。其次，是寻获待用尸体——外来之丐余老老。接着，是拉拢余林、余红红加入图赖“团伙”；路遇吴发发加入活动，郑一仔因其熟识地方，张扬扬便与其相商加入，郑一仔了解地方殷实之家，能够选择适宜图赖的对象。最终，张扬扬以要求张斌预支钱米为由，若其再行索取钱米，被拒不允支给的话，即开始毒杀图赖的行动。至此，前期的准备工作是极其缜密，从工具的选择、尸体的选择、图赖对象的选定到各自分工的安排，难以想象是一名乞丐所为，人命图赖成为要求被拒后的备案选择。

这时，张扬扬的图赖团伙毒杀余老老，图赖张斌的行动也拉开了序幕：

是日，张扬扬即令余林、余红红往外讨酒，以备煎药。二十六

① 杨一凡、徐立志主编：《历代判例判牍》第7册，第244页。

日，张扬扬复同吴发发、陈四四、张秃子、郑一仔等五人再往张斌家求索，张斌仍未给付。

张扬扬即将郑一仔所贴包票扯下，并斥张斌刻薄，声言明日即有事情，各回至庙。张扬扬即令余老老往来捡柴，并令吴发发取出断肠草根捣碎。时张秃子在旁，查知帮捣数下，吴发发所捣草根置放罐内，用酒煎好。

张扬扬向众人约定，分作两起至张斌家，又以毒酒不宜早吃，设计在半路给饮，商议已定。二十七日早，张扬扬又同吴发发、陈四四、张秃子、王奈奈、郑一仔六人复至张斌家讨米，被骂而回。张扬扬即令余林携带酒筒、乞具，同余红红、余老老三人先去，后令吴发发执持毒酒瓦罐，用草包遮盖，并令陈四四携带下酒之蛋。陈四四因肾囊肿痛不能行走，更换张秃子携去。吴发发、张秃子赶至半路，喊住余林，吴发发捏称，张扬扬欲取酒筒，余林当将酒筒交给吴发发。吴发发言及筒内有酒，令个人取碗分饮。余老老正携碗盛酒，余林假称地上雨湿，诳令余老老搬石来坐。余老老走来，吴发发潜将罐内毒酒倾入余老老碗内……余老老饮毕，同余林、余红红竟赴张斌家。吴发发将酒罐打破丢弃，回告张扬扬，在庙等候余林消息。余林、余红红同余老老走至张斌后门，余老老即发抖坐地，张斌看见心疑，往寻郑一仔到家说话，张扬扬亦即跟同前往。是时余老老已经气绝，余林等诬赖张斌打死，在家吵闹。张斌欲令郑一仔收埋，郑一仔推称不管。张扬扬即乘机吓令张斌出钱二十千文，即可收埋。张斌只许给买棺钱文，张扬扬嫌少不依。张斌即投约报县，究出前情，屡审供认不讳。①

这里是张扬扬如何分配团伙成员各自行动、分工协作、毒杀余老老、图赖张斌的过程。值得注意的是，张扬扬并非直接毒杀余老老，再将尸体抬至张斌门首附近图赖，而是精准地算计毒发时间。“毒酒不宜早吃，设计在半路给饮”显然是希望余老老在张斌家中“自然”毒发身亡，借此图

① 杨一凡、徐立志主编：《历代判例判牍》第7册，第244~245页。

赖吓诈二十千文的钱财。这些动机与行为的表现皆能观察得出张扬扬在整个案件中环环相扣的密谋意图。

令张扬扬没有想到的是，张斌并未轻易屈从，反而投约报县，使当事人供认不讳。县令给出的初拟审判意见，是根据律文记载，张扬扬起意毒死余老老图诈，身虽不行，仍为首论。吴发发听从捣药煎酒，携至中途哄骗余老老饮酒致死，实属加功。将张扬扬依律拟斩监侯，吴发发依律拟绞监候，陈四四等则拟以流、徒等罪。[①]

案件被送往刑部审核，刑部认为张扬扬起意毒死余老老，吴发发听从加功，张扬扬依谋杀人造意律，斩监侯；吴发发依从而加功律，绞监候，俱经照核覆。查陈四四首先听从张扬扬谋害图诈，帮挖毒草，后见外来之流丐余老老，即报知张扬扬代为留住。张秃子帮捣毒药，携带酒蛋，伙伴同行，余林听从讨酒煮药，又与吴发发携带酒筒前往，指使余老老掇石坐地饮酒，乘其走开后下药，均系为从加功，不能轻纵。郑一仔得受张斌钱文包管乞丐，后又听从张扬扬谋害代寻财主，帮同讹诈，实属生事不法之徒。因此，督抚仅将上述四位加功之人拟以流罪、徒罪，核其情罪，殊未允协。

督抚根据刑部意见再行覆审后认为，知县对陈四四、张秃子、余林、吴发发四人的初审意见依不加功拟流罪，洵未符合；郑一仔实属生事不法。据此，将陈四四、张秃子、余林均改照谋杀人从而加功者律，拟绞监候；郑一仔改照凶恶棍徒扰害良人例，拟军。余红红等仍照原议拟以流徒等罪。[②] 最后，经刑部审核，以上所有丐徒定罪量刑结果如下：陈四四、张秃子、余林均合依谋杀人从而加功者绞监候律，拟绞监候，秋后处决；余林在监病故，应毋庸议；郑一仔应改照凶恶棍徒扰害良人例，改发云、贵、两广烟瘴充军；余红红依从而不加功律，杖一百，流三千里。王奈奈依从者减不加功一等律，杖一百，徒三年。

乞丐作为图赖工具在明代就时有出现。乞丐在清代社会作为图赖的主体，通过对本案的梳理，其图赖讹诈的规模性、组织性是极其庞大的。在

---

① 杨一凡、徐立志主编：《历代判例判牍》第7册，第245页。

② 杨一凡、徐立志主编：《历代判例判牍》第7册，第246页。

司法审判的过程中，司法官也是基于他们各自在实施毒杀图赖行为中各自所处的地位与作用为标准，进行有针对性的定罪与量刑。

（五）僧人图赖的行为

依据既有研究僧人犯罪的成果表明，俗众助长了僧人实施犯罪行为。[①]僧人的犯奸问题又是重要的法律议题，其中僧人因犯奸、杀伤他人进行图赖的行为严重性更甚。在福建省建宁府政和县曾发生过由福建巡抚陈大受在乾隆十二年（1747）四月二十七日上奏的案件。在内阁题本刑科档案中可以看到该案的具体案情及相应的处理结果。

> 臣看得昆化打死僧常坚图赖僧本儒一案，缘昆化与常坚俱系僧人。常坚于十一岁时经昆化故师买给昆化为徒，同居大资福寺。乾隆八年（1743），常坚往郑源庵，住持昆化仍居本寺。乾隆九年（1744）九月初二日，昆化因调奸陈景钟之妻叶氏，控县责逐还俗。……僧本儒、住持昆化，□回原寺。不遂于乾隆十一年（1746）六月十五日，知本儒在丁龙生家诵经，即持菜刀邀同胞弟陈绍怀并徒常坚，前往龙生家中寻杀。经众劝散，本儒控县拘讯，昆化躲避至七月初三日，前往绍怀家中，初六日，常坚往寻昆化赴审。昆化留其□。因愤本儒占寺不能复回，思及常坚孤身，顿起杀机，打死常坚，图赖本儒。随于初七日晚，暗藏铁尺，哄骗常坚同往借贷。至附近大资福寺之三叉路口，昆化四顾无人，遂举脚向踢常坚脐肚，常坚负痛蹲身，昆化即抽出铁尺狠打常坚顶心，常坚倒地磕伤右臂，当即毙命。昆化将尸背负，欲移大资福寺前，行未数武，尸重难行，即弃置路旁田中，归唤胞兄陈绍景往报。祝雷官看视指骂本儒致死，赴寺较闹。经雷官劝阻，昆化遂控詹夔主令本儒仇杀徒命，情词控县验讯，本儒、詹夔坚不承认，因见昆化所穿衣物染有血迹，追起凶器，通报屡审，供认不讳，昆化合依谋杀人造意者斩监候律，应拟斩监候。陈绍怀跟同昆化寻殴本儒，并非侵损，罪坐尊长，照律免议。陈绍景虽讯无同谋情

① 柳立言：《宋代的宗教、身分与司法》，中华书局，2012，第16~20页。

事，但与昆化同向本儒吵闹，合依不应重律，杖八十，谨题请。①

本案中促使僧人昆化产生打死常坚的杀机、并图赖本儒的肇因，是僧人本儒占据大资福寺使僧昆化无法回寺，以及之前因调奸之事被责逐出寺的怨恨。该案当事人无论是图赖者僧人昆化、死者僧人常坚，或是被图赖者僧人本儒，都是作为僧人群体展开的人命图赖行动。从案件定罪量刑的结果看，其实与常人图赖并无二异。这其中可能的原因是图赖者昆化因前调奸之事已被责令逐寺还俗，其杀常坚时的身份已非僧人，而是常人（凡人/民人）。死者僧人常坚与被图赖者僧人本儒，这种宗教性质的僧人身份在此案中是不能导致人命图赖案件被予以特殊处理的。这与前述有着直系或拟制以及主仆间奴婢的人命图赖有所不同。但这种处理办法却与旗人杀人图赖的处理办法类似。犯案者一般先是撤销其特定的身份，比如撤销旗档，或是本案僧人昆化因调奸被责令逐出寺庙还俗，这本身就是身份转化的标志，表明昆化此时已由僧人变为普通的民人，当然此时其进行的相关行为，在法律适用时遵照民人处理即可。这也从另一个角度证明，这种依附在图赖者上的身份标签，是会对案件法律适用、定罪量刑产生影响的。这在人命图赖案件中即被显著地体现出来。

三、身份：作为身体话语的图赖行动

通过对上述案件的考察，我们会发现刑部官员对于案件的认识多会受到某种“常理认知”的引导。对于这些常理推理的合理性在于：“人的行为之了解，原则上不得以行为人或其相对人分别具有之独特的经验，为其了解基础，而应以社会上之共同经验，或至少应以其相互间所默契者，为其了解基础。”②

从清代刑部官员对原审案件事实提出的疑义中亦可发现，虽然刑部官

① 中国第一历史档案馆藏《刑科题本》，档案号：02－01－07－0331－005，题名为“提报建宁府政和县僧昆化调奸叶氏被逐出寺打死僧常坚图赖僧本儒拟斩监侯事”。

② 黄茂荣：《债法总论》（第1册），中国政法大学出版社，2003，第210页。

员对自身确实存在着“无所不知”的“全能”虚幻定位，但他们显然没有将罪犯视为只会被动接受教化的“愚民”，而是充分考虑到罪犯的狡猾。在他们看来，多数罪犯都是随时可能捏供、串供并且善于利用法律漏洞来逃避罪责的“刁民”。[①] 这种认知在具体的司法实践中显然是真实存在的。基于彼此之间的这种认知，逐渐形成当事人利用“身份”这类“身体话语”作为进入司法领域的博弈筹码。

家族与阶级是中国古代法律的基本精神与主要特征，[②] 传统律典是以宗法等级制度为核心的身份法律。明清以后，传统律典均会附有“服制图”，如果不知当事人与受害人间的服制关系，无法准确辨明并认定当事人之间的人际网络，就会导致无法正确适用法律中的对应规范。因此，正确认定当事人在案件中彼此的人际网络关系，对于确定法律的适用具有重要价值。对上述案件的描述与分析，了解到从事图赖行为的行为主体身份的差异多样、作为图赖工具的“身体”，也是定罪量刑的重要考量情节，这些都是人命图赖案件在司法审断中需要特别考虑的因素。

由此可见，当事人基于身体话语释放出的身份信息，对司法官员决定律例适用具有十分关键的作用。由此，这要求司法官员在裁断这类案件时，综合考察当事人在不同维度的身份特征，不断丰富并深化司法官员裁断案件的理论维度，以图赖案件为例，真正实现对清代人命图赖裁判的多元司法实践结果。

---

① 罗洪启：《清代刑事裁判司法论证研究——以刑部命案为中心的考察》，中国政法大学出版社，2017，第108页。

② 瞿同祖：《中国法律与中国社会》，中华书局，1981，第326页。

《中国古代法律文献研究》第十五辑
2021 年，第 325~338 页

嘉庆帝与请托治理

孙　旭*

摘　要：较之先祖，嘉庆帝对请托的治理功过参半：认识深刻但极为敏感，预防上投入精力却不能解决根本问题，为举发正名且限制言官的相关行为。但嘉庆帝在惩处上依据的不是律法，而是外在因素或可能引发的潜在危害；且不走正常的司法程序，这导致其对请托的治理出现倒退。清代的请托治理自此走了下坡路。

关键词：嘉庆帝　请托治理　认识　预防　举发　惩处

嘉庆帝是清代入关后的第六位皇帝。他亲政后抓办的第一件大事，是惩处乾隆帝生前信任的内阁大学士兼户部尚书、大贪官和珅，这成为嘉庆帝政治生涯中的一抹亮色。此后，嘉庆帝开始了整饬内政、矫惩前弊、力挽颓势的"嘉庆新政"。但"清王朝的衰败已是势所必然，嘉庆虽力图挽救，充其量只不过是起着某种延缓的作用，要想改变这一总的趋势却是不可能的"①，他的一系列政治、经济举措并未收以良效。以对请托的治理而言，清前期皇帝倾注了很多心血，认识上较明代皇帝更加深刻，预防措施

* 中国政法大学法律古籍整理研究所副教授。

① 关文发：《评嘉庆帝》，《武汉大学学报》1984 年第 4 期，第 50 页。

比较多样，奖励举发请托，惩处上也多有依法惩处之时；嘉庆帝在某些方面功过参半，但惩处上出现倒退，清代的请托治理自此走了下坡路。

一、请托与请托罪法

请托在古代也称请谒、听请、嘱托（又作“属托”）、请求等，指以人情为主要交换凭据，通过曲枉法律规章，以自谋私利的犯罪行为。其参与者有欲谋私利的请托者与掌握司法行政等公权力的受托者两方（若为他人请托，则请托者包括作为事主的求托者与作为实施者的请托者）。请托罪的关键因素是建立在人情之上，没有直接的物质利益交换，与杂有直接物质利益交换的贿赂贪赃不同。

中国古代社会以人情礼义为构成基础，请托现象普遍存在，不可避免地对司法行政造成干扰以至威胁，禁止其存在的请托罪法于是应运而生。汉武帝时已出现了与贪赃贿赂相区别的请托罪法（谓之“听请”），至《唐律疏议》，在《职制》类中专列“有所请求”条，制定了较为详细的定罪惩处条款，标志着请托罪立法走向成熟。《大明律》有“嘱托公事”条，基本与《唐律疏议》“有所请求”条同。《大清律例》中“嘱托公事”条一仍《大明律》，个别地方的注释更为明确。

> 凡官吏诸色人等，（或为人，或为己）。曲法嘱托公事者，笞五十。但嘱即坐。（不分从、不从。）当该官吏听从（而曲法）者，与同罪；不从者，不坐。若（曲法）事已施行（者），杖一百。（其出入）所枉之罪重（于杖一百）者，官吏以故出入人罪论。若为他人及亲属嘱托（以致所枉之罪重于笞五十）者，减官吏罪三等。自嘱托己事者，加（所应坐）本罪一等。
>
> 若监临、势要（曲法）为人嘱托者，杖一百；所枉重（于杖一百）者，与官吏同（故出入人）罪；至死者，减一等。
>
> 若（曲法）受赃者，并计赃（通算全科）以枉法论。（通上官吏人等嘱托者，及当该官吏并监临、势要言之，若不曲法而受赃者，只以不枉法赃论；不曲法又不受赃，则俱不坐。）

若官吏不避监临、势要，将嘱托公事实迹，赴上司首告者，升一等。（吏候受官之日，亦升一等。）①

此条袭自《大明律》，对请托罪的基本类型、量刑幅度、举报奖励等作了较详细的规定，具体而言有以下特点：一、此处的嘱托指纯粹的人情请托，与杂有财物的贿赂分离；与贿赂相关的请托另有“事后受财”“官吏听许财物”“有事以财请求”诸条，属受赃类，刑罚重于请托。二、请托者（包括求托者）亦受惩，且请托者“但嘱即坐”——不论受托者是否接受、施行；若其为官吏，则惩处重于普通人，因本为知法、执法者之故。三、受托者只要“听从”——接受就受惩处，无论是否施行，而《唐律疏议》规定若受托者不受嘱托，则受托者与请托者均不坐；若已施行，则加倍惩处。四、受托者若举报请托事项，则可获得奖励。

另外，《大清律例》将明代《问刑条例》《大明会典》中的一些相关规定融进了相应的律例中，使体例更为合理，惩治力度与《大明律》基本相同。有些条款中增加了惩治请托的内容，如《户律·仓库下》“收支留难”条、《刑律·断狱上》“故禁故勘平人”条及“陵虐罪囚”条；有些条款加重了惩治力度，如《吏律·职制》“贡举非其人”条规定乡试、会试中有嘱托行为，双方都要斩决。另外，《大清会典则例》卷十四“营私·馈送嘱托”条收录了康、雍、乾三朝皇帝对禁止请托的多条诏谕，也具有法律作用，其中基本形成定例的提法是官员请托照不谨例革职，若受托不举报则照受嘱不报例革职，这与《大清律例》的规定有所不同。总体而言，《大清律例》中的请托罪法较《大明律》有所发展。

二、 对请托认识深刻但极为敏感

认识请托，指对请托的本质、危害、类别等的了解与看法。认识指导行动，准确、深刻认识请托，是有效预防、惩处请托的前提条件之一。嘉

---

① 田涛、郑秦点校：《大清律例》卷三四《刑律·杂犯·嘱托公事》，法律出版社，1998，第535~536页。

庆帝关注请托的类别与发生机制，比较深刻，但对请托又比较敏感，一定程度上影响了其认识深度。

(一) 对请托的认识比较深刻

如同大部分明清皇帝在请托的危害方面用功较多，嘉庆帝也比较多地关注请托的危害，其中值得一提的是他阐述请托“于官常吏治大有关系”时说的一番话：

> 向来内外大小各官，往往借年谊世好，书札往来，私行嘱托，此等陋习，相沿已久。况并非年家故旧，听信假冒之词，辗转请托，恬不为怪，于官常吏治大有关系。①

这里除了阐述请托的危害，还涉及了请托的类别与发生机制。按请托者与受托者的关系不同，请托具体可分为两类：一是人情请托，双方是较单纯的熟识关系，受托者为人情牵绊而枉法；二是势要请托，请托者是权豪势要之人，受托者慑于其威势而枉法。至晚自《唐律疏议》开始，律典即已对此有所揭示。此外，皇帝在诏旨中对此也有所涉及。如雍正帝曾言“大臣等之家人，互相党比，结为兄弟，钻营请托之处甚多”②，“党护师生、同年为事，夤缘朋比，贻害于人心风俗”③；乾隆帝指出“外官幕友，夤缘请托，随事舞弊，比比而是”④，分别从大臣家人、科甲中人、外官幕友方面对熟人请托作了更细致的划分。但这样的划分并非有意为之，而是出于一种表达的需要。而嘉庆帝正式将请托划分为“年家故旧”间、“并非年间故旧”间两类，并且指出各自的发生机制：“年家故旧”间，借助“年谊世好”——熟人关系请托；“并非年家故旧”间，则“辗转请托”。

辗转请托链条的首尾，没有“年谊世好”等熟人关系，但链条的中间环节——任意相邻的两者之间，是有“年谊世好”等熟人关系的。正是在

① 《清仁宗实录》卷八一“嘉庆六年三月下癸巳”，中华书局，1986，第4~5页。

② 《清世宗实录》卷三〇“雍正三年三月丙寅”，第36页。

③ 《清世宗实录》卷八七“雍正七年十月乙丑”，第29页。

④ 《清高宗实录》卷五三一“乾隆二十二年正月下戊申”，第2页。

它们的润滑作用下，本为陌路的首尾才勾连起来，形成完整的请托链条。因此从本质上说，“辗转请托”凭借的也是“年谊世好”等熟人关系，只不过不是直接的，而是间接的。嘉庆帝曾言“从来干求请托，必系素所熟识之人”[①]，对此作了最好的注脚。

嘉庆七年（1802），给事中鲁兰枝参奏吏部“越次搀补”额外司务吴侍曾，而吴侍曾为吏部尚书刘权之取进入学，谊属师生，故疑其中有请托。嘉庆帝认为：“至六部堂、司各官，原无师生回避之例。如果堂官有意徇私，即其门生之不在本部所属者，亦可辗转请托。若竟系营私受贿，又岂必谊属师生，始有情弊耶？”[②] 再次提及因“谊属师生”而“辗转请托”的情况。

嘉庆帝不仅阐释请托的危害，还关注请托的类别及发生机制，并屡次提及，表明其对请托的认识比较深刻，这对其预防请托具有一定影响。

（二）对请托极为敏感

嘉庆帝对请托极为敏感，是古代对请托最敏感的皇帝。他经常怀疑臣下有请托行为，其中最受怀疑的官员是言官，言官常因各种原因被疑受托。

嘉庆四年（1799），给事中明绳因“并非巡城，且系宗室”而越职陈奏——入告有民呈请开矿，被疑“明系商人嘱托，冀幸事成分肥而已”[③]；嘉庆十一年（1806），给事中曹锡龄因“殊属挟私，不晓事体”[④] ——奏请将会典馆之誊录送往实录馆，被疑“或系觊觎考试之人从中怂恿，而该给事中受人请托，率为此奏”[⑤]；嘉庆十四年（1809），御史魏元煜因“近于沽名邀誉”——奏请将京察一等例用道府人员一体保送，被疑“受其（上届被扣除者）嘱托，欲为宽予升途”[⑥]；嘉庆十七年（1812），御史恒麟因“妄议更张”[⑦] ——奏请酌添京升知州班次，被疑

---

① 《清仁宗实录》卷六七“嘉庆五年五月上癸巳”，第16页。
② 《清仁宗实录》卷一〇六“嘉庆七年十二月辛丑”，第3页。
③ 《清仁宗实录》卷四三“嘉庆四年四月下丁未”，第4页。
④ 《清仁宗实录》卷一五九“嘉庆十一年四月辛巳”，第4页。
⑤ 《清仁宗实录》卷一五九“嘉庆十一年四月辛巳”，第4页。
⑥ 《清仁宗皇帝》卷二二二“嘉庆十四年十二月上甲午”，第9页。
⑦ 《清仁宗实录》卷二五九“嘉庆十七年七月甲申”，第17页。

“显系受人嘱托”[1]；嘉庆二十年（1815），御史焦景新因“籍隶天津，……妄行陈奏”[2]——奏请整顿长芦盐务，被疑“显系受人嘱托”[3]；嘉庆二十二年（1817），御史王耀辰因“所奏不通”——奏请乡、会试止试头场，免进二、三场，被疑“此必又系受人请托，冒昧陈请”[4]；嘉庆二十四年（1819），御史石承藻、汪进士因在湘潭县民、江西客民互殴案中，“于该县勘验后，旋赴县署会面”，被疑“难保无从中请托情”。[5]

对于被疑受托者，嘉庆帝多“着不准行”[6]，“着毋庸议”[7]，“传旨申饬，原折着掷还”[8]，不予处理；偶尔会“俱着解任传至省城质问”[9]，进一步细查；极个别情况下不予细查，直接惩处。似乎在嘉庆帝那里，怀疑本身——敲山震虎、警戒臣子即已达成目的。也许这是仁君所特有的一种情愫，先教后惩，不忍骤加之以刑。

嘉庆帝对请托的敏感，可能与他关注“年谊世好”等熟人关系有关——意识到熟人关系的复杂与无所不在，故而比较敏感。此外，还可能与其即位前遭遇请托的经历有关。乾隆五十二年（1787）、六十年（1795），嘉庆帝受乾隆帝委派，与成亲王参与大挑举人。大挑“原为疏通寒畯，俾免淹滞，挑选时并不试以文艺，只就其人年貌”[10]，因评判标准具有一定的主观性，为某些人请托创造了条件。雍正帝“藩邸”期间也曾遭遇请托，但雍正帝“严明”[11]，可能没有人敢当面请托于他；嘉庆帝为人谦和，故有人敢当面请托，“即有人将与挑举子，托言私宅宾友，竟敢在朕前呈递名条者”。这使嘉庆帝意识到请托的猖獗：“试思内廷皇子，尚有人敢于请托，况王大臣乎？”

---

① 《清仁宗实录》卷二五九“嘉庆十七年七月甲申”，第17页。
② 《清仁宗实录》卷三〇五“嘉庆二十年四月丁巳”，第3页。
③ 《清仁宗实录》卷三〇五“嘉庆二十年四月丁巳”，第3页。
④ 《清仁宗实录》卷三三七“嘉庆二十二年十二月己卯”，第14页。
⑤ 《清仁宗实录》卷三五九“嘉庆二十四年六月癸卯”，第5页。
⑥ 《清仁宗实录》卷一五九“嘉庆十一年四月辛巳”，第5页。
⑦ 《清仁宗实录》卷三三七“嘉庆二十二年十二月己卯”，第14页。
⑧ 《清仁宗实录》卷二二二“嘉庆十四年十二月上甲午”，第9页。
⑨ 《清仁宗实录》卷三五九“嘉庆二十四年六月癸卯”，第5页。
⑩ 《清仁宗实录》卷八一“嘉庆六年三月下癸巳”，第1页。
⑪ 《清史稿》卷九《世宗本纪》，中华书局，1974，第341页。

嘉庆帝经常怀疑言官受托，则可能与言官的职责有关。嘉庆帝亲政之日即下诏求言，并保证不罪言者："朕既令人尽言，又复以言罪人，岂非诱之言而陷之罪乎？"① 言官本有言事之责，自然成为上言的重要群体。但是，对"辗转请托"的了解，又使嘉庆帝担心言官受人之托而上言，故而心存戒意，时加警惕。

三、预防上投入精力却不能解决根本问题

为了预防请托，嘉庆之前的清帝做了诸多努力：继承父祖的谕旨严禁、臣子建议、科道纠察等预防措施，并总结个人的治理经验，自出机杼，创设新的预防措施——如顺治帝的温情下问、康熙帝的改变旧例、雍正帝的引见告诫、乾隆帝的著之为令等。嘉庆帝主要继承先祖的谕旨禁止、臣子建议、著之为令等预防措施，没有个人创新，但其对请托的预防仍然带有鲜明的特点，那就是较多地投入个人精力。

（一）主动询问是否有请托发生

嘉庆帝不仅仅是被动依靠臣子的奏议去发现请托，或凭借个人的感觉去预感请托，而是主动询问相关人士是否有请托发生，以便制定出富有针对性的预防措施。

嘉庆八年（1803），嘉庆帝外放玉庆为长芦盐政后，曾召见其父琳宁，"询以伊子玉庆简放盐政后，有无请托、荐嘱等事"②。琳宁奏称尚无请托情事，惟荐到长随一百余人，均系伊家亲友引致。嘉庆帝"闻之殊为可诧"，认为"琳宁经朕面询，始据实具奏。以此类推，其余廉俸丰赡衙门，似此者尚复不少"，要求："嗣后，外任大小官员，均应不听嘱托，屏绝华靡，减汰傔从，洁己奉公，以省浮费而饬廉隅。"③

嘉庆帝的主动询问并非无的放矢。玉庆的前任赛尚阿即因"怂恿颜

① 《清仁宗实录》卷四六"嘉庆四年六月己亥"，第23页。
② 《清仁宗实录》卷一二一"嘉庆八年九月下庚申"，第31页。
③ 《清仁宗实录》卷一二一"嘉庆八年九月下庚申"，第32页。

检，曾奏请加盐价，事涉言利病民"[①] 而被撤回。嘉庆帝虽然信任玉庆，但距离的遥远、环境的改变，都可能使之前造就的预防请托防线面临挑战，适时地加以考察，从而调整应对措施，应是有效果的。

除了主动询问外放人员的家属，嘉庆帝还亲身观察身边的官员。如对接任其叔职位的步军统领明安，嘉庆帝就从旁观察，"然朕于明安，亦非无先见之明也……朕彼时即觉其沾沾言利，嗣因欲请独对，炫耀高兴"，于是"叠经降旨严饬，冀其悛改"，[②] 并因之"数日不予召见"。[③] 当然，这样的观察并非专为发现请托，而是从整体上考察其行为是否合宜，但对预防请托也有一定效果。

（二）告知臣子自己的预防经验

嘉庆六年（1801）三月癸巳大挑举人前，嘉庆帝曾谕内阁，忆及乾隆五十二年、六十年参与大挑、遭遇请托的经历，并告知臣子自己与成亲王的预防请托措施："从前朕蒙简派挑选后，即同成亲王在上书房住宿，并恐伺候太监多系直隶籍贯，与该省举子或有认识往来，因豫为防检，不令跟随，只带谙达三等二三人"；同时要求："今派出王大臣等，即著在紫禁城内住宿，自择谨慎家丁跟随，至多不得过三人。勿离左右，毋许逐日更换，致滋物议。"[④] 这样的告知，既表明嘉庆帝对请托的洞悉，又增加了臣子的预防经验，也使在此基础上制定的预防措施更具有说服力。

（三）提高臣子对请托的认识

有时臣子认为某事为弊，应予禁止，但没有指明其请托性质，表明认识上尚有不足。对此，嘉庆帝明确指出，以提高其相关认识。嘉庆二十五年（1820）四月己丑，御史陈鸿奏称近日庶吉士散馆、贡士覆试朝考毕，多有向素识大员"分送诗片，冀图暗中关照"之习，应予参办。"暗中关

① 《清仁宗实录》卷一二一"嘉庆八年九月下庚申"，第 31 页。

② 《清仁宗实录》卷九三"嘉庆七年正月乙未"，第 22 页。

③ 中国第一历史档案馆藏，录副奏折，档号 03－2387－021，"奏为遵旨会审户部司员袁锡等聚众在寓斗鹑被步军统领衙门番役金配拿获索诈等情事"。

④ 《清仁宗实录》卷八一"嘉庆六年三月下癸巳"，第 3 页。

照”即为请托，陈鸿不从法律的角度直言请托，显然是没有意识到此一行为的性质及严重性，嘉庆帝明确指出：“此即系营求嘱托，自应严行禁止。覆试朝考散馆在迩，傥有私送诗片之人，立即指名参办，以杜钻营。”① 这样的廓清无疑有利于提高臣子的相关认识。

（四）补充臣子的预防建议

嘉庆帝不仅接受臣子的预防请托建议，还根据实际情况予以补充。嘉庆二十三年（1818），御史李远烈奏请：“（遇有公事下乡官员）不得借居富家别业，彼此结纳，致启夤缘请托。”嘉庆认为有理，进一步要求各督抚：“如所属州县中，有与富家子弟结拜师生及认为义子，请托公事，……一经查出，即严参惩办，勿稍姑息，以肃纲纪。”② 李远烈的建议仅提及禁止官员“借居”富家，嘉庆帝则补充禁止“结拜师生及认为义子”，并明确要求督抚严查、严惩，扩大禁止范围的同时增加了监督环节。

嘉庆帝比较勤政，在位二十五年，“夙夜忧勤”③，“孜孜图治，不敢暇逸……惟日孜孜”④。他曾因皇孙降生以及端阳节朝臣不递奏章而大发雷霆，“表明他并不是一个昏庸腐朽、无所作为的中衰之主”⑤。出于对“年谊世好”等熟人关系的深刻认识，他治理请托时，能够亲力亲为，投入较多。但个人精力终究有限，难以顾及所有范围借以预防请托，效果不容乐观，明安后来就暴露出“听从贿嘱”⑥ 的行为。

（五）不能解决根本问题

嘉庆帝着力预防请托，却没有关注请托发生的背后原因并努力消除，结果只能是“头痛医头，脚痛医脚”，无法从根本上解决问题。

嘉庆十九年（1814），御史宋邦英奏请饬禁属员帮办幕务。嘉庆帝认

---

① 《清仁宗实录》卷三六九“嘉庆二十五年四月己丑”，第 2 页。
② 《清仁宗实录》卷三五〇“嘉庆二十三年十一月庚申”，第 22 页。
③ 《清仁宗实录》卷八四“嘉庆六年六月癸丑”，第 4 页。
④ 《清仁宗实录》卷一三〇“嘉庆九年六月戊辰”，第 12 页。
⑤ 关文发：《评嘉庆帝》，第 46 页。
⑥ 中国第一历史档案馆藏，录副奏折，档号 03－2387－021，“奏为遵旨会审户部司员袁锡等聚众在寓斗鹑被步军统领衙门番役金配拿获索诈等情事”。

为，各省署中襄办幕务之人，理应自行出资延请，多用属员帮办的结果是“联络既久，假公事以酬私劳，遇有保举之时，钻营请托，势所必有”，要求内阁通谕直省各督抚：“凡署中一应幕务，毋得假手属员，致借办事为名，启幸进之路。”① 官员使用属员帮办的原因，乃因薪水有限，无力负担聘幕的支出，“随着社会经济的发展，以及物价的不断上涨，无论是官员的私人消费支出，还是聘用属员的费用，以及事务不断增多的办公费用也在不断增加，这就需要适当地增加官员的俸禄，补充办公费用的不足，更何况他们还有许多交际应酬的支出呢！”② 嘉庆帝没有通过消除使用属员帮办的经济原因——提高官员的收入入手来消除请托，仅发布一纸禁令加以警告，无法收到理想效果。

四、为举发正名且限制言官的相关行为

在讲究人情的社会中，举发请托容易使人认为悖情好名、刻薄奸诈，前代已有此例。如唐代令狐峘为礼部侍郎时，宰相杨炎为恩人子请托求职，令狐峘赚其签名私书上奏，德宗以令狐峘为“奸人”，③ 贬衡州别驾。因此，虽有举发请托的奖励，却没有几个人甘冒道德舆论的指责去获奖避罚。嘉庆帝能够为举发请托正名，但也限制了言官对请托的举发，束缚了其手脚。

（一）为举发请托正名

嘉庆四年（1799）十二月己亥，吴省兰举发苏州府总捕同知李焜为侄请托，嘉庆帝以其“甚属至公，着交部议叙”④。嘉庆五年（1800）五月上癸巳，御史周栻呈递封奏，内称颜检之举报魏若虚、吴省兰之举报李焜请托，“不过意图见好，并非实心为公”。嘉庆帝予以纠正：“即不应卖之

---

① 《清仁宗实录》卷二九六“嘉庆十九年九月上戊子朔”，第3页。

② 陈连营：《试论嘉庆帝守成思想的形成原因》，《河南大学学报》1999年第2期，第4页。

③ 《旧唐书》卷一四九《令狐峘传》，中华书局，1975年，第4013页。

④ 《清仁宗实录》卷五六“嘉庆四年十二月己亥”，第30页。

见好，岂竟应受其嘱托，隐匿不奏，转为公正乎？”① 即“受其嘱托，隐匿不奏”为不公之举，举发请托并非“卖之见好”。这样的澄清有助于消除人们心理上的障碍。

（二）限制言官对请托的举发

言官是举发请托的主力。为规范言官对请托的举发，嘉庆帝强调据实举发。

嘉庆七年（1802），因给事中鲁兰枝等怀疑吏部尚书刘权受托，嘉庆帝指出，言官如果不能据实举发，将给官员声誉造成损失：“若如此任意捃摭，甚或有交通贿嘱等语，即续经辩白，已成瑕玷。”② 要求据实举发，否则受惩：“科道等职司纠劾，原许风闻言事，其参奏不实者，亦有应得处分。”③

嘉庆九年（1804）三月戊戌，针对御史郑敏行参对京察中都察院保送一等人员给事中宋澍、御史费锡章的举报，嘉庆帝再次强调言官应据实举发请托等弊：“科道职司纠劾，如各部院堂官果有不公不法、瞻徇情面之事，自当据实陈奏。”

嘉庆帝既经常怀疑言官受托上言，又规范言官举发请托的行为，对言官的要求可谓严格。这样的要求可避免言官滥举，却也束缚了其手脚。康熙帝为避免言官担心受罚而不肯直言，曾宽容言事不合的言官：“廷推事关重大，或举或否，原许各摅所见。倘众口附和，而无一人争执，岂能无党同之弊？今若将唐朝彝议处，将来推举之人，或有徇私请托者，谁肯直言指摘耶？着从宽免。”④ 这对言官是一种保护，显然比嘉庆帝更得人心。

五、惩处上出现倒退

明代皇帝对请托多宽宥或从轻惩处，清朝皇帝从顺治帝开始向依法惩

① 《清仁宗实录》卷六七“嘉庆五年五月上癸巳”，第16页。
② 《清仁宗实录》卷一〇六“嘉庆七年十二月辛丑”，第4页。
③ 《清仁宗实录》卷一〇六“嘉庆七年十二月辛丑”，第3页。
④ 《清圣祖实录》卷八九“康熙十九年三月丁巳”，第12页。

处靠拢，至乾隆帝，依法惩处请托的比例已比较高。但嘉庆帝对请托的惩处却出现倒退：其一，不以律法作为惩处依据，而是根据外在因素或可能引发的潜在危害；其二，不走正常的司法程序。

（一）以官声、为人、学问等外在因素作为惩处依据

官声好者，从轻惩处。嘉庆六年（1801），军犯书德假充犯官，向沿途官员恳求书信，以备将来请托。案发，吏部拟革职。嘉庆帝念孙玉庭仅给与书信，并未传见、帮助银两，情节较轻，并且“该员平日居官，声名尚好”，如果革职，“殊觉可惜”，① 故从轻惩处——“着革去顶带，加恩改为革职留任，八年无过，方准开复”②。

为人朴实、学问好者，从轻惩处。嘉庆二十四年（1819），周系英于江西客民、湘潭土民互殴一案，“以本省案件致书巡抚”③，都察院请予革职。嘉庆帝“念其素日人尚朴实，学问亦可”④，从轻惩处——“周系英着革去侍郎，加恩以编修用”⑤。

嘉庆帝亲政不久，就有官员建议严惩贪酷，但嘉庆帝“有法不依，下不得手，缺乏一种雷厉风行的气势”。无论是惩办和珅，还是处理其他贪赃案件，他“大多持这种宽纵的态度”。⑥ 不严格执行的结果，是使之前对请托的认识以及相应的预防措施等功亏一篑。从明太祖的宽宥请托，到乾隆帝的依法惩处，明清皇帝对请托的治理经过漫长的过程才初见曙光，但时间不长，在嘉庆帝那里就出现了倒退，非常可惜。

（二）以可能引发的潜在危害作为惩处依据

请托可能引发贿赂，具有潜在危害，这是治理请托的重要原因之一。但惩处时以可能引发的潜在危害作为依据，则明显不合法。

嘉庆十四年（1809），浙江乡试中，监临刘凤诰听从严廷燮请托，为

① 《清仁宗实录》卷八一“嘉庆六年三月下癸巳”，第4页。
② 《清仁宗实录》卷八一“嘉庆六年三月下癸巳”，第4页。
③ 《清仁宗实录》卷三六二“嘉庆二十四年九月丙寅”，第8页。
④ 《清仁宗实录》卷三六二“嘉庆二十四年九月丙寅”，第9页。
⑤ 《清仁宗实录》卷三六二“嘉庆二十四年九月丙寅”，第9页。
⑥ 关文发：《评嘉庆帝》，第48页。

徐步鳌联号舞弊。刑部议二人以近边充军。嘉庆帝认为刑部所议不足示儆，“虽讯无受贿得赃情事，但严廷燮为徐步鳌关说时，曾有事后报恩之语。如果侥幸中式，自必尽情酬谢，则刘凤诰等获罪尤重”①，徐步鳌、严廷燮“均着改发边远充军”②。

法律可以惩处已经发生的违法犯罪行为，也可以预防可能发生的违法犯罪行为，但不能惩处尚未发生的违法犯罪行为。嘉庆帝因担心“如果侥幸中式，自必尽情酬谢”，从而以未发生之罪惩处请托，这样的加重惩处虽然昭示了其对请托的重视，但也给人以不依律法的印象与“动辄得咎”的危机感，损害了法律的威严，破坏了社会的稳定。

（三）不走正常的司法程序

嘉庆十六年（1811），提督禄康的轿夫徐四、张三等贿通管门家人等，嘱令该管地面官兵不予查禁，公然开局聚赌。乌尔登作为协尉，“有查拏赌博之责”，却“受禄康之家人嘱托朋庇”。嘉庆帝认为：“实属卑鄙不职。不必再交部议，着革职，责处三十板，发往伊犁効力赎罪。”③

嘉庆二十年（1815），大理寺卿庆明奏：“科道京察保荐，请于给事中内，酌添一人；御史内，酌减一人。并将所添之给事中一人，不拘满汉，惟举贤良。”④ 吏部议驳。嘉庆帝认为庆明“妄议更张”“冒昧陈奏”，怀疑其受托：“庆明系大理寺卿，都察院考察科道，与伊何涉？显系满给事中内有伊亲友，受其请托，故为此奏。”⑤ 未予细查，将庆明“着降为五品顶带，即行休致”⑥。

胡祥雨认为嘉庆帝对待宗室喜福、敦柱父子聚麀案，“不等法司拟律，直接判处喜福、敦柱和李康氏死刑。皇帝的判决依据更多来自儒家伦理而非法律”。在惩处请托时，嘉庆帝也不依据法律而是外在的因素以及可能引发的潜在危害，并且不走正常的司法程序，可见在嘉庆帝那里，使“判

① 《清仁宗实录》卷二一八“嘉庆十四年九月丁卯”，第9页。
② 《清仁宗实录》卷二一八“嘉庆十四年九月丁卯”，第9页。
③ 《清仁宗实录》卷二四五“嘉庆十六年六月下丁卯”，第10、11页。
④ 《清仁宗实录》卷三一四“嘉庆二十年十二月下丙寅”，第1页。
⑤ 《清仁宗实录》卷三一四“嘉庆二十年十二月下丙寅”，第2页。
⑥ 《清仁宗实录》卷三一四“嘉庆二十年十二月下丙寅”，第2页。

决绕过正常司法途径得到贯彻”[①] 已非个别情况。这样的惩处，效果有限。

结　语

有学者认为：“在迅速诛除和珅这个问题上，表明了嘉庆的头脑是清醒的：在疲败之势面前，他是想有所作为的。”[②] 嘉庆帝对请托治理也体现出这一点，无论是对请托类别的认识，还是投入精力预防请托，以及为举发请托正名，嘉庆帝都表现出清醒、欲有所作为的特点。但是，嘉庆帝对请托过于敏感，较多地靠一己之力预防请托，限制言官对请托的举发，特别是不能依法惩处请托，都使其治理成果大打折扣。自此，清代的请托治理开始走下坡路。

① 胡祥雨：《嘉庆帝对一起宗室犯奸案件的审判》，《历史档案》2014 年第 3 期，第 87 页。

② 关文发：《评嘉庆帝》，第 46 页。

《中国古代法律文献研究》第十五辑
2021 年，第 339~352 页

清代盛京土地纠纷的司法运作实态

——以《黑图档·嘉庆朝》内的一起诬告案为例*

赵彦昌　姜　珊**

摘　要：本文选取《黑图档·嘉庆朝》内一起典型案件作为讨论的依据，记录涵盖案件处理整个流程的十九件档案，清晰地展现了清代盛京的司法运作实态，为研究基层社会的纠纷解决机制提供了良好的参考素材。《黑图档》内装叙结构的公文中的事由、依据、引申、归结等部分使整个办案的流程得以展现。可以看到多个部门的参与促进了这起诬告案的最后解决。

关键词：盛京内务府　盛京刑部　诬告　土地纠纷

近年来，学者们在研究中越来越注重对地方司法档案的运用，围绕清代民间纠纷等问题的讨论也形成了丰硕的成果，[①] 但仍有必要进一步利用

---

* 本文为 2020 年教育部哲学社会科学研究后期资助（重大）项目“嘉道咸三朝《黑图档》研究”（项目编号：20JHQ012）的阶段性研究成果。

** 赵彦昌，辽宁大学历史学院教授、博士生导师；姜珊，辽宁大学历史学院 2020 级法律史博士研究生。

① 黄宗智：《清代的法律、社会与文化：民法的表达与实践》，上海书店出版社，2007；吴佩林：《清代县域民事纠纷与法律秩序考察》，中华书局，2013；张晓蓓：《冕宁清代司法档案研究》，中国政法大学出版社，2010；李艳君：《从冕宁档案看清代民事诉讼制度》，云南大学出版社，2009；李青：《清代档案与民事诉讼制度研究》，中国政法大学出版社，2012，等等。

更多的地方档案，围绕司法运作流程作更为清晰的分析。本文将以新近整理出版的清代盛京内务府抄存档案《黑图档·嘉庆朝》内一起土地纠纷案件为讨论的依据，在学界已有研究成果的基础上，尝试对清代盛京地区土地纠纷的司法运作实态进行分析和讨论。《黑图档》是清朝公文存查制度的成果，是盛京内务府与京师内务府、盛京将军衙门、盛京五部及其他部门交流与往来的公文抄存档案。其中盛京内务府与盛京将军衙门、奉天府尹衙门、盛京户部、盛京刑部的交流与往来文书中有着大量的司法档案，记录了以刑狱、户婚、田土、钱债等为主的多种案件纠纷类型，为研究陪都盛京土地纠纷的司法运作实态提供了良好的参考素材。我们选取了《黑图档·嘉庆朝》内具有典型性的一起纠纷案件《李国亮呈控庄头祁万顺平毁祖坟、谋夺庄头、霸去房间及将官地窃卖与外姓民人葬坟一案》，本案具有案件审理时间跨度长、案情复杂、案内人数众多、诬控、多个部门参与调查的特点。运用个案分析的方法，揭示纠纷形成的原因，考察土地纠纷解决的程序和过程，期待借此更为清晰地认识和总结清代此类案件的调查过程及其运作实态。

一、案情梗概

嘉庆九年（1804）四月，壮丁李国亮在盛京内务府会计司具控庄头祁万顺，所控围绕三件事：首先，祁万顺的祖先谋夺了他伯祖李自英的庄头之位，并且霸去了房二十间；其次，祁万顺毁掉了李自英在杏花村的坟地；最后，庄头祁万顺将其领名的位于辽阳州杏花村的红册地卖与民人，用于葬坟。会计司针对第一件事，卷查了康熙六十一年（1722）堂存印册，发现并无谋夺庄头之事。而余下事情需要交由地方官进行办理：“其余霸去地亩，窃卖官地葬坟、平毁坟地之事，非饬交地方官详查明确，碍难咨部办理。”于是盛京内务府咨行盛京将军衙门，希望能够转饬所属辽阳城守尉，由辽阳城守尉转饬杏花村处的界官带领李国亮去寻找他的伯祖李自英的坟地，并调查清楚祁万顺为什么要平毁，有没有确凿的证据。同时转咨盛京将军衙门、奉天府府尹衙门，希望能够转饬所属铁岭县旗民地方官率领原告李国亮前诣小河口处庄头祁万顺名下官地，调查“有无与民人葬坟，如有葬坟，查明希系浮厝，抑系永远埋葬，有无用价典卖，庄头有无钱价立契”。[①]

辽阳城守尉在收到盛京将军衙门札文后，由杏花村的界官付通保等带领李国亮前往杏花村，让李国亮亲自指引李自英的坟地。李国亮坚称不能指领，祁万昌带他去过，但问讯祁万昌发现，并未带他去过。庄头祁万顺也不知道坟地具体在哪。因为无法调查清楚，辽阳城守尉于是呈报盛京将军衙门，需令李国亮、祁万顺赴省听候办理。盛京将军衙门将上述内容于嘉庆九年六月初四日咨行盛京内务府。七月，李国亮又供述了新的内容。于是盛京将军衙门除将李国亮咨送盛京总管内务府进行办理外，札催所属开原城守尉转饬该界官，文到立即将李国亮新供述的内容调查清楚。

调查清楚后，十月十二日，铁岭县知县将李国亮及案内有关情况一并送往奉天府府尹衙门，由奉天府府尹衙门将李国亮送至盛京内务府。根据李国亮的供词，祁万顺的祖先将房屋霸去，并将房木等卖与了刘四、唐五等人，房间也分给了自己的后人。并称姜伦、张二骆子等人价卖官地，并葬坟等情。差传了案内的“祁居龙、姜伦、王大瞎即王明山、赵四、陈武、张二骆子即张柱美、张二么即张橹、祁万通、祁万有、唐五、刘四、福尔尖等到案”[②]。这几人的供词证实李国亮所控毫无根据。“查李国亮之祖李自英缺钱粮石不能赔补，具呈辞退。经祁赖呆代赔接充庄头。所有房地似应归祁姓管理。随后铁岭县知县携代册档并原被证佐人等亲诣地所，勘得以上葬坟处所，均系册地，现各租种，质讯并无典卖情事。并将案内所有无辜人员释放。调查清楚后，李国亮仍然不服，奉天府府尹称“似此不法之徒，若不按律究治，不足以警刁顽”[③]，于是希望盛京内务府将李国亮送往盛京刑部照诬控之律治罪。十一月初一日，盛京总管内务府将李国亮咨送到部。但经过审讯后，李国亮仍拒不供认。于是，盛京刑部行文盛京内务府传唤被告祁万顺、祁万昌、祁万有，并行文奉天府府尹衙门转饬铁岭县，将价买房木之旗人刘四，盗典官地之民人姜伦一并传唤送部，以便办理。但久未送到，九年十二月二十日，盛京刑部再次发文要求尽快将

① 辽宁省档案馆编：《黑图档·嘉庆朝》第37册，线装书局，2016，第54页。
② 辽宁省档案馆编：《黑图档·嘉庆朝》第37册，第211页。
③ 辽宁省档案馆编：《黑图档·嘉庆朝》第37册，第213页。

案内有关人员传送前来。嘉庆十年（1805）二月十五日，铁岭县申送刘四、姜伦二犯到盛京刑部，但被告祁万顺、祁万昌、祁万有，仍未准咨送前来，于是再行文盛京内务府速将祁万顺、祁万昌、祁万有传送本部，以凭审讯结案。盛京内务府回复“本年因皇上东巡，所有骡马、神猪各项口分棚槛、围隔，具应各庄头预备”①，所以庄头祁万顺未能到部，只是将祁万有、万昌等人咨送盛京刑部。后祁万顺办理完公务回到辽阳，其在辽阳城守尉处所供情况与九年五月查验各情节无异。至此，已将李国亮谋夺地产、诬控祁万顺等情调查清楚。

盛京刑部奉天司称：“查李国亮因图庄头官产，欲为己有，辄起意砌款控告庄头祁万顺盗卖官地六十余亩，以致拖累多人，殊属刁健。如所控盗卖官地属实，计亩，祁万顺应照盗卖官田律，问拟满徒。审属虚诬，例应反坐，李国亮合依诬告人满徒罪，加上所诬罪三等，律拟杖一百、流三千里。系正身旗人，照例折枷号六十日，满日鞭责，咨送交管。”② 最终，李国亮于闰六月初五日枷号在案，两个月期满后，鞭一百，被咨送盛京内务府饬交该旗严加管束。

二、案情分析

（一）案件性质界定

这起案件中牵涉到的部门非常多，原告、被告及案件中相关人物也涉及了旗人、汉人，是具有典型代表性的案件。多种介入因素导致案件的解决较为困难，因此对于案件性质、案件内部关系、案件特点的梳理可以为案件的分析提供必要的基础。

清代的民事案件常称户婚田土钱债案件。那思陆认为户婚田土钱债，意指“户役、婚姻、田宅、钱债也”③。可分为牵涉刑事之民事案件与纯粹民事案件。此案并非简单的对田宅等所有权的确认，原告所诉事实的虚假，

① 辽宁省档案馆编：《黑图档·嘉庆朝》第37册，第282页。

② 辽宁省档案馆编：《黑图档·嘉庆朝》第37册，第436~437页。

③ 那思陆：《清代州县衙门审判制度》，中国政法大学出版社，2006，第210页。

使这件案子涉及了刑事处罚。这种通过捏造虚假的民事行为，与现代的虚假诉讼罪的定义相类似。此案中李国亮通过捏造多项案件事实与实际并不存在的内容，企图通过告诉的方式，以求达到损害庄头祁万顺的目的。

（二）案内人物关系

1. 原 告：李国亮，为盛京内务府粮庄壮丁，被告祁万顺名下。

2. 被 告：祁万顺，为盛京内务府粮庄庄头，归会计司催长张思义管理。

3. 第三人：根据李国亮的供述，祁万顺私自将官地卖与民人姜伦、张二么即张橹、陈五等人用于葬坟。祁万通、祁万有现居房屋，并唐五、陈四所买房木也应归于其名下所有。

笔者针对档案中案内的供词，将原告、被告及第三人的身份、年龄、住址等情况整理如下表。

表 1　案内相关人物信息表

	姓名人物	身　份	年　龄	住　址	旗人/民人
1	李国亮	内务府正黄旗祥瑞佐领下壮丁	三十三岁	案下西小河口屯居住	旗人
2	祁万顺	内务府正黄旗祥瑞佐领下四等庄头	不详	辽阳界杏花村居住	旗人
3	陈五	直隶滦州民	四十八岁	案下西小河口屯居住	民人
4	姜伦	山东齐河县民	五十一岁	早年在案下西小河口屯居住	民人
5	张二么即张橹	直隶南皮县民	六十一岁	早年在案下西小河口屯居住	民人
6	张二骆子即张柱美	直隶宁津县民	六十岁	早年来在案下西小河口屯居	民人
7	王大瞎即王明山	直隶滦州民	五十八岁	跟父亲王朝臣早年出关到案下西小河口屯居住	民人
8	赵四	直隶宁津县民	三十二岁	乾隆五十年，同父母出关，到案下西小河口屯居住	民人
9	唐五	内务府正黄旗祥瑞佐领下壮丁	六十岁	案下西小河口屯居住	旗人
10	刘四	正黄旗满洲佐领阿顺管下	六十二岁	案下泉眼屯右居住	旗人
11	祁万有	内务府正黄旗祥瑞佐领下壮丁	五十五岁	案下西小河口屯居住	旗人
12	祁万通	内务府正黄旗祥瑞佐领下壮丁	四十一岁	案下西小河口屯居住	旗人

(三) 纠纷产生原因

虽然这是一起诬告案件，除李国亮的主观因素导致了纠纷的发生，其他方面如制度因素、现实因素也成了这起纠纷产生的间接因素，但并不是说间接因素导致了纠纷的发生，而是成为了李国亮能够提起控诉的间接原因。

1. 制度因素

盛京内务府皇庄根据不同用途、不同生产分为粮庄、盐庄、棉庄、靛庄、果园等。其中粮庄归盛京内务府会计司主管。盛京内务府会计司直接领导各自所属粮庄的庄头，主要管理地租的征收和运送等事务。庄头是皇庄的直接管理者。清太祖时，曾“以报粮多的庄头派当头目，封为皇庄头”，后来“凡是投充，均以大户地多定名庄头”。庄头的另一来源是“承充”，“顺治初年定，各庄头缺，均于其子弟内选充”。[①] 第三种方式是“选充”。如前条可知，粮庄庄头通常在其家内世袭承充，但在遇到“无子弟”[②]“欠粮及缘事革退，及新设之庄”时，“均于本庄及别属壮丁内选补”。[③] 第四种方式是赔款接充。因为庄头的主要任务是收租送租，清政府规定，如果拖欠六成以上庄租，即革退庄头，由壮丁顶补。乾隆四年(1739)定例，凡革退庄头，以别姓顶补者，“不代完旧欠。若其子弟顶补，须代完旧欠，方准顶补”[④]。但庄头子弟有时无力代赔庄租，后来朝廷又将“只许本庄亲丁补款接充的范围扩大到它庄亲壮人丁”[⑤]。本案中，李国亮的伯祖李自英因欠粮而被革去庄头之位，祁赖呆赔补了李自英的欠粮，得以顶补庄头之位。“庄头、亲丁、异姓壮丁都是粮庄土地的经营者，他们是永佃农，世代使用土地，不断分予子孙，从而使粮庄内部逐渐形成

---

① (清)昆冈等修，刘启端等纂:《(光绪)钦定大清会典事例》卷一一九六，《续修四库全书》第814册，上海古籍出版社，2002，第515页。

② (清)昆冈等修，刘启端等纂:《(光绪)钦定大清会典事例》卷一一九六，第515页。

③ (清)昆冈等修，吴树梅等纂:《(光绪)钦定大清会典》卷九四，《续修四库全书》第814册，第870页。

④ (清)昆冈等修，刘启端等纂:《(光绪)钦定大清会典事例》卷一一九七，《续修四库全书》第814册，第525页。

⑤ 李帆、陈玉峰、衣保中:《清代满洲土地制度研究》，吉林文史出版社，1992，第124页。

了若干具有血缘关系的大家族。”① 祁氏庄头之位从祁赖呆那辈开始，继承到了祁万顺这里已经是第三辈了。祁万顺的庄头之位就是世袭下来的，李国亮认为祁万顺之祖的庄头之位来历不明，因此祁万顺也不应任庄头之位。

2. 现实因素

东北旗地民典旗地始于清乾隆时，于嘉庆朝成为重要问题。② 比如盗卖官地："盗卖，指的是粮庄土地被庄头、壮丁及佃户非法典与他人，使粮庄土地缺额。”乾隆十九年（1754），盛京将军奏准大粮庄头承种官地，地方官要随时稽查有无将官地私行典卖与旗民人的情形（《辽阳县公署》档案第5460号)。③《黑图档》中也多有奉天府衙门等汇报有无盗典官地情况的档案。如《盛京户部侍郎等为锦县境内大粮庄头官地并无私典与民人事咨盛京内务府》记载了嘉庆八年（1803）奉天府府尹所辖锦县稽查并无盗典官地的情况："盛京户部侍郎兼奉天府府尹事务随带一级·记录六次德、奉天府府尹记录十次宗室良，为咨行事。据锦县知县陈昶申称，案蒙本府奉宪台牌，准盛京总管内务府衙门咨，乾隆十九年前任将军阿奏准大粮庄头等承种官地，着照依乾隆八年大学士鄂奏准之例，该地方官随时稽查，有无将官地私行典卖与民人指出，年终具结报咨等因，准照在案。遵查嘉庆八年分，卑县所属民人并无私典官地，盛京总管内务府属下大粮庄头官地之处，理合出具印结文，申报核咨等情。”④

三、 土地纠纷归属的运作实态

《黑图档》内咨文的结构是传统的公文形式——装叙结构公文，“装叙结构公文中的原文引叙，是当时条件下解决在层层转达的过程中信息遗漏或失真问题的有效方式，可以防止隐漏、偷换、欺瞒等情况”⑤。研究者可

---

① 李帆、陈玉峰、衣保中：《清代满洲土地制度研究》，第125~126页。

② 刁书仁：《乾嘉时期东北民典旗地整理论略》，《社会科学辑刊》1991年第6期，第100~104页。

③ 李帆、陈玉峰、衣保中：《清代满洲土地制度研究》，第331页。

④ 辽宁省档案馆编：《黑图档·嘉庆朝》第12册，第5~6页。

⑤ 沈蕾：《清代官府往来文书的装叙结构分析——以〈葆亨咨文〉为例》，《档案学通讯》2019年第3期，第74~75页。

以通过这种装叙结构，了解一个案子的基本情况，并进一步了解其行政过程。《黑图档·嘉庆朝》内围绕本文中的案件的档案共有19件，公文中的事由、依据、引申、归结等部分使整个办案的流程得以展现。

（一）调查部门

1. 盛京内务府

乾隆十七年（1752）定，掌管盛京内务府会计司的官员为催总，催总原定三人。乾隆二十四年改催总为催长，乾隆二十九年又减裁一名。催长下设笔帖式二名、领催九名。笔帖式掌理翻译满、汉章奏文书，编理上报土地人丁簿册。领催直接负责并协同庄头督征庄租，管理壮丁。盛京内务府会计司直接领导各自所属粮庄的庄头，管理地租的征收和运送等事务。[①]本案中原告李国亮为盛京内务府粮庄壮丁，因此在盛京内务府会计司呈控庄头祁万顺。盛京内务府会计司的催长对祁万顺的庄头之位的来源进行了确认。

2. 盛京将军衙门

虽然盛京将军衙门设户司“办理争控、户婚、田土、钱债”[②] 等案。但在此案中，盛京将军衙门并没有直接参与案件的审理或办理，而是通过转饬的方式，札辽阳城守尉，令其转饬杏花村的界官查勘，当地是否有李国亮伯祖李自英的坟地，是否被祁万顺平毁，有没有确凿的证据。辽阳县在康熙三年（1664）升为州，隶奉天府管辖。康熙二十六年（1687），又增设辽阳城守尉，专管辽阳驻防的旗人事务。“城守尉，为正三品官，有属将军兼辖的，有属副都统兼辖的，也有独挡一面的。……盛京将军兼辖开原、辽阳、复州、义州、凤凰城、岫岩城、广宁、盖州各一人。”[③] 至此，辽阳地区旗、民分治的双重行政体制基本形成。因为李国亮和祁万顺都是旗人，所以由辽阳城守尉负责管理。盛京内务府不能直接发文辽阳城守尉，而需要通过盛京将军衙门转饬的形式，

① 李帆、陈玉峰、衣保中:《清代满洲土地制度研究》，第118~119页。

② （清）崇厚辑:《盛京典制备考》卷四《将军公署分司事宜》，何海波点校，科学出版社，2016，第59页。

③ 张德泽:《清代国家机关考略》，故宫出版社，2012，第253~254页。

对有关事项进行调查。

3. 奉天府尹衙门

奉天府尹衙门掌盛京地方民人之事。乾隆二十七年（1762），“嗣后奉天府府尹，着听将军节制”①。李国亮控诉庄头祁万顺盗卖的红册地位于铁岭县的西小河口屯。铁岭县归奉天府管辖：“奉天府为京府，兼辖锦州府，因而至雍正末年，下辖一府五州九县，一府即锦州府；六州即辽阳州、宁远州、复州、金州、义州、永吉州；九县即承德（附郭）、海城、开原、铁岭、盖平、锦县、广宁、宁海、长宁县。”② 奉天府尹衙门与盛京将军衙门在这件案子中的作用大致相同，主要负责转饬所属地方官对案内情节进行调查，并将调查结果发给盛京内务府。

4. 盛京刑部

康熙元年（1662）盛京刑部设肃纪左司，与肃纪前司掌十五城狱讼及旗、民交涉案件。本案中，“李国亮仍狡展不服，似此不法之徒，若不按律究治，不足以警刁顽，相应呈请转呈等情。据此相应呈堂，呈请将李国亮□项咨送盛京刑部照诬控之律治罪可也”③。故由肃纪左司负责对李国亮诬告的行为进行调查与处理。然后作出初审的意见，交由刑部奉天清吏司核拟。刑部奉天清吏司，“简称奉天司。清朝刑部所属十八清吏司之一。乾隆六年（1741），改现审左司设。掌核盛京、黑龙江、吉林将军及奉天府所属刑名案件”④。

盛京刑部具体的调查过程表现为，虽然案情已经调查清楚，但李国亮仍想狡辩，于是盛京刑部再次提取案内祁万顺、祁万有、姜伦等人。由盛京刑部“行文盛京总管内务府将被告祁万顺、祁万昌、祁万有等速传送部质审外，相应行文奉天府府尹衙门转饬铁岭县，将价买房木之旗人刘四，盗典官地之民人姜伦一并星速传唤送部”⑤。并于嘉庆九年十二月二十日、嘉庆十年二月十五日多次催提。但案内关键人物祁万顺因置办皇差，迟迟

① （清）昆冈等修，刘启端等纂：《（光绪）钦定大清会典事例》卷一〇九三，《续修四库全书》第813册，第201页。

② 任玉雪：《清代东北地方行政制度研究》，复旦大学博士学位论文，2003，第44页。

③ 辽宁省档案馆编：《黑图档·嘉庆朝》第37册，第213页。

④ 张政烺：《中国古代职官大辞典》，河南人民出版社，1990，第581页。

⑤ 辽宁省档案馆编：《黑图档·嘉庆朝》第13册，第28页。

没有回到辽阳。嘉庆十年闰六月初六日的档案《盛京刑部为将诬控庄头祁万顺谋夺庄缺之壮丁李国亮枷号期满鞭责交管事咨盛京内务府》① 内才录有祁万顺在辽阳城守尉处的供词。至此，李国亮无法再狡辩，交代了控诉的缘由。于是盛京刑部将案内情节咨呈刑部。盛京刑部按照刑部给出的处理结果，对李国亮进行了处理。而未到案之庄头祁万顺系被诬之人，免其提质，仍照旧任庄头之位。

5. 盛京户部

盛京户部农田司掌管盛京各城旗人开垦余地之升科、可垦种马厂地之征税等事宜，并办理户籍、婚姻纠纷各事。其下置管庄，掌征庄赋，以二人管理官庄，以一人管理各庙撤出入官之地。② 同时负责查勘盛京地区是否有私开地亩等现象："本部办理旗民争控一切田产案内，查出私开地亩、追价、追租、找争花利，及买卖地亩，首报滋生各案件，均有一定例，限各该旗民官当依限详查造报，以清案牍。"③ 因为"官地葬坟有关法纪"，于是盛京户部也参与了这起案子的调查。

6. 铁岭县衙

从公文的行文来看，《黑图档》内并没有铁岭县知县发给奉天府尹衙门的档案，但在盛京内务府发给盛京刑部的档案中，记录了铁岭县知县对这起纠纷的初步调查。该知县通过到现场查勘，勘丈了民人姜伦等所租地亩的大小，并对案内第三人及原告李国亮、被告祁万顺的儿子进行了质讯，作出了审理的结果。同时"所有会同查讯勘丈缘由，理合造册，连告李国亮详解宪台、盛京内务府查收审办"④。

铁岭县知县的办理过程表现为，首先根据原告李国亮的供词，调取案内有关人员并严审，并证明李国亮所控均不属实。但铁岭县知县并没有单方面听信案内人员的供词，而是随后携带册档，并原被证佐人等，亲诣地所。案内存在纠纷的地亩，由铁岭县派遣人员到现场查勘。"田土案件之勘

① 辽宁省档案馆编：《黑图档·嘉庆朝》第13册，第306页。

② （清）昆冈等修，吴树梅等纂：《（光绪）钦定大清会典》卷二五，《续修四库全书》第794册，第234页。

③ 辽宁省档案馆编：《黑图档·嘉庆朝》第13册，第232页。

④ 辽宁省档案馆编：《黑图档·嘉庆朝》第37册，第213页。

丈，通常由州县官、县丞、巡检、典史等官为之"①，"据铁岭县知县得春会旗申称，会同携代册档并原被证佐人等亲诣地所，勘得民人姜伦租种祁万顺册地边葬坟二座，计地三分五厘。又张二骆子葬坟三座，计地一分七厘五毫。又赵四葬坟一座，计地五厘。又王大瞎葬坟四座，计地四分六厘六毫。坟内仅有柴枝并非树木。又张二么葬坟一座，计地六厘。又陈五葬坟二座，计地四分六厘。以上葬坟处所，均系册地，现各租种，质讯并无典卖情事。至祁万通、祁万有现居房屋、园栏，系已故庄头祁赖呆交伊祖启明得住、种纳租，各等情。"② 随后将案内人员释放，听候提质，而李国亮被转送至盛京内务府，盛京内务府将其送至盛京刑部进行调查，最终照诬控之律治罪。

（二）结案历时一年多的原因

这一起案子，明明在嘉庆九年的时候就已经将案内的纠纷内容调查清楚，最终却用了一年多时间完结。根据档案的记载，我们可以看到多方面的原因。

1. 李国亮刁健狡诈：捏造多项内容

本案中，李国亮捏造了多项内容，符合清代民事诉讼的一些常见特点："当事人为吸引官府注意，经常夸大事实，虚构情节，强词夺理，颠倒黑白，并伴随有暴力手段。"③ 首先，祁万顺其祖有无谋夺庄头之事。经调查"庄头李自英因缺欠粮石不能赔补，具呈辞退，传唤各庄头、壮丁有能赔补欠项者，准其充补，当即有庄头王四名下壮丁祁赖呆情愿代赔欠粮，接当庄头，咨报总管内务府在案"④。其次，祁万顺所占地亩及房屋是否应当。经调查，"李国亮之祖李自英缺钱粮石不能赔补，具呈辞退，经祁赖呆代赔接充庄头。所有房地，似应归祁姓管理"⑤。第三，庄头祁万顺

① 那思陆：《清代州县衙门审判制度》，范忠信、尤陈俊勘校，中国政法大学出版社，2006，第 214 页。

② 辽宁省档案馆编：《黑图档·嘉庆朝》第 37 册，第 213 页。

③ 张朝阳、曹树基：《法律与市场：乾嘉时期鄱阳湖区"曹杨讼案"研究》，《清史研究》2017 年第 1 期，第 117 页。

④ 辽宁省档案馆编：《黑图档·嘉庆朝》第 37 册，第 53 页。

⑤ 辽宁省档案馆编：《黑图档·嘉庆朝》第 37 册，第 213 页。

是否窃卖官地葬坟。“于嘉庆九年四月间，蒙界官老爷亲临杏花村处查验，眼同该屯守堡老人朱二等问此情，□并未见李国亮坟墓在于何处，再李国亮祖居铁岭城镶白旗界小河口，相隔辽阳城杏花村处二百余里，焉有坟墓，年过七十老人朱二均系不知。”[①] 最后，祁万顺有无平毁坟地之事。嘉庆九年四月间，“蒙界官老爷亲临杏花村处查验，跟同该屯守堡老人朱二等问此情，□并未见李国亮坟墓在于何处”[②]。李国亮捏造了多项内容，以至于调查比较困难。

2. 涉及多个部门：牵涉多个部门

上文中对经手部门的分析，可以看到多个部门参与其中，既表现为案情的复杂性，也表现为事权的分散，辽阳城守尉归属于盛京将军衙门管辖，铁岭县则归于奉天府。盛京内务府不能处理诬控的案件，需要转交盛京刑部处理，增加了案件处理的难度，需要对一些内容进行再次的调查。盛京刑部虽然掌管着诬控案件，但案件的具体调查还是要由旗民地方官员办理：“盛京刑部主管旗、民间案件，有审判权。但案件的调查、报审要由旗、民官员会同办理。”[③]

3. 第三人传唤困难：案内牵涉多个人物

李国亮诬控的内容牵涉到了多个人物，为了调查清楚案情，铁岭县知县与盛京刑部两次传唤案内有关人物。铁岭县衙门初次调查时，“差传祁居龙、姜伦、王大瞎即王明山、赵四、陈武、张二骆子即张柱美、张二么即张橹、祁万通、祁万有、唐五、刘四、福尔尖等到案”[④]。经辽阳、铁岭各该旗民、地方官查勘明确，李国亮所控均属虚诬。但因“严审该犯尚图狡卸，复提案众逐一质证”[⑤]。于是，盛京刑部再次传唤案内各员：“传唤被告祁万顺、祁万昌、祁万有。并行文奉天府府尹衙门转饬铁岭县，将价买房木之旗人刘四，盗典官地之民人姜伦一并传唤送部，以便办理。”[⑥] 民人与旗人分属不同部门的管辖，因此在传唤过程中也存在着困难，盛京刑

---

① 辽宁省档案馆编：《黑图档·嘉庆朝》第13册，第305页。
② 辽宁省档案馆编：《黑图档·嘉庆朝》第13册，第305页。
③ 任玉雪：《清代东北地方行政制度研究》，第56页。
④ 辽宁省档案馆编：《黑图档·嘉庆朝》第37册，第211页。
⑤ 辽宁省档案馆编：《黑图档·嘉庆朝》第13册，第28页。
⑥ 辽宁省档案馆编：《黑图档·嘉庆朝》第13册，第28页。

部需要咨行盛京内务府，由盛京内务府将所辖壮丁祁万有等移送。同时盛京内务府还需要“相应行文奉天府府尹衙门转饬铁岭界，将价买房木之旗人刘四、盗典官地葬坟之民姜伦一并星速传唤送部，以凭质讯办理”①。

4. 庄头祁万顺备办东巡

在铁岭县质对的时候，祁万顺便因病未能到场，而是委托他的儿子代为应讯。后来李国亮被移送到盛京刑部，仍不服，于是再次要传唤祁万顺，作为被告的祁万顺共传唤了三次。嘉庆九年十一月十三日，盛京刑部行文盛京内务府传唤被告祁万顺、祁万昌、祁万有，并行文奉天府府尹衙门转饬铁岭县，将刘四、姜伦一并传唤送部，以便办理。但久未送到，于是十二月二十日盛京刑部再次发文，要求尽快将案内有关人员传送前来，其间经历了官府封印：“在封印期间，按照旧例是不理刑名的，不办事的，但如遇紧要事件仍可办理。”② 嘉庆十年二月十五日的时候，铁岭县申送刘四、姜伦二犯到部，而被告祁万顺及祁万昌、祁万有，仍未准咨送前来。第一次传唤，仅被告知祁万顺进沈阳城办差，盛京将军衙门认为以公务为由延误，殊属不合，于是札行辽阳城守尉，文到速令祁万顺赴界听候查讯。但后因了解到祁万顺是在为皇帝东巡作准备，“现今上驷院马匹进省并神猪馆等处，例应庄头等该班上夜轮流喂养，正在用人之际，俟大差完竣之日，再饬令庄头祁万顺赴界听候”③。于是仅要求祁万顺办完公务之后赴界听候查讯：“俟庄头差竣之日，作速催令赴界听候查丈，并咨行盛京将军衙门，转饬辽阳城守尉，饬令该界官一俟祁万顺到界之日，即行遵照本部前札办理，报部可也。”④ 从档案的记载来看，祁万顺在五月的时候还没到部，直到闰六月初六日的公文里才录有他的口供。

四、 裁判结果及分析

本案虽然属于土地纠纷，典型的词讼案件，但案内人员实为通过捏造

① 辽宁省档案馆编：《黑图档·嘉庆朝》第37册，第282页.

② 姜珊：《〈黑图档·嘉庆朝〉所见盛京文书档案工作》，辽宁大学硕士学位论文，2020，第16页。

③ 辽宁省档案馆编：《黑图档·嘉庆朝》第37册，第363页。

④ 辽宁省档案馆编：《黑图档·嘉庆朝》第13册，第258页。

事实而提起的民事诉讼，拖累案内多个无关人士。同时，围绕李国亮所控各情，多个部门参与调查，历时一年之久，严重妨害了司法秩序，浪费了人力、物力、财力等等。李国亮诬告庄头祁万顺盗卖官地，根据《大清律例》盗卖田宅律规定："凡盗（他人田宅）卖（将已不堪田宅）换易，及冒认（他人田宅作自己者），若虚（写价）钱实（立文）契典卖，及侵占他人田宅者，田一亩、屋一间以下，笞五十，每田五亩、屋三间加一等，罪止杖八十、徒二年。系官（田宅）者，各加二等。"① 李国亮诬控祁万顺盗卖官地六十余亩，如果属实祁万顺应照盗卖官田律，问拟满徒。经过审讯属于虚诬，例应反坐，李国亮合依诬告人满徒罪，加上所诬罪三等，律拟杖一百、流三千里，但因其为旗人，照例折枷号六十日。

根据现代《刑法》第三百零七条第一款规定："虚假诉讼罪为以捏造的事实提起民事诉讼，妨害司法秩序或者严重侵害他人合法权益的，处三年以下有期徒刑、拘役或者管制，并处或者但处罚金；情节严重的，处三年以上七年以下有期徒刑，并处罚金。"而在清朝，《大清律例》诬告律律文："凡诬告人笞罪者，加所诬罪二等。流徒杖罪（不论已决配、未决配）加所诬罪三等。各罪止杖一百流三千里（不加入于绞）。"② 比起现代对于虚假诉讼的处罚，梁治平认为古代这种"以反坐对待诬告与伪证，并不只是惩罚了犯罪，而且是正义地惩罚了犯罪"③。

整个案件调查持续一年多，留下的档案万余字，十几个人物牵涉其中，整个调查的流程展现了清代土地纠纷解决的司法运作实态，可以为研究盛京地区的纠纷处理机制提供良好的参考素材。同时不同部门的职权范围、在整个案子调查中所扮演的角色、起到的不同作用，也通过档案的记载得以展现。

① 田涛、郑秦点校：《大清律例》，法律出版社，1999，第195~196页。

② 田涛、郑秦点校：《大清律例》，第481页。

③ 梁治平：《法意与人情》，广西师范大学出版社，2015，第8页。

《中国古代法律文献研究》第十五辑
2021年，第353~379页

清代妄冒为婚"已成婚者，离异"探析

——王氏"顶替被骗为妻杀夫"案的女性主义考察

郭瑞卿*

摘　要："妄冒为婚"是清代违律婚姻的内容之一，根据法律规定，它有未婚和已婚之分。其已婚是指妄冒成婚，这种婚姻效力如何？民间社会通常在妄冒成婚后，被妄冒骗娶一方迫于既成事实，"委屈弥缝"，维持婚姻，从而使婚姻非正转化为人们普遍认可的"合法"婚姻。然而当女性意欲脱离被骗娶的婚姻，在不能够从母家得到支持的情形时，杀死骗娶人成为她们惟一的选择。虽然制度设计没有为其提供脱离被妄冒骗娶的婚姻困境路径，但通过对"情法之平"的追求，司法为她们寻找到了一条通过杀人以曲线脱离被妄冒骗娶婚姻困境的可行之路。

关键词：清代　妄冒为婚　婚姻效力　女性　杀人

一、问题的缘起

道光十四年（1834）十一月，江西鄱阳县年近四十的朱文铭妻子亡

* 中国政法大学法律古籍整理研究所副教授。

故，欲娶年甫十五的王氏为继妻，乃假称二十四岁，向其父亲王遗芳提亲。王父提出相亲，朱文铭以侄子朱慕膺代为前往，两家因此亲成，并于同年十二月迎娶王氏过门。王氏成亲次日发现朱文铭妄冒骗娶，回至娘家，哭诉于父亲，被告之事已不可挽回，劝回朱家。自此以后，王氏以不该妄冒骗娶，屡屡斥责朱文铭。二人相处的生活中，王氏常被朱文铭殴打凌辱，她曾向父亲言及生不如死，但被劝以忍耐。由于不堪忍受折磨，王氏跳井自杀而被救起。道光十五年（1835）十一月初四日夜，王氏再次被酒醉的朱文铭出言辱骂，并声言总将她打死，待他上床睡卧之后，思及自身被妄冒骗娶后的种种遭遇，一时恨起，乘其酣睡之时，寻取麻绳一条，将之勒毙。①

这是一桩典型的女子因被妄冒骗婚而引发的暴力杀人案件。案情并不复杂，但在审理时却产生了激烈的论争，从江西巡抚到中央刑部、三法司、大理寺、军机处皆参与了该案的讨论。案件的焦点集中于王氏与朱文铭的“婚姻”定性，以及王氏勒毙朱文铭的定罪量刑，尤其是前者，不仅关系着二人婚姻的合法与否，也决定着王氏的最终刑罚。

根据《大清律例》“妄冒为婚”的相关规定，该案中王、朱二人按律应离异，但事实并未如此，反而共同生活了近一年的时间。他们是否为婚姻关系？若为婚姻，二人即是合法夫妻，说明定婚时的妄冒在成婚后被排除了，亦即意味着王氏勒毙朱文铭是妻杀夫的行为。若不为婚姻，王、朱二人的共同生活应如何定性？这是否表明王氏的杀人行为具有一定的正当性？诚信、自愿与秩序是清代婚姻成立的原则，失于诚信、非真实意思的“自愿”婚姻可否转化为合法性婚姻？如果可以，那么转化的条件是什么？如果不可以，何人可以发起离异的婚姻诉讼？众所周知，中国传统婚姻中女子个人没有缔结与离异权，王氏在被妄冒骗娶后如何实现离异？

王氏被顶替骗娶一案，学界亦有关注，既有的观点基本有两种：其一，认为王氏“因‘妄冒为婚’而生的婚姻自始即无效”②，即王氏与朱文铭婚姻无效，其杀人以“凡人”论断。其二，认为王氏在“‘生米煮成熟

① 中国第一历史档案馆藏，内阁刑科题本，婚姻奸情类，档号：02－01－3217－05。

② 李启成：《文学作品、司法文书与法史学研究——以审理“妄冒为婚”案件为中心的研究》，《政法论坛》2010年第2期，第30、31页。

饭’的情况下，维持一桩并不‘如意’的婚姻，也是一件无可奈何的事情……有相当一部分女性以及她们的家人，出于无奈，也会选择将错就错，继续维系这种婚姻状态”，无论是对婚姻关系成立与否的判定，还是对杀人罪名的区分，无非都是旨在寻求与“罪”相当的“刑”罢了，[①]王、朱二人是婚姻关系，但其杀人的最终定罪量刑是基于罪刑相当的司法考量。显然前者是基于国家法律价值的判断，忽略了婚姻的社会属性。后者是基于民间社会的实际婚姻状态及法律总体适用的司法评判。此两种观点皆将其父与王氏视为婚姻同一体（女方），忽略了当事人王氏本人婚姻态度的变化，更侧重于妄冒婚姻有效与无效的探讨。王氏因何杀死朱文铭，她是单纯反抗婚姻暴力的“杀夫”吗？[②] 其极端杀人的背后体现了怎样的婚姻观？司法裁决又展示了怎样的婚姻观？本文拟就上述问题对该案进行分析，以期考察清代时期此类婚姻中女性离异实现的路径。

二、 妄冒为婚转化为合法婚姻？ 朱文铭、王父及王氏之婚姻态度

（一）朱文铭的谋划与妄冒为婚

婚姻缔结在中国传统社会是“合二姓之好”，双方在定婚时秉持诚信、自愿原则择取婚配对象。一般而言，男方占据主导，他们一旦确定择取目标，即向女方提亲。这也即表明男方对女方信息的了解和掌握可能更为主动，本案即是如此。朱文铭是一名生员（功名），具有一定的社会身份，年已近四十，妻妾皆已亡故，家中只有一个周岁左右的女儿，其续妻具有极强的目的性，“不孝有三，无后为大”，故此在人选的目标上也颇费心思，“探知王氏少艾”，“欲娶为妻”。[③] 年少美丽，意味着生命力强，利于

① 杜金：《献疑与商榷：从“乔太守乱点鸳鸯谱”说起——〈文学作品、司法文书与法史学研究〉读后》，《政法论坛》2012年第3期，第152、154页。

② 亦有论著将此案视为“妻杀夫”，见钱泳宏《清代刑科档案中“妻犯夫”现象的考察》，《南通大学学报》2014年第2期，第114页。

③ 中国第一历史档案馆藏，内阁刑科题本，婚姻奸情类，档号：02-01-3217-05。

后嗣，这样的婚娶对象，如若获得女方家长的许婚，正常的相亲，于朱文铭来说，成功的可能性不大。从档案文献的记载来看，他应该非常清楚自己在与王氏结亲中的劣势：

其一，年龄过大，已年近四十，按照当时正常的婚配生育年龄，朱文铭接近于王氏父亲的年龄。婚姻不仅讲究门第相当，更注重婚姻当事人的相宜，婚配男女的年龄、面貌、身体状况等方面亦须相当。清人认为"老夫之说少女，少女之顺老夫，其相与过于常分"，"婚姻之正，阴阳宜相配偶。咸兑上艮下，少男少女，男女交感之情也。恒震上巽下，长男长女，夫妇居室之道也"，① 男女相宜是婚姻之正。这应是当时人们对婚姻的普遍认知，从康熙时期徽州地区发生的一起年长男子欲婚娶年轻女子而妄冒为婚案，也可说明民间通常不接受老少配。李翩前妻死后，听闻海邑戴氏之女愿娘年少（十六岁）未许，"亟图续弦，恐处女不愿为后妻，且自揣年不相当，虑不相许也。遂嘱亲颜维作伐，易其姓曰林，更其名曰礼，减其年齿曰二十八，又讳其前妻缢故之事，曰未娶"，骗得戴氏许婚。后来戴氏之子苏迎从外经商回来后，重新打听，探得李翩妄冒，诉至官府欲行退婚。徽州知府徐雨峰审理此案时也对李翩妄冒婚娶颇多嘲讽，"老大头颅"，"难成佳偶"，断令退婚。② 朱文铭在令媒人向王氏的父亲提亲之时，即谎报年龄，可见其心知与王氏年龄差距"过于常分"，不是正常婚配，故此令媒人带侄子前往王家相看。

其二，续娶，且有一妾也去世了，这些皆可能成为王氏父亲不予许婚的原因。朱文铭续娶存在两个不利因素：首先，前妻、妾室死亡原因不明，卷宗亦未提及，虽然不是朱文铭致死，但欲缔结姻缘的人家不可能不考虑她们身故的缘由、男子是否克妻等，此种情形下，女方允诺婚配的可能性极小。传统社会丈夫"克妻"之说颇为流行，如康熙皇帝在两任皇后去世后，自认克妻，不再立后。其次，续娶，民间俗称"填房"，通常会受到一定程度的歧视。如《红楼梦》中的邢夫人、尤氏，《儒林外史》中的严

① （清）欧阳厚均：《易鉴》卷一四，载《欧阳厚均集》，方红姣校点，岳麓书社，2013，第459页。

② （清）徐士林著，陈全伦、毕可娟、吕晓东主编：《徐公谳词：清代名吏徐士林判案手记》，齐鲁书社，2001，第318~320页。

贡生亦因立嗣而对赵氏进行贬低。许多地方有劝告女子“勿得嫁人作填房”之说，清末民初广东即有“恐鬼魂争风而招祸，故多不敢以己女嫁人作填房”之俗。[①] 甚至一些地方在婚娶礼仪方面降低续娶女子在前妻面前的地位，如丧葬时，丈夫与前妻合葬等，这些都使得民间社会在为女儿择取婚嫁对象时，注重考察男子是否初婚。

其三，朱文铭故妾留有一女，王氏一旦嫁入，则是嫡继母。后母难为，民间社会对后母多存有偏见，一般家庭皆不会乐意令女儿为人后母。王氏年仅十四五岁，又值青春美貌，处于婚配的最佳年龄，婚娶正当其时。王父亦重视女儿的婚嫁，故在朱文铭提亲时提出了相看男子本人的要求，其为女儿选择做后母的可能性非常低。

正是由于清楚自己在与王氏缔结婚姻中的不利因素，朱文铭知道如果按照正常程序提亲，如实告知女家自身的信息，被拒婚的可能非常大。为了促成王父答应婚事，他不得不精心谋划。首先，在媒人的选择上，令与其关系较好的朱均才与另外一刘姓之人共同为媒，由朱均才负责带侄子朱慕膺前往，并在相看过程中诱导王氏伯父误认朱慕膺即是王氏定婚之对象。其相亲妄冒成功，可以说是他与朱均才共同商议的结果，在与王家的婚姻事宜商谈中，朱均才担任了主媒之职。其次，他精心设计侄子朱慕膺随同朱均才前往王家，但并未告知他相亲真相，以防止将来事情一旦暴露，侄子陷于其中。其三，双方定婚后，朱文铭即迅速安排迎娶王氏过门，[②] 防止夜长梦多，妄冒之事暴露，从定婚到成亲，为时一月左右，可见朱文铭用心之深。成亲意味着妄冒的事情成为过去，男女双方婚姻的话语权由女方转换为男方所掌控，对朱文铭来说，成亲还具有婚姻安全与合法之意。

（二）转化为合法婚姻

根据档案，朱文铭于成亲次日告知王氏妄冒之事。[③] 显然在他看来，

---

① 黄秀华、高惠平等编：《广东妇女运动历史资料》第5辑，广东省妇女联合会、广东省档案馆，1991，第146页。

② 中国第一历史档案馆藏，内阁刑科题本，婚姻奸情类，档号：02-01-3217-05。

③ 中国第一历史档案馆藏，内阁刑科题本，婚姻奸情类，档号：02-01-3217-05。

二人的婚姻已是事实，彻底落定，妄冒相亲，王氏迟早知道，告知也无妨。这亦即表明，朱文铭认为婚姻的话语权或控制权已转由他掌控，即使王氏及其娘家人在知道真相的短时间内可能会吵闹、不接受等，但最后也不得不接受这桩婚姻。其婚姻由妄冒的非法经过成亲，转化为双方“自愿”的合法。在某种程度上，朱文铭似乎并不担心事情暴露的后果。根据上文他在谋划与王氏婚姻时的表现，可以推测，其精于算计，不可能没有考虑过成亲后顶替骗娶之事被王氏发现，其家人甚至可能闹上公堂。一旦诉至公堂，他不仅会受到惩罚，他们的婚姻亦将不复存在，王氏离异归宗。那么他为何依然坚持“妄冒为婚”呢？在回答这个问题之前，我们有必要先了解清代关于婚姻的相关法律规定。

《大清律例》“男女婚姻”律规定，“凡男女定婚之初，若（或）有残（废或）疾（病）、老幼、庶出、过房（同宗）、乞养（异姓）者，务要两家明白通知，各从所愿，（不愿即止，愿者同媒妁）写立婚书，依礼聘嫁。若许嫁女已报婚书及有私约（谓先已知夫身残疾、老幼、庶养之类）而辄悔者，（女家主婚人）笞五十，（其女归本夫。）虽无婚书但曾受聘财者，亦是”。男女婚书已定，“若再许他人，未成婚者，（女家主婚人）杖七十。已成婚者，杖八十定。后定娶者，（男家）知情（主婚人）与（女家）同罪，财礼入官。不知者，不坐。追还财礼（给后定娶之人），女归前夫。前夫不愿者，倍追财礼给还，其女仍从后夫。男家悔（而再聘）者，罪亦如之。（仍令娶前女，后聘听其别嫁，）不追财礼”。“若为婚而女家妄冒者，（主婚人）杖八十，（谓如女有残疾，却令姊妹妄冒相见，后却以残疾女成婚之类，）追还财礼。男家妄冒者，加一等。（谓如与亲男定婚，却与义男成婚。又如，男有残疾，却令弟兄妄冒相见，后却以残疾男成婚之类，）不追财礼。未成婚者，仍依原定；（所妄冒相见之无疾兄弟、姊妹，及亲生之子为婚，如妄冒相见男女，先已聘许他人，或已经配有室家者，不在‘仍依原定’之限，）已成婚者，离异”①，法律确立了婚姻成立的诚信、自愿与秩序原则，如果违反了上述规范，则将受到法律的惩治。

① （清）吴坛著，马建石、杨育棠主编：《大清律例通考校注》卷一〇，中国政法大学出版社，1992，第442页。

律文内容是以诉讼已至官府为标准而设定，即婚姻诉讼只有进入官府的视野，且确定婚姻确实具有违反了上述律文规定的行为，才可以按律惩治。那么婚姻诉讼如何发起或由谁发起呢？律文没有明文，根据婚姻主婚人制度，他们是婚姻缔结的主体，诉讼可以由他们发起，也可以由男女双方的其他家人提起。如上文提到的李翩妄冒骗婚案，即是由女子的哥哥向官府提起。但在诉讼中，如何证明对方有妄冒骗婚行为，必须有确凿的证据，能够被审案官员接纳，否则极有可能被另一方反控以悔婚，李翩妄冒骗婚案即是如此。被骗婚女子苏愿娘的哥哥苏迎发现李翩妄冒婚姻，即呈送县衙，诉请婚约无效，但被李翩反控以女方悔婚，苏迎不仅被杖责，且被县令勒令按约定婚期将愿娘发嫁给李翩。后因愿娘不甘，投水自尽。该案几经审理，苏迎兄弟因悔婚曾被刑讯关押数年，案件历时九年，最终由徽州府知府审定李翩妄冒骗婚。[①] 可见，此类诉讼案件并非易于认定和审断。

朱文铭身为生员，关于婚姻的法律规定未必不知，但依然以欺骗方式娶亲，说明他应有所依仗。朱、王两家定婚的一切程序都符合礼法规范，妄冒相亲只有他和媒人朱均才清楚，即使顶替者朱慕膺当时都不清楚其前往王家的真实目的，刘姓媒人也不知是妄冒相亲。[②] 如果王氏家人以妄冒骗婚将其控告，证据未必充分。他也可以如上述的李翩案，反控女方悔婚。此类诉讼，官府认定朱文铭骗婚有些难度，但如果朱文铭控告王家悔婚，官府认定则相对容易。[③] 这也可能是他不担心顶替相亲，妄冒为婚的理由之一。

其二，朱文铭可能认为王氏已经过门，若在得知被妄冒骗娶后坚持离异，不仅其名节受损，其娘家名声也将受到影响，为了维护家庭荣誉，不得不接受这桩婚姻。即使告官要求离异，官府也大多以女子贞节考虑，甚至可能劝说女子及其家人接受婚姻事实。沈家本曾经在《寄簃文存》中对“妄冒为婚”律作过注解，指出：“此因其妄冒而断离，使不得遂其奸伪之

① （清）徐士林著，陈全伦、毕可娟、吕晓东主编：《徐公谳词：清代名吏徐士林判案手记》，第318～320页。

② 中国第一历史档案馆藏，内阁刑科题本，婚姻奸情类，档号：02－01－3217－05。

③ 清代司法文献中，婚姻诉讼案件非常普遍，男方控告女方悔婚案者，大多判决女方悔婚。

愿，然亦据法而言。《总注》谓‘若女子不愿别嫁，亦应免其离异’，盖女子既已失身，必令离异，亦非所以全其节也。”① 贞节是女性婚姻考量的第一要素。当然，从案件的后续发展看，两人的婚姻走向基本符合了朱文铭的最初设计。当王氏回至娘家，告诉父亲王遗芳朱文铭骗婚之事时，他以“事已不可挽回”回复女儿，表明婚姻已不可更改，不得不接受了女儿被设计骗娶的事实，将王氏劝回朱家。② 婚姻经过王氏父亲的确认，由非法妄冒骗娶转化为合法的婚姻。

根据清律规范，婚姻是“父母之命”，由家长主婚，其婚姻缔结立场代表了当事男女的立场。就王氏一案，其父亲对婚姻的接受似乎也代表了王氏的婚姻立场，她不得不接受父亲的婚姻态度。王氏的父亲为什么接受这桩女儿被妄冒诈娶的婚姻，而没有选择到官府发起诉讼？作为父亲，对女儿的遭遇不可能不愤怒，虽然卷宗没有体现，但从朱文铭对待王氏哥哥登门探望王氏的反映来看，两家关系已经不睦。③ 尽管如此，王氏父亲亦未建议女儿离异归宗，究其原因，不外乎以下两个方面的考量：

其一，与朱文铭的考量一样，王家对朱文铭妄冒骗娶的证据掌握并不充分，即使诉至官府，亦未必证明他是妄冒骗娶。朱、王两家的婚姻是由众人见证而缔结，形式合乎规范，骗婚之事只有当事人知道，如果因此提出离异，不仅意味着将女儿被骗婚之事公之于众，且其产生的负面影响直接关系着女儿和家人、家族的名誉。婚姻礼仪程式是民间视婚姻成立的表现方式，权威性重于法律规范，一旦婚姻走过了礼仪程式，即获取了民间社会的认可和尊重，推翻它需要付出极大的代价。朱文铭借助于礼仪程式的演示，向公众传递了与王家缔结婚姻的效力信息，因此，这可能是王氏父亲明知女儿被诈欺成婚，也不敢轻提离异的原因之一。

其二，王氏父亲接受这桩婚姻，也可能是他理性考虑的结果。朱文铭虽然年岁较长，但作为婚配对象，其家庭具有一定的社会地位，本人是生

① （清）沈家本：《寄簃文存》卷五《妇女离异律例偶笺》，载氏著《历代刑法考》第4册，邓经元、骈宇骞点校，中华书局，1985，第2172页。

② 见中国第一历史档案馆藏，内阁刑科题本，婚姻奸情类，档号：02-01-3217-05。

③ 中国第一历史档案馆藏，内阁刑科题本，婚姻奸情类，档号：02-01-3217-05。

员，家中弟弟等人也是生员，[①] 某种意义上是书香之家。女儿如果离异，名声不仅受损，且以后的婚配对象未必较朱文铭更好。因此，对女儿王氏抗拒婚姻的态度采取了消极的安慰和包容，劝其忍耐。在王氏与朱文铭的关系恶化时，允许女儿回到娘家住了四个月的时间。[②] 但他对朱文铭骗娶女儿的消极行为放纵了朱文铭后来对王氏的凌辱折磨，让年轻的王氏陷入了孤苦无依的状态，最终导致了惨剧的发生。

朱文铭精心谋划以妄冒诈欺手段骗娶了王氏，迫使王父出于诸多方面的考虑，不得不接受这桩婚姻，从而达成了双方对婚姻的共识，认同婚姻的效力。这样的认同可否构成法律意义上妄冒为婚非法因素的排除，婚姻转为合法？婚姻具有高度的自治性，从理论上讲，只要此类婚姻没有进入法律视野，国家不能对其非难谴责、强制离异，其即具有实际效力。甚至当事男女于成亲后，认同婚姻，排除“妄冒”非难因素，亦可转化为合法。[③]

（三）脱离：王氏的婚姻立场

婚姻是传统社会女性之归宿，“男大当娶，女大当嫁”，一般而言父母为女儿择取婚配对象时具有希望其未来婚姻幸福、不要嫁错人的责任感，王氏父亲亦是如此，他们会仔细考察婚配人选，斟酌具体情形，综合考虑。朱文铭提亲之时谎称二十四岁，其时王氏年不足十五，虽有十岁之差，但也算相宜，且其已具生员身份，王父在许婚之时未尝不是满意女儿婚配人选，王氏出嫁时也是充满了对未来的期待。据王氏供词所言，成亲之前她即已知道了未来丈夫的相关信息，大伯将相看情形告诉了父亲王遗芳，“小妇人也在场听闻。十二月二十五日朱文铭迎娶小妇人过门，小妇人见朱文铭并非少年，心中疑惑，因新嫁害羞，不好遽行向问”。迟至次日，获知被朱文铭顶替骗娶的事实，王氏的失望可想而知，彼时她尚冀望

---

① 中国第一历史档案馆藏，内阁刑科题本，婚姻奸情类，档号：02－01－3217－05；参见（清）钱宝琛《存素堂全集（年谱·诗文稿·奏疏）》（三），沈云龙编《近代中国史料丛刊》第38辑，文海出版社，1973，第838~840页。

② 参见（清）钱宝琛《存素堂全集（年谱·诗文稿·奏疏）》（三），第837~841页。

③ 参见（清）沈家本《寄簃文存》卷五《妇女离异律例偶笺》，第2172页。

于父亲能够挽回，当父亲告诉她事已不可为时，其被欺骗的愤恨之情始终难以释怀。虽然在父亲的劝说下，不得不接受了婚姻的事实，但婚姻现实的落差，令她对朱文铭充满了抗拒与厌恶。从其供词中也可以读出她对朱文铭和此段婚姻的痛和恨以及对婚姻意欲脱离的心态。

> 小妇人……经查知瞒年、冒指情由，归向父亲哭诉。父亲说事已错误，不能挽回向劝。小妇人无奈转回，村斥朱文铭不应妄冒骗娶，朱文铭素性暴躁，不依，詈骂，从此不睦。十五年三月间，不记日期，朱文铭有存银失记放处，疑是小妇人偷回母家，小妇人分辨，就把小妇人责打。四月间，小妇人哥王敳子走来探望，小妇人把朱文铭存酒取出给饮，朱文铭外回查知，又把小妇人殴詈，关出房外，不令睡卧，并不许小妇人母家的人上门。自此，更加憎恶，遇事苛责磨折。小妇人复回母家告知凌辱难堪，生不如死。父亲劝令忍耐，留住两月始回。九月十六日自省乡试回家，复因故妾所生女孩失跌，斥骂小妇人不管并复责打。小妇人就投井寻死，经朱万仂见救，并经小妇人外祖母洪氏闻知，把小妇人接往劝慰，到十月二十八日送回。十一月初四日二更后，朱文铭自外饮酒回归，复又取酒自酌，声言自己不吃，也是被人窃饮，出言辱骂，并称日后总要打死贼妇。小妇人忍气饮泣。三更时候，朱文铭吃醉了酒上床睡卧，叫幼婢水雪捶腿，小妇人在房冷坐，想起朱文铭欺冒骗娶，已不甘心，并被殴骂凌虐各情，全无恩义，一时悔恨莫遏，起意致死。乘朱文铭酒醉酣睡，婢女水雪在旁打盹，小妇人就寻取麻绳一条，悄悄把一头栓在床后门格上，一头由朱文铭咽喉绕转项颈，用力拉勒，朱文铭就不能动弹声喊，两脚乱蹬，碰伤左手腕，登时气绝身死。[①]

王氏的供述反映了其婚姻态度转变的路程。她自知道被骗娶时起，即希望能够解脱与朱文铭的婚姻，起初寄希望于父亲，这是父权下从小养成的依赖。然而父亲向骗婚者妥协，并劝其接受婚姻，接纳骗娶者为夫，其

① 中国第一历史档案馆藏，内阁刑科题本，婚姻奸情类，档号：02－01－3217－05。

婚姻立场与父亲产生了分歧，但长期遵从父亲权威的惯性使她不得不接受了父亲所说的婚姻已无可改变，但也并非完全接受，而是消极对抗父亲的劝说，长期留住母家，迟迟不回朱家。据江西巡抚钱宝琛在答复道光皇帝谕令其复审的奏折中曾经提到，王氏成亲后第一次回母家呆了两个月。[①]这让王氏开始意识到在婚姻立场上父亲与她并不一致，对她提供的支持与帮助有限，母家只能是她短暂停留的地方，不能无限期地留住，她以“无奈”一词，清楚地传递了王氏自母家转回朱家时的心态，说明她是基于父亲（母家）的态度，而非对朱文铭丈夫身份的认同。但在其父亲看来，这是她接受婚姻、认可以朱文铭为夫的表现。然而透过王氏的供述，可知事情并非如此，她在朱家以朱文铭妄冒骗婚对其屡屡斥责，[②]显然这不是妻子对丈夫的态度。因与朱文铭的关系恶化，多次遭致殴责凌辱，王氏再次回至母家，以“生不如死”向父亲求助，得到的支持与帮助和前次一样，又一次在母家留住了两个月。这一次也彻底打破了她在婚姻解决路径上的父亲依赖，返回朱家后，寻求自我脱离的路径，在又一次被朱文铭责骂后，跳井自杀，意欲以死终结生命，摆脱婚姻。被人救起后，被带至外祖母家疗养，待了一个多月的时间。历经生死，从外祖母家回到朱家的第六天，朱文铭借着醉酒辱骂王氏，或许这让王氏再次清醒地意识到两人已是不死不休，她无法视其为夫，因此在其睡熟后将之勒毙，结束了这桩痛苦的婚姻。

在上述王氏的供词中，读者也可以了解到王氏与朱文铭二人在共同生活期间的恶劣关系，两人已是“怨偶”。朱文铭的态度也经历了变化，从精心谋划骗娶王氏，到成亲后对她的辱骂殴打，甚至后来的言称将其打死，说明这桩妄冒而来的婚姻并没有如他设想的那样美好。他可以借用手段迫使王氏父亲接受朱、王两家联姻的事实，认同婚姻，但却不能使王氏接纳他，承认婚姻。或许在婚姻之初，他认为婚姻是双方家长的认同，女子的态度并不重要，成亲后王氏是“嫁出去的女儿，泼出去的水”，失去了母家的支持，她只能屈从于既有的婚姻。也可能在他的设想中王氏婚后

① 参见（清）钱宝琛《存素堂全集（年谱·诗文稿·奏疏）》（三），第837~841页。
② 参见（清）钱宝琛《存素堂全集（年谱·诗文稿·奏疏）》（三），第839~840页。

处于他的掌控下，他可以应对一个年少弱稚女子的对抗，婚后的凌辱折磨未尝不是他试图驯服王氏的手段。然而王氏始终对他的不认同，或许改变了其婚姻设想，醉酒状态下说出“总要打死贼妇”的话语，也可能暴露了他对王氏以及其婚姻一些难以言说的想法。

三、婚姻的法律定性与杀人之罪与刑：司法的论争

案件发生后，鄱阳县知县在审理时发现不知应以何种罪名对王氏定罪，被害人朱文铭存有过错，其妄冒骗娶在先，王氏谋杀在后，两者之间存在因果关系，若以妻杀夫论罪，则朱文铭的妄冒为婚之罪则不予考虑。若不以妻杀夫论罪，王氏在朱文铭妄冒婚娶后一起共同生活了近一年的时间，这应如何定性？鄱阳知县向江西巡抚征询意见，巡抚也难以拟断，因此上书刑部咨询意见，“此案已死朱文铭欲娶王氏为妻，恐王家嫌其年大，令侄朱慕膺前往相看迎娶过门，系属妄冒为婚，照律应行离异。虽此等应行离异妇女与其夫有犯，应否照服制定拟，例内未经指明”①，奏书一方面强调“妄冒为婚”按律应行离异，另一方面又以“与夫有犯”指涉王氏勒毙朱文铭案，暗含二人有服制关系（夫妻）。刑部回覆以依擅杀律定拟，理由如下：

> 第思妄冒为婚系属有心欺骗，迥非乡愚不谙例禁者可比，其被骗娶妇女杀死，自不能按服制科断。况向来谋故杀死诓骗财物罪人，均照擅杀问拟绞监候。今朱文铭设计将王氏骗娶，本属有罪之人，妇女以名节为重，该氏被骗失身，较之被骗财物者其情尤为迫切。今究明该氏杀由忿激，自应照擅杀律定拟。王氏合依罪人不拘捕而擅杀者以斗杀论。斗殴杀人者，不问手足、他物、金刃并绞刑监候律拟绞监候，秋后处决。②

① 中国第一历史档案馆藏，内阁刑科题本，婚姻奸情类，档号：02－01－3217－05。
② 中国第一历史档案馆藏，内阁刑科题本，婚姻奸情类，档号：02－01－3217－05。

刑部首先指出妄冒为婚的故意性，即行为人实施妄冒行为是属明知故犯，其被骗娶妇女杀死，不能以夫妻关系定罪，这也是说明妄冒婚姻始终无效。进而提出案件应以“谋故杀死诓骗财物罪人”论断，即先行认定朱文铭妄冒骗婚行为的性质，将其比拟为“诓骗财物”，明确其罪人身份。王氏杀死朱文铭，是杀罪人的行为，具有一定的防卫性质。刑部的审理意见既点明了朱文铭妄冒为婚之恶，也指出了王氏杀人行为的正当性，定罪应治其擅杀之罪。江西巡抚根据刑部的意见，将王氏以擅杀律定拟绞监候。

该案于道光十七年（1837）十一月秋审时，三法司认为案情有疑：其一，王氏杀朱文铭的时间点不合常理，指出朱文铭诈欺成亲，“结褵将及一载，若因其欺骗忿激，何不致死于过门之时，而勒死于十余月之后？其中恐有暧昧不明情事”。其二，王氏勒毙朱文铭的供招只有王氏一人的孤证，不合常理，质疑王氏勒杀之时，“虽在旁盹睡之婢女冰雪年甫六岁，懵懂无知，而检阅供招，家中尚有十九岁之婢女冬梅，于该氏下手之时岂毫无见闻”？由此推定江西巡抚“未经详细讯明，辄照擅杀定拟”，并指出“罪名出入攸关”，建议“应令该抚另委贤员，研讯王氏之勒毙朱文铭是否另有起衅别情，抑系止因被骗忿激而杀。详取确供，按律妥拟”。[①] 江西巡抚裕泰遵旨重审此案，审明案无别故，仍照前面的判决。刑部在道光十九年（1839）在奉旨覆审此案时，对江西巡抚几经审理此案的情形，有详细的说明，内容如下：

先据江西巡抚陈銮咨鄱阳县犯妇王氏谋勒妄冒骗娶之朱文铭一案……该抚以王氏被骗成婚，律应离异，并无夫妇名分可言，惟例无治罪明文，咨部示覆。经臣部查：向来谋故杀诓骗财物罪人，均照擅杀定拟。今朱文铭设计将王氏骗娶，本属罪人。妇女以名节为重，该氏被骗失身，较之被骗财物其情尤为迫切。如果杀由忿激，并无起衅别情，应即以擅杀定拟。仍行令该抚研审有无别情，按律妥拟具报。旋经江西巡抚裕泰审明，王氏谋杀朱文铭身死，委系杀由忿激，并无起衅别故，将王氏照罪人不拘捕而擅杀以斗杀论绞律拟绞监候。等

① 中国第一历史档案馆藏，内阁刑科题本，婚姻奸情类，档号：02－01－3217－05。

因。题报到部，臣部照拟核覆，会同具题。旋据大理寺以情罪未协，签商过部。臣部复查，该氏致毙朱文铭已在结褵十余月之后，其中究难保无暧昧不明情事。既据该寺签商，应再驳审明确，以昭慎重。复会同题驳去后，嗣据该抚审明，案无别故，仍照原议具题。①

在道光十九以前，江西巡抚已历经三次审理此案，皆认定王、朱二人的婚姻律应离异，始终无效，王氏杀人，亦案情确凿，是由忿恨朱文铭妄冒骗娶起，别无他情。即驳回了三法司所提出的质疑。但大理寺认为江西巡抚认定王氏与朱文铭婚姻始终无效是忽略了两人的实质夫妻关系，质疑其判决“情罪未协”。大理寺的意见得到了道光皇帝的支持，“部驳甚是”，又将案件转发大理寺重新审理。大理寺奉旨审理该案，认为：

朱文铭之于王氏，虽律应离异，但自迎娶过门，至犯事之日，男女居室已将一年。况王氏两经其父王遗芳劝回夫家，正欲其从一而终，以全名节，并无异说。该氏既遵父命转回，即与朱文铭不得谓非夫妇。纵以为被骗不甘，亦属不安义命。至谓谋勒之情出于忿激，应逞忿于初婚之时，何至夫妇相处一年之久，特因朱文铭屡次折磨凌辱并有日后总要打死贼妇之言，顿起杀机？若朱文铭能以恩义相抚，该氏未必萌此恶念，是朱文铭之折磨凌辱，即起衅缘由，并非因被骗不甘也。设使该氏生有子女，无论其亲属邻里，咸谓系彼夫妇所生，即问之王氏，亦不肯认为苟合奸生，而必谓为伊夫朱文铭所生也。今不问其成婚之久暂，夫妇名分久已昭然，概谓朱文铭有冒妄之杖罪，该氏谋杀者系属罪人，遂以擅杀罪人律科断。平心而论，实觉情浮于法，且一经核准，将来便可援为成案，是使嗣后凡有似此者，相爱则权威夫妇，可以苟安，相恶则视为罪人，可以擅杀。其流弊尤不可不防。臣等以案关服制，拟罪似未允协，与刑部往返签商，未能画一，请刑部详细核议以昭慎重。②

① 中国第一历史档案馆藏，内阁刑科题本，婚姻奸情类，档号：03－63－3986－09。

② 中国第一历史档案馆藏，内阁刑科题本，军机处录副奏折，档号：03－63－3986－09。

大理寺以朱文铭妄冒骗娶成亲后的共同生活作为王、朱二人婚姻有效的论据，将王氏父亲和王氏迫于骗娶成功而不得不接受的“婚姻”视为他们主动从一而终、保全名节的行为，认为被迫的自愿也是“自愿”，完全忽略了婚姻成立手段的非法性。由此推定王氏对抗朱文铭骗娶的行为，违反夫妻之道，“不安义命”，即以王、朱婚姻合法化的名义，将王氏行为污名化，并淡化朱文铭妄冒骗娶的罪恶。既然他们是夫妇，朱文铭对王氏的凌辱折磨，被合法化为丈夫对妻子的教训，王氏被骗不甘的杀人行为被视为对丈夫的恶念，所以认定江西巡抚的判决“拟罪似未允协”。

大理寺的审理意见，正如上文所分析，更侧重于妄冒为婚成亲后的共同生活，认同妄冒骗娶可以在成亲后，经过被骗婚娶人（家人）的同意或接受，可以转化为合法婚姻。清初律典《大清律集解附例》在注解中曾解释妄冒为婚，“已成婚者离异，女别嫁，男别娶；若女子不愿别嫁，亦应免其离异”①，即成亲以后，婚姻离异与否，取决于女子的意愿。如果女子不愿“离异”，婚姻可视为有效。

大理寺的审理意见上达道光皇帝后，他转到刑部，谕令刑部对案件核议，“据大理寺奏江西犯妇朱王氏谋勒朱文铭身死一案，拟罪似未允协，着刑部悉心核议具奏。钦此”②。刑部接到谕旨后，于道光十九年二月二十九日，针对大理寺关于案件审理的问题逐一进行了驳复，原文如下：

> 臣部查核，情罪相符，照拟会题。该寺复以此案情罪未当，难以会画等因，咨部，并奏，奉谕旨交臣部悉心核议。臣等查，议狱贵乎精详，而断罪期于允当，不敢固执己见，亦不敢迁就雷同，谨就所奏各层，逐一公同悉心核议。如原奏所称，朱文铭之于王氏，虽律应离异，但自迎娶过门，至犯事之日，男女居室已将一年。况王氏两经其父王遗芳劝回夫家，正欲其从一而终，以全名节。臣等查：夫妇之道，礼隆正始，既系冒妄不正，律应断离，虽后此委曲弥缝，终不能以夫妇定论。今王氏被朱文铭骗娶，其父王遗芳原不知情，迨王氏查知哭

① （清）朱轼、（清）常鼐等纂修：《大清律例集解附例》卷六《户律·婚姻》，雍正三年内府刻本，第3页b。

② 《清宣宗成皇帝实录》卷三一九，道光十九年，二月壬辰。

诉，因事难挽回，故劝令隐忍。是伊父于被骗后终由弥缝，乃万不得已而出于此。而朱文铭之所以敢于骗娶者，亦阴计而决其必出于此。及王氏不甘隐忍，忿毙其命，如不论死者骗娶之罪，而于被骗失身之妇女，因其父曾经劝慰，遂附会父命之说，处以极刑，不足以昭情法之平。且谓被骗不甘为不安义命，则安义命者，必甘心受骗而后可，似非衡情断狱之道。

又称：谋勒之情出于忿激，即应逞忿于初婚之时，何有夫妇相处一年之久，特因朱文铭屡次折磨凌辱并有日后总要打死贼妇之言，顿起杀机？若朱文铭能以恩义相接，该氏未必萌此恶念，是朱文铭之折磨凌辱即起衅缘由，并非专因被骗不甘一节，臣等查：王氏谋毙朱文铭不在初婚之时，而在十余月之后，原难保无起衅别情，但案经屡次驳行研讯，据该省审明，实系被骗忿激而杀，即不能悬空臆断，谓其不因被骗。且详核全案，朱文铭凌虐王氏之由，系王氏与之不睦所致；王氏不睦之由，系被朱文铭骗娶所致，前后实系一衅相连，似不得因朱文铭曾将王氏凌虐，遂谓王氏谋勒之由不因被骗而起。

又称：使相处既久，生有子女，不特其亲属、邻里咸谓彼夫妇所生，即问之王氏亦不肯认为苟合奸生，而必谓伊夫朱文铭所生。今不问其成婚之久暂，夫妇之道名分久昭，概谓朱文铭有妄冒为婚罪，该氏谋杀者系属罪人，遂以擅杀科断，平心而论，终觉情浮于法一节，查：臣部历办有关夫妇名分之案，总揆其嫁娶是否以礼，不以成婚之久暂为断，故先奸后娶、知情买休、苟合成婚等类有历数年或数十年者，在彼亦自居为夫妇，而一经犯事到官，概不照夫妇科断。今王氏被朱文铭骗娶，如果事后乐从，愿为夫妇，未始非情理所或有，而事到官，例难曲徇。即使生有子女，不过与奸生相等，岂能因此遽以为夫妇名分之正？且男女之间，久固足以生育，暂亦可以胎孕。该寺但计及王氏相处之久，欲以生有子女为夫妇名分之所由定，设该氏于甫过门时便已受孕，并于此时将朱文铭致毙，欲以夫妇论，而王氏甫经被骗，其时其暂欲不以夫妇论，而王氏将来产生子女又系朱文铭所生，又将何以定断？

又称：一经核准，将来即可援为成案，嗣后凡有似此者，相爱即权威夫妇，可以苟安，相恶则视为罪人，可以擅杀，其流弊不可不防一节，臣等查：狱情纷歧，弊原不少，而人命至重，罪难滥加。故臣部向来核覆外省案件，第就本案情罪相符，别无弊窦，断不能以防弊为词，遂议枉断。今王氏之于朱文铭，便果如所谓相爱则安，相恶则杀，则必其致死之由不因被骗而起，自不应照擅杀科罪。兹查核全案，王氏查知朱文铭骗娶后，即与不睦，其后将朱文铭致毙，亦实由被骗不甘所致，并无前后爱恶相反情节，两次驳审均无异词。该省将该氏照擅杀定拟，臣等愚昧之见，似无错误，应行照覆。

至谓既经核准，将来即可援为成案，查：案经准行，将来遇有情节似此之案，即不应前后两歧。其有案情近似，而起衅根由各别者，则由承审官临时研讯确情，另行议罪，不得滥引比附。若因后来之案虑有狡饰，欲将现在之犯先宜重典，殊非核实之道。

以上所奏各属，核与例意、案情均未符合。所有犯妇王氏似应仍照擅杀律拟以绞候。惟系寺臣签商未定，复行其奏之件，是否有当，仍恭候钦定。俟恭奉谕旨后，再由臣部将全案缮稿会画具题。所有臣等遵旨悉心核议缘由，理合恭折具奏请旨。①

刑部认为婚姻有效，始于定婚之初的婚姻之正，即男女双方诚信、自愿，而非成亲以后的弥缝，王氏勒一案，即是王氏父亲与王氏在朱文铭妄冒骗娶后的被迫接受，“委屈弥缝”。王氏谋杀朱文铭，则是因为对朱文铭妄冒骗娶的忿恨始终难消，从获知被妄冒骗娶后，即与朱文铭产生不睦，二人共同生活期间关系恶化。夫妇名分不是因一起生活长久而定，是缘以礼，合于礼，即为婚姻，否则不是。违律婚姻，事犯到官，一律被断定婚姻无效。他们共同生活期间所出生的子女为奸生子女。至于大理寺担忧该案将来可能成为成案被援引，刑部认为案件援引是以案件情节相似，法律适用统一。但若案情近似，其案件起始缘由各不相同，需要具体案件具体分析，不能滥引适用。此案王氏勒毙朱文铭，起因于被妄冒骗娶所产生的忿恨，江西巡抚多次审理，皆是如此，别无他故，以擅杀定罪，情罪相

① 中国第一历史档案馆藏，内阁刑科题本，婚姻奸情类，档号：03－63－3986－09。

符，所判并无错误。

因刑部的意见与大理寺相左，案件仍然不能最终定案，道光皇帝不得不将案件发回江西省，令江西巡抚再审，“江西鄱阳县犯妇王氏谋勒朱文铭身死，经该抚拟以绞候。昨据大理寺以情罪未协具奏，降旨令刑部悉心核议。兹据奏称，该省所拟无误，应行照覆。案关罪名出入，不厌精详。着交钱宝琛督同臬司管遹群，再将此案情节虚心推鞫，秉公审讯明确，毋纵毋枉，按律妥拟具奏”①。显然，道光对刑部的回复意见并不认同，转交钱宝琛等重新审理。

新任江西巡抚钱宝琛接到谕令后，即遵旨与按察使管遹群对该案的相关人及卷宗提至省重审。道光十九年六月十九日，钱氏等经过重新调查审理后，向道光上了“覆奏犯妇王氏谋勒朱文铭身死请仍照原拟”一折，将案件情节及定罪等情形作了详细的报告，原文如下：

> 王氏之父王遗芳与已死生员朱文铭隔村居住，素不相识。朱文铭妻故，探知王氏少艾，欲娶为妻，道光十四年十一月间央托朱均才、刘观保为媒说合。因王氏年甫十五，伊年近四旬，恐女家嫌其年大，嘱（属）朱均才等瞒为二十四岁，王遗芳欲相看许配，朱文铭起意妄冒，以伊侄朱慕膺少年清秀，令朱均才等带往相看许配。十二月二十五日，朱文铭迎娶王氏过门，王氏见朱文铭并非年少，查知妄冒情由，归向其父哭诉，王遗芳以事已错误，难以挽回向劝。王氏无奈转回，屡次斥骂朱文铭不应妄冒骗娶，日向吵闹，朱文铭因此心生厌恶，将王氏遇事折磨，时加殴责。王氏曾于十五年九月十六日投井寻死，经朱万仂救起得生。至十一月初四日夜，朱文铭自外醉归，复又取酒自酌声称总要将王氏打死。王氏忿恨莫遏，起意致死。乘朱文铭睡熟，寻取麻绳，一头栓在床后门格，一头由朱文铭咽喉绕转项颈，执住绳头，用力拉勒，登时殒命。经前抚臣裕泰审明，将王氏照擅杀律拟绞具题在案。兹据提集研讯各供，均与前情无异。
>
> 臣以王氏果因被骗不甘，何以延至经年之久，始将朱文铭谋勒致

① 《清宣宗成皇帝实录》卷三一九，道光十九年，二月乙未。

毙？恐实有起衅别故，复向严诘。该氏坚供伊到朱家后，两回母家，先后留住四月。又为祖母洪氏接住月余。又朱文铭赴省乡试，往返三月有余，其间相处止及两月。伊查知被骗，当向不依，时向角闹，后即因此忿激致死。委无别故。质之尸弟朱文锐，亦称王氏查知骗娶情事，即与伊兄日相吵闹，后即因此被勒身死。如果有起衅情节，伊住居咫尺，断无不知。自必早经供出为兄伸冤，何肯转为隐瞒等语。复讯外人证，亦各供如意，矢口不移。案无遁饰。

查律载：为婚而女家妄冒者杖八十，男家妄冒者加一等。已成婚者，离异。又例载：嫁娶违律应行离异者，与其夫有犯，如先奸后娶，或私自苟合，或知情买休，虽有媒妁婚书，均先依凡人科断各等语。此案王氏被朱文铭妄冒成婚，起意将其谋勒致死，例无作何治罪明文。惟查先奸、苟合、买休等项，均属和同嫁娶，例意尚以非婚姻之正，概从凡论。今妄冒为婚，系属设计诳骗，绝无夫妇恩义。假如该氏于被骗成婚后业已乐从，复因别故将朱文铭致死，亦止应依凡人科断。况经迭次审明，该氏查知被骗迄无一日相安，甚至捐躯投井。迨因忿恨莫释，实基于骗取，委系属一衅相因，毫无别故，不特不能以服制论断，亦未便与和同嫁娶之先奸、苟合、买休等项同科。臣与臬司管適群揆度案情，参稽例义，窃以骗嫁者律应断离，本无名分，冒娶者法应拟杖，即属罪人。且谋故杀死诳骗财物等犯，历以擅杀定拟，冒娶失身较之诳骗财物情节尤重，拟以擅杀似无枉纵。所有王氏一犯，应请仍照前抚臣原拟，依擅杀罪人者绞律拟绞监候，秋后处决。供招咨部外，理合恭折覆奏。①

钱宝琛的覆奏，确实补充了一些新的细节，其一是增添了王氏被迎娶后与朱文铭共同生活的具体时间，只有两个月，不是前面案件审理时认定的近一年。其二增加了死者朱文铭弟弟的供词，即旁证，从侧面证实了王氏供词的可信性。显然这份新的审理是针对大理寺的，尽管案情有新内容，但再次证明了前面历次江西巡抚的判决没有错误，对王氏的定罪量刑依然遵

① （清）钱宝琛：《存素堂全集（年谱·诗文稿·奏疏）》（三），第837~841页。

照其前任裕泰的审理意见，以擅杀罪人者绞律拟绞监候。

钱宝琛的判决，再次确认了王氏与朱文铭婚姻的无效性，正如前任江西巡抚所言，“以诈冒骗娶成亲，即属婚姻不得其正，律应离异，并无夫妻名分可言，揆诸知情买休者尤为诡谲，按照凡人定断，似无轻纵”①。这亦是再次强调了王氏与朱文铭婚姻的缔结违反了正常的秩序，法律不能以共同生活时间长短而确定为其合法、有效与否。也就是说，婚姻缔结的方式、手段必须符合礼法，而不能在成亲以后委屈“弥缝”。有意思的是，钱宝琛在其奏折后面，有意突出了朱文铭妄冒骗娶之恶以及王氏的忿恨，他写道：“朱文铭妄冒为婚，系属设计诓骗，绝无夫妇恩义。该氏查知被骗，忿恨莫释，起意致死。逞忿虽出于临时，怀恨实基于骗娶，委属一衅相因，毫无别故，不能以服制论断。应请仍照原拟，依擅杀罪人律拟绞监候。”钱宝琛的奏折上达道光后，其反映是将之下转“部议”，案件的审理再次回到中央，经部议后，“从之”。②

该案至此，终于定断。王氏与朱文铭的婚姻无效，夫妻关系（服制）不成立，其婚姻意愿以司法判决的形式而实现，勒毙朱文铭的行为，亦具情有可原的自卫定性。然而这并非最终的裁决，尤其刑罚，尚有待于秋审的核议和确认。

道光十九年，江西巡抚钱宝琛按照规定，将王氏谋勒朱文铭身死一案列入了该省的秋审册，刑部将其列入缓决。三法司会同审理之时，大理寺卿连贵对王氏被列入缓决，提出了异议，他将自己的意见上奏了道光皇帝。非常有趣的是，道光皇帝接到其奏折，乃颁谕内阁，令军机处对此案进行议奏。据《清实录》记载，“前因大理寺卿连贵奏秋审册内分别实缓有未允协之处，当降旨派军机大臣敬征、恩桂会议具奏”③。谕旨于道光二十年八月三十日下达军机处，由军机处大臣进行议定。九月二十日，军机大臣穆彰阿等将议决意见具奏上闻：

---

① （清）祝庆祺、鲍书芸、潘文舫、何维楷编：《刑案汇览三编》（四），北京古籍出版社，2004，第335页。

② 《清宣宗成皇帝实录》卷三一九，道光十九年，二月乙未。

③ 《清宣宗成皇帝实录》卷三三九，道光二十年，九月丁未。

臣等查看该大理寺卿原奏，据称秋审册内犯妇王氏情浮于法，拟缓，照官犯那斯洪阿之案略微变通，核入情实等语。臣等当将两案卷宗由刑部调取，悉心详加比核。

查：江西省缓决犯妇王氏擅杀朱文铭身死一案，朱文铭图娶王氏为妻，因年齿未能相当，令伊侄朱慕膺冒名代为相看。及迎娶过门，王氏查知被骗情由，忿恨莫释，因此起意谋勒致毙。前据江西巡抚裕泰审，照擅杀罪人律拟以绞候具题。经刑部以情罪恐有未确，驳令覆审。嗣据该抚审，系一恤相因，并无别故，仍照原拟具题。复经大理寺以此案拟罪未协奏驳，奉旨着刑部悉心核议。嗣据刑部覆奏，复奉旨以案关罪名出入，不厌精详，交该抚钱宝琛督臬司管遹群覆讯。旋据该抚等复行审讯详核，以骗娶律应断离，本无名分，冒妄法应拟杖，即属罪人，请仍照原拟擅杀律绞候。经部议准，奉旨依议。各在案。是此案叠经法司详细推求，复经历任巡抚反覆讯鞫，朱文铭之为罪人，王氏之为擅杀，本属毫无疑义定案。既拟擅杀，秋审自应入缓。该抚之以缓决具题，该部之以缓决定拟，均系照例办理，衡情实为允协。论法，无可变通。至吉林省官犯那斯洪阿擅杀万花身死一案，擅杀例不入实，惟向来秋审官犯，无论情罪轻重，俱以情实定拟。已革骁骑校那斯洪阿系官犯，是以刑部将其由缓决改实。王氏一起系常犯，常犯与官犯不同，不得援以为例。该大理寺卿所奏应毋庸议。

再：该大理寺卿奏请嗣后死者仅犯拟杖轻罪杀者，有谋故凶狠重情，不得援引擅杀之例等语。查擅杀案件向包谋故，此案冒妄为婚，死者虽罪止拟杖，其被骗失身，事关妇女名节，杀由忿激，并无起衅别故，是以准情定法拟以擅杀，适得其平。若案情稍有未得例意，本不容轻引。该大理寺卿奏请申明例意之处，应由刑部确核办理。所有臣等会同核议缘由，理合恭折具奏，伏祈皇上圣鉴。①

根据上述文献，大理寺卿连贵对刑部将王氏谋杀朱文铭列入“拟缓”

① 中国第一历史档案馆藏，内阁刑科题本，婚姻奸情类，档号：03－06－3804－06。

提出异议的理由是“情浮于法”，这与其前一阶段该案审理时质疑判决“拟罪似未允协”的话语一脉相承，认为王氏罪重而刑轻。其实连贵此处的“情浮于法”更深层的表达是不认同前面的判决，但案件如前所述已成定案，以其一人之力无法推翻前判，重新认定。而且他清楚，按照程序，此次秋审应是王氏案件的终审裁决，秋审过后，案件再无改判的机会。刑部的“拟缓”建议，意味着王氏可能逃脱死刑，甚至最后以杖责、收赎逃离严刑，① 这与他认为王氏应以“杀夫”论罪的预判相去甚远，也许他能够接受的刑罚是王氏在秋审中以“照实”定惩，秋审后执行绞决，这一点可从其建议王氏量刑参照官犯那斯洪阿擅杀万花身死案，按情实处罚可知。所以，他反对刑部“拟缓”，以“情浮于法”为由，再次开启对案件的重新认定。

连贵欲重启对案件认定的态度，道光皇帝明不明白，无法可知，但其态度也颇暧昧，将其异议下令交由军机处议定，是否也暗示着军机处的议定结果是案件的终极裁决？该案中道光皇帝的态度颇值得玩味，案件几经反复，都有其影子。他在其中究竟扮演了何种角色，或是以何种心态一次次介入案件的审理，本文在此不欲展开探讨。

军机处奉旨议定该案，他们将案件历次审理的事实认定、法律适用、定罪量刑等进行了核议，结论再次肯定了江西省和刑部的判决，认为王氏被骗娶失身、忿恨杀人，以擅杀律定罪无误，这是定案无疑。秋审时，江西巡抚“以缓决具题”，刑部“以缓决定拟”，“均系照例办理，衡情实为允协。论法，无可变通”，驳回了连贵“情浮于法”的质疑。关于连贵认为王氏应参照吉林那斯洪阿擅杀万花身死案，由缓决改入情实之说，军机处指出，那斯洪阿为官犯，王氏是常犯，常犯与官犯不同，不能将前者援引适用。军机处的议决意见使纷扰了数年之久的王氏谋毙朱文铭一案的判决拉下了帷幕，王氏因被妄冒骗娶的忿恨与不甘也暂告一段落。

① 根据清代秋审的相关条款，常人擅杀罪列入缓决，通常减等处罚，改死为流。《大清律例》“工乐户及妇女犯罪”律规定，“妇女犯徒流罪，杖一百，收赎”。此案王氏勒毙朱文铭以擅杀律定罪，且是被骗娶失身忿激杀人，其减等处罚的可能性非常大。

四、余论：“妄冒为婚”的效力认同

王氏因朱文铭妄冒骗娶一案虽然以婚姻被宣告无效、王氏擅杀罪人而结案，但该案审理过程中所呈现的妄冒为婚效力的争议并没有结束。案件从几个不同的角度显现了关于妄冒为婚的态度：其一，王氏父亲在朱文铭与王氏妄冒成婚后，基于“事已错误”①，“委屈弥缝”②，承认了婚姻。其二，王氏自获知被妄冒骗娶之时抗拒婚姻，不愿以朱文铭为夫，终以将其勒毙而结束同居生活。其三，刑部、军机处与江西巡抚等为代表的官员，认为妄冒诈娶，按律离异，婚姻始终无效。其四，以大理寺卿连贵为代表的官员，认为王氏与朱文铭“居室已将一年”③，具有夫妇名分，婚姻有效。上述四种中，婚姻认同有效和无效各占一半，这亦从某种程度上反映出无论是民间社会，还是国家官府，对于妄冒为婚效力的认识始终存在分歧。分歧之所以产生，在于没有统一的婚姻效力认定标准。尽管《大清律例》规定妄冒为婚，“已成婚者，离异”④，但如何理解这句话，是应离异，还是可离异？如果是前者，则是强制离异，如刑部所解释，婚姻始终无效。如为后者，则需要考虑婚姻当事人的婚姻意愿，不愿为婚者，可以离异；如果愿为婚姻者，遵从其愿，勿须离异。律文的模糊性，导致理解的差异，在司法适用时非常容易引起争议，本案中大理寺卿与刑部、江西巡抚的多次交锋，也说明了这一问题。

根据档案文献的内容，连贵认为妄冒为婚“已成婚者，离异”的理解是可离异，当事人也可以选择不离异。因此在整个司法中，他力主将王氏严刑惩罚（死刑）背后的话语逻辑是她与朱文铭具有夫妇名分，亦即认为他们的婚姻虽然以妄冒开始，但同居生活可以说是成亲后他们婚姻意愿的表达，婚姻可认为有效。从其奏书的内容来看，他认为的婚姻效力要素，应当考虑迎娶以后双方家长的态度、婚姻男女当事人的共同生活、情感、

① 中国第一历史档案馆藏，内阁刑科题本，婚姻奸情类，档号：02－01－3217－05。

② 中国第一历史档案馆藏，内阁刑科题本，军机处录副奏折，档号：03－63－3986－09。

③ 中国第一历史档案馆藏，内阁刑科题本，军机处录副奏折，档号：03－63－3986－09。

④ （清）吴坛著，马建石、杨育棠主编：《大清律例通考校注》卷一〇，第442页。

子女等内容。[1] 婚姻不同于一般的社会关系，诚信是婚约订立的条件，但是否是婚姻成立的必要构成，显然他存有质疑。妄冒为婚固然有错，但男女当事人的婚姻态度不是一成不变的。他的话语逻辑，如果不考虑本案的话，未尝没有道理。这也可能是中国传统社会妄冒为婚现象虽然存在，但此类诉讼极其稀少的重要原因。[2]

连贵因此案引发的妄冒为婚效力的思考，侧重于妄冒成婚后双方的婚姻认同，在婚姻认同的前提下，男女双方才能"居室"共同生活，这应该是他坚持认为王氏与朱文铭具有夫妻名分的原因，也是他反对江西巡抚和刑部判决的理由所在。既然共同生活，那么由此而生的爱、恶皆属于夫妇关系问题，而非婚姻的效力问题。连贵对王、朱妄冒婚姻效力的认同理由不同于王氏父亲对婚姻事实的接受，反而与王氏对婚姻的抗拒、不接受朱文铭为夫一样，是一物两面的不同镜像呈现。他从旁观的视角，将王、朱二人"居室将近一载"视为王氏婚姻意愿的表达，以朱文铭为夫。王氏则以当事人视角，将自己与朱文铭的同居生活，视为因被妄冒骗娶后、已无处可去的被迫无奈选择，她的话语表达是同居一室，并不意味着认同朱文铭的丈夫身份。

以刑部为代表的江西巡抚[3]、军机处等司法官员，在他们的奏折中均有"冒妄不正，律应断离"[4]、"嫁娶违律应行离异"[5]、"律应断离"[6] 这样的言词表达，显然他们对妄冒为婚"已成婚者，离异"的理解是应离异，强制性的。根据刑部的解释，"夫妇之道，礼隆正始"，"有关夫妇名分之案，总揆其嫁娶是否以礼，……先奸后娶、知情买休、苟合成婚等

① 中国第一历史档案馆藏，内阁刑科题本，军机处录副奏折，档号：03-63-3986-09。

② 李启成在其《文学作品、司法文书与法史学研究》文中，从理论上分析了民间妄冒为婚现象的存在，但通常又维持经妄冒而生的婚姻的原因，本文不再赘述。

③ 自案发以后，历任江西巡抚对该案的审理都是以刑部的咨覆意见作为案件判决的依据，因此该案实质上是大理寺和刑部之间的争议。参见中国第一历史档案馆藏，内阁刑科题本，婚姻奸情类，档号：02-01-3217-05；（清）祝庆祺、鲍书芸、潘文舫、何维楷编《刑案汇览三编》（四），第335~336页。

④ 中国第一历史档案馆藏，内阁刑科题本，婚姻奸情类，档号：03-63-3986-09。

⑤ （清）钱宝琛：《存素堂全集（年谱·诗文稿·奏疏）》（三），第839页。

⑥ 中国第一历史档案馆藏，内阁刑科题本，婚姻奸情类，档号：03-06-3804-06。

类……一经犯事到官，概不照夫妇科断”，[①] 违律嫁娶即属婚姻非正，自始不具有法律效力。所以，笔者目前所掌握的四起妄冒为婚案件，均是被司法认定为婚姻无效。第一件是上文提及的李翩妄冒骗娶案。第二件杜必寿妄冒骗娶案，他以杜三奇顶替相看，骗得祁寡妇将女儿许配。[②] 第三件则是王氏被朱文铭妄冒骗娶案。第四件是岳氏谋杀冒妄为婚不能人之夫陈二川身死案。前两起案件，均是妄冒骗娶尚未成婚，司法官员皆以退婚处理。后两起案件均为妄冒骗娶已成婚案，两名女子皆谋杀了骗娶者，案件虽然性质相同，但司法定罪量刑不同，其原因为何？下面试对岳氏案进行分析：

> 岳氏之父岳胡子与陈二川邻村素识。陈二川茎物患疮，溃烂至成残废。其兄陈大川欲为陈二川聘娶岳氏为妻，向陈二川诘问，陈二川并不推辞；陈大川即向岳胡子说亲，未将残疾情由告知，岳胡子应许。迎娶过门，陈二川不能行房，岳氏询悉前情，即与陈二川不睦。陈二川在集开设饭铺，因母病故，由铺回家，岳氏不与同床睡宿，陈二川将岳氏磨折，岳氏饮泣隐恨，忆及陈二川成废不能生育，将来终身无靠，起意致死泄忿。乘陈二川睡熟，携取铁刀，潜至床前，觑定陈二川咽喉狠砍，立时殒命。[③]

此案发生于同治六年（1867），河南巡抚在审理此案时，首先认定岳氏与陈二川的婚姻属于妄冒骗娶，应行离异，但对岳氏的定罪并不确定，因前有王氏勒毙朱文铭案，他似比较、参照了此案的判决，指出陈二川在妄冒骗娶中不是主婚人，但事先知情，听从隐瞒了身体残疾，是妄冒骗娶的帮助犯，属于有罪，岳氏杀之，他一方面认为照凡人以擅杀定拟，“似无轻纵”，另一方面又向刑部咨询，岳氏是以凡人谋杀定拟？还是以凡人擅杀定罪？说明他清楚两案案情的差异，对岳氏以擅杀定罪量刑稍轻。刑

① 中国第一历史档案馆藏，内阁刑科题本，婚姻奸情类，档号：03－63－3986－09。

② 参见杨一凡编《历代判例判牍》，第9册，中国社会科学出版社，2005，第281页。

③ （清）祝庆祺、鲍书芸、潘文舫、何维楷编：《刑案汇览三编》（四），第547页。

部咨覆，指出陈二川隐匿残疾，与“倩令他人顶替骗娶妄冒为婚者，微有不同”，若将岳氏照擅杀定拟，则“未免轻纵”，衡情酌断，“照凡人谋杀造意律拟斩监候”，但有意思的是，又在后面加了一句，“随本声明，酌入秋审缓决”,[①] 表明此案中岳氏有可原之情例可减等，这意味着岳氏的最终惩罚可能和王氏一样。

上述两案，王氏和岳氏作为妄冒为婚的受害人，之所以以杀死骗娶者、孤注一掷的方式来摆脱婚姻，是因为她们没有其他的路径可走。由上可知，女性家长在女子成婚以后，通常不愿意主张婚姻离异，王氏父亲即是这样典型的家长，其行为在司法审判中得到了认可，不仅大理寺卿连贵认为他深明大义，两次将女儿“劝回夫家，正欲其从一而终，以全名节”[②]，即使刑部也认为他忍辱负重，“王氏查知哭诉，因事难挽回，故劝令隐忍。是伊父于被骗后终由弥缝，乃万不得已而出于此”[③]。这说明国家并不鼓励此类诉讼，婚姻已成者，应当以女子贞节为重。女子若无强烈的反抗，司法也应顺应人情，不能强行断决离异归宗，所以在这样的情况下，违律婚姻也可通过司法而转为“合法的婚姻”。正如刑部所言，男女“有律应离异之人，揆于法制似为太重，或于名分不甚有碍者，听原问各衙门临时斟酌各等语。盖律设大法而例本人情，居丧嫁娶虽律有明禁，而乡曲小民昧于礼法，违律而为婚姻者亦往往而有。若必令照律离异，转致妇女之名节因此而失，故例称揆于法制似为太重，或名分不甚有碍，听各衙门临时斟酌，于曲顺人情之中仍不失维持礼法之意。凡承办此等案件，原可不拘律文断令完聚”，这是女方对违律婚姻认同前提的斟酌权变。但如果女子本人并不情愿，“若夫妻本不和谐，则此等违律为婚，既有离异之条，自无强令完聚之理”[④]。夫妻不相和谐，若丈夫不同意及其家长不支持，她们也可能无法达成意愿。唯有如王氏、岳氏那般。

刑部在审理女子被妄冒骗娶杀人案时，首先按律离异，否认婚姻的无效，客观上起到了对女性婚姻意愿的认同，在定罪量刑方面认定她们杀人

① （清）祝庆祺、鲍书芸、潘文舫、何维楷编：《刑案汇览三编》（四），第547~548页。

② 中国第一历史档案馆藏，内阁刑科题本，军机处录副奏折，档号：03-63-3986-09。

③ 中国第一历史档案馆藏，内阁刑科题本，军机处录副奏折，档号：03-63-3986-09。

④ （清）祝庆祺、鲍书芸、潘文舫、何维楷编：《刑案汇览三编》，（一），第251页。

具有自卫的合理成分，以法律话语，将她们树立成贞节的复仇者。从王氏勒毙朱文铭案，到岳氏杀死陈二川案，两名女子的施以监候缓决，反映了以刑部为代表的官员对其婚姻遭遇抱有一定的同情，正如刑部反驳大理寺意见时所言，“如不论死者骗娶之罪，而于被骗失身之妇女因其父曾经劝慰，遂附会父命之说，处以极刑，不足以昭情法之平”[①]。他们在宣示“情法之平”的同时，以司法的方式，在制度的框架内为她们杀人以曲线脱离被妄冒骗娶的婚姻困境寻找到了一条可行之路。

---

① 中国第一历史档案馆藏，内阁刑科题本，婚姻奸情类，档号：03－63－3986－09。

《中国古代法律文献研究》第十五辑
2021年，第380～395页

简易、变易与不易

——读《明清律典与条例（修订版）》

刘浩田*

摘　要： 明清律例变迁，一循《周易》简易、变易、不易之道，维系了中国传统法律文本及文化的本根。苏亦工教授的新版《明清律典与条例》，兼顾精微考据和义理阐发，巧妙地发现了明清律目录编排具有周礼仿古倾向和犯罪行为导向，勾勒出明代以降法典洗练的要诀。相较二十年前的旧版，新版在秉持固有法律资源的文化自觉后，将中西法律文化置于差异而非高下的语境内讨论，避免了滑向西方中心主义反向极端的危险，使全书在法律儒家化、情理听讼等中西聚讼纷纭的话题上超越既有分歧，找回研究中国本土法律的“自我”。西方人认为东方律典的停滞静止、诉讼模式的捉摸不定，恰反映出他们难以理解：中国律例之不易寓于变易之时中，变易又端赖不易之常道。中国传统法律的重光，便需一份超脱法律东方主义的体悟和忧患，在简易之理、变易之世、不易之道中寻求传统律例精华的新生。

关键词： 明清律典　条例　易之三义　中西法律文化　固有法律资源

---

* 中国政法大学法学院法律史专业硕士研究生。

东汉郑玄有言曰："易一名而含三义：易简，一也；变易，二也；不易，三也。"① 苏亦工教授认为，明清律典"正是恰如其分地体现'易'之三义的典范"②，由是维系了中国法律的根脉和中国文化的久大。其实，苏亦工教授二十年磨一剑的《明清律典与条例（修订版）》（以下简称"《新版》"），亦与"易之三相"相称。虽然是书新序坦率地说，修订后增删幅度很大，"感觉似乎是将全书重写了一遍"，"对中西法律及其背后之文化的态度也较之初版有了一些微妙的变化"（第1、3页），但不易总蕴含在变易之中。

按拙见，经过二十年的沉淀和思考，《新版》最大的变易是对中国固有法律现实意义的评价，由"否定"以至似有"哀其不幸"，转变为"维新其命，重获生机"的重振信心。个中一以贯之之道，则是对中国本土法律资源的爱深责切，对超脱西方中心主义方法的上下求索。熊十力先生言："不易而变易，是举体成用；于变易见不易，是即用识体。"③ 借用熊先生的体用话语，《新版》的文化自觉和方法转向，是以流动的行止见解，逐渐发明和回归生生不息的中国本根，以后者为能动和生化的主宰，颠倒了一些学人过往"反传统"的思维取向。刘广安、高旭晨二教授对旧版《明清律典与条例》（以下简称"《旧版》"）④ 一书已有书评，⑤ 笔者不敢掠美。以下仅就《新版》及《旧版》之"易"略陈数条，野此就正于方家。

一、简易：明清律例沿革的钩玄

是书名曰《明清律典与条例》，但所论述不止于律典及条例本身，而

① （魏）王弼注，（唐）孔颖达疏：《周易正义》卷首《论易之三名》，李申、卢光明整理，北京大学出版社，1999，第5页。据此，易之三义先出于《易纬·乾凿度》，"郑玄依此义作《易赞》及《易论》"。

② 苏亦工：《明清律典与条例（修订版）》，商务印书馆，2020，第3页。以下引用本书，仅随文注出页码。

③ 熊十力：《十力语要》，上海古籍出版社，2019，第89页。

④ 苏亦工：《明清律典与条例》，中国政法大学出版社，2000。以下引用本书，随文标注《旧版》及页码。

⑤ 参见刘广安《〈明清律典与条例〉》，《中外法学》2000年第2期，第250~251页；高旭晨《简评〈明清律典与条例〉》，中国法学网，http://iolaw.cssn.cn/zxzp/200612/t20061208_4599079.shtml。发布时间：2006年12月8日。

是散至清代各类法律渊源，分民事、刑事、行政及边疆法源，旁及律学著作。其主干则在明律、清律及条例的纂修历程、版本考辨、律例关系及实际运用等诸方面延展，是集中于明清二代国家基本法典研究的一部作品。全书五篇里，绪篇“概说”、上篇“律典”及中篇“律例”，以细致的考据剖析了明律七篇制的创造因由，爬梳了清代从“依准明律”发轫到顺治律、雍正律、乾隆律的因革。这在世纪之交有关清律版本及源流考证的一次热潮中，[①] 显得甚是周密。

个中特点是，在义理与考据的来回穿梭之间，该书没有执于一端，往往能在长篇考证之下透露出精微的洞见。明清律典相较以前诸代，最显著的变化当推编纂体例从唐律的十二篇一转为以六部分篇。对于洪武年间律典体例反复的原因，存有沈家本的“政治斗争说”、杨一凡先生的“立法思想斗争说”及众多学者承认的《元典章》继承说，可谓莫衷一是。[②] 苏亦工教授赞同了孟森先生的仿古说，认为“朱元璋心目中的偶像是《周礼》而非《唐律》”，故而抛弃了唐律而取周官为仪范（第105~108页）。朱勇教授也发现，从中央六部到地方六房的官制垂直设计导致明清法律随之变革，形成“以官统事”的法律编纂格局，达致“官法同构”的治理结构。[③] 有趣的是，这种观点源出清代四库馆臣所撰《大清会典》提要：“考昔成周之制，百度分治以六官，六官统于《周礼》。圣人经世之枢要。于是乎在。虽越数千载，时势异宜，政令不能不增，法制不能不改，职守亦不能不分，难复拘限以六官，而其以官统事、以事隶官，则实万古之大经，莫能易也。故历代所传，如《唐六典》《元典章》《明会典》，递有损

① 除本书旧版在2000年出版外，有关成果请参见吕丽《论〈大清律例〉“以例辅律”的体例原则》，《吉林大学社会科学学报》1999年第4期，第36~40页；郑秦《清代法律制度研究》，中国政法大学出版社，2000，第1~72页；何勤华《清代法律渊源考》，《中国社会科学》2001年第2期，第115~132页；吕丽《例以辅律 非以代律——谈〈清史稿·刑法志〉律例关系之说的片面性》，《法制与社会发展》2002年第6期，第107~111页。

② 有关争议，请参见本书新版第104~105页；钟子龙《〈大明律〉体例变化原因辩证》，《南大法学》2020年第3期，第54~74页。

③ 参见朱勇《论中国古代的“六事法体系”》，《中国法学》2019年第1期，第25~45页；《“官法同构”：中国古代的大国治理之路》，《学术月刊》2019年第11期，第95~104页。

益，而宏纲钜目，不甚相远。”[①] 从宏观的角度说，明清会典、会典事例及律例确实具有以部院官制为纲领的编纂偏好，导致国家日常的职官规范、政务运行一跃成为统摄法律的灵魂。故此，西方学界的一些学者会产生误解，如钟威廉就认为“律典更像一种内部行政指示，如下发给三等邮局经理的指示，而不大像法典甚至一般的法规都不像”（转引自第 270 页）。实际上，“六部分类法仍然是依犯罪种类来划分的，但不是西方人所理解的犯罪种类”（第 104 页）。如所周知，西方的犯罪分类以法益为核心，即“犯罪的本质是侵害法益、刑法的目的是保护法益”[②]。我国通说虽认为，犯罪的同类客体即“刑法所保护的而为某一类犯罪所共同侵害的利益”[③]，构成刑法分则各章的编排依据，但与法益侵害说所仰赖的“利益”是相通的。而明清律典六部分类法，“乃按照犯罪行为的性质而非‘法益’分篇别类”[④]。这不惟在盗律中如此。

从纯粹的立法技术上说，唐明律变革的核心是“六部分类法等于是在原唐律篇、条二级结构之间增加了一级作为二者中间的层次，使原来传统二级律典结构变为三级。或者形象些说，相当于在原唐律十二篇的根目录之下增加了一级子目录”。更确切地说，是将唐律十二篇从根目录的地位降格为子目录，成为律内各门，再以犯罪行为所触及的六部事务为要旨，将各门子目录重新打散、组合到名例和六部的根目录之下。这种变革相较唐律，“既增强了根目录的概括性，又提高了子目录归纳的准确度，法律条文的检索也有所便利”（第 98 页）。同时，经由清代律例的因革，各篇、门、条之间有关犯罪性质的认知和编排更加科学。从目录学的角度上说，是从犯罪行为的条列出发，归纳出同类犯罪的属性并于一门，再以各门的事务责任

---

① 沈云龙主编：《近代中国史料丛刊》第 13 辑《光绪会典》卷首《乾隆续修会典叙》，文海出版社，1973 年，第 5 页。参见（清）张廷玉等《清朝文献通考》卷二二二《经籍考十二》，“昔《周礼》一经称为周公致治之书，故传之万世，尊为法守。至历代所传，如《唐六典》、《元典章》、《明会典》，虽法制递有增损，而所谓以官统事、以事隶官不易焉”，商务印书馆，1936，第 6844 页。

② 张明楷：《刑法学》（第 6 版），法律出版社，2021，第 25 页。

③ 曲新久等：《刑法学》（第 6 版），中国政法大学出版社，2016，第 26 页。另见高铭暄、马克昌主编《刑法学》（第 9 版），北京大学出版社，2019，第 52~53 页。

④ 谢晶：《“盗律”与“财产犯罪”：古今刑法的价值变迁》，《学术界》2021 年第 5 期，第 139 页。

和职务分属纳入各部的篇目之下，构成了“犯罪行为——职事责任”的分类标准。这与《周礼》周官的分类学说是交相辉映的。姚名达先生指出：

> 《荀子》尤善言类，且以类为人事最高之标准。……故其《王制》序官……责任了然，各有分异。撰《周礼》者因之，详列天官冢宰、地官司徒、春官宗伯、夏官司马、秋官司寇、冬官司空之官属职责，纤悉周到，经纬秩然。自古分类序官，未有若斯严密者。其为政治学家之理想制度原属显然，不待分辨。然从分类史学论之，事物分类至《周礼》而叹观止矣！①

以吏律中的“信牌”律为例。该律文曰：“凡府州县置立信牌（拘提人犯，催督公事），量地远近，定立程限，随事销缴。违者（指差人违牌限），一日笞一十，每一日加一等，罪止笞四十。若府州县官，遇有催办事务，不行依律发遣信牌，辄（亲）下所属（坐）守（催）并者，杖一百（明律注：谓如府官不许入州衙，州官不许入县衙，县官不许下乡村之类；清律注：所属，指州县、乡村言）。其点视桥梁坝岸，驿传递铺，踏勘灾伤，检尸、捕贼、抄札之类，不在此限。”② 该律条原在《大明律》吏律的公式门下，至清顺治三年（1646）移入吏律职制门。③ 原因在于，公式门是明律从唐律的职制律中辟出的一个新门类。从此，“职制一也，则分公式于吏，受赃于刑焉”④，以专门为公文印信等“公共体式”⑤ 之规范。

---

① 姚名达：《中国目录学史》，上海古籍出版社，2005，第43~44页。

② 本处所引，除注明“明律注”及“清律注”外，括号内文字皆为清律小注，标点依怀效锋明律校本。参见怀效锋点校《大明律》，法律出版社，1999，第44页；田涛、郑秦点校《大清律例》，法律出版社，1999，第145页。

③ 参见（清）薛允升著，胡星桥、邓又天主编《读例存疑点注》，中国人民公安大学出版社，1994，第132页。另按苏亦工教授的考据，顺治律在顺治三年五月御制序文撰成前只完成了律典草案初稿，定稿时间当在顺治四年（1647）三月，薛氏之说或有误（第129页）。吴坛亦只说“顺治初年律内移入职制篇”，没有指明年份。（清）吴坛著，马建石、杨育棠主编《大清律例通考校注》，中国政法大学出版社，1992，第353页。

④ （明）邱浚：《大学衍义补》卷一〇三《定律令之制（下）》，林冠群、周济夫点校，京华出版社，1999，第885页。

⑤ 语出（明）应槚《大明律释义》卷三《公式》卷首疏议，明嘉靖刻本，第1页a；（清）吴坛著，马建石、杨育棠主编《大清律例通考校注》，第373页。

而“职制”作为唐律中“官吏执行职务上各类犯罪之处罚规定”[①]，逐渐限缩至明清时期处罚职官滥权结党、失职违制等行为。“信牌”律在律名上貌似属于官文书类犯罪，但究其实质是要禁止地方官下乡扰民的恶行。薛允升指出，本条源于元代“诸管民官以公事摄所部，并用信牌，其差人扰众者禁之”[②]。雍正本《大清律集解附例》释云：“此言置立信牌以惩怠玩而杜扰害也。前节言差役违限销牌之罪，以玩法误公，故计日加笞。后节言府州县官不依律发牌，借公亲下所属之罪，以妨务扰民更甚差役，故坐满杖。”[③] 与“信牌”律相对，清律吏律公式门中“弃毁制书印信”律由于毁坏了象征官署的印信、牌示，[④] 方需要纳入公式一门的规制当中。《读律琯朗》的歌诀也比较清晰地区别两者，认为吏律（职制）中“府州县中有信牌，量地远近限往回。有事止发信牌催，不许亲身自去来”，而公式门的“弃毁制书印信”律才是“毁弃制书印信牌，监候之斩所应得”。[⑤] 同理，清律又将明律原置于吏律公式门的“泄露军情大事”律移入兵律军政门内，以其行为并非有损公务秩序，而业已触犯军机秘密及军政安全；吏律公式门“擅用调兵印信”律及兵律军政门“擅调官军”，亦因犯罪行为分别是假公济私以兵印免货税，及非奉旨意擅自调派军队，分归六部法的不同门类之中。从这个意义上说，清律相较明律并非简单的承

---

① 刘俊文：《唐律疏议笺释》（上），中华书局，1996年，第691页。同类看法中，戴炎辉先生亦比较笼统地说：“本编（职制律——笔者注）所规定者，系于官吏犯罪内，与职务执行比较有直接关系者。”参见戴炎辉《唐律各论》（上），成文出版社，1988，第67页。

② （清）薛允升：《唐明律合编》，怀效锋、李鸣点校，法律出版社，1999，第218页。元代的本条规定，见《元史》卷一〇二《刑法志一·职制上》，中华书局，1976，第2620页。

③ （清）朱轼、（清）常鼐等纂修：《大清律例集解附例》卷二，雍正三年内府刻本，第12页a。此处，雍正律解点明律意乃“惩怠玩而杜扰害”，比沈之奇的解读更加明晰，《大清律例根原》基本照搬了雍正律解的表述。又见（清）沈之奇《大清律辑注》（上），怀效锋、李俊点校，法律出版社，2000，第139~140页；（清）吴坤修等编撰，郭成伟主编《大清律例根原》（一），上海辞书出版社，2012，第330页。

④ 单纯针对信牌的损毁，侵害了官府公信和文书秩序，得以与“信牌”律公职扰民的犯罪性质区分开来。薛允升指出，比引律条时，“打破信牌，比依毁官文书律，杖一百”。道光三年（1823），陕西的侯一因为“擅摘该县牌示，被衙役拦夺，辄将衙役手指咬伤，弃牌在地，致被众人将牌踏破”，便将侯一比照“毁弃官文书”律杖一百。参见（清）薛允升著，胡星桥、邓又天主编《读例存疑点注》，第892页；（清）祝庆祺等《刑案汇览》卷七，《点校本刑案汇览全编》第2册，法律出版社，2007，第462页。

⑤ （清）梁他山：《读律琯朗》，清光绪啸园丛书本，第3a~3b页。

袭，反而化解了明律存在的一些体系固陋。其简易之道，正在于明律较前代更加易知易从，清律较明律更具微言大义。其律意潜藏于律目之下，非用简易之法不足窥破也。

二、 变易：中西法律文化的瞻顾

如苏亦工教授所言，《新版》与《旧版》相比，篇章增删改补部分不少，而着力点正在对中西法律文化的态度产生了“微妙的改变”。这种改变大约有两条脉络：一是将中西法律文化置于差异而非高下的语境内讨论，避免了西方中心主义批判的反向极端；二是从文化开明的视角剖析清代法制对明律的因革、发展及破灭，试图阐释明清易代之于中国本土法律文明的文化意涵。

其实，面对矮化中国传统法律的看法，如“在现代人的心目中，中国历代是一个轻视法律的国家”，“如果说中国古代文化是一块晶莹璀璨的瑰璧，中国固有的法律文化就是横亘于这块宝玉上的瑕点”（《旧版》引言第1页）等等，苏亦工教授在《旧版》中予以了相当锋利的反驳。但在《旧版》出版15年后，苏亦工教授在《天下归仁》一书中便指出：“早些年听到这样的评判，尽管不甚心服，还是很有点自卑。如今思来，这其实正反映出中西文化的不同。”①《旧版》被全篇删去的第一章“固有法律及其概念”、第十三章“律典价值基础的动摇与‘仁’的再发现”，实质上正是基于对儒家核心概念——仁，及其引申的法律儒家化、国家结构与官僚主义等命题产生了新认识，刀刃向内地革除了一些弊病。在《旧版》看来，仁的人本主义促使其“具备近代西方法观念的某些基本要素”，但孔子的仁学及先秦儒学存在的“重大的缺欠”是“过于理想主义，缺乏实际可操作性”，以及“广博和抽象”为独夫们欺世盗名埋下祸根。而谭嗣同的新仁学是对孔子仁学的创新，其态度“兼收中外，博采古今”，其被启蒙道路所摈弃是“遗憾的”（《旧版》第322、328~331页）。不难发现，这种观察实际上仍然在围绕西方的法律哲学而寻找儒学的特质，也即将西方法

① 苏亦工：《天下归仁：儒家文化与法》，自序，人民出版社，2015，第1页。

律的确定性、自由平等置于衡定儒家法律哲学的大前提上，继而为“仁”的现代转化和入法提供理论依据。这种出发点本无可厚非，但是，个中蕴藏的矛盾也比较突出。这不仅和全书意图脱离西方中心主义的旨趣有所悖谬，且无意中导致了对儒学的误读和偏见。譬如，《旧版》为了引介谭嗣同倡导平等的仁学观，指出“宋儒以天理压人欲”，吉同钧、曹廷杰，也被戴上了“保守”的帽子（《旧版》第309、313、327页），言下之意，当有“进步”一派与之相对，颇有当时进步史学观的影响。在此基础上，《旧版》也认为纪昀所说的“刑为盛世所不尚，亦为盛世所不能废”，“准确表达了传统儒家对于固有意义上的法律的矛盾心态”（《旧版》第10页）。但就此模糊的“传统儒家”一词而言，似乎不能与《旧版》所批评的先秦儒家变为后世的“阳儒阴法”的儒家相匹配。所以，《新版》序言所言《旧版》于此尚不成熟，是比较准确的。

其实，在中国文化的语境内，众多蕴含深刻哲学道理的词藻无法也不须通过西方人追求的“确定化”加以界定。仁作为中国人基于同情心所生发的道德语言，和西方追求自由、平等的法律术语具有功能上的会通，又具有超越西方法律形式拘束的价值。仁的实现端赖人性的养成和心灵的交汇，而不以法律等外在规范作为为仁的仪轨。正因如此，孔孟儒家没有迷信和过度推崇法律的力量，而是强调心性修养，至宋儒则更增添了义理哲学的高度。[①] 同时，虽然中国儒家自近代以来一直被批评是君主专制的附庸品，但只要稍加辨析，我们不难发现，原始儒学与体制儒学被混淆和等同，致使后人针对“法律儒家化”和“打倒孔家店”等或赞赏、或批判之对象都发生了严重偏离和错位。[②] 在孔孟儒学中，君主不惟不是得到绝对拥护的对象，反而是处处受制、竭力成仁成圣的苦差事。

原始儒学与体制儒学的根本区别，往往在于后者将前者双向的责任相报取消为单向的服从，即只保留臣下对君上的责任逢迎，而克减与擦除了

---

① 这种观点转向及对“仁”和宋儒的新认识，请参见苏亦工《天下归仁：儒家文化与法》，引论、第一章、第四章。

② ［韩］黄秉泰：《儒学与现代化——中韩日儒学比较研究》，刘李胜等译，社会科学文献出版社，1995，第31~68页；陈来：《传统与现代：人文主义的视界》，生活·读书·新知三联书店，2009，第97~111页；干春松：《制度化儒家及其解体》（修订版），中国人民大学出版社，2012，等等。

君上对臣下的身范之责。贺麟先生将此视为从五伦说到三纲说发展的体现，“由五伦的交互之爱、等差之爱，进展为三纲的绝对之爱、片面之爱”，三纲躯壳使人们在其名位之上负担“绝对的纯义务”和“单方面的常德”，虽可稳定社会秩序和维系人们相互的永久关系，但在威权推行和制度化之后，不免逐渐僵化和教条。[①] 蔡元培先生亦同持见解言：“纲者，目之对，三纲，为治事言之也。……此为统一事权起见，与彼此互相待遇之道无关也。互相待遇之道，则有五伦。故君仁，臣忠，非谓臣当忠而君可以不仁也。……若如俗所谓君要臣死，臣不得不死，父要子死，子不得不死，不特不合于五伦，亦不合于三纲也。”[②] 原始儒学虽则在约束君权和安放君主上未得制度支撑，但它至少证明了，儒学的个相不宜受共相湮没，也指明了孔孟之礼不是“吃人的礼教”。牟宗三先生虽对孔孟理想惋惜曰：“限制君的唯一办法就是德与‘天命靡常’的警戒。如是，遂不能不以圣君贤相来期望君相”，“但是道德的教训是完全靠自律的。没有道德感的君相，不能以德自律，便对他毫无办法”，“中国文化精神在政治方面就只有治道，而无政道”。但牟先生亦不得不承认，此种捆缚会令君相“负担过重”，因为真正的圣君贤相是“用心等同天地，是无限量的”，如果可以将“德化的治道”化入政道之中，可以达到比纯粹的规范制约更加良好的控权效果，也即“仁政”。[③]

从这个视角出发，苏教授近年来准确点明了法律儒家化命题在汉代前后的分歧，并对纪昀的儒家史观产生质疑。[④] 由此，《新版》在介评明清律典的实际应用时认为，八议原为先秦儒家君臣之礼，以示对臣下的体恤和爱护。但至明清，八议逐渐流于形式，特别是清代边疆民族将政治伦理从君臣降格为主奴后，“八议失去了必要的情感基础和伦理依托”（第345页），适用八议者仅限于宗室觉罗，实际使八议回到了魏晋之前的上请模式，复归“阳儒阴法”的时代。究其实质，在腹边文化的中原化过程中，清廷既要持续汉化以求江山稳固，又要“长期奉行‘国语骑射’政策，刻意

① 贺麟：《文化与人生》，商务印书馆，1999，第58~62页。

② 蔡元培：《蔡元培自述》，河南人民出版社，2004，第36页。

③ 牟宗三著，罗义俊编：《中国哲学的特质》，上海古籍出版社，2008，第158、159页。

④ 苏亦工：《天下归仁：儒家文化与法》，第二章、第三章、第八章。

保留满洲征服者的种族独特性”（第174页），不惜将籍没、逃人等重法及满汉分治的国策大肆推行，最终远离了仁的仪范，在文化角度复归夷狄之邦。

因此，虽然《新版》比《旧版》删除了最集中体现中西法律文化比较的原第一章、第十三章，但《新版》全书却贯穿了警惕西方法律和思维主导中国本土法律研究的笔墨。长期困扰学界的“按照西方人对行政法的定义和法律分类方法去推演，明清会典当然不算严格意义上的行政法典”，以及“‘例’就是判例”等话题，实际都是“理论先行、概念至上的洋八股支配了我们的学术思维所造成的一大文化灾难”（第50、283页）。甚至《旧版》有关“法律渊源（Sources of Law）”“民族”“卷（volume）”“君主专制”等概念，都被《新版》加上了“来自西方”等定语（第1、72、102、247页）。作者也明确指出，“西方法学分类的方法在本书中仅具有参考的意义，读者切勿胶柱鼓瑟，致贻削足适履之诮”，因为“目前国内法史学界在使用判例、判例法等具有特定含义的概念时存在相当混乱的现象”（第20、294页），[①] 以至处于法律问题起点的“法”字，与law、droit、recht等西文并不完全对应，却因不断混用而磨灭了该字在中西之间的根本性差异（第419页，及《旧版》第1~9页）。[②] 要跳出西方中心视域的法律史研究，当务之急便是辨别西方概念法学的叙事体系，回归中国本土发掘传统资源，在对等的平台上进行会通和互鉴。《新版》最大的变易恐怕亦正在于此。

三、不易：固有法律资源的体悟

所谓不易，并非梅因、黑格尔眼中东方社会的静止与停滞。[③] 在中国

---

① 有关“判例”一词的中西区别，参见王志强《中国法律史叙事中的“判例”》，《中国社会科学》2010年第5期，第137~153、223页。

② 其实，不惟“法”字如此，中国古代的“律”字亦并非当代“法律”之“律”可以涵括的，在翻译过程中遭到了语义的“衰减”，故当前的“律学”研究，亦不免缩小了传统律学的文化意蕴。参见徐忠明《道与器：关于“律”的文化解说》，《吉林大学社会科学学报》2008年第5期，第65~73页；陈寒非《“律”义探源》，《现代法学》2013年第3期，第18~41页。

③ 除了梅因著名的“进步社会”与“停滞社会”二分论外，黑格尔也认为“像中国一样，印度是又古老又近代的一种形态；它一向是静止的，固定的，而且经过了一种最十足的闭关发展”。参见［德］黑格尔《历史哲学》，王造时译，上海书店，2001，第137~138页。

文化里，常中有变、变中有常，构成一段反复自新的历程。张岱年先生说："何谓反复？就是：事物在一方向上演变，达到极度，无可再进，则必一变而为其反面，如是不已。"① 最大的变化是有无之变，而从无至有、从有至无，又是极显著、易生、必然之通律。如《周易》"剥卦"与"复卦"相连，《序卦传》云："物不可终尽剥，穷上反下，故受之以《复》。"② 物尽剥而一阳复始，归于大本生育万物之心，故"复卦"《彖辞》曰"复，其见天地之心乎"③。《老子》亦云，"反者道之动"，故须知白守黑，使"其能维持其发展而不致变为其反面者，则其中必先包含其反面之分子"④，方是常态。看似历代相沿的律例，经明清易代渗透入互养骨血；看似毫不确定的司法，经情理推敲透露出社会常道。

一方面，明清条例的衍生没有动摇律典的根本地位，律例关系始终保持动态平衡。早在成化年间（1465～1487），明代民间书商就自编《会定见行律条》附于《大明律》后刊刻出售，正德十六年（1521）胡琼的《大明律集解》和隆庆二年（1568）河南府重刊本《大明律疏附例》都将《问刑条例》混编或散附于《大明律》律条之后，万历十三年（1585）更是依刑部尚书舒化的建议，将修订后的《问刑条例》382条以附注形式入律，实现了律例合体（第247～257页）。但是，明代官方律与例的疏离程度要较清代更高。⑤ 不惟《问刑条例》入律合编的过程比较周折，有时还会出现"引律则不引例，引例则不引律，临时在人酌之"⑥ 的情况。反言之，正因律例交错不及清代，故明代律例冲突的机率亦相对较小，遵行"立例以辅律"的原则便更得心应手。及至清代，自康熙二十七年（1688）确立律例合体、汇成一书、调谐二者的原则后，自康熙《刑部现行则例》到雍正三年（1725）、乾隆五年（1740）、嘉庆六年（1801）、同治九年

① 张岱年：《中国哲学大纲》，中国社会科学出版社，2004，第101页。

② （魏）王弼注，（唐）孔颖达疏：《周易正义》卷九《序卦》，第396页。

③ （魏）王弼注，（唐）孔颖达疏：《周易正义》卷三，第132页。

④ 冯友兰：《中国哲学史》（上），重庆出版社，2009，第153页。

⑤ 相较而言，私家注律将律例合编，甚至书名直称"大明律例"者不少。据张伯元先生考证，这一类书不止有律例合编，还有注解、集释、按语等杂烩，现存有范永銮、王藻、汪宗元、徐昌祚等人的辑纂本。参见张伯元《律注文献丛考》，社会科学文献出版社，2016，第187～199页。

⑥ （明）余自强：《治谱》卷四，明崇祯十二年（1639）胡璿刻本，第17页b。

(1870)，条例从825条逐渐增至1892条，导致时人（甚至至今）形成成见，认为“有例不用律”，律文被例文取代而成为一纸具文（第135、315~317页）。其中，当以《清史稿·刑法志》“以例破律”的说法影响至深。[①] 而苏亦工教授指出，“明清官方处理律例关系的基本原则是以律为主导，条例为补充、辅助和变通，律例并行并非偏废某一方。律例关系的主流是相辅相成、互相补充”（第330页）。换言之，律例关系并非线性的“以例辅律”或“以例破律”，而是在动态交互过程中保持律例关系的协调与平衡：大体来说，在体例编排、制定修改上，律主例辅；在司法应用、变通灵活上，条例可以填补律文的漏洞，达到因时因地制宜的效果，甚至在特定时期和地区还会取代律文得到适用（中篇）。只不过，在清中晚期条例数量庞杂和具体化程度日渐提高后，条例的普遍适用性锐减，加上则例、省例等部院和地方特殊规定的涌现，导致条例繁衍成为律例统一性破碎的先兆和诱因。条例本欲缓和律文的僵硬，却又逐渐走向了动摇立法共性的另一个极端，可谓是自我瓦解、物极必反之理了。

另一方面，《新版》增补的第十二章第二节“‘情理’在‘州县自理’案件中的运用”，便脱胎于滋贺秀三先生针对中国传统情理听讼的批评，从捉摸不定的诉讼方法中点破个中关窍。在滋贺先生看来，情理不是任何实定的规则或习惯，而只是“常识性的”或“中国型的正义衡平感觉”。清代的“父母官诉讼”由于没有实定法依据，甚至不能被称为“审判”（第386、387页）。翻开滋贺先生的大作，为了论证“清代中国的所谓习惯或‘习惯法’，归根结底不过是一种融汇在‘情理’之中的东西”，说白了就是清代“习惯绝不可能结晶成为一套具有实定性的规范体系……只能主要停留在‘情理’这一非实定性规范的状态之中”，[②] 作者又以风俗多变为分析对象，表示“‘体问风俗’……应充分认识到世间存在千差万别的具体情形”，以提升地方官自己“准情酌断”的能力，中国古代的

① 对《清史稿·刑法志》“以例破律”说的评价，参见黄源盛《刑法的古今绝续——〈清史稿·刑法志〉举要与思辨》，《清华法学》2019年第3期，第61~64页。

② ［日］滋贺秀三：《清代诉讼制度之民事法源的考察——作为法源的习惯》，王亚新译，载［日］滋贺秀三等著，王亚新、梁治平编《明清时期的民事审判与民间契约》，法律出版社，1998，第72、74页。

“情”“理”并称，正是认识到世间情境多样与世间道理普遍的结果。这段论述看起来与其论点颇为疏离，但细加玩味，滋贺先生暗含的意思是，风俗作为一种典型的地方习惯，不仅具有地域空间差异，更有时间前后之别，地方官了解了古今各地的风俗，不过是为判决有情有理提供依据，其终极目的不是“成为有关当地习惯法规范的专家”，而是“逐渐涵养在任何地区都能通用的见识”，即所谓“法官所需的资质”。故此，无论是从风俗变动不居的性质来看，还是从法官无志于掌握习惯法来说，中国的风俗习惯都只能是“情理”的代名词乃至附庸品。为了使论证更加周延，作者还顺带分析了汪辉祖及其他司法官在一般意义上使用“风俗”一词的含义，批评说“下判者都不是在充分的实证性根据之基础上确认习惯”，因为“他们所任地方有限”，没有机会开展全国性调查、接触全国性习惯，“所以，‘风俗’、‘通例’尽管是以经验为基础的词语，同时也是超越了经验性事实而建立在深刻理解事物本性的洞察力之上的词语”，它与“情理”特别是“理”有相当重合。综上所述，滋贺先生得出结论说：“在那里，不存在严格依照某种超人格或无个性的规则以及力图形成或获得这种规则的价值取向，也不存在双方当事者不同主张之间制度化的对决、斗争以及第三者对此判定胜负的结构。审判者与当事者之间所达到的最终解决只是意味着纠纷的平息。”①

滋贺先生所不能接受的是，捉摸不定的风俗、情理显然不能导致判决具有“确定性”。但实际上，这从百姓（无论是否争讼）的角度上说，风俗流变是一种熟悉的生活法则，司法官如能察风问俗、准确适用，则双方通常无可辩驳；从司法官的角度上说，这无非是选择一种当事人皆信服的行为守则，若风俗不是“歪风邪气”，一般便没有抛弃的理由。换言之，当风俗相守成为一种良善习惯，则“敦风厉俗”者乃“通情达理”，“伤风败俗”者乃“无情无理”，这是司法官和当事者共同承认的普遍道理，也是诉讼中各方达成的无言默契。所以，在清代地方官的判词中，不可胜数的“理应”“理当”“理论”以及“理曲（词穷）”“无理取闹”等用语，推测出当事人在符合“情理”之下本应如何作为，而违反“情理”时

① ［日］滋贺秀三：《清代诉讼制度之民事法源的考察——作为法源的习惯》，第68页。

又是如何作为，这往往都是诉讼各方心照不宣的。当事人折服于人所共有的“情理”之下，最终自愿地修复敦睦和好的各类社会关系和社会秩序。

因此，诚如苏亦工教授指出的，“情理听讼”的根据无论是人情道理还是风俗习惯，似乎都与是否“实定”、是否具有“确定性”关系不大，因为后者根本不是中国传统司法实践所考虑的对象。原因在于，“与西方相比，中国文化更重视内在的约束。在中国文化看来，如果没有人内在的心悦诚服的接受和认同，单纯依赖外在的规范约束，任何法律规定和法庭判决的确定性都是靠不住的”（第 404 页）。从这一点上讲，《新版》突破了过往针对卡迪司法的研究窠臼，即没有偏入日美学者的任何一方，而是寻求到中国本土司法精神的常理，避免了陷入滋贺秀三“无话可说”[①] 的苦恼之中。所谓不易之体悟，当有如此之本土情怀和视野罢。

四、结　　语

《明清律典与条例》源于苏亦工教授 20 世纪 80 年代的硕士学位论文，初版于世纪之交，修订于己亥荷月（2019 年农历六月），数易其稿，愈加凸显该书强烈的忧患意识和文化自觉。徐复观先生指出，与西方哲学生发于对自然的惊异和恐惧不同，“中国文化，则发生于对人生责任感的‘忧患’。忧患并不同于恐怖。恐怖常将人之自身，投掷于外在的不可知的力量（原注：神）；忧患则常要求以自身的力量，掌握自己的命运。忧患的本身，即是‘人的自觉’的最初表现”[②]。诚哉斯言！但可惜的是，自清末变法以降，中国传统固有的忧患意识和道德自觉，降格成了对西方文化的盲目推崇和比附。原有的不易之道——儒者之道、情理法兼顾，一夜变易为西方法律庞杂的充斥，甚至被西方的概念法学、“法条主义”[③] 左右了本土法律资源的研究方向。孟子云“生于忧患，死于安乐”，这实际上陷入

① 张伟仁：《中国传统的司法和法学》，《法制史研究》（台北）第 9 期，2006，第 201～222 页。

② 徐复观：《儒家思想与现代社会》，九州出版社，2013，第 98 页。

③ 参见邓正来《中国法学向何处去——建构“中国法律理想图景”时代的论纲》（第 2 版），商务印书馆，2011，第 74 页。

了本土文化西方化的危险境地。戏谑的是，如苏亦工教授所言，清末以来经历各种尝试，以图实现西方法制化的憧憬，“所造就的不过是一种外观西化、内里腐朽的二元冲突格局。不仅舶自远洋的先进制度未能展现出在其故土所曾施展的功效，中国固有法律中许多行之有效的因素也被一股脑抛弃了”（第505页）。如此，既无法合理嫁接西方法律文明的根茎，又离本土母体的滋养渐行渐远，岂能不让人忧虑哉？这种颠覆性的变易，或曰脱离了中国文化常道“不易”之“变易”，安能不形成今人之重大关切？

同时，《明清律典与条例》新旧两版，皆非简单地排斥西学，而是秉持以我为主的主体自觉，寻找中西之间的同中之异、异中之同。清代学者刘沅在《周易恒解·序》中妙言曰：“以一爻通于千万爻，以一卦通于无穷卦。分之则事事各有其宜，合之则万变归于一是。辨其异，求其同，同中之异，异中之同”①，实指明周易三易之意趣。比如，《新版》在过滤西学杂质后，又比较细腻地发现了光棍例在恐吓取财律的律牌之下，颇似现代刑法的结果加重犯。如果戴上现代刑法理论的眼镜，就会更加通透地发现，“例文对光棍罪构成要件的描述过于含混且法定刑又过于苛重，造成了在司法实践中的适用困难”（第468页）。这正是西方体系性法律理论对传统法律史学的补益。当然，《新版》在增删《旧版》之后，亦遗有似可商榷之处。比如，《新版》在界分原典儒家及体制儒家，进而否认了中国法律儒家化的论题后，仍零散地保留了《旧版》认为魏晋以后系法律儒家化的表述，不免略显混乱；对当代律师的评价亦略微苛刻（第231、240、333、375页）。② 但这并不遮掩贯穿本书的美政、美俗、美刺传统，③ 反而

① （清）刘沅著，谭继和、祁和晖笺解：《十三经恒解笺解本》第5卷《周易恒解》，朱兆虎整理，巴蜀书社，2016，第3页。

② 笔者推测，魏晋时期将服制及八议入律，原有原典儒家亲亲尊尊的伦理意味，但在官方调控下，始终离儒家之仁存有差距。故“法律儒家化”并不纯粹，但传统时代的法律与儒家可能并非水火不容、非此即彼。以第十一章首段“儒家化”之引号加以提醒读者，以修葺书内多处“法律儒家化”并不均一的问题，可能比较适宜。

③ 美政、美俗乃荀子语儒者秉性，美刺出于诗教，苏亦工教授亦多次探讨其蕴含的社会批评传统。参见（清）王先谦《荀子集解》卷四《儒效》，沈啸寰、王星贤点校，中华书局，1988，第120页；苏亦工《天下归仁：儒家文化与法》，第六章、第十二章；苏亦工《“美刺”传统今何在——新媒体时代的舆论监督与社会批评》，《孔学堂》2015年第2期，第43~49页。

在爱深责切的浇注下，为回归传统和建构具有本土特色的法律史学予以振聋发聩的警醒。一个典型示例是，西方的积极自由是要经由国家制定法认可的自由，其由来于对不自由的反抗，而中国传统社会源于真正的私生活自由，在消极自由的广泛空间下自治自主（第23~24页）。其余中国传统文化之价值，亦率类如此。穿梭中西的体认，便于我们找回自我、认清他人。毕竟，“中国传统文化能否重光于世，中国固有法律能否获得新生，关键还在于我们14亿中国人的觉悟和抉择”（自序第6页），吾辈岂待时耶？

《中国古代法律文献研究》第十五辑
2021年，第396~410页

2020年度台湾地区中国法律史研究论著目录

《中国古代法律文献研究》编辑部*

一、通　　代

【专著】

1. 陈惠馨《中国法律史：比较法观点》，元照，2020年10月。

2. 高明士《中国中古礼律综论·续编：礼教与法制》，元照，2020年3月。

3. 廖宜方《王权的祭典：传统中国的帝王崇拜》，台湾大学出版中心，2020年3月。

4. 俞美霞《坛墠文化考——敬天与法祖思想的礼俗和沿革》，花木兰文化，2020年9月。

5. 赵晶《三尺春秋：法史述绎集》，元华文创，2020年11月。

【论文】

1. 黄源盛《法学与史学之间——法史学的存在价值与研究方法》，陈

* 执笔者：通代、先秦、秦汉部分，张传玺；魏晋南北朝、隋唐五代部分，张雨；辽宋金元部分，陈佳臻；明清部分，桂涛；近现代部分，王安宇、刘自稳、马俊杰。

俊强主编《中国历史文化新论——高明士教授八秩嵩寿文集》，元华文创，2020 年 3 月。

2. 刘昭辰《Hereditatis Petitio Et Actio Speciales——法制史观点下的继承回复请求权》，《台北大学法学论丛》116，2020 年 12 月。

3. 汪凤《从〈仪礼 · 丧服〉看古代家庭伦理中的“尊尊”观念》，《鹅湖月刊》541，2020 年 7 月。

4. 赵萃文《试论诬告罪之历史、现况与规制取向》，《军法专刊》66：2，2020 年 4 月。

5. 周东平《佛教影响中国传统法律论纲》，陈俊强主编《中国历史文化新论——高明士教授八秩嵩寿文集》，元华文创，2020 年 3 月。

二、先　　秦

【专著】

1. 徐其宁《儒行与礼典：〈孔子家语〉思想探究》，万卷楼，2020 年 4 月。

【论文】

1. 邓国军《清华简〈祭公之顾命〉与西周“中”观念》，《哲学与文化》47：10，2020 年 10 月。

2. 林士翔《〈清华伍 · 厚父〉相关研究成果再探——兼及对篇中“王”的拟测》，《鹅湖月刊》546，2020 年 12 月。

3. 李念祖《〈逸周书 · 芮良夫〉之宪政思想限制与隐埋》，《东吴法律学报》31，2020 年 4 月。

4. 金渡镒《关于先秦法家商鞅之“明”概念》，《哲学与文化》47：2，2020 年 2 月。

5. 李庭纬《再议法家的人性基础与政治建构》，《宗教哲学》93，2020 年 9 月。

6. 李松骏《从天人关系考察〈荀子〉的“法”思想：以出土黄老思想文献的对比分析为中心》，《台大中文学报》70，2020 年 9 月。

7. 吴秉勋《〈荀子〉“君道”和“臣道”思想的主从关系辨析》，《止善》28，2020年6月。

8. 张铭《〈吕氏春秋〉“贵因”思想及其在秦官箴中的对应》，《法制史研究》37，2020年12月。

三、秦汉魏晋南北朝

【专著】

1. 林聪舜《秦汉历史与思想的几个侧面》，台湾清华大学出版社，2020年1月。

2. 周运中《魏晋南北朝地理与政局研究》，花木兰文化，2020年9月。

3. 施厚羽《巾帼入戎事：晋唐之间的战争与性别》，稻乡，2020年11月。

【论文】

1. 孙闻博《秦君名号变更与“皇帝”的出现——以战国至秦统一政治秩序的演进为中心》，《“中研院”历史语言研究所集刊》91：3，2020年9月。

2. 马增荣《秦代简牍文书学的个案研究——里耶秦简9-2283、[16-5]和[16-6]三牍的物质形态、文书构成和传递方式》，《“中研院”历史语言研究所集刊》91：3，2020年9月。

3. 高震寰《试论秦汉的“逮（逮）”、“逮捕”制度》，《“中研院”历史语言研究所集刊》91：3，2020年9月。

4. 王伟《〈奏谳书〉简册复原探微》，《“中研院”历史语言研究所集刊》91：4，2020年12月。

5. 黄均镇《何处得申冤？秦与汉初乞鞫审理型态》，《法制史研究》37，2020年12月。

6. 黎汉基《汉宣帝立〈谷梁〉事述说》，《新亚学报》37，2020年8月。

7. 朱祖德《论曹操“唯才是举”及用人评价》，陈俊强主编《中国历史文化新论——高明士教授八秩嵩寿文集》，元华文创，2020年3月。

8. 洪武雄《从益州治中从事一职看蜀汉中央与地方政府的整合》，《兴

大历史学报》34，2020年12月

9. 张文杰《走马楼吴简中的“男子”与“大女”》，《岭东通识教育研究学刊》8：4，2020年8月。

10. 凌文超《黄盖治县：从吴简看〈吴书〉中的县政》，《“中研院”历史语言研究所集刊》91：3，2020年9月。

11. 潘子正《血色婚姻：解剖北魏兰陵公主杀婢节解案》，《兴大历史学报》34，2020年12月。

四、隋唐五代

【专著】

1. 黄丽婧《〈唐会要〉考校》，花木兰文化，2020年3月。

2. 董坤玉《唐代学官研究》（上），花木兰文化，2020年9月。

3. 董坤玉《唐代学官研究》（下），花木兰文化，2020年9月。

4. 段亚青《唐代贬谪制度与相关文体研究》，花木兰文化，2020年9月。

【论文】

1. 陈登武《陆贽的国家治理与法律思想》，陈俊强主编《中国历史文化新论——高明士教授八秩嵩寿文集》，元华文创，2020年3月。

2. 陈惠馨《从比较法学观点分析〈唐律疏议〉》，陈俊强主编《中国历史文化新论——高明士教授八秩嵩寿文集》，元华文创，2020年3月。

3. 陈俊强《唐代环境管理法律探析》，陈俊强主编《中国历史文化新论——高明士教授八秩嵩寿文集》，元华文创，2020年3月。

4. 冯志弘《李贺父讳问题之礼法及流俗考——以韩愈〈讳辩〉及唐代嫌名律为中心》，《成大中文学报》69，2020年6月。

5. ［日］岡野誠《唐令復原方法に關する一考察—唐獄官令第22条を中心として—》，陈俊强主编《中国历史文化新论——高明士教授八秩嵩寿文集》，元华文创，2020年3月。

6. 古怡青《制作女皇帝：武则天巡幸与祀典改革》，陈俊强主编《中国历史文化新论——高明士教授八秩嵩寿文集》，元华文创，2020年3月。

7. 桂齐逊《贞观君臣法律思想与法制建设试析》，陈俊强主编《中国历史文化新论——高明士教授八秩嵩寿文集》，元华文创，2020 年 3 月。

8. 何保豫《唐代学士院的机构化及其对翰林学士政治地位之影响》，台湾清华大学硕士学位论文，2020 年 7 月。

9. 雷闻《唐宋牓子的类型及其功能——从敦煌文书 P. 3449+P. 3864〈刺史书仪〉说起》，陈俊强主编《中国历史文化新论——高明士教授八秩嵩寿文集》，元华文创，2020 年 3 月。

10. 林朝成《〈群书治要〉与贞观之治——以“牧民之道”为例》，《成大中文学报》68，2020 年 3 月。

11. 林冠群《汉史籍中的吐蕃官称二、三则》，陈俊强主编《中国历史文化新论——高明士教授八秩嵩寿文集》，元华文创，2020 年 3 月。

12. 刘安志《〈唐会要〉清人补撰综考》，陈俊强主编《中国历史文化新论——高明士教授八秩嵩寿文集》，元华文创，2020 年 3 月。

13. 刘馨珺《从唐代“拟判”论法律教育——以〈文苑英华〉为主》，陈俊强主编《中国历史文化新论——高明士教授八秩嵩寿文集》，元华文创，2020 年 3 月。

14. 罗彤华《唐代宫中的监狱》，《法制史研究》37，2020 年 12 月。

15. 罗彤华《唐朝皇帝巡幸之仪卫——以大驾卤簿为中心》，陈俊强主编《中国历史文化新论——高明士教授八秩嵩寿文集》，元华文创，2020 年 3 月。

16. [日] 辻正博《P. 4745〈永徽吏部式〉小考》，梁辰雪译，陈俊强主编《中国历史文化新论——高明士教授八秩嵩寿文集》，元华文创，2020 年 3 月。

17. 严茹蕙《日本古碑所见律令制初期的家族关系——以山上·金井泽碑为例兼论与唐制关系》，陈俊强主编《中国历史文化新论——高明士教授八秩嵩寿文集》，元华文创，2020 年 3 月。

18. 赵晶《唐代律令关系再探究——以〈唐律疏议〉所引唐令为中心》，陈俊强主编《中国历史文化新论——高明士教授八秩嵩寿文集》，元华文创，2020 年 3 月。

19. 张文杰《隋唐讲武探论》，《兴大历史学报》34，2020 年 12 月。

五、辽宋金元

【论文】

1. 方震华《将从中御的困境——军情传递与北宋神宗的军事指挥》，《台大历史学报》65，2020年6月。

2. 李如钧《宋人对西汉名法官张释之的评价》，陈俊强主编《中国历史文化新论——高明士教授八秩嵩寿文集》，元华文创，2020年3月。

3. 林君宪《“赐额封爵”——论宋代祠神赐封中的“敕牒”与“诰”》，《中正历史学刊》23，2020年12月。

4. 刘燕俪《从北宋的夫妻关系一瞥唐宋之变革》，陈俊强主编《中国历史文化新论——高明士教授八秩嵩寿文集》，元华文创，2020年3月。

5. 王三庆《从司马温公〈书仪〉看唐宋礼俗之变——以“表奏公文私书家书”及“冠婚仪”为例》，《敦煌学》36，2020年。

6. 魏亦乐《宋元时期数目字人名新说——以新发现元代湖州路户籍文书及宋元碑刻文献为线索》，《“中研院”历史语言研究所集刊》91：1，2020年3月。

7. 张维玲《从反思碑记史料论南宋福建莆阳公共建设中官、士、僧的权力关系》，《新史学》31：4，2020年。

六、明　　清

【专著】

1. 陈芳妹《孔庙文物与政治——东亚视野中的台湾府学文物》，台湾大学出版中心，2020年12月。

2. 陈鸿瑜校注《皇明外夷朝贡考校注》，新文丰，2020年10月。

3. 池永歆、吴建昇编著《清代府城马兵营、小西门古文书契集》，台南市政府文化局，2020年7月。

4. 顾霞《元明清时期滇东北彝族土司研究》，花木兰文化，2020年3月。

5. 郭嘉辉《明代卫所的归附军政研究：以“山后人”为例》，万卷楼，2020年7月。

6. 洪健荣《清代台湾方志的知识学》，五南，2020年2月。

7. 黄丽君《化家为国：清代中期内务府的官僚体制》，台湾大学出版中心，2020年5月。

8. 李鹏飞《明清天津驻军研究，1368～1840》，花木兰文化，2020年3月。

9. 林粲禄点校《〈明熹宗实录〉点校》5（25～30卷）、6（31～36卷）、7（37～42卷），稻乡，2020年7月、9月、11月。

10. 刘泽民主编《契文解字：解码台湾古文书》，玉山社，2020年8月。

11. 谭家齐《明中晚期的法律史料与社会问题》，万卷楼，2020年7月。

12. 王一樵《流转的紫禁城：世界史视野下的明清宫廷文化》，时报出版，2020年9月。

13. 萧翌柱编著《社头深邱祠之沿革及历史文物考证（前编、续编合订本）》，深邱祠管委会，2020年8月。

14. 萧翌柱编著《彰化萧氏祭祀公业源流与史料汇编》，深邱祠管委会，2020年8月。

15. 谢必震《明清中琉交往中的中国传统涉外制度研究》，万卷楼，2020年9月。

16. 杨阳《明清旌表制度研究》，花木兰文化，2020年9月。

17. 郑小悠《清代惊世奇案启示录：帝王心术、官场规则、制度弊端、人情罗网》，麦田，2020年7月。

【论文】

1. 曾美芳《在严刑与慎恤之间：明代〈监守盗〉律的司法难题》，《法制史研究》37，2020年12月。

2. 陈诗兰《满文〈黑图档〉交付卖粮银事例译注》，《史原》32，2020年9月。

3. 陈志豪《紫线番界：清乾隆时期北台湾番界清厘与地方行政的规

划》，《台大文史哲学报》94，2020年11月。

4. 丁亮《在徭役与公费之间：明代江西地方公费开支结构变迁与一条鞭法改革》，《明代研究》35，2020年12月。

5. 郭嘉辉《元明易代与天下重塑——洪武宾礼的出现及其意义》，《台湾东亚文明研究学刊》17：1，2020年6月。

6. 洪敬清《〈神明公案〉残本研究》，《中国学术年刊》42：2，2020年9月。

7. 胡劼辰《清代六种文帝类全书的出版史研究》，《"中研院"历史语言研究所集刊》91：2，2020年6月。

8. 赖慧敏《崇实黜奢：论嘉庆朝内务府财政》，《"中研院"近代史研究所集刊》108，2020年6月。

9. 李明《清代刑部与"成案集"的整理》，《法制史研究》37，2020年12月。

10. 李仁渊《畲民之间：帝国晚期中国东南山区的国家治理与族群分类》，《"中研院"历史语言研究所集刊》91：1，2020年3月。

11. 李宗育《风励苳节——清代昭忠祠祀典及其死亡、暴力之书写》，《汉学研究》38：3，2020年9月。

12. 裴丹青、包诗卿《乾隆五十七年豫省河工帮价分赔案研究》，《"中研院"历史语言研究所集刊》91：4，2020年12月。

13. 钱晟《从"官店"到"皇店"：以"宝和店"经营模式的变迁视角看明代内廷、外廷财政制度》，《明代研究》35，2020年12月。

14. 王世庆《介绍台湾史料：档案、古文书、族谱》，张隆志编《岛史的求索（台湾史论丛　史学篇）》，台湾大学出版中心，2020年10月。

15. 吴景杰《明清时代的判语考试与法律知识》，《明代研究》34，2020年6月。

16. 吴饶竹《命债必偿：清代谋殴与谋杀共犯归责的机理》，《法制史研究》37，2020年12月。

17. 叶鹏《明清学额制度之基层运作——以十七、十八世纪福建莆田、仙游两县学额争端为中心》，《"中研院"近代史研究所集刊》108，2020年6月。

18. 于志嘉《"以屯易民"再议：从蓝山县宁溪所军户谈起》，《明代研究》34，2020 年 6 月。

19. 张孟珠《杀人有理!?——从一桩兄弟相杀案看十八世纪中叶"杀奸勿论"的实践与局限》，《汉学研究》38：1，2020 年 3 月。

20. 张伟保《明代徭役制度之初建——以江西为中心》，《新亚论丛》21，万卷楼，2020 年 12 月。

【书评】

1. 史志强《重探契约中的国家与社会：〈明月清风：明清时期的人、契约与国家〉评介》，《法制史研究》37，2020 年 12 月。

七、 近现代（1840 ~1949）

【专著】

1. 民国历史文化学社编辑部编《近代中日关系史料汇编：日军侵犯上海与进攻华北》，民国历史文化学社，2020 年 1 月。

2. 民国历史文化学社编辑部编《蒋介石军事作战检讨（1945 ~ 1948）》，民国历史文化学社，2020 年 1 月。

3. ［美］保罗·D.巴克莱《帝国弃民：日本在台湾"蕃界"内的统治（1874~1945）》，尧嘉宁译，台湾大学出版中心，2020 年 1 月。

4. 陈正茂《"日治"及战后初期台湾政党与政治团体史论（1900 - 1960）》，元华文创，2020 年 3 月。

5. 李承机、李育霖编《"帝国"在台湾 II："日本时代"的历史记忆》，台湾大学出版中心，2020 年 4 月。

6. 民国历史文化学社编辑部编《近代中日关系史料汇编：芦沟桥事变前后的中日外交关系》，民国历史文化学社，2020 年 4 月。

7. 民国历史文化学社编辑部编《近代中日关系史料汇编：芦沟桥事变发生后中国向国际的申诉》，民国历史文化学社，2020 年 4 月。

8. 民国历史文化学社编辑部编《近代中日关系史料汇编：抗战时期封锁与禁运事件》，民国历史文化学社，2020 年 5 月。

9. 民国历史文化学社编辑部编《近代中日关系史料汇编："满洲国"

的成立与国联对日本侵华的处理》，民国历史文化学社，2020年5月。

10. 民国历史文化学社编辑部编《近代中日关系史料汇编：伪组织的建立与各国态度》，民国历史文化学社，2020年5月。

11. 官正艳《严复法律思想研究：与中国近代宪政思潮》，花木兰文化，2020年9月。

12. 民国历史文化学社编辑部编《近代中日关系史料汇编：日本投降与中苏交涉》，民国历史文化学社，2020年9月。

13. 民国历史文化学社编辑部编《近代中日关系史料汇编：战争赔偿与战犯处理》，民国历史文化学社，2020年9月。

14. 民国历史文化学社编辑部编《近代中日关系史料汇编：金山和约与中日和约的关系》，民国历史文化学社，2020年9月。

15. 徐国章编译《"日治"时期律令辑览》，秀威信息，2020年9月。

16. 王泰升《台湾法律史概论（六版）》，元照，2020年10月。

17. 民国历史文化学社编辑部编《近代中日关系史料汇编：中华民国对日和约》，民国历史文化学社，2020年9月。

18. 民国历史文化学社编辑部编《抗战胜利前后国民政府的审计工作（1944）》，民国历史文化学社，2020年12月。

19. 民国历史文化学社编辑部编《抗战胜利前后国民政府的审计工作（1945）》，民国历史文化学社，2020年12月。

20. 民国历史文化学社编辑部编《抗战胜利前后国民政府的审计工作（1946）》，民国历史文化学社，2020年12月。

【论文】

1. 詹闵旭《重构原汉关系：台湾文学里原住民族、汉人移民与殖民者的跨种族接触》，《中山人文学报》48，2020年1月。

2. 李健辉《〈主题性探究式教案的设计与尝试〉——以〈"日治"时期义务教育的实施〉为例》，《清华历史教学》27，2020年2月。

3. 陈昭如《性别与国民身分：台湾女性主义法律史的考察》，洪郁如编《性别与权力（台湾史论丛·女性篇）》，台湾大学出版中心，2020年3月。

4. 苏圣雄《新加坡华人社会对英殖民地政府废婢政策的讨论（1919—

1932)》,《“国史馆”馆刊》63,2020 年 3 月。

5. 苏圣雄《改革与困境:国军后勤补给制度的变革(1944－1946)》,《“中研院”近代史研究所集刊》107,2020 年 3 月。

6. 梁秋虹《梅毒之疫:“日治”初期台湾性病治理的人权争议及政策转折》,《台湾史研究》27:1,2020 年 3 月。

7. 李达嘉《从“康党”到“乱党”——陈独秀早期思想和活动新探》,《新史学》31:1,2020 年 3 月。

8. 林和君《台湾近当代冥婚及其人鬼关系探论》,《师大学报》65:1,2020 年 3 月。

9. 王淑蕙《从清初台湾方志考察科举政策研究》,《台湾文献》71:1,2020 年 3 月。

10. 玉置充子《从“庄治研究会”与“街庄事务研究会”看“日治”时期台湾之地方行政运作:以海山郡为例》,《台北文献》211,2020 年 3 月。

11. 张晓旻《“日治”时期台湾性病防治政策的展开》,洪郁如编《性别与权力(台湾史论丛·女性篇)》,台湾大学出版中心,2020 年 3 月。

12. 许宏彬《规范市场、协商医政与再造专业:战后初期的台湾省医师公会,1946—1967》30,2020 年 4 月。

13. 陈元朋《梅花餐:近代台湾筵席改革运动的兴衰及其所涉及的“社交危机”与“道德焦虑”》,《中国饮食文化》16:1,2020 年 4 月。

14. 杨士范、温榛榛《少数族群、国家治理与日常生活:以日本帝国殖民下的东台湾阿美族人为例(1895－1945)》,《台湾社会研究季刊》115,2020 年 4 月。

15. 林文凯《“业凭契管”?清代台湾土地业主权与诉讼文化的分析》,吴聪敏编《制度与经济成长(台湾史论丛·经济篇)》,台湾大学出版中心,2020 年 5 月。

16. 吴聪敏《清末的隐田》,吴聪敏编《制度与经济成长(台湾史论丛·经济篇)》,台湾大学出版中心,2020 年 5 月。

17. 樊学庆《康有为戊戌奏请易服断发改元考辨》,《“中研院”近代史研究所集刊》107,2020 年 6 月。

18. 刘晏齐《“日治”中期台湾的社会事业（1921－1938）：定义社会问题、输送福利与传递知识》，《台湾史研究》27：2，2020年6月。

19. 应俊豪《1927年爱仁轮事件的司法求偿与中英外交》，《“国史馆”馆刊》64，2020年6月。

20. 蔡侑桦《建构寺庙——“日治”时期地方经济与宗教统合政策：以1930年代土库顺天宫改建为例》，《建筑学报》112，2020年6月。

21. 蓝奕青《市制变革下的台北市区制》，《台北文献》212，2020年6月。

22. 洪广冀、张家纶《近代环境治理与地方知识：以台湾的殖民林业为例》，《台湾史研究》27：2，2020年6月。

23. 张仲民《“科举之废而未废”——清末己酉（1909）优拔考试再研究》，《台大历史学报》65，2020年6月。

24. 詹景雯《自由的条件：晚清时期张君劢思想中的“人民程度”》，《台湾师大历史学报》63，2020年6月。

25. 黄舒楣、张皓钧《上海犹太袭产保存的记忆转向与跨域协商：普世化记忆、袭产外交及城市空间政治》，《考古人类学刊》92，2020年6月。

26. 巫仁恕《劫后妇女：抗战时期苏州沦陷后的妇女生活》，《近代中国妇女史研究》35，2020年6月。

27. 任思桦《从梁启超〈新大陆游记〉论其对美国的观察（1899－1903）》，《史学研究》29，2020年7月。

28. 陈金象、倪晶玮《“日治”时期皇民化运动对杨梅伯公祠与伯公信仰之影响》，《设计学研究》23：1，2020年7月。

29. 赖冠妏《战后初期的学制变更问题——以台湾总督府台北高等学校与省立台北高级中学为例》，《史穗》11，2020年7月。

30. 吴昌峻《中央与地方之间：沪杭甬铁路风波中的浙籍官绅与浙江巡抚》，《史原》复刊11，2020年9月。

31. 黄琬柔《时代思潮与历史创作：以1930—1940年代中国的历史小品为例》，《史原》复刊11，2020年9月。

32. 陈宛妤、王泰升《台湾“日治”初期资本主义财产法制的确立（1898—1905）》，《经济论文丛刊》48：3，2020年9月。

33. 林映汝《旧瓶装新酒：朱希祖与“国史馆”筹备委员会（1939－1942）》，《“国史馆”馆刊》65，2020年9月。

34. 蔡蕙频《地方政治活动之论析与思考：以1920年宜兰地区废厅反对运动为例》，《台北文献》213，2020年9月。

35. 蔡秀美《“日治”初期台中国语传习所与地方社会》，《“国史馆”馆刊》65，2020年9月。

36. 陈韵如《认真对待别居权——别居诉讼的创生与〈最高法院迁台旧档〉中之实践（一九一二～一九四九）》，《政大法学评论》162，2020年9月。

37. 施纯纯《战争与民主：抗战时期中共的民主论述及战国策派的挑战》，《人文及社会科学集刊》，32：03，2020年9月。

38. 苏圣雄《国民政府参谋本部的国防作战计划与初期实践（1929－1937）》，《新史学》31：3，2020年9月。

39. 王丽蕉《台湾总督府职员录系统在人文研究之应用：以“日治”台湾初等学校教师及其跨境为中心》，《台湾史研究》27：3，2020年9月。

40. 李铠扬《台湾“日治”时期地方行政运作中的业佃会：以台北州海山郡为中心》，《台北文献》213，2020年9月。

41. 张方远《愈合殖民地伤痕　做中国的主人翁——纪念台湾光复75周年》，《海峡评论》358，2020年10月。

42. 刘堉珊《未被书写的历史：Mary Somers Heidhues 历史民族志对当代印尼客家研究的启发》，《台湾东南亚学刊》15：2，2020年10月。

43. 黄美惠《“日治”初期台湾地方行政的问题点——以桥口文藏的〈辨务署巡回日志〉为中心》，《文史台湾学报》14，2020年10月。

44. 吉辰《胶州湾事件后中日关系的转变：兼论日本对华外交的多元性》，《台湾政治大学历史学报》54，2020年11月。

45. 许惠琪《钱穆对“宋学”之诠释——以其对西方宪政思想之反省为核心》，《台大文史哲学报》94，2020年11月。

46. 王麒铭《后藤新平与台湾总督府顾问制度》，《台湾师大历史学报》64，2020年12月。

47. 王泰升《台北帝国大学与殖民现代性法学》，蔡祝青主编《迎向台

大百年学术传承讲座Ⅰ：台北帝大文政学部论文集》，台湾大学出版中心，2020 年 12 月

48. 王志弘《啖肉抑或食尸：台湾“日治”初期的尸法实践》，《台湾史研究》27：4，2020 年 12 月。

49. 项浩男《1936 年国大代表选举的制度设计与县级运作》，《“国史馆”馆刊》66，2020 年 12 月。

50. 黄希滢、张志云《阿礼国服装规定与英籍华人治外法权认定》，《法制史研究》37，2020 年 12 月。

51. 郑巧君《战后“台日”观光交流下的台湾观光协会（1956—1978）》，《“台日”法政研究》2020 年第 4 期，2020 年 12 月。

52. ［日］落合研一《台湾の原住民政策と日本のアイヌ政策》，《“台日”法政研究》2020 年第 4 期，2020 年 12 月。

53. 阚正宗《台湾殖民时期“佛教教化”与“迷信陋习”改革的推动——以曾景来（1902－1977）为中心》，《法鼓佛学学报》27，2020 年 12 月。

54. 王贞富《“日治”时期台湾砖造建筑墙体构造演变与地震及法令之关系研究——以 RC 卧梁、RC 楼版、扶壁为例》，《文化资产保存学刊》54，2020 年 12 月。

55. 丁乃非著，黄道明译《成者为妻，败者妾妓：婚姻转型与女权演化》，《中外文学》49：4，2020 年 12 月。

56. 苏圣雄《空间换取时间？——蒋中正于华北的对日军事布局（1935－1937）》，《台大历史学报》66，2020 年 12 月。

57. 黄于津《“日治”时期高雄市原鼓山鱼市场初探》，《高雄文献》10：2，2020 年 12 月。

58. 江昱纬《清代育婴堂的乳妇》，《近代中国妇女史研究》36，2020 年 12 月。

59. 朱先敏《才女暮年：丁善仪〈双桂轩尺牍〉中的随宦日常与战前述闻》，《近代中国妇女史研究》36，2020 年 12 月。

60. 汪正晟《“不可理喻”的力量——反思抗战农村妇女工作中的理性人预设》，《近代中国妇女史研究》36，2020 年 12 月。

61. 张勤莹《山东潍县拘留营的日常饮食面向：以英籍外侨的视角为中心（1943－1945）》，《“中研院”近代史研究所集刊》110，2020年12月。

62. 张德明《鼎革前后的博弈与调适：1949年燕京大学的多重面相》，《“中研院”近代史研究所集刊》110，2020年12月。

【书评】

1. 程毅《陈耀煌，〈统合与分化：河北地区的共产革命，1921－1949〉》，《“中研院”近代史研究所集刊》107，2020年3月。

2. 罗皓星《评介黄自进、潘光哲编，〈近代中日关系史新论〉》，《“国史馆”馆刊》63，2020年3月。

3. 叶竑晛《民初北京法律现代化的冲击与回应——评介 *Legal Transplantation in Early Twentieth-Century China: Practicing Law in Republican Beijing（1910s－1930s）*》，《台湾师大历史学报》63，2020年6月。

4. 蓝弘岳《世界史、日本帝国史与台湾史研究：评〈“台湾人的学校”之梦：从世界史的视角看日本的台湾殖民统治〉》，《政治与社会哲学评论》72，2020年6月。

5. 王琛《评介〈袍哥：1940年代川西乡村的暴力与秩序〉》，《史穗》11，2020年7月。

《中国古代法律文献研究》第十五辑
2021 年，第 411～429 页

2020 年度国外中国法律史研究论著目录

［日］吉永匡史　［韩］金　珍
桂　涛　［法］梅凌寒　［德］施可婷

一、通　代

（一）日文

【论文】

1. 飯尾秀幸《中国古代国家史研究の論点と課題》，《歴史評論》837，2020 年。

2. 小林聡《漢唐間における楽制体系と冠服体系——楽人はどのように装って舞い、奏でたのか?》，《埼玉大学紀要》教育学部 69－1，2020 年。

3. 徐世虹（大原良通譯）《中国古代法律文献概説》，《神戸学院大学人文学部紀要》40，2020 年。

4. 渡辺信一郎《中国古代帝国の構造的特質》，《歴史科学》241，2020 年。

【书评】

1. 井上徹《三木聡編『宋—清代の政治と社会』》，《史学雑誌》129－3，2020 年。

2. 植田喜平成智《鄭東俊著『古代東アジアにおける法制度受容の研究——中国王朝と朝鮮三国の影響関係を中心に』》，《唐代史研究》23，2020年。

3. 遠藤慶太《小口雅史編『古代東アジア史料論』》，《法政史学》94，2020年。

（二）韩文

【论文】

1. 박세민（朴世珉）《전통 중국사회에서의 가족과 가산 -니이다 노보루와 시가 슈조의 논쟁을 중심으로-（传统中国社会的家族与家产——以仁井田陞与滋贺秀三之间的争论为中心）》，《法史學研究》62，2020年。

2. 楊晉《中國古代族刑制度芻議》，《中國史研究》124，2020年。

（三）英文

【专著】

1. Liu Yunsheng, *The History of the Contractual Thoughts in Ancient China*, Singapore: Springer, 2020.

2. Pierre-Étienne Will（魏丕信）, *Handbooks and Anthologies for Officials in Imperial China: A Descriptive and Critical Bibliography*, 2 vols., Leiden: Brill, 2020.

3. Xu Xiaoqun, *Heaven Has Eyes: Law and Justice in Chinese History*, New York, NY: Oxford University Press, 2020.

4. Zhang Jinfan, *The History of Chinese Legal Civilization: Ancient China — From About 21st Century B. C. to 1840 A. D.*, Singapore: Springer, 2020.

5. Zhang Jinfan, *The History of Chinese Legal Civilization: Modern and Contemporary China — From 1840*, Singapore: Springer, 2020.

【论文】

1. Jérôme Bourgon（巩涛）, “Chinese Legal Thought: Overview”, Mortimer

Sellers & Stephan Kirste, *Encyclopedia of the Philosophy of Law and Social Philosophy*, Dordrecht: Springer, 2020.

2. Leigh K. Jenco & Jonathan Chappell, "Overlapping Histories, Coproduced Concepts: Imperialism in Chinese Eyes", *The Journal of Asian studies* 79 - 3, 2020, pp. 685 - 706.

3. Pablo Ariel Blitstein(西保罗), "Meritocracy, Aristocracy, and 'Literati Democracy' in Chinese Imperial History", in: Leigh K. Jenco, Murad Idris & Megan C. Thomas, *The Oxford Handbook of Comparative Political Theory*, New York: Oxford University Press 2020.

(四) 法文

1. Jérôme Bourgon (巩涛), " 'Le sol est à tout le monde.' Henri Maspero (1882 - 1945) et les formes de propriété foncière dans l'histoire chinoise" (土地权属于每一个人: 亨利 · 马斯伯乐 (1882~1945) 和中国历史上的土地所有权形式), Pierre-Étienne Will (魏丕信), Michel Zink, *Abel-Rémusat et ses successeurs. Deux cents ans de sinologie française en France et en Chine* (阿贝尔 · 雷慕沙和他的继承人: 法国汉学在法国和中国的两百年历史), Paris : Académie des Inscriptions et Belles-Lettres, 2020, pp. 387 - 408.

二、先　秦

(一) 日文

【专著】

1. 水野卓《春秋時代の統治権研究》, 汲古書院, 2020 年。

【论文】

1. 江村治樹《戦国諸国家の統治の特質——都市支配の側面から》, 籾山明/ロータール・フォン・ファルケンファウゼン編《秦帝国の誕生——古代史研究のクロスロード》, 六一書房, 2020 年。

2. 柏倉優一《包山文書簡よりみる戦国中期楚国の県制》,《中国出土資料研究》24，2020 年。

（二）韩文

【论文】

1. 張應平《情理・義理・法理：荀子法哲學的基本觀念結構》，《中國史研究》128，2020 年。

（三）英文

【专著】

1. Mark Edward Lewis（陆威仪），*Honor and Shame in Early China*, Cambridge, U.K.: Cambridge University Press, 2020.

2. Thomas Crone, *Between Disaster, Punishment, and Blame: the Semantic Field of Guilt in Early Chinese Texts*, Wiesbaden: Otto Harrassowitz, 2020.

【论文】

1. Michael Nylan, "Cross-reading 'Kang gao,' 'Shao gao,' and 'Luo gao'", *Journal of Asian History* 54－1, 2020, pp. 1－62.

三、秦汉魏晋南北朝

（一）日文

【专著】

1. 窪添慶文《北魏史——洛陽遷都の前と後》，東方書店，2020 年。

2. 多田麻希子《秦漢時代の家族と国家》，専修大学出版局，2020 年。

【论文】

1. 青木俊介《秦代における県の守官任職者について——遷陵県の官吏異動状況から》，《東洋史研究》78－4，2020 年。

2. 柿沼陽平《岳麓書院蔵秦簡「秦律令（壹）」金布律訳注》，《史滴》42，2020 年。

3. 上條駿《明帝期の礼制議論——三雍建設を中心として》,《日本秦漢史研究》21, 2020 年。

4. 川合安《南朝の州大中正》,《集刊東洋学》123, 2020 年。

5. 小林文治《岳麓書院蔵秦簡「秦律令（壹）」徭律訳注（二）》,《史滴》42, 2020 年。

6. 小尾孝夫《「軍都」補遺》,《大東文化大学漢学会誌》59, 2020 年。

7. 佐々木満美《秦代・漢代の刑徒——刑徒間の差異について》,《人間文化創成科学論叢》22, 2020 年。

8. 城山陽宣《秦漢期博士制度に関する考証的研究（前篇）——「博士」官の形態と職責を中心に》,《研究東洋》10, 2020 年。

9. 秦代出土文字史料の研究班《嶽麓書院所蔵簡〈秦律令（壹）〉訳注稿その（三）》,《東方学報》京都 95, 2020 年。

10. 陶安《嶽麓書院秦簡〈為獄等状四種〉第二類巻冊案例十二和十三釈文、注釈及編聯商権》,《中国出土資料研究》24, 2020 年。

11. 陶安あんど《嶽麓書院秦簡司法文書集成『為獄等状四種』訳注稿——事案八》,《法史学研究会会報》23, 2020 年。

12. 蘇俊林《走馬楼呉簡から見た孫呉の塩政》, 伊藤俊雄・関尾史郎編《後漢・魏晋簡牘の世界》, 汲古書院, 2020 年。

13 鷹取祐司《肩水金関を通った民とその検察——漢代肩水金関遺址出土通籍名籍の分析から》,《立命館文学》668, 2020 年。

14. 高村武幸《文書行政のはじまり》, 籾山明/ロータール・フォン・ファルケンファウゼン編《秦帝国の誕生——古代史研究のクロスロード》, 六一書房, 2020 年。

15. 高村武幸《長沙五一広場後漢簡牘の概観》, 伊藤俊雄・関尾史郎編《後漢・魏晋簡牘の世界》, 汲古書院, 2020 年。

16. 楯身智志《佚名『漢官』の史料的性格——漢代官制関係史料に関する一考察》, 榎本淳一・吉永匡史・河内春人編《中国学術の東アジア伝播と古代日本》, 勉誠出版, 2020 年。

17. 深川真樹《博士弟子制度と太学の結びつきに関する一考察》,《東洋学報》101－4, 2020 年。

18. 馬彪《王莽における封国制改革の研究——その「空名」化改革の由来と特徴をめぐる》,《山口大学文学会志》70，2020 年。

19. 平野太士《秦漢期の「庶人」》,《明大アジア史論集》24，2020 年。

20. 水間大輔《漢律令「大不敬」考》,《中央学院大学法学論叢》33－2,2020 年。

21. 水間大輔《漢律令「不敬」考》,《中央学院大学法学論叢》34－1，2020 年。

22. 水間大輔《嶽麓書院蔵秦簡「秦律令（貳）」第二〇八簡と不孝罪》,《中央学院大学法学論叢》34－1，2020 年。

23. 水間大輔《秦漢律令において「不孝」とされる行為》,《史滴》42，2020 年。

24. 目黒杏子《前漢後半期における宗廟制の変容》,《東方学報》京都 95，2020 年。

25. 楊芬（石原遼平訳）《走馬楼呉簡「史潘慮料剌中倉吏李金所領嘉禾三年雜米要簿」に関する一考察》，伊藤俊雄・関尾史郎編《後漢・魏晋簡牘の世界》，汲古書院，2020 年。

26. 李周炫《漢簡からみた国家の物資輸送と雇用労働》，伊藤俊雄・関尾史郎編《後漢・魏晋簡牘の世界》，汲古書院，2020 年。

【书评】

1. 高村武幸《宮宅潔編『多民族社会の軍事統治——出土史料が語る中国古代』》,《日本秦漢史研究》21，2020 年。

2. 楯身智志《松島隆真著『漢帝国の成立』》,《日本秦漢史研究》21，2020 年。

3. 速見大《岡部毅史著『魏晋南北朝官人身分制研究』》,《唐代史研究》23，2020 年。

（二）韩文

【论文】

1. 김동오（金垌吾）《秦帝國시기 縣吏 운용과 지방 통치 –里耶秦簡 遷陵吏志 분석을 중심으로–（秦帝国时期县吏之运用与地方统治——以对

〈里耶秦簡〉中〈遷陵吏志〉之分析为中心）》，《中國古中世史研究》57，2020 年。

2. 戴衛紅《長沙五一廣場東漢簡所見亭長的職務犯罪》，《中國古中世史研究》56，2020 年。

3. 방윤미（方允美）《秦漢시대 治獄 절차와 시점 -論· 決・斷을 중심으로-（秦汉时代治狱程序与时点——以论、决、断为中心》，《中國古中世史研究》57，2020 年。

4. 舒哲嵐《“告以罪刑”所見秦黔首法律素養與書吏記錄準則》，《中國史研究》126，2020 年。

5. 閆強樂《漢代廷尉治獄案例考》，《中國史研究》126，2020 年。

6. 閆振宇《秦漢司法文書分類名稱簡論——兼談“爰書”・“奏讞書”・“劾狀”之名》，《中國史研究》128，2020 年。

7. 임병덕（林炳德）《秦・漢律의 庶人 -庶人泛稱說에 對한 批判-（秦、汉律之庶人——对“庶人泛称说”的批评）》，《中國史研究》125，2020 年。

8. 임중혁（任仲爀）《嶽麓書院藏秦簡（肆・伍）秦令의 編制 원칙（岳麓书院藏秦简（肆・伍）秦令的编制原则）》，《中國史研究》124，2020 年。

9. 임중혁（任仲爀）《嶽麓書院藏秦簡의 卒令（岳麓书院藏秦简的卒令）》，《東洋史學研究》150，2020 年。

10. 田純才《法律史視閾下的西漢酷吏研究》，《中國史研究》128，2020 年。

（三）英文

【专著】

1. Andrew Chittick（戚安道），*Jiankang Empire in Chinese and World History*，New York: Oxford University Press，2020.

2. Randolph B. Ford，*Rome, China, and the Barbarians: Ethnographic Traditions and the Transformation of Empires*，Cambridge，U. K.: Cambridge University Press，2020.

【论文】

1. Ma Tsang Wing (马增荣), “Between the State and Their Superiors: The Anxiety of Low-Ranked Scribes in the Qin and Han Bureaucracies”, *Asia Major* 33－2, 2020, pp. 25－59.

【书评】

1. Charles Holcombe (何肯), “*The Jiankang Empire in Chinese and World History* By Andrew Chittick. New York: Oxford University Press, 2020. xi + 411 pp. $85.00 (cloth)”, *Journal of Chinese History* 5－1, 2020, pp. 1－5.

2. Scott Pearce (裴士凯), “*The Jiankang Empire in Chinese and World History*: Andrew Chittick, Oxford: Oxford University Press, 2020. xi, 430 pp.”, *Early Medieval China* 26, 2020, pp. 114－119.

四、隋唐五代

(一) 日文

【专著】

1. 土肥義和《燉煌文書の研究》，汲古書院，2020年。

2. 林美希《唐代前期北衙禁軍研究》，汲古書院，2020年。

3. 山根清志《唐王朝の身分制支配と「百姓」》，汲古書院，2020年。

【论文】

1. 岡野誠《日唐律における「格」と「挌」》，《法史学研究会会報》23，2020年。

2. 岡野誠《唐令復原方法に関する一考察》，陳俊強主編《中国歴史文化新論》，元華文創，2020年。

3. 岡野誠《唐代律令中の「格」字の意義　——獄官令第22条の分析を中心として》，《法律論叢》93－1，2020年。

4. 川村康《唐賊盜律40条箚記》，《法史学研究会会報》23，2020年。

5. 神戸航介《日唐律令力役編成制度の特質》，《法制史研究》69，2020年。

6. 侯振兵（兼平雅子訳）《唐代前期の閑厩と閑厩馬に関する諸問題》，金子修一先生古稀記念論文集編集委員会編《東アジアにおける皇帝権力と国際秩序》，汲古書院，2020 年。

7. 坂上康俊《日唐の格法典の編纂と体裁の特徴》，大津透編《日本古代律令制と中国文明》，山川出版社，2020 年。

8. 田頭賢太朗《唐皇帝の軍事指揮権と金吾衛》，《東洋学報》103－4，2020 年。

9. 武井紀子《唐日律令財政における牓示について——賦役令の税額周知規定を中心に》，大津透編《日本古代律令制と中国文明》，山川出版社，2020 年。

10. 辻正博《唐令の復原と典拠史料——天聖雑令「造道士女冠僧尼籍」条を事例として》，大津透編《日本古代律令制と中国文明》，山川出版社，2020 年。

11. 西本哲也《日唐厩牧令の動物管理条文からみた地方行政》，大津透編《日本古代律令制と中国文明》，山川出版社，2020 年。

12. 吉永匡史《日唐令奴婢売買条文管見》，木本好信編《古代史論聚》，岩田書院，2020 年。

13. 吉永匡史《阿斯塔那五〇九号墓出土過所関係文書小考》，小口雅史編《古代東アジア史料論》，同成社，2020 年。

14. 吉永匡史《『唐令私記』にみる唐文化受容の一様相》，大津透編《日本古代律令制と中国文明》，山川出版社，2020 年。

【书评】

1. 稲田奈津子《榎本淳一著『日唐賤人制度の比較研究』》，《史学雑誌》129－9，2020 年。

2. 吉野秋二《榎本淳一著『日唐賤人制度の比較研究』》，《唐代史研究》23，2020 年。

（二）韩文

【论文】

1. 박근칠（朴根七）《唐代 지방 文書行政의 절차와 案卷의 재정리－

唐景龍3年（709）12月至景龍4年（710）正月西州高昌縣處分田畝案卷의 검토를 중심으로-（唐代地方文书行政节次与案卷的再整理——〈唐景龙3年（709）12月至景龙4年（710）正月西州高昌县处分田亩案卷〉之分析为中心）》，《中國古中世史研究》56，2020年。

2. 曹京徽《唐代犯罪綜合治理述論》，《中國史研究》126，2020年。

3. 최재영（崔宰榮）《당대 문서 행정 법령의 체계와 그 의미（唐代文书行政法令的体系与其含义）》，《中國學報》91，2020年。

（三）英文

【专著】

1. Moritz Huber, *Lives of Sogdians in Medieval China*, Wiesbaden: Harrassowitz Verlag, 2020.

五、辽宋金元

（一）日文

【论文】

1. 川村康《宋代以勅補律考——宋律勅合編序説》，《法と政治》71-1，2020年。

2. 許偉偉《宋代西北地区押蕃使問題探討》，《大阪市立大学東洋史論叢》20，2020年。

3. 島居一康《宋代禁軍・廂軍の軍事構造——唐宋時代の軍制と行政（5）》，《唐宋变革研究通訊》11，2020年。

4. 村田岳《南宋最初期の科挙とその影響》，松尾金藏記念奨学基金編《明日へ翔ぶ》5，風間書房，2020年。

4. 宮澤知之《金代前期の幣制》，《東洋史研究》79-2，2020年。

（二）韩文

【论文】

1. 설배환（薛培焕）《몽골제국은 어떻게 법을 집행했는가? -訴訟과

約會의 재구성-（蒙古帝国如何执行法律？——诉讼与约会的再构建）》，《東洋史學研究》150，2020 年。

2. 최해별（崔碧茹）《南宋 시기 地方官의 姦罪 처리 원칙 -『청명집』의 판례를 중심으로-（南宋时期地方官处理奸罪的原则——以《清明集》的判例为中心）》，《東洋史學研究》150，2020 年。

3. 최해별（崔碧茹）《“離之”：南宋 시기 지방관의 “違法” 혼인에 대한 인식과 판결（“离之”：南宋时期地方官对“违法”婚姻的认识与判决）》，《東洋史學研究》153，2020 年。

4. 최해별（崔碧茹）《남송（南宋）시기 지방관의 이혼 관련 소송의 처리 -의절（義絶）· 칠출（七出）· 화리（和離）의 변용과 확장（南宋时期地方官对离婚相关诉讼的处理——义绝、七出、和离的改变与扩张）》，《여성과역사（女性与历史）》33，2020 年。

（三）英文

【专著】

1. Charles Hartman（蔡涵墨），*The Making of Song Dynasty History: Sources and Narratives, 960－1279 CE*, Cambridge, U.K.: Cambridge University Press, 2020.

2. Chu Ming-kin（朱铭坚），*The Politics of Higher Education: the Imperial University in Northern Song China*, Hong Kong: Hong Kong University Press, 2020.

【论文】

1. Christopher P. Atwood（艾骛德），“Three Yuan Administrative Units in Marco Polo: Kinǰ in Talas, Silingǰ iu, and Kungčang”, *Journal of Song-Yuan Studies* 49, 2020, pp. 417－442.

2. Xue Chen（薛晨），“Age of Emperors: Divisible Imperial Authority and the Formation of a ‘Liao World Order’ in Continental East Asia, 900－1250”, *Journal of Song-Yuan Studies* 49, 2020, pp. 45－83.

【书评】

1. Beverly Bossler（柏文莉），“*In the Wake of the Mongols: The Making of*

a New Social Order in North China, 1200 – 1600 by Jinping Wang（review）”, *Journal of Song-Yuan Studies* 49, 2020, pp. 477 – 483.

2. Ma Xiaolin, “*Marriage and the Law in the Age of Khubilai Khan: Cases from the Yuan dianzhang* by Bettine Birge（review）”, *Journal of Song-Yuan Studies* 49, 2020, pp. 489 – 496.

3. Macabe Keliher（克礼）, “*In the Wake of the Mongols: The Making of a New Social Order in North China, 1200 – 1600* by Jinping Wang（review）”, *Journal of Social History* 53 – 4, 2020, pp. 45 – 83, *Journal of Song-Yuan Studies* 49, 2020, pp. 1110 – 1112.

六、明　　清

（一）日文

【专著】

1. 岩井茂樹《朝貢・海禁・互市——近世東アジアの貿易と秩序》，名古屋大学出版会，2020年。

2. 岸本美緒《礼教・契約・生存》，研文出版，2020年。

【论文】

1. 猪俣貴幸《“中央研究院”傅斯年図書館蔵明鈔本『条例全文』残本三種について》，《立命館東洋史学》43，2020年。

2. 鈴木秀光《清代後半における官契紙（一）》，《法学論叢》187 – 1，2020年。

3. 鈴木秀光《清代後半における官契紙（二）》，《法学論叢》187 – 2，2020年。

4. 鈴木秀光《清代後半における官契紙（三）》，《法学論叢》187 – 3，2020年。

5. 高遠拓児《刑部左侍郎薛允升と『各省留養不符冊』——清末の当家堂官のことば》，妹尾達彦編著《アフロ・ユーラシア大陸の都市と社会》，中央大学出版部，2020年。

6. 高遠託児《法部右侍郎沈家本と『各省留養不符冊』》,《中央大学アジア史研究》44，2020 年。

7. 萩原守《清代モンゴルにおける人身売買規制法》,《東方学》139，2020 年。

8. 宮本陽佳《『明律訳註』成立に関する一考察——「増改」の対象をめぐって》,《汲古》77，2020 年。

【书评】

1. 岸本美緒《岩井茂樹著『朝貢・海禁・互市——近世東アジアの貿易と秩序』》,《史学雑誌》129－8，2020 年。

2. 鶴成久章《渡昌弘著『明代国子監政策の研究』》,《歴史》135，2020 年。

（二）韩文

【论文】

1. 김한밝（Kim，Hanbark）《清代 配所 유배범의 석방과 自新의 援用（清代配所流刑犯的释放与自新的应用）》,《東洋史學研究》150，2020 年。

2. 謝超《晚清司法檔案敘事迷雾及其辨明——以龍泉檔案爲例》,《中國史研究》129，2020 年。

3. 趙嘉君《晚清陪審立法研究》,《中國史研究》128，2020 年。

4. 陳麗《清代徒刑的常規與特例》,《中國史研究》127，2020 年。

（三）英文

【专著】

1. Joseph P. McDermott (周绍明), *The Making of a New Rural Order in South China Vol. 2: Merchants, Markets, and Lineages, 1500－1700*, Cambridge, U.K.: Cambridge University Press, 2020.

2. Zhang Ting (张婷), *Circulating the Code: Print Media and Legal Knowledge in Qing China*, Seattle: University of Washington Press, 2020.

【论文】

1. Claude Chevaleyre (施振高), "Serving and Working for Others: Negotiating

Legal Status and Social Relations of Household Laborers in Late Imperial China", *Journal of Global Slavery* 5－2, pp. 170－203.

2. Feng Naixi (冯乃希), "Mushroom Cloud Over the Northern Capital: Writing the Tianqi Explosion in the Seventeenth Century", *Late Imperial China* 41－1, 2020, pp. 71－112.

3. Jérôme Bourgon (巩涛), "Historians at the Court: How Cultural Expertise in Qing Law Contributes to the Invention of Hong Kong 'Chinese Customary Law'", *Law and History Review* 38, 2020, pp. 85－98.

4. Lynn Struve (司徒琳), "Social Relations and Affective States in Classical Chinese Medical Practice: Zhang Jiebin and the Problem of Renqing", *Late Imperial China* 41－2, 2020, pp. 1－44.

5. Matthew Mosca (马世嘉), "Neither Chinese Nor Outsiders: Yi and Non-Yi in the Qing Imperial Worldview", *Asia Major* 33－1, 2020, pp. 103－146.

6. Mårten Söderblom Saarela (马腾), "Linguistic Compartmentalization and the Palace Memorial System in the Eighteenth Century", *Late Imperial China* 41－2, 2020, pp. 131－179.

7. Zhu Yuan Yi, "Suzerainty, Semi-Sovereignty, and International Legal Hierarchies on China's Borderlands", *Asian Journal of International Law* 10, 2020, pp. 293－320.

【书评】

1. Blaine C. Gaustad (高士达), "*The White Lotus War: Rebellion & Suppression in Late Imperial China*. By Dai Yingcong. Seattle: University of Washington Press, 2019", *The Journal of Asian studies* 79－3, 2020, pp. 770－772.

2. Eric Setzekorn, "*The White Lotus War: Rebellion and Suppression in Late Imperial China*, written by Dai Yingcong", *Journal of Chinese Military History* 9－1, 2020, pp. 1－3.

3. Hartmut Walravens (魏汉茂), "*State and Crafts in the Qing Dynasty (1644－1911)* by Christine Moll-Murata", *Journal of Asian History* 54－1, 2020, pp. 207－210.

4. Joseph Seeley, "*Ginseng and Borderland: Territorial Boundaries and

Political Relations between Qing China and Chosŏn Korea, 1636 – 1912. By Seonmin Kim. Oakland: University of California Press, 2017", *The Journal of Asian studies* 79 – 3, 2020, pp. 829 – 831.

5. Kuan - Hui Elaine Lin, Pao K. Wang, Pi-Ling Pai, Yu-Shiuan Lin, "*Historical droughts in the Qing dynasty (1644 – 1911) of China*", *Climate of the Past* 16 – 3, 2020, pp. 911 – 931.

七、近现代（1840 ~ 1949）

（一）日文

【专著】

1. 久保茉莉子《中国の近代的刑事裁判》，東京大学出版会，2020 年。

2. 吉見崇《中国司法の政治史》，東京大学出版会，2020 年。

【论文】

1. 大石田真弥《1930 年代前半の中国の貨幣分業構造——廃両改元直前を中心に》，《社会経済史学》86 – 2，2020 年。

2. 岡崎清宣《国民政府期中国における貨幣統合政策と小額貨幣》，《名古屋大学東洋史研究報告》44，2020 年。

3. 小西豊治《中華民国湖南省憲法——ワイマール憲法の継承と発展》，《政治経済史学》645，2020 年。

4. 張天恩《琉球問題をめぐる日清交渉と国際法——清国の国際法受容の様相》，《ソシオサイエンス》26，2020 年。

5. 箱田恵子《琉球処分をめぐる日清交渉と仲裁裁判制度》，《史窓》77，2020 年。

【书评】

1. 久保茉莉子《黄源盛著『晚清民国刑法春秋』》，《東洋学報》102 – 2，2020 年。

2. 千葉正史《久保田裕次著『対中借款の政治経済史——「開発」から二十一ヵ条要求へ』》，《歴史評論》840，2020 年。

3. 柳沢遊《日本植民地研究会編『日本植民地研究の論点』》，《社会経済史学》85－4，2020年。

（二）韩文

【论文】

1. 소현숙（蘇賢淑）《근대 전환기 동아시아에서 이혼법의 변화－한중일 비교（近代转变期东亚离婚法之演变——韩中日比较）》，《역사와 담론（历史与话语）》94，2020年。

2. 손승희（孫承希）《중화민국 민법의 제정과 전통‘家産制’의 변화（中华民国民法的制定与传统“家产制”的演变）》，《東洋史學研究》150，2020年。

（三）英文

【专著】

1. Yi Guo, *Freedom of the Press in China: a Conceptual History, 1831－1949*, Amsterdam: Amsterdam University Press, 2020.

【论文】

1. Federica Ferlanti（冯乐怡），"Educators and Power Brokers: Political Mobilization and Violence in Wannian County, Jiangxi Province, 1926－1935", *Twentieth-Century China* 45－3, 2020, pp. 227－246.

2. Gary Lilienthal, Wang Shi Qi, Nehaluddin Ahmad, "The Treatment of Chinese Customary Law in British Colonial Hong Kong", *Commonwealth Law Bulletin* 45, 2020, pp. 636－659.

3. Raphaëlle P. Soffe, "The Treaty as to Commercial Relations of 1903: China and Extraterritoriality", *The Chinese Journal of Comparative Law* 8－2, 2020, pp. 435－449.

4. Ryan Martinéz Mitchell, "Chinese Receptions of Carl Schmitt Since 1929", *Penn State Journal of Law & International Affairs* 8, 2020, pp. 181－263.

5. Xiang Hongyan, "From a Diplomatic to a Domestic Issue: China's Struggle with Church Properties in the Nanjing Decade (1927－1937)", *Twentieth-*

Century China 45－1，2020，pp. 66－84.

【书评】

1. Anne Gerritsen（何安娜），“*Qing Travelers to the Far West: Diplomacy and the Information Order in Late Imperial China*, by Jennifer Huangfu Day”，*The English Historical Review* 135－576，2020，pp. 1349－1350.

2. Chen Li（陈利），“Jenny Huangfu Day. *Qing Travelers to the Far West: Diplomacy and the Information Order in Late Imperial China*”，*The American Historical Review* 125－5，2020，pp. 1839－1840.

3. David Clayton，“*Crossed Paths: Labor Activism and Colonial Governance in Hong Kong, 1938－1958* by Lu Yan（review）”，*Twentieth-Century China* 45－3，2020，pp. E22－E24.

4. David Gilmartin，“*Beyond Regimes: China and India Compared*. Edited by Prasenjit Duara and Elizabeth J. Perry. Cambridge，Mass.: Harvard University Asia Center，2018”，*The Journal of Asian studies* 79－4，2020，pp. 1076－1077.

5. Dominic D. Z. Sur，“*The Monastery Rules: Buddhist Monastic Organization in Pre-Modern Tibet*. By Berthe Jansen. Oakland: University of California Press”，*The Journal of Asian studies* 79－2，2020，pp. 472－474.

6. Gina Anne Tam，“*Voting as a Rite: A History of Elections in Modern China* by Joshua Hill（review）”，*Twentieth-Century China* 45－3，2020，pp. E18－E19.

7. Hiroko Matsuda（松田ヒロ子），“Paul D. Barclay. *Outcasts of Empire: Japan's Rule on Taiwan's ‘Savage Border’，1874－1945*”，*The American Historical Review* 125－3，2020，pp. 1005－1006.

8. Jenny Huangfu Day（皇甫峥峥），“*Sovereignty in China: A Genealogy of a Concept since 1840*. By Maria Adele Carrai. Cambridge: Cambridge University Press，2019”，*The Journal of Asian studies* 79－4，2020，pp. 980－982.

9. Julia C. Strauss（米莉），“Philip Thai. *China's War on Smuggling: Law, Economic Life, and the Making of the Modern State, 1842－1965*”，*The American Historical Review* 125－2，2020，pp. 630－631.

10. Lei Huanjie, "*The Politics of Rights and the 1911 Revolution in China* by Xiaowei Zheng", *China Review* 20 - 1, 2020, pp. 228 - 230.

11. Michel Hockx (贺麦晓), "*Pirates and Publishers: A Social History of Copyright in Modern China*. By Fei-Hsien Wang. Princeton, N. J.: Princeton University Press, 2019", *The Journal of Asian studies* 79 - 4, 2020, pp. 1003 - 1004.

12. Michael Tsin, "Xiaowei Zheng. *The Politics of Rights and the 1911 Revolution in China*", *The American Historical Review* 125 - 4, 2020, pp. 1394 - 1395.

13. Michael Tsin, "*Revolutionary Nativism: Fascism and Culture in China, 1925 - 1937*. By Maggie Clinton. Durham, N.C.: Duke University Press, 2017", *The Journal of Asian studies* 79 - 4, 2020, pp. 1076 - 1077.

14. Pamela Kyle Crossley (柯娇燕), "*Qing Travelers to the Far West: Diplomacy and the Information Order in Late Imperial China* by Jennifer Huangfu Day (review)", *Journal of Interdisciplinary History* 50 - 3, 2020, pp. 478 - 480.

15. Qin Yucheng, "*Qing Travelers to the Far West: Diplomacy and the Information Order in Late Imperial China*. By Jenny Huangfu Day. Cambridge: Cambridge University Press, 2018", *The Journal of Asian studies* 79 - 3, 2020, pp. 744 - 746.

16. R. Kent Guy (盖博坚), "Jennifer M. Neighbors. *A Question of Intent: Homicide Law and Criminal Justice in Qing and Republican China*", *The American Historical Review* 125 - 3, 2020, pp. 1001 - 1002.

17. Sebastian Veg (魏简), "*Voting as a Rite: A History of Elections in Modern China*. By Joshua Hill. Cambridge, Mass.: Harvard University Asia Center, 2019", *The Journal of Asian studies* 79 - 2, 2020, pp. 470 - 472.

18. Stephen R. MacKinnon (麦金农), "Yun Xia. *Down with Traitors: Justice and Nationalism in Wartime China*", *The American Historical Review* 125 - 1, 2020, pp. 214 - 215.

19. Zach Smith, "*China's Conservative Revolution: The Quest for a New Order, 1927 - 1949*. By Brian Tsui. Cambridge: Cambridge University Press, 2018", *The Journal of Asian studies* 79 - 1, 2020, pp. 178 - 179.

（四）德文

【著作】

1. Simon Dewes, "Das Verhältnis von Eltern und Kindern in der chinesischen Familienrechtsgesetzgebung. Vom Qing-Kodex zum Zivilgesetzbuch der Republik China"（《中国家庭法中的亲子关系立法：从〈大清律例〉到〈中华人民共和国民法典〉》）. Tübingen, Mohr Siebeck, 2020.

【论文】

1. Harro von Senger（胜雅律）, "Vom Code Civil Napoleons zum Zivilgesetzbuch Xi Jinpings"（《从拿破仑民法典到习近平民法典》）, in: *Zeitschrift für Chinesisches Recht*（《中国法杂志》）27－2, 2020, pp. 142－152.

2. Wang Qiang, "Vom deutschen BGB bis zu Chinas neuem Zivilgesetzbuch. Eine Rezeptionsgeschichte des BGB in China"（《从〈德国民法典〉到中国的新民法典：中国对〈德国民法典〉的继受》）, in: *Zeitschrift für Neuere Rechtsgeschichte*（《近现代法律史期刊》）, Vol. 42, 2020, pp. 77－114.

《中国古代法律文献研究》稿约

《中国古代法律文献研究》为中国政法大学法律古籍整理研究所所刊，于1999年创刊，自2010年始改版为年刊，欢迎海内外同仁不吝赐稿。

《中国古代法律文献研究》以中国古代法律文献为主要研究对象，刊发原创性的学术论文、书评和研究综述。本刊以中文简体字出版，来稿以2万字以下为宜，同时请附300字以内的中文摘要、关键词与英文标题；如是外文稿件，请作者授予本刊中文版的首发权利。已经公开发表（包括网络发表）过的中文稿件，请勿投稿。本刊采取同行专家匿名评审制度，将在收到稿件后两个月内回复作者有关采用与否的信息。

有关投稿中的版权问题，请作者自行妥善解决。

本刊投稿截止时间为当年6月30日。

来稿一经刊发，本刊将向作者寄赠该辑图书1册。

来稿请附作者简历、详细通讯地址、邮编、电子邮件等联系方式，以纸版或电子版形式，分别寄至：

（100088） 北京海淀区西土城路25号中国政法大学法律古籍整理研究所

电子邮箱：gdflwxyj@ outlook. com

gdflwxyj@ 163. com

《中国古代法律文献研究》编辑部

Journal of Chinese Ancient Legal Literature Studies

The Journal of Chinese Ancient Legal Literature Studies is edited by the Institute for Chinese Ancient Legal Documents, China University of Political Science and Law. It was published for four times during the period of 1999 – 2007. The Institute starts to publish it annually from 2010. Submission of papers both from domestic and overseas is welcomed.

The Journal mainly focuses on the research of the legal literature in ancient China, publishing original academic papers and book reviews, each of which should be no more than 20, 000 words. The journal will be published in simplified Chinese, please submit your paper with a Chinese abstract no more than 300 words, keywords and an English title. If it is a paper in other language, the authorization for publication of its Chinese version in this journal for the very first time will be appreciated. If the paper in Chinese was published in any form including on Internet, please don't submit again. All the papers submitted will be reviewed and examined by the scholars in an anonymous manner. Whether it is accepted or not, the author will be informed within two months upon the receipt of the paper.

For copyright related matters, please properly address on your own in advance.

The deadline of submission is June, 30th annually.

Once the paper is published, the contributors will receive one copy of the Journal.

The paper for contribution, prepared in soft or hard copy, and supplied with a brief resume of the author and his/her detailed information for contact, such as the address, post code, and email etc, shall be sent to the following address:

Institute for the Research of Legal Literature in Ancient China, China University of Political Science and Law, Beijing (100088), China.

E-mail: gdflwxyj@ outlook. com

gdflwxyj@ 163. com

Institute for the Research of Legal Literature in Ancient China

China University of Political Science and Law

《中国古代法律文献研究》撰稿凡例

一、论文缮打格式

字体：中文请使用宋体简体字，英文请使用 Times New Roman。字号：正文五号字，注解小五号字。

二、标题层级

请依次使用　一、　（一）　1.　（1）　A.　a.

三、标点

请使用新式标点，除破折号、省略号各占两格外，其他标点均占一格。书刊及论文名均请使用《　》。

四、数字表示

公元纪年使用阿拉伯数字，中国年号、古籍卷数使用中文数字（年号例如建武二十五年、贞观八年、乾隆三十五年，卷数例如卷一〇、卷二三、卷一五四）。第一次涉及年号者，请用（　）配加公元纪年。

五、注释体例

请采取当页脚注、每页连续编码的方式。

注释号码采用阿拉伯数字表示，作①、②、③……，每页重新编号。

再次征引，不需出现来源书刊或论文的全部信息，采用“作者，书名/论文名，页码”的形式。

引用古籍，应依次标明作者、书名、卷数、版本，如（清）顾炎武著，黄汝成集释：《日知录集释》卷一五，清道光十四年嘉定黄氏刻本。

引用专著（包括译者）或新印古籍或古籍之点校整理本，应依次标明作者（包括译者）/整理者、书名、章/卷数、出版者、出版年代、版次（初版无需标明）、页码，如瞿同祖：《瞿同祖法学论著集》，中国政法大学出版社，1998，第 50 页；（清）黄宗羲著，全祖望补修，陈金生、梁运华点校：《宋元学案》（第 1 册），中华书局，1986，第 150 页。

引用论文，应依次标明作者、论文名称、来源期刊/论文集名称、年代、卷次、页码，如徐世虹：《对两件简牍法律文书的补考》，载中国政法大学法律古籍整理研究所编《中国古代法律文献研究》（第 2 辑），中国政法大学出版社，2004，第 90 页；张小也：《明清时期区域社会中的民事法秩序——以湖北汉川汈汊黄氏的〈湖案〉为心》，《中国社会科学》2005 年第 6 期，第 190 页。

引用外文文献，依常规体例，如 Brian E. McKnight, *Law and Order in Sung China*, Cambridge University Press, 1992, pp. 50 – 52.

图书在版编目(CIP)数据

中国古代法律文献研究. 第十五辑 / 中国政法大学法律古籍整理研究所编；张雨主编. —上海：中西书局，2021
ISBN 978-7-5475-1932-5

Ⅰ. ①中… Ⅱ. ①中… ②张… Ⅲ. ①法律—古籍研究—中国—文集 Ⅳ. ①D929-53

中国版本图书馆 CIP 数据核字(2021)第 267015 号

ZHONGGUO GUDAI FALV WENXIAN YANJIU(DI SHIWU JI)

中国古代法律文献研究(第十五辑)

中国政法大学法律古籍整理研究所 编

张 雨 主编

责任编辑 王宇海
装帧设计 黄 骏
责任印制 朱人杰
出版发行 上海世纪出版集团
中西書局(www.zxpress.com.cn)
地 址 上海市闵行区号景路159弄B座(邮政编码：201101)
印 刷 上海肖华印务有限公司
开 本 700×1000毫米 1/16
印 张 27.75
字 数 427 000
版 次 2021年12月第1版 2021年12月第1次印刷
书 号 ISBN 978-7-5475-1932-5/D·083
定 价 128.00元